山西经济普查年鉴

Shanxi Economic Census Yearbook

2013

第二产业卷|上

山西省第三次全国经济普查领导小组办公室 编

© 中国统计出版社 2015
版权所有。未经许可，本书的任何部分不得以任何方式在世界任何地区以任何文字翻印、拷贝、仿制或转载。

© 2015 China Statistics Press
All rights reserved. No part of the publication may be reproduced or transmitted in any form or by any means, electronic or mechanical, including photocopying, recording, or any information storage and retrieval system, without written permission from the publisher.

图书在版编目（CIP）数据

山西经济普查年鉴. 2013 / 山西省第三次全国经济普查领导小组办公室编 -- 北京 : 中国统计出版社, 2015.10

ISBN 978-7-5037-7657-1

Ⅰ. ①山… Ⅱ. ①山… ②山… Ⅲ. ①经济－普查－山西省－2013－年鉴 Ⅳ. ①F127.25-54

中国版本图书馆 CIP 数据核字（2015）第 227113 号

山西经济普查年鉴—2013/第二产业卷上

作　　者/山西省第三次全国经济普查领导小组办公室
责任编辑/赵淑焕　尹　伊
封面设计/黄俊杰　李雪燕
出版发行/中国统计出版社
通信地址/北京市丰台区西三环南路甲 6 号　邮政编码/100073
电　　话/邮购（010）63376909　书店（010）68783171
网　　址/http://www.zgtjcbs.com/
印　　刷/河北天普润印刷厂
经　　销/新华书店
开　　本/880mm×1230mm　1/16
字　　数/1008 千字
印　　张/32
版　　别/2015 年 11 月第 1 版
版　　次/2015 年 11 月第 1 次印刷
定　　价/880.00 元

本书附同版本 CD-ROM 一张，光盘内容以书面文字为准。
如有印装差错，由本社发行部调换。

第二产业卷（上） 目录

第一篇 工业企业生产经营及财务状况

第二篇 工业主要产品产量

第三篇 工业企业用水及能源生产、消费情况

第1篇

工业企业生产经营及财务状况

资料整理校对： 刘香元 童 超 杨 健 赵 晨

2-1-1 按注册类型分组的

项目	企业单位数(个)	工业总产值	工业销售产值(当年价格)	出口交货值	资产总计	固定资产合计
总计	**3963**	**17197**	**16360.73**	**615.24**	**27977.44**	**10887.40**
一、按登记注册类型分组:						
内资企业	3818	15976	15212.75	219.97	26254.71	10069.86
国有企业	105	1265	1245.40	0.40	1534.73	843.65
中央企业	28	1037	1035.08		891.66	532.39
地方企业	77	228	210.32	0.40	643.07	311.26
集体企业	72	159	163.53	0.47	100.25	31.23
股份合作企业	3	3	3.52		1.51	0.63
联营企业	2	11	10.87		18.81	9.08
国有联营企业	1	4	4.31		13.90	7.57
集体联营企业						
国有与集体联营企业						
其他联营企业	1	7	6.56		4.91	1.51
有限责任公司	1173	7643	7173.23	160.12	16257.92	6355.85
国有独资公司	73	1823	1765.50	134.06	3389.99	1001.70
其他有限责任公司	1100	5821	5407.73	26.06	12867.93	5354.15
股份有限公司	123	1389	1346.89	3.78	2500.24	1075.54
私营企业	2332	5497	5260.71	55.19	5817.72	1750.44
私营独资企业	173	272	266.77	2.35	105.23	26.50
私营合伙企业	16	18	15.55		6.75	1.89
私营有限责任公司	2053	4853	4637.77	48.90	5353.81	1622.99
私营股份有限公司	90	354	340.62	3.94	351.94	99.06
其他企业	8	9	8.61		23.53	3.45
港、澳、台商投资企业	50	677	623.87	365.46	704.50	310.27
合资经营企业(港或澳、台资)	32	483	446.30	320.27	408.67	202.02
合作经营企业(港或澳、台资)	1	16	15.75		54.40	7.16
港澳台商独资经营企业	14	148	135.30	42.54	181.10	88.16
港澳台商投资股份有限公司	3	30	26.52	2.65	60.33	12.93
其他港澳台商投资企业						
外商投资企业	95	544	524.11	29.81	1018.23	507.27
中外合资经营企业	65	339	324.35	19.14	695.97	322.51
中外合作经营企业	3	97	94.66		148.90	81.64
外资企业	24	102	99.00	10.67	159.04	91.24
外商投资股份有限公司	2	5	5.62		3.43	1.05
其他外商投资企业	1	0	0.47		10.88	10.83
二、在总计中：亏损企业	**1425**	**4249**	**3885.92**	**18.53**	**9676.39**	**3585.16**
在总计中：国有控股企业	748	8444	8041.33	168.51	17342.28	7570.32
在总计中：大型企业	269	8946	8493.79	555.03	15641.90	5902.08
中型企业	906	4436	4201.05	31.07	7984.62	3279.54
小型企业	2541	3690	3528.00	28.95	3819.72	1526.79
微型企业	247	126	137.89	0.18	531.21	178.99

规模以上工业企业主要经济指标

单位：亿元

固定资产原价	累计折旧	流动资产合计	应收账款	存货	产成品	负债合计	流动负债合计	应付账款
15173.97	**6153.55**	**11102.06**	**1885.90**	**1998.56**	**777.97**	**20171.22**	**13438.82**	**3188.10**
13969.60	5698.59	10389.79	1749.06	1877.11	732.53	19034.68	12582.01	2937.21
1316.22	625.10	357.52	86.18	37.42	12.27	1098.17	415.46	95.17
976.62	502.74	168.32	59.33	19.22	3.83	638.19	113.57	41.07
339.60	122.36	189.20	26.85	18.19	8.44	459.99	301.88	54.09
58.58	31.68	56.68	16.05	13.89	7.07	91.83	88.00	26.26
0.95	0.33	0.83	0.36	0.21	0.10	1.47	1.47	0.32
27.18	18.10	8.76	2.81	1.75	0.19	19.56	19.01	0.34
7.57		6.33	1.99	1.09		16.94	16.94	
19.61	18.10	2.43	0.82	0.66	0.19	2.61	2.07	0.34
8154.95	3181.01	6058.74	967.20	1003.50	376.07	12014.01	7539.59	1710.57
1657.35	757.08	1406.47	285.76	332.60	133.08	2358.37	1518.54	413.49
6497.60	2423.92	4652.27	681.43	670.91	242.99	9655.64	6021.05	1297.08
1684.16	689.89	798.54	115.94	156.93	54.38	1453.18	936.98	274.12
2723.22	1151.18	3092.22	559.47	662.86	282.31	4336.15	3562.54	828.78
40.21	15.32	73.95	20.24	13.38	6.14	79.94	66.51	11.58
2.29	0.42	4.61	1.36	2.22	1.09	3.92	3.58	1.05
2547.24	1089.83	2830.17	511.07	613.51	260.95	4025.71	3332.98	789.81
133.49	45.61	183.50	26.79	33.74	14.13	226.59	159.46	26.34
4.35	1.30	16.50	1.06	0.55	0.15	20.29	18.97	1.65
444.34	140.13	348.66	63.68	60.69	23.98	503.83	386.86	143.01
287.06	87.17	186.20	38.70	33.18	16.97	316.55	236.38	108.71
10.38	4.96	41.78	6.70	3.26		43.66	43.66	4.38
124.18	37.97	76.32	13.45	19.68	4.79	95.88	68.58	15.89
22.71	10.02	44.36	4.83	4.57	2.22	47.74	38.24	14.03
760.04	314.83	363.62	73.15	60.76	21.47	632.71	469.95	107.88
408.72	140.09	256.03	45.76	44.48	17.61	464.03	324.96	72.72
204.70	123.05	43.49	7.28	7.06	0.74	63.26	53.54	13.70
132.98	49.93	62.03	19.34	8.77	2.95	97.84	83.90	14.10
2.68	1.63	2.02	0.74	0.45	0.17	0.91	0.88	0.69
10.96	0.13	0.05	0.04			6.67	6.67	6.66
4632.86	**1873.12**	**3991.87**	**520.77**	**661.81**	**271.50**	**8230.91**	**5560.25**	**1198.87**
10392.25	4304.01	5706.28	963.72	949.11	331.74	12491.07	7216.30	1765.09
8711.10	4018.40	6404.04	945.00	1110.80	403.44	10867.77	7021.80	1771.83
4395.49	1560.20	2815.13	480.87	470.59	188.50	6114.98	4208.41	840.23
1896.51	527.28	1740.30	439.53	392.46	175.79	2755.50	1934.09	523.32
170.87	47.67	142.59	20.49	24.73	10.25	432.98	274.53	52.73

2-1-1 续表 1

项 目	所有者权益合计	实收资本	国家资本	集体资本	法人资本
总 计	**7778.86**	**4384.46**	**1376.38**	**127.00**	**1589.32**
一、按登记注册类型分组:					
内资企业	7193.64	3981.88	1293.24	113.48	1510.37
国有企业	443.87	190.04	171.58	0.83	18.62
中央企业	253.31	120.06	114.25	0.20	8.86
地方企业	190.56	69.98	57.33	0.63	9.76
集体企业	7.59	7.78	0.74	5.69	0.66
股份合作企业	0.04	0.51			0.30
联营企业	-0.75	2.28	0.28		
国有联营企业	-3.05	0.28	0.28		
集体联营企业					
国有与集体联营企业					
其他联营企业	2.30	2.00			
有限责任公司	4223.83	2114.75	1045.39	73.37	739.29
国有独资公司	1029.37	329.94	308.17	0.87	19.43
其他有限责任公司	3194.46	1784.81	737.23	72.51	719.86
股份有限公司	1042.99	506.22	67.31	15.44	383.62
私营企业	1472.84	1159.59	7.90	18.02	367.41
私营独资企业	25.94	15.54			2.16
私营合伙企业	2.79	0.63			0.22
私营有限责任公司	1318.11	1105.07	7.87	17.44	343.08
私营股份有限公司	126.01	38.35	0.03	0.58	21.94
其他企业	3.24	0.72	0.04	0.14	0.46
港、澳、台商投资企业	200.65	160.55	11.58		43.32
合资经营企业(港或澳、台资)	92.12	95.92	11.58		41.15
合作经营企业(港或澳、台资)	10.74	6.09			
港澳台商独资经营企业	85.20	53.99			1.92
港澳台商投资股份有限公司	12.59	4.56			0.25
其他港澳台商投资企业					
外商投资企业	384.57	242.03	71.55	13.51	35.64
中外合资经营企业	231.85	131.19	30.62	12.49	32.54
中外合作经营企业	85.64	49.83	35.92		
外资企业	60.35	55.19	5.02	1.02	1.63
外商投资股份有限公司	2.51	1.47			1.47
其他外商投资企业	4.21	4.35			
二、在总计中：亏损企业	**1435.46**	**1725.42**	**507.10**	**63.70**	**552.96**
在总计中：国有控股企业	4843.99	2440.44	1306.59	42.71	979.04
在总计中：大型企业	4763.50	1945.89	824.25	26.49	769.91
中型企业	1869.63	1248.97	396.84	67.61	468.44
小型企业	1054.68	1100.61	129.61	27.94	322.42
微型企业	91.06	88.99	25.67	4.96	28.55

单位：亿元

个人资本	港澳台资本	外商资本	主营业务收入	主营业务成本	主营业务税金及附加	销售费用	管理费用	税金	财务费用
1008.30	**64.09**	**153.70**	**18164.34**	**15344.94**	**160.22**	**543.84**	**1016.30**	**40.24**	**548.66**
995.15	1.45	2.51	16988.31	14424.08	153.85	517.33	968.36	36.97	516.04
0.86		0.09	1178.92	1045.49	7.99	7.01	80.19	1.54	22.53
			985.42	904.75	4.45	0.95	43.08	1.08	17.02
0.86		0.09	193.50	140.73	3.54	6.06	37.11	0.46	5.51
0.69			154.41	127.88	1.74	5.86	10.45	0.22	2.65
0.21			3.71	3.59		0.02	0.14	0.01	0.08
2.00			8.57	10.07	0.10	0.08	0.74		0.33
			3.75	4.76	0.09		0.34		0.09
2.00			4.82	5.31	0.01	0.08	0.40		0.24
197.83		2.08	9153.84	7701.76	99.99	242.63	629.72	22.46	325.85
1.48			2461.98	2134.90	21.36	52.96	145.80	5.19	44.06
196.35		2.08	6691.86	5566.86	78.63	189.67	483.92	17.27	281.79
39.19	0.15		1358.03	942.00	19.92	152.04	96.13	3.31	35.13
754.28	1.30	0.34	5122.23	4587.45	23.93	109.51	149.88	9.42	127.47
13.28			258.96	228.99	1.99	5.35	4.19	0.22	2.14
0.41			12.52	11.06	0.06	0.42	0.23	0.01	0.04
724.95	1.30	0.34	4549.51	4079.47	20.33	95.33	136.21	8.57	117.10
15.64			301.24	267.93	1.56	7.42	9.25	0.62	8.20
0.09			8.60	5.84	0.18	0.17	1.11	0.02	2.00
8.44	60.35	36.86	643.51	512.11	1.60	7.82	15.68	1.12	13.20
2.36	5.22	35.61	476.46	368.55	1.00	4.07	8.67	0.69	9.26
6.09			5.29	4.97		0.10	0.10		0.07
	50.91	1.15	135.50	116.20	0.51	2.78	4.70	0.35	3.23
	4.21	0.10	26.26	22.40	0.10	0.87	2.20	0.09	0.63
4.71	2.29	114.33	532.52	408.75	4.76	18.70	32.26	2.15	19.42
4.71	0.30	50.52	337.45	263.01	2.46	15.95	19.18	1.29	17.38
		13.91	95.01	59.11	1.08	1.21	4.33	0.48	0.62
	1.99	45.54	93.78	81.07	1.20	1.26	8.47	0.37	1.40
			5.81	5.24	0.02	0.27	0.21	0.01	0.01
		4.35	0.47	0.33			0.07		
564.40	**7.84**	**18.08**	**4999.21**	**4654.11**	**31.14**	**147.81**	**341.54**	**13.74**	**227.67**
78.03	0.43	30.65	10056.82	8343.43	112.21	337.82	705.91	23.65	317.48
179.55	37.24	108.46	10577.06	8814.63	102.63	370.53	618.50	24.60	298.35
261.57	19.39	24.79	4098.35	3499.74	36.11	78.94	286.96	10.60	173.19
542.74	7.34	19.30	3383.03	2935.61	20.86	92.32	99.66	4.85	73.00
24.44	0.13	1.15	105.91	94.97	0.61	2.05	11.17	0.19	4.13

2-1-1 续表 2

项 目	利息收入	利息支出	投资收益（损失以"-"号记）	营业利润	利润总额	亏损企业亏损额
总 计	**41.76**	**553.45**	**17.57**	**609.63**	**606.04**	**372.36**
一、按登记注册类型分组：						
内资企业	38.73	524.46	64.69	533.62	531.20	354.42
国有企业	0.60	22.01	0.38	51.27	50.01	15.30
中央企业	0.46	16.24	0.26	46.37	45.45	2.26
地方企业	0.14	5.77	0.12	4.90	4.56	13.04
集体企业	0.02	1.92	-0.47	5.74	6.01	2.31
股份合作企业		0.05		-0.12	-0.11	0.14
联营企业		0.28	0.02	-1.52	-1.50	1.54
国有联营企业		0.04		-1.54	-1.54	1.54
集体联营企业						
国有与集体联营企业						
其他联营企业		0.24	0.02	0.02	0.05	
有限责任公司	31.77	351.10	53.12	200.89	223.94	232.56
国有独资公司	11.48	56.15	3.96	68.15	72.79	27.53
其他有限责任公司	20.29	294.94	49.16	132.74	151.15	205.03
股份有限公司	2.81	37.82	13.17	131.53	129.12	13.85
私营企业	3.52	111.23	-1.52	146.32	124.58	87.69
私营独资企业	0.14	1.34	-2.94	11.74	11.58	0.95
私营合伙企业		0.02		0.70	0.70	0.02
私营有限责任公司	3.12	104.09	1.26	126.48	104.18	82.73
私营股份有限公司	0.26	5.79	0.16	7.39	8.12	3.99
其他企业		0.04		-0.49	-0.85	1.02
港、澳、台商投资企业	0.97	10.04	-51.40	23.09	22.77	2.40
合资经营企业(港或澳、台资)	0.71	6.60	-51.43	14.68	13.88	2.16
合作经营企业(港或澳、台资)				0.05	0.05	
港澳台商独资经营企业	0.20	2.94	0.03	8.16	8.20	0.25
港澳台商投资股份有限公司	0.06	0.50		0.20	0.65	
其他港澳台商投资企业						
外商投资企业	2.06	18.95	4.28	52.92	52.07	15.54
中外合资经营企业	1.68	15.90	4.03	25.21	23.96	10.37
中外合作经营企业	0.41	1.07	0.20	29.02	28.76	
外资企业	-0.04	1.97	0.04	-1.76	-1.09	5.17
外商投资股份有限公司		0.01		0.38	0.37	
其他外商投资企业				0.07	0.07	
二、在总计中：亏损企业	**7.70**	**216.67**	**6.05**	**-384.99**	**-372.36**	**372.36**
在总计中：国有控股企业	31.31	347.13	59.23	331.09	348.56	207.07
在总计中：大型企业	34.32	317.81	16.75	382.93	396.05	137.05
中型企业	5.36	164.41	7.87	81.59	84.00	166.48
小型企业	1.99	67.59	-7.10	154.39	135.13	54.33
微型企业	0.09	3.65	0.05	-9.28	-9.15	14.50

单位：亿元

应交增值税	应交所得税	从业人员平均人数(万人)	总资产贡献率(%)	资产负债率(%)	产品销售率(%)	成本费用利润率(%)	流动资本周转率(%)
751.06	**164.99**	**214.19**	**7.27**	**72.1**	**95.14**	**3.28**	**1.73**
708.80	147.21	197.27	7.18	72.5	95.22	3.05	1.73
54.19	9.06	8.37	8.72	71.55	98.49	4.27	3.33
35.71	4.51	1.95	11.4	71.57	99.86	4.67	5.89
18.48	4.55	6.42	5.01	71.53	92.23	2.3	1.05
9.71	0.44	3.49	19.43	91.61	103.08	3.07	3.6
0.02		0.07	-1.6	97.25	100.81	-2.74	4.49
0.18		0.14	-4.98	103.99	99.16	-13.32	1.12
0.12		0.08	-9.3	121.94	100	-29.69	0.59
0.06		0.07	7.24	53.23	98.62	0.76	2.5
391.97	85.45	118.70	6.4	73.9	93.85	2.3	1.65
69.71	11.99	22.97	6.2	69.57	96.87	2.95	1.82
322.26	73.46	95.73	6.45	75.04	92.91	2.07	1.6
97.89	33.41	16.91	11.28	58.12	96.94	10.3	1.75
154.05	18.82	49.43	7.06	74.53	95.7	2.48	1.68
10.48	1.24	1.34	24	75.97	98.16	4.78	3.5
0.25	0.03	0.11	15.14	58.05	88.48	5.93	2.72
136.28	16.41	45.60	6.76	75.19	95.56	2.33	1.63
7.04	1.14	2.38	6.34	64.38	96.12	2.76	1.66
0.79	0.04	0.15	0.65	86.23	96.42	-6.96	0.72
10.42	2.31	8.47	6.23	71.52	92.17	4.12	1.86
6.62	1.31	4.63	6.71	77.46	92.37	3.53	2.57
0.30		0.17	0.63	80.25	99.93	0.91	0.13
2.69	0.98	3.19	7.81	52.94	91.68	6.45	1.78
0.81	0.02	0.48	3.3	79.14	87.32	2.36	0.62
31.85	15.46	8.45	10.37	62.14	96.38	10.58	1.49
15.48	7.41	4.53	8.06	66.67	95.59	7.5	1.33
10.41	7.36	0.63	27.47	42.48	97.69	44	2.19
5.77	0.70	3.23	4.96	61.52	97.39	-1.07	1.6
0.14		0.05	15.73	26.67	103.52	6.43	2.91
0.05		0.01	1.13	61.3	100	17.4	9.71
145.13	**12.91**	**80.18**	**0.18**	**85.06**	**91.44**	**-6.34**	**1.38**
482.65	113.41	119.45	7.29	72.03	95.23	3.29	1.92
453.19	109.61	127.52	7.92	69.48	94.95	3.6	1.79
182.77	33.50	56.63	5.8	76.58	94.71	2.03	1.49
112.68	21.66	27.59	8.79	72.14	95.62	4.19	1.96
2.42	0.22	2.46	-0.48	81.51	109.54	-7.57	0.77

2-1-2 按行业分组的规模以上工业

行业	企业单位数（个）	工业总产值（当年价格）	工业销售产值（当年价格）	出口交货值	资产总计	固定资产合计
总计	**3963**	**17196.62**	**16360.73**	**615.24**	**27977.44**	**10887.40**
采矿业	**1497**	**7153.94**	**6713.24**	**46.79**	**14331.00**	**4999.27**
煤炭开采和洗选业	1256	6693.69	6291.28	46.79	13679.49	4793.51
烟煤和无烟煤开采洗选	1256	6693.69	6291.28	46.79	13679.49	4793.51
褐煤开采洗选						
其他煤炭采选						
石油和天然气开采业	12	36.93	36.64		229.89	100.92
石油开采						
天然气开采	12	36.93	36.64		229.89	100.92
黑色金属矿采选业	208	397.39	360.69		381.25	89.20
铁矿采选	194	388.24	352.69		362.21	83.40
锰矿、铬矿采选	14	9.14	8.00		19.04	5.80
其他黑色金属矿采选						
有色金属矿采选业	9	20.53	19.29		30.09	13.98
常用有色金属矿采选	6	14.84	13.65		26.57	11.64
铜矿采选	2	2.33	2.08		8.02	5.59
铅锌矿采选						
镍钴矿采选						
锡矿采选						
锑矿采选						
铝矿采选	4	12.51	11.57		18.54	6.04
镁矿采选						
其他常用有色金属矿采选						
贵金属矿采选	3	5.69	5.64		3.53	2.34
金矿采选	3	5.69	5.64		3.53	2.34
银矿采选						
其他贵金属矿采选						
稀有稀土金属矿采选						
钨钼矿采选						
稀土金属矿采选						
放射性金属矿采选						
其他稀有金属矿采选						
非金属矿采选业	12	5.40	5.33		10.27	1.66
土砂石开采	11	4.50	4.45		6.29	1.38
石灰石、石膏开采	2	1.11	1.06		0.51	0.17
建筑装饰用石开采	6	2.27	2.21		2.11	0.87
耐火土石开采						
粘土及其他土砂石开采	3	1.12	1.19		3.68	0.34
化学矿开采	1	0.90	0.87		3.98	0.28
采盐						
石棉及其他非金属矿采选						
石棉、云母矿采选						
石墨、滑石采选						
宝石、玉石采选						
其他未列明非金属矿采选						

企业主要经济指标(大、中、小类行业)

单位：亿元

固定资产原价	累计折旧	流动资产合计	应收账款	存货	产成品	负债合计	流动负债合计	应付账款
15173.97	**6153.55**	**11102.06**	**1885.90**	**1998.56**	**777.97**	**20171.22**	**13438.82**	**3188.10**
6122.74	**2473.13**	**5475.77**	**762.36**	**537.48**	**215.46**	**10109.45**	**6479.32**	**1359.38**
5868.98	2395.18	5243.67	720.71	475.17	181.08	9715.77	6209.44	1276.16
5868.98	2395.18	5243.67	720.71	475.17	181.08	9715.77	6209.44	1276.16
111.78	21.71	61.27	19.65	8.21	0.12	136.45	103.98	44.87
111.78	21.71	61.27	19.65	8.21	0.12	136.45	103.98	44.87
120.41	45.24	147.95	19.63	44.54	28.99	223.01	135.16	33.48
115.24	43.25	136.60	17.05	37.58	23.95	208.31	126.35	29.52
5.16	1.99	11.35	2.58	6.96	5.04	14.70	8.81	3.96
19.47	10.47	14.53	0.66	8.70	4.88	24.73	21.59	3.16
15.83	8.63	13.35	0.55	8.39	4.73	23.87	20.98	3.12
2.81	1.66	2.43	0.08	0.24	0.04	5.89	3.39	0.93
13.01	6.97	10.92	0.47	8.15	4.70	17.98	17.59	2.19
3.65	1.85	1.19	0.12	0.31	0.15	0.86	0.61	0.04
3.65	1.85	1.19	0.12	0.31	0.15	0.86	0.61	0.04
2.11	0.53	8.34	1.70	0.87	0.39	9.47	9.15	1.72
1.75	0.45	4.66	1.26	0.68	0.34	5.52	5.23	1.10
0.26	0.09	0.34	0.12	0.07	0.07	0.39	0.15	0.03
0.91	0.12	1.06	0.72	0.12	0.11	1.53	1.53	0.68
0.57	0.24	3.26	0.42	0.49	0.16	3.59	3.55	0.39
0.35	0.07	3.68	0.44	0.19	0.05	3.96	3.92	0.61

2-1-2 续表 1

行业	企业单位数（个）	工业总产值（当年价格）	工业销售产值（当年价格）	出口交货值	资产总计	固定资产合计
开采辅助活动						
煤炭开采和洗选辅助活动						
石油和天然气开采辅助活动						
其他开采辅助活动						
其他采矿业						
制造业	**2311**	**8311.63**	**7953.90**	**568.45**	**10791.72**	**3869.14**
农副食品加工业	134	366.72	354.34	2.23	227.53	91.50
谷物磨制	20	13.15	12.89	0.02	13.09	3.68
饲料加工	31	98.92	96.69		30.36	13.82
植物油加工	14	63.65	60.78		37.53	13.04
食用植物油加工	10	61.90	59.45		35.52	11.97
非食用植物油加工	4	1.75	1.33		2.01	1.08
制糖业	2	1.84	2.28		4.48	1.87
屠宰及肉类加工	32	88.89	83.09	0.45	74.53	32.41
牲畜屠宰	9	18.56	17.85	0.45	17.44	5.51
禽类屠宰	8	51.80	46.91		38.29	19.92
肉制品及副产品加工	15	18.53	18.33		18.80	6.99
水产品加工						
水产品冷冻加工						
鱼糜制品及水产品干腌制加工						
水产饲料制造						
鱼油提取及制品制造						
其他水产品加工						
蔬菜、水果和坚果加工	18	23.93	23.26	1.65	21.34	7.24
蔬菜加工	4	1.53	1.46		1.99	0.73
水果和坚果加工	14	22.40	21.80	1.65	19.35	6.51
其他农副食品加工	17	76.34	75.36	0.11	46.20	19.44
淀粉及淀粉制品制造	14	63.01	61.73	0.11	33.46	13.88
豆制品制造	2	0.65	0.82		1.71	0.49
蛋品加工						
其他未列明农副食品加工	1	12.68	12.81		11.03	5.07
食品制造业	79	124.79	117.10	2.05	99.13	38.45
焙烤食品制造	11	16.82	16.75		10.06	5.22
糕点、面包制造	4	3.14	2.98		1.92	0.48
饼干及其他焙烤食品制造	7	13.68	13.77		8.14	4.74
糖果、巧克力及蜜饯制造	10	9.90	8.17		9.27	3.37
糖果、巧克力制造						
蜜饯制作	10	9.90	8.17		9.27	3.37
方便食品制造	9	7.40	7.07		5.22	2.57
米、面制品制造	3	1.21	1.13		1.42	0.54
速冻食品制造	2	0.85	0.78		1.66	0.72
方便面及其他方便食品制造	4	5.33	5.16		2.13	1.31
乳制品制造	16	43.78	43.15		27.83	8.83
罐头食品制造	9	14.91	12.69	0.77	8.55	3.78
肉、禽类罐头制造	3	12.69	10.29		5.31	2.32
水产品罐头制造						
蔬菜、水果罐头制造	6	2.22	2.40	0.77	3.23	1.46
其他罐头食品制造						

单位：亿元

固定资产原价	累计折旧	流动资产合计	应收账款	存货	产成品	负债合计	流动负债合计	应付账款
5992.75	**2479.48**	**5138.50**	**999.74**	**1413.43**	**560.40**	**7825.29**	**6189.25**	**1590.49**
111.96	34.88	111.85	16.64	43.33	22.25	122.26	104.35	12.59
4.03	0.91	8.09	1.45	2.63	0.79	6.99	5.54	1.47
15.86	2.93	14.58	1.21	6.80	2.37	17.35	15.66	2.83
15.49	4.89	18.81	1.14	8.69	6.61	16.00	14.91	0.66
14.28	4.76	17.93	0.93	8.40	6.49	14.88	14.32	0.55
1.21	0.13	0.88	0.21	0.29	0.11	1.12	0.60	0.11
3.71	2.11	1.94	0.06	1.66	1.44	5.47	5.44	0.43
31.72	7.43	33.23	5.69	11.36	3.78	36.74	30.76	4.31
7.34	3.16	9.15	1.28	2.14	0.80	8.71	8.18	0.56
16.31	2.66	17.30	2.63	6.86	1.92	18.48	16.23	1.42
8.08	1.62	6.78	1.78	2.35	1.05	9.55	6.35	2.32
6.53	0.94	11.36	2.69	3.62	1.95	10.08	8.07	0.70
0.76	0.23	0.78	0.28	0.33	0.28	0.71	0.29	0.11
5.78	0.71	10.58	2.41	3.30	1.67	9.37	7.78	0.59
34.62	15.65	23.84	4.40	8.57	5.31	29.62	23.97	2.19
27.11	13.71	17.24	4.01	7.28	4.97	22.61	19.83	2.09
0.56	0.07	0.64	0.20	0.26	0.08	1.06	0.85	0.03
6.95	1.88	5.96	0.20	1.03	0.26	5.95	3.29	0.07
49.41	15.95	49.07	11.25	17.93	7.09	47.25	38.14	8.09
6.25	1.38	3.71	0.40	1.90	0.50	5.12	4.76	1.54
0.75	0.27	1.13	0.15	0.52	0.05	1.97	1.73	0.85
5.50	1.11	2.58	0.26	1.38	0.45	3.15	3.03	0.69
4.12	0.86	5.28	1.22	2.11	1.01	4.06	2.50	0.49
4.12	0.86	5.28	1.22	2.11	1.01	4.06	2.50	0.49
3.09	0.84	2.07	0.32	0.69	0.19	2.48	2.24	0.39
0.65	0.20	0.81	0.21	0.20	0.11	0.47	0.42	0.03
0.64	0.09	0.72	0.08	0.32	0.08	0.71	0.52	0.04
1.80	0.55	0.54	0.03	0.18	0.01	1.30	1.30	0.32
16.91	8.76	16.19	4.92	4.73	1.29	12.73	11.30	2.56
4.75	1.00	4.48	0.62	2.36	0.82	4.72	4.37	0.71
2.91	0.62	2.84	0.39	1.60	0.42	2.73	2.40	0.58
1.84	0.38	1.64	0.23	0.77	0.39	1.99	1.97	0.13

2-1-2 续表 2

行业	企业单位数(个)	工业总产值(当年价格)	工业销售产值(当年价格)	出口交货值	资产总计	固定资产合计
调味品、发酵制品制造	16	17.90	16.83	0.20	24.54	10.79
味精制造						
酱油、食醋及类似制品制造	13	16.96	15.93	0.20	21.80	9.56
其他调味品、发酵制品制造	3	0.93	0.89		2.74	1.24
其他食品制造	8	14.09	12.45	1.08	13.66	3.90
营养食品制造	1	0.25	0.22		0.26	0.10
保健食品制造	1				0.99	
冷冻饮品及食用冰制造						
盐加工						
食品及饲料添加剂制造	4	7.71	6.12	1.08	7.08	2.15
其他未列明食品制造	2	6.13	6.12		5.32	1.65
酒、饮料和精制茶制造业	59	152.99	143.16	0.34	211.76	58.67
酒的制造	28	92.61	92.28	0.20	145.21	30.23
酒精制造						
白酒制造	15	76.86	77.59	0.20	114.83	14.03
啤酒制造	7	9.72	9.92		17.65	11.95
黄酒制造						
葡萄酒制造	4	3.39	2.68		10.90	3.25
其他酒制造	2	2.64	2.09		1.83	1.00
饮料制造	29	57.68	48.22	0.14	58.09	27.93
碳酸饮料制造	1	4.41	4.27		3.45	2.17
瓶(罐)装饮用水制造	1	0.62	0.61		0.39	0.35
果菜汁及果菜汁饮料制造	21	44.25	35.11	0.14	46.79	21.06
含乳饮料和植物蛋白饮料制造	3	7.16	7.01		5.90	3.59
固体饮料制造	2	0.91	0.90		1.08	0.59
茶饮料及其他饮料制造	1	0.33	0.32		0.48	0.18
精制茶加工	2	2.71	2.66		8.45	0.52
烟草制品业	1	41.57	41.35		28.73	8.27
烟叶复烤						
卷烟制造	1	41.57	41.35		28.73	8.27
其他烟草制品制造						
纺织业	38	45.09	41.98	7.39	63.63	15.66
棉纺织及印染精加工	24	33.09	30.01	6.88	52.44	12.27
棉纺纱加工	15	15.74	14.45		23.99	6.24
棉织造加工	5	4.62	3.85		4.18	1.10
棉印染精加工	4	12.72	11.70	6.88	24.26	4.93
毛纺织及染整精加工	6	7.56	7.54	0.33	4.40	0.68
毛条和毛纱线加工	6	7.56	7.54	0.33	4.40	0.68
毛织造加工						
毛染整精加工						
麻纺织及染整精加工	2	1.97	1.94	0.18	3.53	1.17
麻纤维纺前加工和纺纱	1	0.07	0.05	0.01	1.27	0.65
麻织造加工	1	1.90	1.89	0.17	2.26	0.51
麻染整精加工						
丝绢纺织及印染精加工	1	0.25	0.25		0.80	0.29
缫丝加工	1	0.25	0.25		0.80	0.29
绢纺和丝织加工						
丝印染精加工						

单位：亿元

固定资产原价	累计折旧	流动资产合计	应收账款	存货	产成品	负债合计	流动负债合计	应付账款
9.46	1.80	9.15	1.50	2.93	1.32	12.95	8.79	1.41
8.55	1.69	8.09	1.24	2.54	1.26	12.31	8.27	1.34
0.91	0.11	1.06	0.26	0.39	0.06	0.64	0.52	0.06
4.84	1.31	8.19	2.27	3.21	1.96	5.18	4.18	1.00
0.17	0.07	0.16	0.06	0.06	0.02	0.13	0.13	0.05
		0.54	0.16	0.17	0.09	0.50		
2.55	0.74	4.77	1.15	1.86	1.37	2.68	2.46	0.14
2.12	0.51	2.72	0.91	1.13	0.47	1.88	1.60	0.82
77.81	25.55	119.80	7.66	52.49	25.92	101.75	89.71	13.36
43.99	15.26	93.15	5.28	39.59	17.33	70.59	64.38	9.30
24.58	10.90	84.14	4.54	33.53	16.94	54.26	51.48	8.16
14.80	3.43	4.40	0.33	3.29	0.23	10.48	9.86	0.94
3.57	0.82	4.00	0.40	2.42	0.09	4.84	2.62	0.06
1.03	0.12	0.60	0.01	0.34	0.07	1.01	0.43	0.13
33.39	10.16	23.62	1.88	12.11	8.51	28.20	25.04	4.06
4.44	2.27	1.20	0.05	0.59	0.37	2.29	2.25	0.31
0.44	0.10	0.04		0.01	0.01	0.16	0.16	0.15
23.09	6.42	20.01	1.60	10.40	8.00	22.67	19.64	2.95
4.67	1.17	1.66	0.14	0.85	0.06	2.49	2.43	0.53
0.53	0.16	0.46	0.09	0.18	0.08	0.27	0.27	0.13
0.21	0.04	0.24		0.07		0.31	0.29	
0.43	0.13	3.02	0.50	0.79	0.08	2.96	0.29	0.01
13.58	5.66	20.18	1.98	3.70	0.97	3.30	3.30	2.49
13.58	5.66	20.18	1.98	3.70	0.97	3.30	3.30	2.49
24.97	10.51	40.20	5.99	9.56	3.68	47.88	44.60	3.98
19.25	8.05	33.46	3.31	7.68	3.12	42.51	39.88	3.47
10.79	4.68	13.15	1.19	4.39	2.19	16.43	15.20	1.78
1.55	0.46	2.61	0.47	1.65	0.44	3.48	3.03	0.36
6.91	2.91	17.70	1.64	1.64	0.48	22.60	21.64	1.32
1.05	0.37	3.34	2.43	0.42	0.01	3.17	3.17	0.40
1.05	0.37	3.34	2.43	0.42	0.01	3.17	3.17	0.40
2.91	1.78	2.13	0.12	1.01	0.37	1.41	0.92	0.06
1.29	0.65	0.45	0.05	0.31		0.40	0.39	0.02
1.63	1.13	1.67	0.08	0.69	0.37	1.00	0.53	0.04
0.32	0.03	0.28	0.02	0.17	0.03	0.23	0.13	
0.32	0.03	0.28	0.02	0.17	0.03	0.23	0.13	

2-1-2 续表 3

行业	企业单位数（个）	工业总产值（当年价格）	工业销售产值（当年价格）	出口交货值	资产总计	固定资产合计
化纤织造及印染精加工	1	0.15	0.19		0.45	0.03
化纤织造加工	1	0.15	0.19		0.45	0.03
化纤织物染整精加工						
针织或钩针编织物及其制品制造	1	0.35	0.33		0.30	0.08
针织或钩针编织物织造	1	0.35	0.33		0.30	0.08
针织或钩针编织物印染精加工						
针织或钩针编织品制造						
家用纺织制成品制造	1	1.10	1.10		1.23	0.76
床上用品制造	1	1.10	1.10		1.23	0.76
毛巾类制品制造						
窗帘、布艺类产品制造						
其他家用纺织制成品制造						
非家用纺织制成品制造	2	0.63	0.63		0.48	0.39
非织造布制造	1	0.41	0.41		0.40	0.34
绳、索、缆制造						
纺织带和帘子布制造	1	0.21	0.21		0.07	0.04
篷、帆布制造						
其他非家用纺织制成品制造						
纺织服装、服饰业	9	19.14	19.06		17.29	4.62
机织服装制造	8	18.61	18.61		16.69	4.38
针织或钩针编织服装制造	1	0.53	0.46		0.60	0.24
服饰制造						
皮革、毛皮、羽毛及其制品和制鞋业	1	8.10	6.97		1.30	0.22
皮革鞣制加工	1	8.10	6.97		1.30	0.22
皮革制品制造						
皮革服装制造						
皮箱、包(袋)制造						
皮手套及皮装饰制品制造						
其他皮革制品制造						
毛皮鞣制及制品加工						
毛皮鞣制加工						
毛皮服装加工						
其他毛皮制品加工						
羽毛(绒)加工及制品制造						
羽毛(绒)加工						
羽毛(绒)制品加工						
制鞋业						
纺织面料鞋制造						
皮鞋制造						
塑料鞋制造						
橡胶鞋制造						
其他制鞋业						
木材加工和木、竹、藤、棕、草制品业	12	14.68	12.82		52.66	14.09
木材加工	1	0.27	0.27		0.96	0.49
锯材加工						
木片加工	1	0.27	0.27		0.96	0.49
单板加工						
其他木材加工						

单位：亿元

固定资产原价	累计折旧	流动资产合计	应收账款	存货	产成品	负债合计	流动负债合计	应付账款
0.02	0.02	0.38	0.03	0.09	0.06	0.25	0.21	0.02
0.02	0.02	0.38	0.03	0.09	0.06	0.25	0.21	0.02
0.09	0.01	0.22	0.05	0.07	0.05	0.07	0.05	0.02
0.09	0.01	0.22	0.05	0.07	0.05	0.07	0.05	0.02
0.82	0.06	0.30	0.01	0.08	0.05	0.21	0.21	
0.82	0.06	0.30	0.01	0.08	0.05	0.21	0.21	
0.50	0.19	0.09	0.02	0.03		0.03	0.03	0.02
0.44	0.17	0.06	0.02	0.01		0.02	0.02	0.02
0.07	0.02	0.03		0.02		0.01	0.01	
7.37	2.77	9.35	2.32	3.33	1.87	8.37	7.97	2.17
6.92	2.55	9.00	2.31	3.10	1.75	7.87	7.50	2.16
0.45	0.22	0.35	0.01	0.23	0.13	0.50	0.47	0.01
0.33	0.10	0.86	0.26	0.29	0.16	0.04	0.04	0.04
0.33	0.10	0.86	0.26	0.29	0.16	0.04	0.04	0.04
14.24	2.13	22.48	2.23	4.45	0.74	32.78	27.65	0.44
0.56	0.07	0.45	0.14	0.30		0.49	0.47	
0.56	0.07	0.45	0.14	0.30		0.49	0.47	

2-1-2 续表 4

行 业	企 业 单位数 (个)	工业总产值 (当年价格)	工业销售产 值 (当年价格)	出口交货值	资产总计	固定资产合 计
人造板制造	7	5.70	4.63		31.43	6.62
胶合板制造						
纤维板制造	3	2.06	2.04		28.11	4.64
刨花板制造	2	2.26	1.74		1.17	0.77
其他人造板制造	2	1.38	0.86		2.14	1.21
木制品制造	3	8.17	7.38		19.48	6.87
建筑用木料及木材组件加工	1	0.32	0.32		0.62	0.19
木门窗、楼梯制造	1	7.69	6.93		17.83	5.97
地板制造						
木制容器制造						
软木制品及其他木制品制造	1	0.16	0.13		1.03	0.71
竹、藤、棕、草等制品制造	1	0.53	0.54		0.79	0.11
竹制品制造						
藤制品制造						
棕制品制造	1	0.53	0.54		0.79	0.11
草及其他制品制造						
家具制造业	5	6.80	5.75		7.44	1.22
木质家具制造	5	6.80	5.75		7.44	1.22
竹、藤家具制造						
金属家具制造						
塑料家具制造						
其他家具制造						
造纸和纸制品业	24	21.99	19.75		21.70	8.98
纸浆制造						
木竹浆制造						
非木竹浆制造						
造纸	9	5.46	5.29		7.55	3.25
机制纸及纸板制造	9	5.46	5.29		7.55	3.25
手工纸制造						
加工纸制造						
纸制品制造	15	16.53	14.46		14.15	5.72
纸和纸板容器制造	11	9.74	9.29		6.79	2.82
其他纸制品制造	4	6.79	5.17		7.35	2.90
印刷和记录媒介复制业	23	17.03	16.77	0.17	26.88	9.74
印刷	23	17.03	16.77	0.17	26.88	9.74
书、报刊印刷	10	6.79	6.91		11.81	4.02
本册印制	1				0.69	0.22
包装装潢及其他印刷	12	10.24	9.86	0.17	14.38	5.50
装订及印刷相关服务						
记录媒介复制						
文教、工美、体育和娱乐用品制造业	12	17.30	10.84	0.27	20.06	5.18
文教办公用品制造						
文具制造						
笔的制造						
教学用模型及教具制造						
墨水、墨汁制造						
其他文教办公用品制造						

单位：亿元

固定资产原价	累计折旧	流动资产合计	应收账款	存货	产成品	负债合计	流动负债合计	应付账款
7.01	1.71	12.12	0.50	1.04	0.46	23.42	19.14	0.20
4.41	1.01	10.80	0.08	0.62	0.22	22.17	17.89	0.03
1.23	0.48	0.39	0.14	0.21	0.13	0.33	0.33	0.06
1.36	0.22	0.93	0.28	0.21	0.12	0.91	0.91	0.11
6.53	0.31	9.40	1.54	3.01	0.22	8.68	7.85	0.24
0.29	0.10	0.27	0.27	0.01		0.62	0.62	0.04
5.44	0.13	8.81	1.20	2.83	0.07	7.40	7.02	0.02
0.80	0.08	0.31	0.07	0.17	0.15	0.66	0.22	0.17
0.15	0.04	0.51	0.05	0.10	0.06	0.19	0.19	
0.15	0.04	0.51	0.05	0.10	0.06	0.19	0.19	
1.37	0.25	5.00	0.13	3.08	0.35	4.22	4.22	0.02
1.37	0.25	5.00	0.13	3.08	0.35	4.22	4.22	0.02
12.19	3.67	9.66	2.35	2.22	0.97	14.21	8.56	2.65
4.08	1.18	3.10	0.74	0.94	0.46	3.63	3.31	0.57
4.08	1.18	3.10	0.74	0.94	0.46	3.63	3.31	0.57
8.11	2.48	6.56	1.61	1.29	0.51	10.58	5.25	2.08
4.49	1.76	3.53	0.98	0.80	0.37	4.26	3.91	1.26
3.63	0.73	3.03	0.63	0.48	0.14	6.32	1.35	0.82
15.26	7.17	12.65	3.40	2.89	0.80	14.01	11.97	3.29
15.26	7.17	12.65	3.40	2.89	0.80	14.01	11.97	3.29
7.15	3.91	5.37	1.14	1.14	0.35	6.95	6.51	1.83
0.26	0.04	0.46	0.06	0.11		0.16	0.16	0.04
7.84	3.22	6.81	2.20	1.65	0.46	6.90	5.30	1.42
5.67	0.84	13.25	2.20	5.83	3.26	15.18	12.76	2.99

2-1-2 续表 5

行　业	企　业 单位数 （个）	工业总产值 （当年价格）	工业销售 产　值 （当年价格）	出口交货值	资产总计	固定资产 合　计
乐器制造						
中乐器制造						
西乐器制造						
电子乐器制造						
其他乐器及零件制造						
工艺美术品制造	7	9.63	3.37		13.91	4.01
雕塑工艺品制造						
金属工艺品制造	1	1.61	0.48		1.78	0.90
漆器工艺品制造	1	0.68	0.59		2.16	0.11
花画工艺品制造						
天然植物纤维编织工艺品制造						
抽纱刺绣工艺品制造	1	0.58	0.38		1.49	0.30
地毯、挂毯制造						
珠宝首饰及有关物品制造	2	5.73	1.03		8.10	2.58
其他工艺美术品制造	2	1.03	0.89		0.37	0.13
体育用品制造	5	7.67	7.47	0.27	6.15	1.16
球类制造						
体育器材及配件制造	2	0.52	0.54	0.19	0.77	0.12
训练健身器材制造	3	7.15	6.93	0.08	5.38	1.04
运动防护用具制造						
其他体育用品制造						
玩具制造						
游艺器材及娱乐用品制造						
露天游乐场所游乐设备制造						
游艺用品及室内游艺器材制造						
其他娱乐用品制造						
石油加工、炼焦和核燃料加工业	160	1334.89	1266.62	0.16	2361.17	654.35
精炼石油产品制造	6	40.24	42.97		28.62	5.39
原油加工及石油制品制造	5	39.18	41.93		28.22	5.30
人造原油制造	1	1.06	1.04		0.40	0.10
炼焦	154	1294.65	1223.65	0.16	2332.56	648.95
核燃料加工						
化学原料和化学制品制造业	228	681.40	651.99	8.49	1220.11	620.02
基础化学原料制造	102	239.18	228.71	5.17	495.78	242.84
无机酸制造	5	3.44	3.06		2.46	0.25
无机碱制造	5	9.09	9.74	0.02	155.55	65.40
无机盐制造	24	29.11	27.94	2.31	30.89	14.89
有机化学原料制造	41	83.98	79.48	2.60	136.00	57.46
其他基础化学原料制造	27	113.55	108.50	0.24	170.88	104.84
肥料制造	35	204.16	200.06		378.02	208.66
氮肥制造	24	163.56	160.44		290.88	191.34
磷肥制造						
钾肥制造						
复混肥料制造	8	33.51	33.07		76.33	15.02
有机肥料及微生物肥料制造	3	7.10	6.55		10.81	2.29
其他肥料制造						

单位：亿元

固定资产原价	累计折旧	流动资产合计	应收账款	存货	产成品	负债合计	流动负债合计	应付账款
4.04	0.36	8.62	0.44	5.16	2.79	10.31	9.44	0.70
1.00	0.16	0.69	0.02	0.55	0.08	0.71	0.71	-0.01
0.16	0.04	2.04	0.20	0.13		1.68	1.68	0.09
0.06	0.02	0.86	0.07	0.29	0.19	1.19	0.31	0.03
2.68	0.11	4.78	0.09	4.07	2.42	6.52	6.52	0.46
0.14	0.02	0.25	0.07	0.14	0.11	0.22	0.22	0.13
1.63	0.49	4.63	1.75	0.67	0.47	4.86	3.32	2.29
0.20	0.09	0.58	0.36	0.20	0.08	0.57	0.49	0.33
1.43	0.40	4.05	1.39	0.47	0.38	4.30	2.83	1.96
1133.15	560.84	1230.86	175.62	234.77	104.83	2019.30	1676.09	399.04
7.08	2.11	20.64	10.41	7.20	2.72	18.48	17.83	10.31
6.96	2.10	20.36	10.39	7.13	2.66	18.22	17.57	10.31
0.12	0.02	0.27	0.02	0.07	0.06	0.26	0.26	
1126.07	558.73	1210.22	165.20	227.57	102.10	2000.82	1658.26	388.73
820.01	266.94	449.99	66.83	103.51	39.24	887.40	670.37	129.70
303.97	74.61	183.52	29.34	46.24	13.83	373.23	274.12	70.01
0.69	0.44	2.08	0.33	1.21	0.16	2.61	2.61	1.39
69.66	10.96	56.89	16.11	8.84	1.51	120.17	99.22	29.13
17.95	4.50	13.62	4.39	3.74	2.51	22.63	15.74	6.64
81.94	26.22	50.74	4.65	14.31	6.55	118.02	88.12	14.27
133.72	32.49	60.20	3.86	18.13	3.10	109.79	68.42	18.57
278.72	115.10	132.11	10.69	23.60	9.24	277.41	215.87	28.62
220.41	73.52	84.37	3.31	12.63	5.30	220.50	175.00	21.52
56.23	41.24	39.52	4.30	10.73	3.91	49.31	35.30	5.89
2.08	0.33	8.22	3.08	0.24	0.03	7.59	5.57	1.21

2-1-2 续表 6

行业	企业单位数(个)	工业总产值(当年价格)	工业销售产值(当年价格)	出口交货值	资产总计	固定资产合计
农药制造	3	4.04	3.97		4.13	1.61
化学农药制造	2	3.87	3.05		2.92	0.97
生物化学农药及微生物农药制造	1	0.17	0.92		1.21	0.65
涂料、油墨、颜料及类似产品制造	16	30.69	25.46	0.72	26.94	5.50
涂料制造	5	9.02	8.53		3.61	0.66
油墨及类似产品制造	5	6.68	6.15		8.05	2.09
颜料制造	2	5.04	0.90		1.55	0.24
染料制造	3	8.55	8.51	0.72	11.82	2.49
密封用填料及类似品制造	1	1.40	1.36		1.90	0.02
合成材料制造	11	84.32	80.93	1.60	148.16	100.01
初级形态塑料及合成树脂制造	7	50.68	46.77		47.91	27.23
合成橡胶制造	3	6.55	6.96	0.50	33.06	23.52
合成纤维单(聚合)体制造	1	27.09	27.20	1.10	67.19	49.26
其他合成材料制造						
专用化学产品制造	48	69.66	65.04	0.40	77.73	36.81
化学试剂和助剂制造	32	52.32	49.74	0.14	56.43	27.65
专项化学用品制造	4	1.53	1.53		3.37	1.64
林产化学产品制造	4	3.64	3.37	0.12	4.83	0.84
信息化学品制造	3	10.31	8.64		11.29	6.38
环境污染处理专用药剂材料制造	1	0.42	0.42	0.14	0.53	0.14
动物胶制造	3	0.57	0.46		0.43	0.17
其他专用化学产品制造	1	0.88	0.88		0.87	
炸药、火工及焰火产品制造	12	39.43	38.49	0.19	61.46	19.15
炸药及火工产品制造	12	39.43	38.49	0.19	61.46	19.15
焰火、鞭炮产品制造						
日用化学产品制造	1	9.93	9.33	0.40	27.88	5.44
肥皂及合成洗涤剂制造	1	9.93	9.33	0.40	27.88	5.44
化妆品制造						
口腔清洁用品制造						
香料、香精制造						
其他日用化学产品制造						
医药制造业	82	161.09	148.74	16.29	265.01	118.07
化学药品原料药制造	14	45.44	45.25	15.58	89.11	61.44
化学药品制剂制造	25	55.09	53.40	0.65	87.60	32.55
中药饮片加工	2	3.61	3.53		3.07	1.45
中成药生产	26	25.66	21.27		51.38	10.90
兽用药品制造	6	3.59	3.29		6.01	2.24
生物药品制造	6	22.25	17.44		20.04	6.57
卫生材料及医药用品制造	3	5.45	4.56	0.06	7.81	2.92
化学纤维制造业	1	0.20	0.19		0.58	0.05
纤维素纤维原料及纤维制造						
化纤浆粕制造						
人造纤维(纤维素纤维)制造						
合成纤维制造	1	0.20	0.19		0.58	0.05
锦纶纤维制造						
涤纶纤维制造	1	0.20	0.19		0.58	0.05

单位：亿元

固定资产原价	累计折旧	流动资产合计	应收账款	存货	产成品	负债合计	流动负债合计	应付账款
1.96	0.54	2.24	0.87	0.65	0.48	0.66	0.65	0.17
1.29	0.40	1.82	0.77	0.52	0.39	0.62	0.61	0.16
0.67	0.14	0.41	0.10	0.13	0.08	0.04	0.04	0.01
9.33	4.21	19.91	5.56	5.00	2.37	19.52	18.22	4.61
0.74	0.23	2.29	1.00	0.65	0.39	2.71	2.60	0.80
3.21	1.30	5.80	2.25	1.46	0.62	4.53	3.90	0.88
0.35	0.15	1.28	0.04	0.62	0.04	1.63	1.33	0.32
5.01	2.52	8.65	1.58	1.63	1.29	8.94	8.69	0.96
0.02	0.01	1.88	0.69	0.64	0.03	1.70	1.70	1.65
134.30	40.66	36.02	2.26	9.87	4.63	116.41	74.59	11.37
35.94	13.70	15.68	0.79	1.93	0.75	32.36	20.79	5.51
26.94	3.41	4.87	0.47	1.72	0.62	31.67	9.47	1.53
71.41	23.55	15.47	1.00	6.23	3.27	52.38	44.33	4.33
48.70	13.57	35.23	9.84	10.99	5.70	48.34	43.72	8.52
37.84	11.62	24.98	6.57	7.65	4.51	34.80	33.01	5.39
1.68	0.21	1.57	0.59	0.40	0.27	1.78	1.78	0.41
1.38	0.54	3.60	1.56	1.15	0.20	3.10	2.66	1.13
7.47	1.10	3.67	0.44	1.37	0.46	7.38	5.24	1.13
0.19	0.07	0.39	0.06	0.22	0.08	0.22	0.22	0.05
0.14	0.02	0.24	0.02	0.20	0.18	0.34	0.34	0.04
		0.78	0.61			0.72	0.47	0.37
30.45	11.39	25.96	5.31	4.18	2.07	29.87	25.21	3.23
30.45	11.39	25.96	5.31	4.18	2.07	29.87	25.21	3.23
12.57	6.86	15.01	2.96	2.98	0.92	21.96	17.99	3.18
12.57	6.86	15.01	2.96	2.98	0.92	21.96	17.99	3.18
124.69	32.35	106.08	20.82	31.46	14.96	159.05	112.88	18.62
53.79	8.07	24.02	6.45	5.68	1.32	68.02	41.23	6.40
40.17	10.99	35.15	5.44	11.58	6.99	38.70	31.68	6.55
2.77	1.61	1.59	0.52	0.97	0.16	2.85	2.34	0.05
16.58	7.41	28.32	5.99	6.35	2.71	27.82	25.15	3.95
2.75	0.58	2.26	0.30	0.65	0.42	4.96	2.98	0.36
4.47	1.52	11.06	1.38	4.89	2.72	11.97	5.70	0.99
4.16	2.17	3.68	0.73	1.34	0.65	4.73	3.79	0.32
0.05	0.01	0.35	0.07	0.02	0.02	0.46	0.46	0.08
0.05	0.01	0.35	0.07	0.02	0.02	0.46	0.46	0.08
0.05	0.01	0.35	0.07	0.02	0.02	0.46	0.46	0.08

2-1-2 续表 7

行业	企业单位数（个）	工业总产值（当年价格）	工业销售产值（当年价格）	出口交货值	资产总计	固定资产合计
腈纶纤维制造						
维纶纤维制造						
丙纶纤维制造						
氨纶纤维制造						
其他合成纤维制造						
橡胶和塑料制品业	51	89.07	81.25	5.52	91.75	25.12
橡胶制品业	14	51.36	45.64	5.24	49.30	14.21
轮胎制造	2	33.25	28.54	5.24	33.11	10.65
橡胶板、管、带制造	5	8.76	8.06		6.45	1.94
橡胶零件制造	1	2.14	2.13		4.33	0.46
再生橡胶制造	4	3.48	3.43		1.56	0.34
日用及医用橡胶制品制造						
其他橡胶制品制造	2	3.73	3.48		3.85	0.82
塑料制品业	37	37.72	35.60	0.28	42.45	10.91
塑料薄膜制造	4	5.28	4.92		9.58	1.01
塑料板、管、型材制造	13	21.20	21.01	0.13	19.84	4.43
塑料丝、绳及编织品制造	12	6.08	4.99	0.15	5.87	1.47
泡沫塑料制造						
塑料人造革、合成革制造						
塑料包装箱及容器制造	6	3.79	3.31		6.01	3.62
日用塑料制品制造						
塑料零件制造						
其他塑料制品制造	2	1.36	1.36		1.16	0.38
非金属矿物制品业	441	406.05	383.05	20.55	657.63	302.62
水泥、石灰和石膏制造	125	143.48	138.69		344.97	195.72
水泥制造	108	133.70	128.96		323.72	189.08
石灰和石膏制造	17	9.78	9.74		21.25	6.64
石膏、水泥制品及类似制品制造	66	44.71	42.82	1.90	57.93	19.38
水泥制品制造	57	37.86	37.70	1.90	47.91	15.27
砼结构构件制造	4	1.25	1.47		2.67	0.59
石棉水泥制品制造						
轻质建筑材料制造	3	5.09	3.15		5.88	3.12
其他水泥类似制品制造	2	0.51	0.50		1.48	0.40
砖瓦、石材等建筑材料制造	47	39.21	36.44		40.54	17.36
粘土砖瓦及建筑砌块制造	21	5.88	5.39		13.86	8.03
建筑陶瓷制品制造	5	2.22	2.01		5.94	3.35
建筑用石加工	5	11.72	11.60		7.95	3.95
防水建筑材料制造	12	18.22	16.29		11.35	1.33
隔热和隔音材料制造	1	0.31	0.31		0.10	0.03
其他建筑材料制造	3	0.85	0.84		1.35	0.66
玻璃制造	2	13.97	11.77		30.91	8.43
平板玻璃制造	2	13.97	11.77		30.91	8.43
其他玻璃制造						
玻璃制品制造	23	24.80	23.50	10.84	18.95	6.71
技术玻璃制品制造						
光学玻璃制造						
玻璃仪器制造						

单位：亿元

固定资产原价	累计折旧	流动资产合计	应收账款	存货	产成品	负债合计	流动负债合计	应付账款
35.67	11.51	52.45	15.96	16.34	9.90	55.50	40.46	8.96
18.45	4.27	27.45	10.22	10.12	6.65	31.62	17.54	5.07
13.67	3.02	16.20	4.13	7.80	5.92	23.98	12.02	2.40
2.81	0.87	4.13	3.06	0.51	0.30	3.01	2.95	2.00
0.67	0.21	3.58	2.36	1.02		1.42	1.42	0.59
0.42	0.09	0.94	0.37	0.25	0.20	1.01	0.92	0.08
0.87	0.09	2.60	0.30	0.54	0.24	2.20	0.24	0.01
17.23	7.24	25.00	5.74	6.22	3.25	23.89	22.92	3.88
2.25	1.24	6.86	0.50	0.95	0.54	4.91	4.89	0.07
5.91	2.11	11.07	2.63	3.12	1.78	11.71	11.59	1.55
2.89	1.56	4.00	1.40	1.43	0.82	3.49	3.15	1.11
5.78	2.17	2.29	0.81	0.62	0.11	2.90	2.45	0.61
0.40	0.16	0.78	0.41	0.11		0.88	0.83	0.55
397.90	125.56	283.55	88.41	82.07	34.56	471.32	366.57	90.77
235.01	59.56	112.62	25.85	30.30	9.14	257.36	176.37	39.94
226.62	57.30	104.18	23.74	29.08	8.70	245.48	166.54	38.59
8.39	2.26	8.45	2.11	1.22	0.44	11.89	9.83	1.35
30.77	12.43	34.59	20.12	6.14	2.22	38.22	35.81	14.65
24.61	10.26	30.37	18.29	4.99	1.66	34.75	32.94	13.72
1.55	0.96	1.87	0.90	0.75	0.38	1.36	1.35	0.23
3.25	0.24	1.30	0.11	0.37	0.17	1.15	0.57	0.31
1.36	0.98	1.04	0.81	0.04	0.02	0.96	0.96	0.39
26.26	11.92	20.61	8.18	3.44	1.76	24.63	21.41	5.04
9.95	2.25	4.90	1.13	1.10	0.61	9.13	6.52	1.22
3.39	0.44	2.50	0.02	0.65	0.50	4.64	4.50	0.27
2.98	1.14	3.06	0.38	0.42	0.16	3.79	3.49	0.34
8.93	7.77	9.52	6.29	1.14	0.46	6.38	6.33	3.22
0.04	0.02	0.04	0.01	0.02		0.03	0.01	
0.97	0.30	0.59	0.36	0.11	0.03	0.65	0.56	-0.01
15.32	7.09	15.37	0.92	4.33	2.26	26.51	24.33	1.62
15.32	7.09	15.37	0.92	4.33	2.26	26.51	24.33	1.62
10.81	4.30	9.99	2.72	3.37	1.83	11.22	10.10	1.93

2-1-2 续表 8

行业	企业单位数（个）	工业总产值（当年价格）	工业销售产值（当年价格）	出口交货值	资产总计	固定资产合计
日用玻璃制品制造	17	20.62	19.64	10.84	15.02	5.25
玻璃包装容器制造	4	1.89	1.57		1.75	0.90
玻璃保温容器制造	1	0.38	0.37		0.69	0.43
制镜及类似品加工						
其他玻璃制品制造	1	1.91	1.91		1.49	0.14
玻璃纤维和玻璃纤维增强塑料制品制造	2	0.73	0.63		0.33	0.10
玻璃纤维及制品制造	1	0.49	0.43		0.11	0.08
玻璃纤维增强塑料制品制造	1	0.24	0.20		0.22	0.02
陶瓷制品制造	37	24.20	21.97	0.37	18.18	8.62
卫生陶瓷制品制造						
特种陶瓷制品制造	2	0.95	0.93	0.06	2.08	0.24
日用陶瓷制品制造	15	7.00	6.51		7.73	4.11
园林、陈设艺术及其他陶瓷制品制造	20	16.25	14.53	0.31	8.37	4.27
耐火材料制品制造	76	44.41	41.19	2.21	53.48	19.27
石棉制品制造	1	0.80	0.67		0.88	0.10
云母制品制造						
耐火陶瓷制品及其他耐火材料制造	75	43.61	40.52	2.21	52.60	19.17
石墨及其他非金属矿物制品制造	63	70.53	66.03	5.23	92.35	27.02
石墨及碳素制品制造	34	53.25	49.59	2.78	67.52	20.43
其他非金属矿物制品制造	29	17.28	16.45	2.45	24.83	6.59
黑色金属冶炼和压延加工业	262	2724.51	2668.21	96.52	2815.67	1080.29
炼铁	72	273.30	257.96	3.23	173.32	64.68
炼钢	14	326.14	312.80	4.51	294.37	130.71
黑色金属铸造	96	83.72	96.44	3.47	98.08	30.78
钢压延加工	48	1900.88	1868.11	84.13	2103.07	797.93
铁合金冶炼	32	140.47	132.89	1.17	146.83	56.19
有色金属冶炼和压延加工业	94	522.93	469.15	2.20	723.37	339.61
常用有色金属冶炼	46	431.34	385.34	1.39	641.43	313.70
铜冶炼	4	61.76	42.67		111.93	29.78
铅锌冶炼	2	3.22	0.35		1.56	0.08
镍钴冶炼	1	0.65	0.69		1.07	0.48
锡冶炼						
锑冶炼						
铝冶炼	13	307.34	286.16		430.41	257.95
镁冶炼	23	56.43	53.51	1.39	94.40	24.63
其他常用有色金属冶炼	3	1.95	1.96		2.07	0.77
贵金属冶炼	3	4.11	3.68		13.74	2.42
金冶炼	2	3.12	2.93		3.39	1.69
银冶炼	1	0.98	0.75		10.35	0.73
其他贵金属冶炼						
稀有稀土金属冶炼	11	7.19	6.73	0.10	11.75	4.62
钨钼冶炼						
稀土金属冶炼	8	6.21	5.82	0.10	9.61	4.18
其他稀有金属冶炼	3	0.99	0.90		2.14	0.44
有色金属合金制造	8	16.14	12.08	0.42	11.36	5.10
有色金属铸造						

单位：亿元

固定资产原价	累计折旧	流动资产合计	应收账款	存货	产成品	负债合计	流动负债合计	应付账款
8.62	3.56	7.70	1.31	2.96	1.74	8.13	7.20	0.78
1.46	0.57	0.78	0.19	0.34	0.08	1.40	1.22	0.29
0.52	0.10	0.25		0.03	0.01	0.51	0.51	0.04
0.21	0.07	1.25	1.22	0.03		1.18	1.18	0.81
0.11	0.01	0.22	0.09	0.04	0.02	0.14	0.14	0.05
0.08		0.03	0.01	0.01	0.01	0.04	0.04	0.02
0.03		0.20	0.08	0.03	0.01	0.10	0.10	0.03
9.59	1.94	7.26	0.88	4.04	2.82	12.60	11.17	1.42
0.32	0.08	1.58	0.15	0.34	0.32	1.20	1.16	0.08
4.21	0.74	2.09	0.31	1.25	0.99	5.58	5.27	0.37
5.06	1.12	3.59	0.42	2.45	1.51	5.83	4.74	0.98
31.05	13.08	29.89	9.42	10.66	5.99	36.76	32.56	8.80
0.13	0.03	0.70	-0.01	0.48	0.46	0.67	0.67	
30.92	13.05	29.18	9.43	10.18	5.53	36.09	31.89	8.80
38.97	15.22	53.01	20.24	19.75	8.51	63.89	54.68	17.33
30.10	12.49	39.15	13.78	16.43	6.61	45.82	39.25	12.11
8.88	2.73	13.86	6.46	3.32	1.91	18.07	15.42	5.22
2007.07	950.61	1117.47	107.10	395.69	141.00	1966.29	1479.61	357.51
87.28	30.93	94.04	14.03	33.31	17.02	115.78	89.09	31.27
192.70	69.41	135.37	8.16	44.36	21.68	258.41	197.62	78.72
43.94	15.10	59.28	16.45	15.92	5.25	67.82	58.19	12.34
1569.70	780.57	750.73	52.02	275.34	83.43	1409.50	1030.98	200.87
113.45	54.61	78.06	16.44	26.76	13.62	114.78	103.72	34.31
526.52	204.63	282.83	25.58	117.31	33.87	558.38	367.56	77.58
496.50	195.88	231.00	15.98	99.78	24.02	503.59	326.25	71.25
46.93	17.18	60.48	1.43	38.03	11.63	65.57	42.58	5.47
0.16	0.08	1.01	0.38	0.17	0.10	1.44	1.41	0.04
0.48	0.05	0.59	0.09	0.22	0.09	0.20	0.20	0.19
413.37	165.55	108.18	9.45	52.42	7.58	358.77	218.80	58.07
34.71	12.93	59.51	4.65	8.71	4.61	75.71	61.35	7.16
0.85	0.08	1.23	-0.03	0.22	0.01	1.90	1.90	0.32
3.63	1.21	9.70	0.55	1.15	0.37	9.84	4.07	1.03
1.94	0.25	1.60	0.26	0.74	0.05	1.03	1.03	0.88
1.69	0.96	8.10	0.29	0.41	0.33	8.81	3.04	0.15
5.68	1.35	6.93	1.45	3.70	1.99	6.89	6.53	1.63
5.06	1.13	5.26	0.91	3.16	1.55	5.10	4.76	1.39
0.61	0.22	1.67	0.54	0.54	0.44	1.80	1.77	0.24
8.45	3.35	6.09	0.99	2.31	1.14	6.77	6.58	1.02

2-1-2 续表 9

行业	企业单位数(个)	工业总产值(当年价格)	工业销售产值(当年价格)	出口交货值	资产总计	固定资产合计
有色金属压延加工	26	64.14	61.33	0.29	45.09	13.76
铜压延加工						
铝压延加工	16	49.97	47.73		35.82	12.44
贵金属压延加工	2	4.75	4.67		4.21	0.65
稀有稀土金属压延加工	5	3.22	3.03		3.36	0.53
其他有色金属压延加工	3	6.20	5.90	0.29	1.70	0.15
金属制品业	125	115.22	107.27	11.44	114.29	32.10
结构性金属制品制造	29	19.33	17.92	0.18	31.69	5.39
金属结构制造	27	17.24	15.91	0.18	28.32	4.63
金属门窗制造	2	2.09	2.02		3.37	0.76
金属工具制造	2	0.42	0.47		3.19	1.20
切削工具制造	1	0.30	0.30		2.51	1.08
手工具制造						
农用及园林用金属工具制造						
刀剪及类似日用金属工具制造						
其他金属工具制造	1	0.12	0.17		0.68	0.12
集装箱及金属包装容器制造	6	1.97	1.76		2.19	0.59
集装箱制造						
金属压力容器制造	1	0.27	0.24		0.74	0.20
金属包装容器制造	5	1.70	1.53		1.45	0.39
金属丝绳及其制品制造	6	3.83	3.59	0.87	5.82	3.02
建筑、安全用金属制品制造	23	17.12	17.07	1.34	11.30	2.88
建筑、家具用金属配件制造						
建筑装饰及水暖管道零件制造	20	15.25	14.96	1.34	7.27	1.99
安全、消防用金属制品制造	2	1.17	1.40		2.23	0.09
其他建筑、安全用金属制品制造	1	0.70	0.70		1.80	0.80
金属表面处理及热处理加工	3	1.47	1.47		1.76	0.61
搪瓷制品制造	1	0.52	0.49		0.07	0.01
生产专用搪瓷制品制造	1	0.52	0.49		0.07	0.01
建筑装饰搪瓷制品制造						
搪瓷卫生洁具制造						
搪瓷日用品及其他搪瓷制品制造						
金属制日用品制造	3	0.83	0.75		0.75	0.17
金属制厨房用器具制造						
金属制餐具和器皿制造	1	0.03	0.03		0.11	
金属制卫生器具制造						
其他金属制日用品制造	2	0.80	0.71		0.63	0.17
其他金属制品制造	52	69.73	63.74	9.05	57.53	18.24
锻件及粉末冶金制品制造	47	53.51	47.21	7.82	42.24	13.33
交通及公共管理用金属标牌制造						
其他未列明金属制品制造						
通用设备制造业	119	190.23	193.94	1.36	195.83	46.23
锅炉及原动设备制造	10	57.80	57.35	0.05	48.05	12.48
锅炉及辅助设备制造	8	55.54	55.24	0.05	45.16	12.02
内燃机及配件制造	2	2.26	2.11		2.89	0.46
汽轮机及辅机制造						

单位：亿元

固定资产原价	累计折旧	流动资产合计	应收账款	存货	产成品	负债合计	流动负债合计	应付账款
12.26	2.85	29.11	6.61	10.38	6.35	31.30	24.13	2.65
9.78	1.40	21.66	4.26	7.76	5.76	25.73	18.84	1.90
1.49	1.12	3.54	0.56	1.38	0.22	2.45	2.23	
0.78	0.27	2.62	1.04	0.88	0.27	2.12	2.06	0.75
0.21	0.06	1.29	0.75	0.35	0.10	1.01	1.01	-0.01
45.62	16.98	75.38	24.77	23.47	8.23	75.68	67.02	16.22
6.70	2.26	25.36	8.00	6.94	1.86	22.84	20.61	4.21
5.67	1.99	22.78	7.86	6.45	1.68	20.39	18.16	4.10
1.02	0.27	2.58	0.14	0.48	0.18	2.45	2.45	0.11
1.64	0.47	1.94	0.42	1.24	0.17	1.32	1.29	0.07
1.42	0.37	1.43	0.12	1.19	0.17	0.79	0.76	0.07
0.22	0.10	0.51	0.31	0.05		0.53	0.53	
0.82	0.38	1.21	0.23	0.55	0.23	2.26	2.18	0.11
0.32	0.12	0.21	0.04	0.12	0.12	1.06	1.06	
0.50	0.25	1.00	0.19	0.43	0.11	1.20	1.11	0.11
3.60	0.58	2.50	0.83	0.71	0.36	4.00	3.36	0.27
4.25	1.63	7.35	2.24	1.96	1.43	6.87	6.73	1.29
3.04	1.32	5.20	1.11	1.52	1.18	4.41	4.27	0.92
0.14	0.05	1.39	0.81	0.36	0.17	0.72	0.72	0.31
1.07	0.26	0.76	0.32	0.08	0.08	1.74	1.74	0.07
1.13	0.52	1.15	0.77	0.14	0.04	1.06	1.06	0.21
0.03	0.02	0.04		0.03	0.01	0.01	0.01	
0.03	0.02	0.04		0.03	0.01	0.01	0.01	
0.22	0.05	0.58	0.04	0.16	0.02	0.55	0.53	
		0.11	0.04	0.08		0.08	0.08	
0.22	0.05	0.46	0.01	0.08	0.02	0.47	0.45	
27.24	11.07	35.25	12.23	11.74	4.11	36.77	31.26	10.06
21.57	9.07	26.59	9.64	9.52	2.91	25.60	21.49	6.10
53.10	18.13	128.60	42.62	41.79	14.11	136.10	109.94	40.89
14.02	3.08	28.80	5.23	12.57	3.45	25.59	20.48	3.99
13.40	2.86	26.37	4.70	11.45	2.88	24.20	19.26	3.23
0.62	0.22	2.44	0.53	1.12	0.57	1.38	1.22	0.76

2-1-2 续表 10

行　业	企业单位数(个)	工业总产值(当年价格)	工业销售产值(当年价格)	出口交货值	资产总计	固定资产合计
水轮机及辅机制造						
风能原动设备制造						
其他原动设备制造						
金属加工机械制造	14	10.96	10.00	0.02	15.86	4.54
金属切削机床制造	2	1.31	1.40		4.09	1.08
金属成形机床制造	2	0.94	0.52	0.01	1.48	0.39
铸造机械制造	5	1.55	1.44	0.01	2.25	0.70
金属切割及焊接设备制造						
机床附件制造	1	0.29	0.29		0.83	0.07
其他金属加工机械制造	4	6.87	6.36		7.19	2.30
物料搬运设备制造	9	8.14	7.65		12.41	3.02
轻小型起重设备制造	1	3.47	3.12		4.51	0.68
起重机制造	2	0.49	0.43		1.23	0.15
生产专用车辆制造						
连续搬运设备制造	4	3.73	3.64		4.69	0.69
电梯、自动扶梯及升降机制造	2	0.46	0.46		1.97	1.50
其他物料搬运设备制造						
泵、阀门、压缩机及类似机械制造	28	38.10	36.12	0.51	55.80	12.74
泵及真空设备制造	12	23.56	24.18	0.13	21.53	2.80
气体压缩机械制造						
阀门和旋塞制造	3	1.47	1.31		2.71	0.57
液压和气压动力机械及元件制造	13	13.06	10.62	0.38	31.57	9.37
轴承、齿轮和传动部件制造	5	3.94	3.64		6.77	1.36
轴承制造						
齿轮及齿轮减、变速箱制造	4	2.39	2.16		5.57	0.93
其他传动部件制造	1	1.55	1.47		1.20	0.44
烘炉、风机、衡器、包装等设备制造	20	21.58	19.31	0.05	26.47	4.21
烘炉、熔炉及电炉制造	4	1.31	1.18		2.94	0.66
风机、风扇制造	7	11.62	10.83		9.10	1.56
气体、液体分离及纯净设备制造	1	0.17	0.17		1.43	0.07
制冷、空调设备制造	4	7.09	5.60	0.05	11.13	1.41
风动和电动工具制造						
喷枪及类似器具制造	2	0.85	0.85		0.94	0.05
衡器制造	2	0.54	0.70		0.93	0.46
包装专用设备制造						
文化、办公用机械制造						
电影机械制造						
幻灯及投影设备制造						
照相机及器材制造						
复印和胶印设备制造						
计算器及货币专用设备制造						
其他文化、办公用机械制造						
通用零部件制造	29	47.28	57.65	0.72	28.65	7.62
金属密封件制造	1	3.84	3.84		1.18	0.23
紧固件制造	3	0.83	0.84	0.36	1.97	0.50
弹簧制造						
机械零部件加工	23	42.00	52.32		24.77	6.72
其他通用零部件制造	2	0.61	0.65	0.36	0.73	0.17

单位：亿元

固定资产原价	累计折旧	流动资产合计	应收账款	存货	产成品	负债合计	流动负债合计	应付账款
5.89	1.73	10.61	3.01	4.59	2.01	8.81	7.90	1.96
1.58	0.74	2.96	0.27	2.30	0.96	3.34	2.61	0.46
0.52	0.13	1.04	0.28	0.23		1.01	0.99	0.27
1.02	0.32	1.47	0.52	0.68	0.28	1.32	1.31	0.15
0.13	0.08	0.58	0.20	0.17	0.08	0.19	0.19	0.06
2.65	0.46	4.56	1.74	1.21	0.69	2.96	2.80	1.01
3.14	0.63	8.74	2.91	3.72	2.56	10.03	9.40	3.09
0.84	0.16	3.78	0.87	2.47	2.04	3.99	3.99	0.94
0.31	0.16	1.08	0.34	0.48	0.19	1.07	1.07	0.90
0.87	0.21	3.52	1.56	0.61	0.23	3.17	3.15	1.10
1.11	0.11	0.36	0.14	0.15	0.10	1.81	1.20	0.15
9.95	4.70	39.19	13.52	10.45	3.15	45.10	33.28	14.48
5.06	2.41	17.91	6.40	6.90	1.85	16.10	15.76	9.19
0.63	0.30	1.83	0.68	0.93	0.52	2.13	1.71	0.94
4.25	1.99	19.45	6.45	2.63	0.78	26.88	15.81	4.35
2.10	0.73	4.20	1.51	1.62	0.59	5.18	3.34	0.75
1.62	0.69	3.50	0.97	1.60	0.58	4.12	2.64	0.75
0.48	0.04	0.70	0.54	0.02	0.01	1.06	0.70	
5.81	2.01	15.65	6.10	4.48	1.35	17.30	14.78	4.64
1.03	0.37	1.91	0.93	0.70	0.28	1.80	1.80	0.50
2.37	0.95	7.25	3.81	2.02	0.82	5.40	5.39	2.23
0.11	0.05	1.36	0.22	0.19		1.17	1.17	0.15
1.72	0.53	4.15	0.84	1.48	0.21	7.83	5.31	1.68
0.16	0.11	0.51	0.14	0.05	0.01	0.66	0.66	0.05
0.42	0.01	0.47	0.17	0.04	0.03	0.44	0.44	0.04
11.77	5.08	19.90	9.50	4.13	0.96	23.20	19.87	11.73
0.38	0.14	0.94	0.62	0.18		0.77	0.77	0.11
0.84	0.53	1.44	0.38	0.22	0.07	1.71	1.63	0.69
10.26	4.24	16.95	8.29	3.44	0.88	20.39	17.26	10.90
0.28	0.16	0.56	0.21	0.29	0.01	0.33	0.21	0.02

2-1-2 续表 11

行业	企业单位数(个)	工业总产值(当年价格)	工业销售产值(当年价格)	出口交货值	资产总计	固定资产合计
其他通用设备制造业	4	2.44	2.22		1.82	0.26
专用设备制造业	140	361.39	342.39	14.26	652.32	122.40
采矿、冶金、建筑专用设备制造	98	292.40	279.63	10.67	546.45	103.54
矿山机械制造	83	278.25	265.70	9.65	513.55	96.07
石油钻采专用设备制造	5	6.77	6.98	1.00	16.28	3.24
建筑工程用机械制造	1	0.77	0.75		2.20	0.54
海洋工程专用设备制造						
建筑材料生产专用机械制造	1	0.22	0.22		0.46	0.05
冶金专用设备制造	8	6.39	5.98	0.02	13.96	3.64
化工、木材、非金属加工专用设备制造	5	15.67	14.30		32.06	4.50
炼油、化工生产专用设备制造	3	9.45	8.09		27.57	3.62
橡胶加工专用设备制造						
塑料加工专用设备制造	1	0.01	0.01		0.24	0.04
木材加工机械制造						
模具制造	1	6.20	6.20		4.25	0.84
其他非金属加工专用设备制造						
食品、饮料、烟草及饲料生产专用设备制造	1	0.95	0.56	0.02	1.76	0.36
食品、酒、饮料及茶生产专用设备制造	1	0.95	0.56	0.02	1.76	0.36
农副食品加工专用设备制造						
烟草生产专用设备制造						
饲料生产专用设备制造						
印刷、制药、日化及日用品生产专用设备制造	2	0.61	0.64	0.15	0.96	0.21
制浆和造纸专用设备制造						
印刷专用设备制造	2	0.61	0.64	0.15	0.96	0.21
日用化工专用设备制造						
制药专用设备制造						
照明器具生产专用设备制造						
玻璃、陶瓷和搪瓷制品生产专用设备制造						
其他日用品生产专用设备制造						
纺织、服装和皮革加工专用设备制造	13	31.63	28.03	3.41	35.76	6.07
纺织专用设备制造	12	31.16	27.57	3.41	34.30	5.20
皮革、毛皮及其制品加工专用设备制造						
缝制机械制造	1	0.47	0.46		1.46	0.86
洗涤机械制造						
电子和电工机械专用设备制造	5	5.59	5.62	0.01	7.03	0.99
电工机械专用设备制造	2	0.85	0.85		1.31	0.36
电子工业专用设备制造	3	4.74	4.78	0.01	5.72	0.64
农、林、牧、渔专用机械制造	5	7.83	7.20		11.84	3.45
拖拉机制造	1	5.08	4.19		7.17	2.34
机械化农业及园艺机具制造	2	0.61	0.70		2.03	0.31
营林及木竹采伐机械制造						
畜牧机械制造						
渔业机械制造						
农林牧渔机械配件制造	1	1.49	1.49		1.57	0.38
棉花加工机械制造						
其他农、林、牧、渔业机械制造	1	0.65	0.83		1.07	0.41

单位：亿元

固定资产原价	累计折旧	流动资产合计	应收账款	存货	产成品	负债合计	流动负债合计	应付账款
0.42	0.16	1.51	0.84	0.22	0.03	0.89	0.89	0.25
147.98	46.15	459.89	192.97	106.91	42.09	484.88	416.81	173.34
121.18	36.70	392.00	174.93	89.83	35.95	417.39	363.04	153.68
107.54	30.11	374.81	170.07	84.17	34.18	388.24	340.20	149.14
5.47	2.46	5.88	1.38	2.44	0.89	16.07	11.86	1.30
0.63	0.10	1.60	0.26	0.81		1.59	1.59	0.51
0.06	0.02	0.38	0.04	0.10		0.41	0.41	0.27
7.47	4.02	9.32	3.18	2.31	0.87	11.08	8.98	2.46
5.77	1.67	18.48	5.10	4.83	1.44	15.89	13.56	3.52
4.41	0.84	14.89	3.78	3.92	1.20	13.89	11.55	3.42
0.29	0.26	0.18	0.01	0.08	0.03	0.36	0.36	0.07
1.06	0.58	3.41	1.31	0.83	0.21	1.64	1.64	0.04
0.55	0.23	1.40	0.15	0.59	0.43	0.13	0.12	0.06
0.55	0.23	1.40	0.15	0.59	0.43	0.13	0.12	0.06
0.16	0.12	0.73	0.07	0.49	0.08	0.60	0.50	0.12
0.16	0.12	0.73	0.07	0.49	0.08	0.60	0.50	0.12
10.54	4.87	24.35	5.11	5.12	1.63	32.02	22.35	12.32
9.54	4.73	23.77	4.77	4.99	1.58	31.09	21.42	11.39
1.00	0.14	0.59	0.33	0.13	0.05	0.93	0.93	0.93
1.47	0.48	4.83	2.47	0.51	0.23	2.56	2.40	0.92
0.51	0.15	0.92	0.47	0.20	0.04	0.37	0.37	0.18
0.96	0.33	3.92	2.00	0.31	0.19	2.19	2.03	0.73
4.57	1.25	7.29	1.87	2.50	0.93	5.88	4.72	0.89
3.31	0.97	4.55	1.33	1.49	0.72	3.12	2.23	0.36
0.51	0.19	0.93	0.07	0.28	0.04	1.05	0.86	0.24
0.38	0.05	1.18	0.30	0.51	0.08	1.30	1.27	0.24
0.37	0.04	0.63	0.18	0.22	0.09	0.41	0.36	0.05

2-1-2 续表 12

行业	企业单位数（个）	工业总产值（当年价格）	工业销售产值（当年价格）	出口交货值	资产总计	固定资产合计
医疗仪器设备及器械制造						
医疗诊断、监护及治疗设备制造						
口腔科用设备及器具制造						
医疗实验室及医用消毒设备和器具制造						
医疗、外科及兽医用器械制造						
机械治疗及病房护理设备制造						
假肢、人工器官及植(介)入器械制造						
其他医疗设备及器械制造						
环保、社会公共服务及其他专用设备制造	11	6.71	6.40	0.01	16.46	3.28
环境保护专用设备制造	5	3.41	3.13		8.31	1.86
地质勘查专用设备制造						
邮政专用机械及器材制造						
商业、饮食、服务专用设备制造						
社会公共安全设备及器材制造	1	0.27	0.28		0.49	0.06
交通安全、管制及类似专用设备制造						
水资源专用机械制造	1	0.32	0.31	0.01	1.10	0.21
其他专用设备制造	4	2.71	2.68		6.56	1.15
汽车制造业	46	79.24	76.44	4.74	128.80	42.29
汽车整车制造	4	2.11	2.03	0.01	18.54	7.38
改装汽车制造	3	35.94	34.41	1.02	35.41	9.00
低速载货汽车制造						
电车制造						
汽车车身、挂车制造	7	3.46	3.58		3.33	1.41
汽车零部件及配件制造	32	37.72	36.42	3.72	71.52	24.49
铁路、船舶、航空航天和其他运输设备制造业	28	111.53	110.34	0.41	141.72	48.78
铁路运输设备制造	27	110.25	109.07	0.41	134.29	44.59
铁路机车车辆及动车组制造	1	46.51	46.74	0.06	49.71	14.90
窄轨机车车辆制造	2	3.93	3.60		4.53	1.63
铁路机车车辆配件制造	14	24.20	24.47	0.35	29.74	8.41
铁路专用设备及器材、配件制造	5	9.97	8.93		10.14	0.56
其他铁路运输设备制造	5	25.65	25.33		40.17	19.10
城市轨道交通设备制造						
船舶及相关装置制造						
金属船舶制造						
非金属船舶制造						
娱乐船和运动船制造						
船用配套设备制造						
船舶改装与拆除						
航标器材及其他相关装置制造						
航空、航天器及设备制造						
飞机制造						
航天器制造						
航空、航天相关设备制造						
其他航空航天器制造						

单位：亿元

固定资产原价	累计折旧	流动资产合计	应收账款	存货	产成品	负债合计	流动负债合计	应付账款
3.73	0.84	10.79	3.28	3.04	1.40	10.40	10.12	1.84
2.07	0.48	5.53	1.92	1.58	0.86	4.02	3.93	0.77
0.08	0.03	0.44	0.16	0.27	0.19	0.44	0.44	0.09
0.23	0.04	0.77	0.01	0.19		1.37	1.35	
1.35	0.29	4.05	1.19	1.00	0.34	4.57	4.40	0.98
58.16	17.80	60.19	12.34	18.82	9.78	90.56	71.52	15.85
9.14	1.76	4.61	0.13	1.52	0.78	11.60	11.40	1.77
11.92	3.01	15.67	4.60	5.64	3.08	24.71	14.88	5.33
1.31	0.20	1.69	0.20	0.28	0.04	2.27	0.74	0.22
35.77	12.84	38.21	7.41	11.38	5.89	51.98	44.50	8.54
43.27	16.29	87.89	40.37	18.48	3.88	110.04	92.93	47.80
37.62	14.83	85.96	40.08	18.11	3.68	101.34	86.45	46.46
14.26	5.08	32.89	11.67	6.74	0.05	41.13	36.65	22.18
2.09	0.52	2.84	1.30	0.59	0.04	2.23	2.23	0.22
14.54	6.23	19.96	8.96	5.26	1.08	18.68	18.63	7.80
0.87	0.31	9.55	3.77	3.34	1.47	6.94	6.92	4.87
5.86	2.68	20.74	14.37	2.18	1.03	32.37	22.04	11.38

2-1-2 续表 13

行业	企业单位数(个)	工业总产值(当年价格)	工业销售产值(当年价格)	出口交货值	资产总计	固定资产合计
摩托车制造						
摩托车整车制造						
摩托车零部件及配件制造						
自行车制造						
脚踏自行车及残疾人座车制造						
助动自行车制造						
非公路休闲车及零配件制造						
潜水救捞及其他未列明运输设备制造	1	1.28	1.28		7.42	4.19
潜水及水下救捞装备制造						
其他未列明运输设备制造	1	1.28	1.28		7.42	4.19
电气机械和器材制造业	70	145.18	135.79	1.88	199.85	51.67
电机制造	6	53.38	54.86	1.31	66.89	10.43
发电机及发电机组制造						
电动机制造	5	52.91	54.39	1.31	66.00	10.26
微电机及其他电机制造	1	0.46	0.46		0.89	0.16
输配电及控制设备制造	34	69.62	61.18		89.34	24.57
变压器、整流器和电感器制造	9	10.31	9.91		10.65	1.19
电容器及其配套设备制造	4	1.36	1.34		1.97	0.25
配电开关控制设备制造	10	4.42	3.93		7.25	0.64
电力电子元器件制造	2	1.08	1.04		1.09	0.04
光伏设备及元器件制造	7	45.86	38.37		66.45	22.38
其他输配电及控制设备制造	2	6.60	6.59		1.93	0.08
电线、电缆、光缆及电工器材制造	19	14.68	13.84		19.18	3.64
电线、电缆制造	17	13.58	12.60		18.12	3.51
光纤、光缆制造	1	0.44	0.68		0.64	0.05
绝缘制品制造	1	0.65	0.56		0.42	0.08
其他电工器材制造						
电池制造	5	2.77	1.49		17.17	11.12
锂离子电池制造	2	0.97	0.54		3.96	1.92
镍氢电池制造						
其他电池制造	3	1.80	0.95		13.21	9.20
家用电力器具制造	1	0.06	0.06		0.19	0.10
家用制冷电器具制造						
家用空气调节器制造						
家用通风电器具制造						
家用厨房电器具制造						
家用清洁卫生电器具制造						
家用美容、保健电器具制造						
家用电力器具专用配件制造	1	0.06	0.06		0.19	0.10
其他家用电力器具制造						
非电力家用器具制造	2	2.00	2.00		1.51	0.67
燃气、太阳能及类似能源家用器具制造	2	2.00	2.00		1.51	0.67
其他非电力家用器具制造						
照明器具制造	2	2.33	2.03	0.52	5.42	1.13
电光源制造						
照明灯具制造	2	2.33	2.03	0.52	5.42	1.13
灯用电器附件及其他照明器具制造						

单位：亿元

固定资产原价	累计折旧	流动资产合计	应收账款	存货	产成品	负债合计	流动负债合计	应付账款
5.65	1.47	1.93	0.29	0.37	0.20	8.69	6.47	1.34
5.65	1.47	1.93	0.29	0.37	0.20	8.69	6.47	1.34
58.28	19.00	114.26	59.41	27.61	14.08	136.46	108.46	31.47
17.08	8.33	46.73	26.96	11.70	5.88	44.68	41.25	15.83
16.83	8.25	46.18	26.75	11.45	5.88	44.48	41.07	15.71
0.25	0.08	0.55	0.20	0.25		0.20	0.19	0.12
27.37	7.46	44.07	24.03	8.90	3.84	65.94	45.20	11.00
1.95	0.84	8.12	3.35	1.58	0.36	6.81	5.04	1.79
0.12	0.05	1.72	0.56	0.46	0.01	0.81	0.81	0.36
1.19	0.63	6.42	3.73	1.27	0.62	5.12	4.58	2.81
0.09	0.05	1.04	0.55	0.19	0.11	0.64	0.62	0.10
23.90	5.84	24.92	15.51	4.13	2.73	51.24	32.83	5.92
0.12	0.04	1.85	0.33	1.27	0.01	1.31	1.31	0.02
5.33	1.87	13.89	5.59	3.79	2.47	11.81	10.05	2.20
5.03	1.70	13.12	5.29	3.54	2.33	10.99	9.23	1.86
0.15	0.09	0.43	0.15	0.17	0.11	0.58	0.58	0.16
0.16	0.08	0.34	0.15	0.08	0.03	0.24	0.24	0.18
6.18	0.66	5.12	1.06	2.06	1.36	10.44	8.83	1.31
2.11	0.28	1.11	0.18	0.37	0.22	2.85	2.85	0.21
4.07	0.37	4.01	0.88	1.69	1.14	7.59	5.98	1.11
0.29	0.19	0.09	0.02	0.06	0.03	0.14	0.04	0.04
0.29	0.19	0.09	0.02	0.06	0.03	0.14	0.04	0.04
0.52	0.13	0.81	0.51	0.17	0.05	0.58	0.38	0.27
0.52	0.13	0.81	0.51	0.17	0.05	0.58	0.38	0.27
1.42	0.28	3.41	1.12	0.95	0.45	2.79	2.61	0.76
1.42	0.28	3.41	1.12	0.95	0.45	2.79	2.61	0.76

2-1-2 续表 14

行业	企业单位数（个）	工业总产值（当年价格）	工业销售产值（当年价格）	出口交货值	资产总计	固定资产合计
其他电气机械及器材制造	1	0.35	0.35	0.06	0.15	0.01
电气信号设备装置制造						
其他未列明电气机械及器材制造	1	0.35	0.35	0.06	0.15	0.01
计算机、通信和其他电子设备制造业	29	512.40	489.24	371.67	397.04	120.65
计算机制造	1	3.53	3.56		10.69	3.83
计算机整机制造	1	3.53	3.56		10.69	3.83
计算机零部件制造						
计算机外围设备制造						
其他计算机制造						
通信设备制造	6	488.17	467.97	370.15	334.41	104.79
通信系统设备制造	2	8.63	8.63		11.76	1.95
通信终端设备制造	4	479.54	459.35	370.15	322.65	102.83
广播电视设备制造						
广播电视节目制作及发射设备制造						
广播电视接收设备及器材制造						
应用电视设备及其他广播电视设备制造						
雷达及配套设备制造						
视听设备制造	1	2.60	2.41		2.31	0.15
电视机制造						
音响设备制造						
影视录放设备制造	1	2.60	2.41		2.31	0.15
电子器件制造	5	4.77	3.83		6.19	1.58
电子真空器件制造	1	2.45	1.75		1.86	0.44
半导体分立器件制造	1	0.62	0.58		0.64	0.39
集成电路制造	2	1.46	1.47		2.08	0.54
光电子器件及其他电子器件制造	1	0.24	0.02		1.61	0.21
电子元件制造	13	11.31	9.44	1.52	18.65	3.79
电子元件及组件制造	13	11.31	9.44	1.52	18.65	3.79
印制电路板制造						
其他电子设备制造	3	2.03	2.03		24.80	6.52
仪器仪表制造业	17	23.38	22.84	0.51	29.82	2.61
通用仪器仪表制造	13	21.60	21.35		27.02	1.47
工业自动控制系统装置制造	11	20.91	20.74		26.51	1.44
电工仪器仪表制造	1	0.40	0.31		0.14	0.02
绘图、计算及测量仪器制造						
实验分析仪器制造						
试验机制造	1	0.29	0.29		0.36	0.02
供应用仪表及其他通用仪器制造						
专用仪器仪表制造	2	0.84	0.59		0.63	0.05
环境监测专用仪器仪表制造						
运输设备及生产用计数仪表制造						
导航、气象及海洋专用仪器制造						
农林牧渔专用仪器仪表制造	1	0.31	0.27		0.34	0.05
地质勘探和地震专用仪器制造						
教学专用仪器制造						

单位：亿元

固定资产原价	累计折旧	流动资产合计	应收账款	存货	产成品	负债合计	流动负债合计	应付账款
0.09	0.08	0.14	0.12			0.10	0.10	0.05
0.09	0.08	0.14	0.12			0.10	0.10	0.05
193.57	76.86	240.01	57.82	39.87	20.16	235.39	231.23	123.73
5.91	2.08	6.23	1.81	0.51	0.16	10.23	9.95	4.89
5.91	2.08	6.23	1.81	0.51	0.16	10.23	9.95	4.89
166.80	62.64	208.72	49.84	33.04	18.07	200.68	199.12	113.72
2.62	1.20	9.44	0.35	1.13	0.01	6.91	6.44	4.61
164.18	61.44	199.28	49.49	31.91	18.06	193.77	192.68	109.11
0.23	0.08	2.15	1.36	0.24	0.19	0.82	0.82	0.27
0.23	0.08	2.15	1.36	0.24	0.19	0.82	0.82	0.27
4.05	2.65	2.52	0.42	0.73	0.51	3.36	3.26	0.62
2.82	2.38	1.02	0.02	0.37	0.29	1.54	1.54	0.11
0.52	0.13	0.16	0.01	0.12	0.05	0.28	0.23	0.05
0.50	0.13	1.12	0.40	0.03		0.83	0.78	0.37
0.21	0.01	0.22		0.22	0.17	0.71	0.71	0.08
12.34	8.68	10.74	3.40	4.05	0.84	10.50	10.39	2.81
12.34	8.68	10.74	3.40	4.05	0.84	10.50	10.39	2.81
4.24	0.72	9.66	0.98	1.30	0.39	9.80	7.70	1.42
3.67	1.66	22.61	9.82	4.56	1.01	14.56	12.67	3.24
2.69	1.22	21.09	9.19	4.19	0.88	13.42	11.53	2.88
2.65	1.20	20.63	8.92	4.09	0.86	13.14	11.28	2.81
0.02		0.12	0.01	0.04		0.09	0.09	
0.03	0.02	0.34	0.26	0.06	0.02	0.19	0.16	0.07
0.07	0.02	0.58	0.40	0.06		0.38	0.38	0.27
0.06	0.01	0.29	0.15	0.06		0.14	0.14	0.06

2-1-2 续表 15

行业	企业单位数（个）	工业总产值（当年价格）	工业销售产值（当年价格）	出口交货值	资产总计	固定资产合计
核子及核辐射测量仪器制造						
电子测量仪器制造						
其他专用仪器制造	1	0.53	0.32		0.29	
钟表与计时仪器制造						
光学仪器及眼镜制造	2	0.94	0.90	0.51	2.18	1.09
光学仪器制造	2	0.94	0.90	0.51	2.18	1.09
眼镜制造						
其他仪器仪表制造业						
其他制造业	6	7.12	6.98		9.97	3.04
日用杂品制造	1	2.10	2.13		2.10	0.76
鬃毛加工、制刷及清扫工具制造						
其他日用杂品制造	1	2.10	2.13		2.10	0.76
煤制品制造	2	2.37	2.29		1.43	0.68
核辐射加工						
其他未列明制造业						
废弃资源综合利用业	4	0.93	0.93		1.67	0.32
金属废料和碎屑加工处理	4	0.93	0.93		1.67	0.32
非金属废料和碎屑加工处理						
金属制品、机械和设备修理业	11	8.68	8.61		7.00	2.30
金属制品修理						
通用设备修理	3	2.61	2.61		1.95	0.34
专用设备修理	3	2.20	2.20		1.44	0.08
铁路、船舶、航空航天等运输设备修理	2	0.96	0.90		0.67	0.04
铁路运输设备修理	2	0.96	0.90		0.67	0.04
船舶修理						
航空航天器修理						
其他运输设备修理						
电气设备修理	3	2.90	2.89		2.94	1.85
仪器仪表修理						
其他机械和设备修理业						
电力、热力、燃气及水生产和供应业	**155**	**1731.05**	**1693.60**		**2854.72**	**2018.99**
电力、热力生产和供应业	123	1618.83	1588.98		2586.86	1884.90
电力生产	93	708.53	678.64		1791.41	1388.65
火力发电	64	663.68	633.85		1477.93	1164.24
水力发电	3	16.20	16.20		104.46	92.53
核力发电						
风力发电	22	23.71	23.65		176.39	126.78
太阳能发电						
其他电力生产	4	4.95	4.95		32.62	5.10
电力供应	6	875.97	875.97		656.63	425.77
热力生产和供应	24	34.33	34.37		138.82	70.48
燃气生产和供应业	18	95.30	88.12		198.01	96.72
水的生产和供应业	14	16.91	16.50		69.85	37.37
自来水生产和供应	13	16.70	16.29		68.36	36.46
污水处理及其再生利用						
其他水的处理、利用与分配	1	0.21	0.21		1.49	0.91

单位：亿元

固定资产原价	累计折旧	流动资产合计	应收账款	存货	产成品	负债合计	流动负债合计	应付账款
0.01	0.01	0.29	0.25			0.23	0.23	0.21
0.90	0.42	0.94	0.23	0.32	0.13	0.76	0.76	0.10
0.90	0.42	0.94	0.23	0.32	0.13	0.76	0.76	0.10
5.16	2.52	6.34	0.48	0.89	0.38	4.39	3.39	0.60
0.82	0.06	0.97	0.10	0.33	0.22	0.84	0.84	0.01
0.82	0.06	0.97	0.10	0.33	0.22	0.84	0.84	0.01
2.10	1.46	0.75	0.15	0.17	0.14	0.75	0.71	0.09
0.38	0.10	1.07	0.21	0.14		1.56	1.35	0.25
0.38	0.10	1.07	0.21	0.14		1.56	1.35	0.25
4.34	2.04	4.35	2.10	0.58	0.23	6.72	6.67	2.74
0.52	0.17	1.52	0.63	0.21	0.05	0.95	0.95	0.79
0.09	0.02	1.30	0.76	0.11	0.06	0.97	0.97	0.89
0.11	0.07	0.61	0.40	0.06		0.47	0.47	0.31
0.11	0.07	0.61	0.40	0.06		0.47	0.47	0.31
3.63	1.78	0.91	0.32	0.20	0.13	4.32	4.27	0.77
3058.48	**1200.94**	**487.78**	**123.80**	**47.65**	**2.11**	**2236.48**	**770.26**	**238.22**
2890.63	1162.23	416.16	112.96	44.50	1.83	2052.12	691.40	220.54
2018.58	734.01	287.65	94.72	41.59	1.82	1449.20	591.38	192.31
1746.99	676.01	243.56	84.92	39.77	0.64	1225.36	532.16	175.97
134.93	44.40	8.43	1.17	0.01		69.45	9.95	1.13
131.51	12.87	23.59	8.54	0.10		127.70	32.00	12.54
5.16	0.73	12.07	0.09	1.71	1.19	26.69	17.26	2.67
772.68	395.43	71.05	16.56	0.53		482.50	24.20	12.19
99.37	32.79	57.46	1.68	2.39		120.42	75.82	16.05
108.34	14.47	50.07	8.75	1.60	0.29	153.31	58.87	9.99
59.51	24.24	21.56	2.09	1.55		31.05	19.99	7.69
58.35	24.00	21.04	2.08	1.55		30.57	19.51	7.53
1.16	0.25	0.52	0.01			0.48	0.48	0.16

2-1-2 续表 16

行业	所有者权益合计	实收资本				
			国家资本	集体资本	法人资本	个人资本
总计	**7778.86**	**4384.46**	**1376.38**	**127.00**	**1589.32**	**1008.30**
采矿业	**4215.31**	**1799.83**	**634.36**	**55.58**	**802.09**	**211.46**
煤炭开采和洗选业	3957.86	1609.67	567.83	51.73	724.18	177.57
烟煤和无烟煤开采洗选	3957.86	1609.67	567.83	51.73	724.18	177.57
褐煤开采洗选						
其他煤炭采选						
石油和天然气开采业	93.44	86.07	25.32		52.77	
石油开采						
天然气开采	93.44	86.07	25.32		52.77	
黑色金属矿采选业	157.92	98.56	40.95	3.65	21.64	32.32
铁矿采选	153.57	96.31	40.95	3.65	21.61	30.10
锰矿、铬矿采选	4.34	2.25			0.03	2.22
其他黑色金属矿采选						
有色金属矿采选业	5.30	3.86	0.27	0.20	3.22	0.17
常用有色金属矿采选	2.63	1.99	0.27		1.63	0.09
铜矿采选	2.07	1.26			1.26	
铅锌矿采选						
镍钴矿采选						
锡矿采选						
锑矿采选						
铝矿采选	0.57	0.73	0.27		0.37	0.09
镁矿采选						
其他常用有色金属矿采选						
贵金属矿采选	2.66	1.87		0.20	1.59	0.08
金矿采选	2.66	1.87		0.20	1.59	0.08
银矿采选						
其他贵金属矿采选						
稀有稀土金属矿采选						
钨钼矿采选						
稀土金属矿采选						
放射性金属矿采选						
其他稀有金属矿采选						
非金属矿采选业	0.80	1.68		0.01	0.27	1.40
土砂石开采	0.78	1.18		0.01	0.27	0.90
石灰石、石膏开采	0.12	0.12			0.11	0.01
建筑装饰用石开采	0.58	0.39		0.01	0.16	0.22
耐火土石开采						
粘土及其他土砂石开采	0.08	0.67				0.67
化学矿开采	0.02	0.50				0.50
采盐						
石棉及其他非金属矿采选						
石棉、云母矿采选						
石墨、滑石采选						
宝石、玉石采选						
其他未列明非金属矿采选						

单位：亿元

港澳台资本	外商资本	主营业务收入	主营业务成本	主营业务税金及附加	销售费用	管理费用	税金	财务费用
64.09	**153.70**	**18164.34**	**15344.94**	**160.22**	**543.84**	**1016.30**	**40.24**	**548.66**
1.53	**34.33**	**7642.92**	**5977.39**	**97.75**	**318.97**	**620.56**	**21.84**	**268.33**
0.20	27.68	7232.00	5648.46	92.00	315.73	596.72	19.96	253.85
0.20	27.68	7232.00	5648.46	92.00	315.73	596.72	19.96	253.85
1.33	6.65	46.52	33.32	0.33	0.52	5.37	0.23	3.46
1.33	6.65	46.52	33.32	0.33	0.52	5.37	0.23	3.46
		341.25	276.07	5.14	2.04	17.00	1.28	10.66
		332.82	268.33	5.06	2.02	16.68	1.28	10.42
		8.44	7.74	0.07	0.01	0.32		0.24
		17.81	15.22	0.20	0.52	1.26	0.36	0.02
		12.29	10.72	0.17	0.50	0.83	0.34	0.05
		2.06	1.23	0.01		0.70	0.30	0.03
		10.23	9.48	0.16	0.50	0.14	0.04	0.02
		5.52	4.50	0.03	0.02	0.43	0.02	-0.03
		5.52	4.50	0.03	0.02	0.43	0.02	-0.03
		5.33	4.32	0.07	0.16	0.21	0.01	0.35
		4.46	3.57	0.04	0.16	0.19	0.01	0.13
		0.97	0.67	0.03	0.04	0.03	0.01	0.03
		2.24	1.82	0.01	0.06	0.13		0.02
		1.25	1.08		0.06	0.03		0.08
		0.87	0.75	0.03		0.01		0.22

2-1-2 续表 17

行 业	所有者权益合计					
		实收资本				
			国家资本	集体资本	法人资本	个人资本
开采辅助活动						
煤炭开采和洗选辅助活动						
石油和天然气开采辅助活动						
其他开采辅助活动						
其他采矿业						
制造业	**2948.56**	**2036.84**	**399.10**	**70.68**	**613.89**	**783.74**
农副食品加工业	104.41	33.48	1.87	0.38	11.64	19.54
谷物磨制	6.09	3.00	0.41		0.76	1.84
饲料加工	12.87	5.19			1.07	4.13
植物油加工	21.51	4.30			2.16	2.14
食用植物油加工	20.62	3.65			2.13	1.53
非食用植物油加工	0.89	0.64			0.03	0.61
制糖业	-0.99	0.85			0.85	
屠宰及肉类加工	37.78	11.74	1.41	0.37	5.37	4.56
牲畜屠宰	8.73	4.80	1.41		1.85	1.55
禽类屠宰	19.80	3.44			1.44	1.95
肉制品及副产品加工	9.25	3.50		0.37	2.07	1.06
水产品加工						
水产品冷冻加工						
鱼糜制品及水产品干腌制加工						
水产饲料制造						
鱼油提取及制品制造						
其他水产品加工						
蔬菜、水果和坚果加工	11.18	3.38			0.54	2.83
蔬菜加工	1.28	0.32			0.04	0.28
水果和坚果加工	9.90	3.06			0.50	2.55
其他农副食品加工	15.96	5.03	0.05	0.01	0.91	4.05
淀粉及淀粉制品制造	10.32	3.92	0.05	0.01	0.81	3.05
豆制品制造	0.57	0.11			0.10	0.01
蛋品加工						
其他未列明农副食品加工	5.07	1.00				1.00
食品制造业	50.47	19.42	0.35	1.44	10.58	5.89
焙烤食品制造	4.92	2.21			1.51	0.41
糕点、面包制造	-0.07	0.28			0.13	0.15
饼干及其他焙烤食品制造	4.99	1.93			1.38	0.26
糖果、巧克力及蜜饯制造	5.21	1.67	0.01	0.01	1.44	0.21
糖果、巧克力制造						
蜜饯制作	5.21	1.67	0.01	0.01	1.44	0.21
方便食品制造	2.68	1.13	0.20		0.88	0.05
米、面制品制造	0.92	0.33	0.20		0.13	
速冻食品制造	0.92	0.40			0.40	
方便面及其他方便食品制造	0.83	0.40			0.36	0.05
乳制品制造	15.09	7.31	0.02	0.82	5.32	0.83
罐头食品制造	3.83	1.35	0.08		0.11	1.16
肉、禽类罐头制造	2.59	0.72				0.72
水产品罐头制造						
蔬菜、水果罐头制造	1.24	0.63	0.08		0.11	0.44
其他罐头食品制造						

单位：亿元

港澳台资本	外商资本	主营业务收入	主营业务成本	主营业务税金及附加	销售费用	管理费用	税金	财务费用
61.18	**105.17**	**8802.88**	**7887.10**	**53.92**	**218.55**	**328.98**	**15.95**	**202.80**
0.04		349.63	312.07	0.22	4.32	5.80	0.21	4.33
		14.10	12.57	0.03	0.31	0.46	0.02	0.22
		99.23	87.30		1.02	1.38	0.02	0.84
		48.63	41.82	0.01	0.18	0.52	0.01	0.73
		47.28	40.56	0.01	0.16	0.50	0.01	0.72
		1.34	1.26		0.02	0.02		0.01
		2.51	2.60	0.01	0.04	0.24	0.05	0.11
0.04		85.89	77.53	0.07	1.05	1.89	0.04	1.09
		17.68	16.93	0.02	0.16	0.45	0.02	0.09
0.04		49.29	44.30		0.26	0.78	0.01	0.77
		18.92	16.30	0.05	0.64	0.65	0.01	0.23
		23.61	20.53	0.04	0.42	0.45	0.01	0.40
		1.64	1.39		0.03	0.04		0.02
		21.98	19.13	0.04	0.39	0.41	0.01	0.38
		75.68	69.72	0.06	1.30	0.86	0.05	0.94
		61.96	57.75	0.04	1.13	0.67	0.05	0.75
		0.91	0.72		0.09	0.09		0.02
		12.81	11.25	0.03	0.08	0.10		0.17
0.75	0.33	121.51	99.68	0.36	6.79	4.62	0.18	1.90
0.30		15.07	12.31	0.08	0.75	0.61	0.04	0.10
		2.35	2.09	0.01	0.12	0.18	0.01	0.03
0.30		12.72	10.22	0.06	0.63	0.43	0.02	0.07
		7.35	5.67	0.05	0.52	0.22	0.02	0.31
		7.35	5.67	0.05	0.52	0.22	0.02	0.31
		7.02	5.99	0.03	0.39	0.29	0.02	0.08
		0.99	0.78		0.02	0.07	0.01	0.03
		0.85	0.73		0.01	0.05		0.02
		5.17	4.48	0.03	0.37	0.17	0.01	0.04
	0.32	42.88	36.87	0.09	1.82	1.52	0.06	0.36
		12.94	10.85	0.03	0.67	0.63	0.01	0.38
		10.03	8.44	0.03	0.53	0.51		0.26
		2.90	2.40		0.14	0.12		0.12

2-1-2 续表 18

行业	所有者权益合计	实收资本				
			国家资本	集体资本	法人资本	个人资本
调味品、发酵制品制造	11.18	3.69	0.05	0.62	0.92	1.95
味精制造						
酱油、食醋及类似制品制造	9.42	3.43	0.05	0.52	0.92	1.85
其他调味品、发酵制品制造	1.75	0.26		0.10		0.10
其他食品制造	7.58	2.07			0.40	1.29
营养食品制造	0.14	0.07				0.07
保健食品制造	0.49	0.06				0.06
冷冻饮品及食用冰制造						
盐加工						
食品及饲料添加剂制造	3.70	1.16			0.40	0.40
其他未列明食品制造	3.25	0.78				0.76
酒、饮料和精制茶制造业	109.99	41.82	12.23	2.32	12.17	9.59
酒的制造	74.62	23.89	11.72		5.80	3.78
酒精制造						
白酒制造	60.57	11.43	9.32		1.05	1.06
啤酒制造	7.17	11.16	2.40		4.37	2.00
黄酒制造						
葡萄酒制造	6.06	0.91				0.71
其他酒制造	0.82	0.39			0.38	0.01
饮料制造	29.88	17.14	0.51	2.32	6.10	5.30
碳酸饮料制造	1.16	0.83			0.21	
瓶(罐)装饮用水制造	0.23	0.14				
果菜汁及果菜汁饮料制造	24.10	13.76	0.51	1.75	5.74	4.67
含乳饮料和植物蛋白饮料制造	3.41	1.55		0.57		0.43
固体饮料制造	0.81	0.66			0.15	
茶饮料及其他饮料制造	0.17	0.20				0.20
精制茶加工	5.50	0.79			0.28	0.51
烟草制品业	25.43	6.13			6.13	
烟叶复烤						
卷烟制造	25.43	6.13			6.13	
其他烟草制品制造						
纺织业	15.62	11.18	0.77	0.12	2.94	7.28
棉纺织及印染精加工	9.80	8.18	0.10		1.48	6.60
棉纺纱加工	7.43	4.71	0.10		1.17	3.44
棉织造加工	0.70	0.67				0.67
棉印染精加工	1.67	2.80			0.31	2.49
毛纺织及染整精加工	1.23	1.28			1.19	0.02
毛条和毛纱线加工	1.23	1.28			1.19	0.02
毛织造加工						
毛染整精加工						
麻纺织及染整精加工	2.12	1.20	0.67	0.12		0.41
麻纤维纺前加工和纺纱	0.87	0.41				0.41
麻织造加工	1.26	0.79	0.67	0.12		
麻染整精加工						
丝绢纺织及印染精加工	0.57	0.20			0.20	
缫丝加工	0.57	0.20			0.20	
绢纺和丝织加工						
丝印染精加工						

单位：亿元

港澳台资本	外商资本	主营业务收入	主营业务成本	主营业务税金及附加	销售费用	管理费用	税金	财务费用
0.09		19.31	13.93	0.07	1.80	1.04	0.02	0.46
0.09		17.21	12.26	0.07	1.76	1.01	0.02	0.42
		2.10	1.68		0.03	0.03		0.03
0.36		16.95	14.06	0.02	0.84	0.31	0.01	0.23
		0.21	0.16		0.01	0.01		
		0.45	0.35					0.02
0.36		10.16	8.85	0.01	0.20	0.20	0.01	0.15
		6.13	4.69		0.63	0.10		0.06
1.75	3.60	199.53	131.90	14.45	23.27	11.28	1.02	1.31
1.55	0.89	147.00	89.32	14.31	19.64	9.81	0.93	0.50
		132.57	79.46	12.92	18.68	8.22	0.65	0.10
1.50	0.89	9.40	7.10	1.17	0.52	0.95	0.09	0.20
0.05		2.93	1.32	0.15	0.30	0.40	0.19	0.16
		2.09	1.44	0.08	0.14	0.24		0.03
0.20	2.71	51.26	41.86	0.14	3.54	1.39	0.09	0.79
	0.62	7.16	5.40	0.03	1.36	0.35	0.03	0.01
	0.14	0.53	0.45					
0.20	0.89	35.07	29.07	0.08	1.70	0.86	0.04	0.74
	0.55	7.30	5.88	0.02	0.44	0.11	0.01	0.04
	0.51	0.87	0.76		0.03	0.05	0.01	
		0.32	0.30		0.01	0.02		0.01
		1.28	0.73		0.08	0.09		0.02
		40.41	13.08	17.57	0.42	2.51	0.08	-0.22
		40.41	13.08	17.57	0.42	2.51	0.08	-0.22
0.06		41.69	37.74	0.07	0.61	1.19	0.08	1.35
		29.77	26.89	0.04	0.40	0.72	0.08	1.18
		14.13	13.25	0.02	0.11	0.30	0.06	0.44
		3.90	3.67	0.01	0.03	0.07	0.01	0.10
		11.73	9.96	0.01	0.26	0.36	0.01	0.64
0.06		7.36	7.16		0.03	0.10		0.13
0.06		7.36	7.16		0.03	0.10		0.13
		2.24	1.90	0.01	0.08	0.24		0.01
		0.21	0.18		0.01	0.01		
		2.04	1.72	0.01	0.07	0.22		0.01
		0.22	0.19			0.01		0.01
		0.22	0.19			0.01		0.01

2-1-2　续表 19

行　业	所有者权益合计	实收资本				
			国家资本	集体资本	法人资本	个人资本
化纤织造及印染精加工	0.21	0.05			0.05	
化纤织造加工	0.21	0.05			0.05	
化纤织物染整精加工						
针织或钩针编织物及其制品制造	0.23	0.02				0.02
针织或钩针编织物织造	0.23	0.02				0.02
针织或钩针编织物印染精加工						
针织或钩针编织品制造						
家用纺织制成品制造	1.01	0.11			0.03	0.08
床上用品制造	1.01	0.11			0.03	0.08
毛巾类制品制造						
窗帘、布艺类产品制造						
其他家用纺织制成品制造						
非家用纺织制成品制造	0.44	0.15				0.15
非织造布制造	0.38	0.12				0.12
绳、索、缆制造						
纺织带和帘子布制造	0.06	0.03				0.03
篷、帆布制造						
其他非家用纺织制成品制造						
纺织服装、服饰业	8.91	3.22	0.42	0.21	1.33	1.26
机织服装制造	8.82	2.95	0.42	0.21	1.06	1.26
针织或钩针编织服装制造	0.10	0.27			0.27	
服饰制造						
皮革、毛皮、羽毛及其制品和制鞋业	1.26	0.36				0.36
皮革鞣制加工	1.26	0.36				0.36
皮革制品制造						
皮革服装制造						
皮箱、包(袋)制造						
皮手套及皮装饰制品制造						
其他皮革制品制造						
毛皮鞣制及制品加工						
毛皮鞣制加工						
毛皮服装加工						
其他毛皮制品加工						
羽毛(绒)加工及制品制造						
羽毛(绒)加工						
羽毛(绒)制品加工						
制鞋业						
纺织面料鞋制造						
皮鞋制造						
塑料鞋制造						
橡胶鞋制造						
其他制鞋业						
木材加工和木、竹、藤、棕、草制品业	19.85	3.75		0.02	3.16	0.56
木材加工	0.47	0.15			0.15	
锯材加工						
木片加工	0.47	0.15			0.15	
单板加工						
其他木材加工						

单位：亿元

港澳台资本	外商资本	主营业务收入	主营业务成本	主营业务税金及附加	销售费用	管理费用	税金	财务费用
		0.20	0.09		0.05	0.06		
		0.20	0.09		0.05	0.06		
		0.34	0.29					
		0.34	0.29					
		0.94	0.72	0.01	0.02	0.03		0.02
		0.94	0.72	0.01	0.02	0.03		0.02
		0.63	0.50		0.03	0.03		
		0.41	0.31		0.02	0.03		
		0.21	0.19					
		15.91	13.15	0.05	0.35	1.15	0.03	0.21
		15.44	12.76	0.04	0.32	1.06	0.02	0.21
		0.47	0.39		0.02	0.09	0.01	0.01
		6.97	6.76	0.06	0.02	0.03		0.01
		6.97	6.76	0.06	0.02	0.03		0.01
		16.97	15.10	0.06	0.17	0.64	0.02	1.05
		0.60	0.55	0.01		0.02		0.02
		0.60	0.55	0.01		0.02		0.02

2-1-2 续表 20

行业	所有者权益合计	实收资本				
			国家资本	集体资本	法人资本	个人资本
人造板制造	7.98	2.71			2.51	0.20
胶合板制造						
纤维板制造	5.91	2.31			2.21	0.10
刨花板制造	0.84	0.11			0.11	
其他人造板制造	1.23	0.30			0.20	0.10
木制品制造	10.80	0.58		0.02	0.50	0.06
建筑用木料及木材组件加工		0.02		0.02		
木门窗、楼梯制造	10.43	0.06				0.06
地板制造						
木制容器制造						
软木制品及其他木制品制造	0.37	0.50			0.50	
竹、藤、棕、草等制品制造	0.60	0.30				0.30
竹制品制造						
藤制品制造						
棕制品制造	0.60	0.30				0.30
草及其他制品制造						
家具制造业	3.15	2.44			0.31	2.13
木质家具制造	3.15	2.44			0.31	2.13
竹、藤家具制造						
金属家具制造						
塑料家具制造						
其他家具制造						
造纸和纸制品业	7.43	5.49	0.04	0.14	2.00	3.31
纸浆制造						
木竹浆制造						
非木竹浆制造						
造纸	3.92	2.60			1.16	1.45
机制纸及纸板制造	3.92	2.60			1.16	1.45
手工纸制造						
加工纸制造						
纸制品制造	3.51	2.89	0.04	0.14	0.85	1.87
纸和纸板容器制造	2.47	1.81	0.04	0.14	0.53	1.10
其他纸制品制造	1.04	1.08			0.32	0.76
印刷和记录媒介复制业	12.85	5.05	1.18	0.04	2.79	0.80
印刷	12.85	5.05	1.18	0.04	2.79	0.80
书、报刊印刷	4.84	2.13	1.16		0.69	0.28
本册印制	0.53	0.05				0.05
包装装潢及其他印刷	7.48	2.87	0.02	0.03	2.10	0.47
装订及印刷相关服务						
记录媒介复制						
文教、工美、体育和娱乐用品制造业	4.89	3.14		0.01	1.71	1.42
文教办公用品制造						
文具制造						
笔的制造						
教学用模型及教具制造						
墨水、墨汁制造						
其他文教办公用品制造						

单位：亿元

港澳台资本	外商资本	主营业务收入	主营业务成本	主营业务税金及附加	销售费用	管理费用	税金	财务费用
		5.11	4.42	0.04	0.12	0.43	0.01	0.83
		2.02	2.00	0.01	0.02	0.21	0.01	0.76
		1.74	1.45	0.03	0.04	0.13		0.01
		1.35	0.96		0.05	0.09		0.06
		10.72	9.69	0.01	0.04	0.16	0.01	0.20
		0.51	0.42	0.01		0.08		
		7.27	6.37		0.02	0.04		0.20
		2.93	2.91		0.01	0.03		
		0.54	0.43		0.01	0.03		
		0.54	0.43		0.01	0.03		
		5.88	5.16	0.02	0.23	0.15	0.01	0.15
		5.88	5.16	0.02	0.23	0.15	0.01	0.15
		20.12	17.83	0.06	0.28	0.46	0.06	0.56
		5.50	5.19	0.01	0.09	0.10	0.01	0.15
		5.50	5.19	0.01	0.09	0.10	0.01	0.15
		14.62	12.65	0.05	0.19	0.37	0.05	0.41
		9.32	7.95	0.05	0.16	0.24	0.04	0.28
		5.30	4.70		0.03	0.13	0.01	0.14
	0.26	18.51	14.91	0.10	0.72	1.65	0.08	0.44
	0.26	18.51	14.91	0.10	0.72	1.65	0.08	0.44
		7.44	5.99	0.06	0.39	0.91	0.06	0.20
		0.33	0.22			0.03		0.01
	0.26	10.74	8.70	0.04	0.34	0.72	0.02	0.23
		8.06	6.99	0.03	0.46	0.69	0.05	0.06

2-1-2 续表 21

行业	所有者权益合计	实收资本				
			国家资本	集体资本	法人资本	个人资本
乐器制造						
中乐器制造						
西乐器制造						
电子乐器制造						
其他乐器及零件制造						
工艺美术品制造	3.60	2.21			1.71	0.51
雕塑工艺品制造						
金属工艺品制造	1.07	0.24				0.24
漆器工艺品制造	0.49	0.10				0.10
花画工艺品制造						
天然植物纤维编织工艺品制造						
抽纱刺绣工艺品制造	0.31	0.30			0.30	
地毯、挂毯制造						
珠宝首饰及有关物品制造	1.58	1.56			1.40	0.16
其他工艺美术品制造	0.16	0.01			0.01	
体育用品制造	1.29	0.92		0.01		0.91
球类制造						
体育器材及配件制造	0.20	0.25				0.25
训练健身器材制造	1.08	0.67		0.01		0.66
运动防护用具制造						
其他体育用品制造						
玩具制造						
游艺器材及娱乐用品制造						
露天游乐场所游乐设备制造						
游艺用品及室内游艺器材制造						
其他娱乐用品制造						
石油加工、炼焦和核燃料加工业	335.86	636.08	30.65	18.59	171.35	401.18
精炼石油产品制造	10.14	3.45	0.07		2.09	0.66
原油加工及石油制品制造	10.00	3.35	0.07		2.04	0.61
人造原油制造	0.14	0.10			0.05	0.05
炼焦	325.72	632.63	30.58	18.59	169.25	400.52
核燃料加工						
化学原料和化学制品制造业	330.82	219.90	62.42	13.92	78.87	42.89
基础化学原料制造	121.72	83.00	18.23	7.12	20.64	17.88
无机酸制造	-0.15	0.27			0.16	0.08
无机碱制造	35.38	13.51	10.68	2.66	0.05	0.12
无机盐制造	7.44	5.35	0.29	0.71	3.59	0.77
有机化学原料制造	17.98	30.01	5.09	1.37	10.59	11.39
其他基础化学原料制造	61.08	33.86	2.18	2.39	6.26	5.53
肥料制造	100.24	81.85	32.62	4.31	40.64	3.06
氮肥制造	70.01	67.81	32.62	4.31	27.53	2.13
磷肥制造						
钾肥制造						
复混肥料制造	27.02	13.13			12.32	0.82
有机肥料及微生物肥料制造	3.22	0.90			0.79	0.11
其他肥料制造						

单位：亿元

港澳台资本	外商资本	主营业务收入	主营业务成本	主营业务税金及附加	销售费用	管理费用	税金	财务费用
		3.19	2.65	0.02	0.28	0.31	0.01	0.02
		0.48	0.35		0.05	0.09	0.01	
		0.49	0.40		0.02	0.03		
		0.38	0.16	0.01	0.19	0.12		0.01
		1.00	0.96		0.01	0.05		
		0.84	0.79	0.01	0.01	0.02		0.01
		4.87	4.34	0.02	0.17	0.38	0.04	0.04
		0.64	0.56		0.03	0.03		0.02
		4.23	3.77	0.02	0.14	0.35	0.04	0.02
5.36	8.95	1322.77	1223.78	4.01	54.62	39.52	2.55	58.75
	0.63	40.70	33.76	0.95	1.04	1.52	0.08	0.31
	0.63	39.76	32.91	0.94	1.04	1.51	0.08	0.29
		0.94	0.85			0.01		0.02
5.36	8.32	1282.07	1190.01	3.06	53.58	38.01	2.47	58.44
15.86	5.94	778.07	706.47	2.01	18.33	40.27	2.08	28.49
15.75	3.38	266.69	247.03	1.05	4.60	10.22	0.58	9.65
0.04		2.52	2.59	0.01	0.02	0.05		0.05
		53.25	54.10	0.46	0.21	4.40	0.09	3.16
		27.37	24.58	0.08	1.51	1.11	0.05	0.66
1.01	0.57	76.33	70.86	0.15	1.44	2.66	0.16	2.53
14.70	2.81	107.22	94.91	0.35	1.43	2.00	0.28	3.24
	1.22	255.72	232.42	0.22	6.09	15.66	0.72	9.20
	1.22	215.84	198.78	0.12	3.96	9.26	0.47	7.85
		33.38	29.61	0.05	0.83	5.97	0.25	1.08
		6.49	4.03	0.06	1.30	0.42		0.27

2-1-2 续表 22

行业	所有者权益合计	实收资本	国家资本	集体资本	法人资本	个人资本
农药制造	3.32	1.26				1.26
化学农药制造	2.30	0.83				0.83
生物化学农药及微生物农药制造	1.03	0.43				0.43
涂料、油墨、颜料及类似产品制造	7.39	3.40	0.57		0.32	2.17
涂料制造	0.87	0.46			0.01	0.45
油墨及类似产品制造	3.52	1.74	0.21		0.11	1.20
颜料制造	-0.08	0.12			0.12	
染料制造	2.88	1.03	0.31		0.09	0.52
密封用填料及类似品制造	0.19	0.05	0.05			
合成材料制造	31.76	17.63	7.69	0.88	6.20	1.73
初级形态塑料及合成树脂制造	15.54	9.22	3.00	0.84	3.65	1.73
合成橡胶制造	1.39	3.71		0.05	2.55	
合成纤维单(聚合)体制造	14.82	4.69	4.69			
其他合成材料制造						
专用化学产品制造	28.91	15.79	0.28	1.27	6.98	7.26
化学试剂和助剂制造	21.14	11.21		1.27	5.35	4.60
专项化学用品制造	1.59	1.59			0.08	1.50
林产化学产品制造	1.73	1.14	0.28			0.86
信息化学品制造	3.91	1.20			1.20	
环境污染处理专用药剂材料制造	0.31	0.30			0.25	0.06
动物胶制造	0.09	0.17			0.10	0.06
其他专用化学产品制造	0.14	0.18				0.18
炸药、火工及焰火产品制造	31.56	11.48	3.03	0.33	2.63	5.49
炸药及火工产品制造	31.56	11.48	3.03	0.33	2.63	5.49
焰火、鞭炮产品制造						
日用化学产品制造	5.92	5.49			1.45	4.04
肥皂及合成洗涤剂制造	5.92	5.49			1.45	4.04
化妆品制造						
口腔清洁用品制造						
香料、香精制造						
其他日用化学产品制造						
医药制造业	105.21	50.13	8.80	0.91	24.88	11.39
化学药品原料药制造	20.90	14.24	7.11		1.11	2.51
化学药品制剂制造	48.90	21.45	0.48	0.72	16.39	3.79
中药饮片加工	0.22	0.14			0.14	
中成药生产	23.21	8.44	0.25	0.08	4.15	3.38
兽用药品制造	1.04	2.04	0.77		0.36	0.92
生物药品制造	7.85	1.90	0.17	0.10	1.31	0.31
卫生材料及医药用品制造	3.09	1.92	0.03		1.41	0.48
化学纤维制造业	0.12	0.12				0.12
纤维素纤维原料及纤维制造						
化纤浆粕制造						
人造纤维(纤维素纤维)制造						
合成纤维制造	0.12	0.12				0.12
锦纶纤维制造						
涤纶纤维制造	0.12	0.12				0.12

单位：亿元

港澳台资本	外商资本	主营业务收入	主营业务成本	主营业务税金及附加	销售费用	管理费用	税金	财务费用
		3.14	2.41		0.08	0.08		0.04
		2.91	2.26		0.03	0.04		0.03
		0.22	0.15		0.05	0.03		0.01
0.12	0.22	25.63	20.43	0.07	1.66	1.65	0.05	0.73
		9.19	6.95	0.03	1.00	0.89	0.01	0.12
	0.22	6.18	5.18	0.03	0.30	0.28	0.01	0.22
		0.43	0.44		0.01	0.04		0.03
0.12		8.48	6.73	0.02	0.31	0.40	0.03	0.36
		1.36	1.14		0.05	0.04		
	1.12	108.71	105.27	0.24	1.41	4.95	0.28	4.55
		43.31	40.93	0.11	0.39	0.71	0.08	0.81
	1.12	10.20	10.65	0.02	0.19	1.62	0.08	1.32
		55.21	53.68	0.11	0.83	2.62	0.12	2.43
		70.79	62.28	0.11	1.98	1.76	0.07	2.58
		50.19	44.13	0.05	1.72	1.01	0.04	1.98
		3.29	2.87	0.01	0.05	0.11		0.07
		6.79	6.14	0.01	0.15	0.19		0.12
		8.68	7.38	0.03	0.03	0.41	0.02	0.39
		0.43	0.39		0.02	0.01		
		0.59	0.56		0.01	0.02		
		0.83	0.81		0.01	0.02		0.01
		37.76	28.22	0.25	1.98	4.88	0.23	0.95
		37.76	28.22	0.25	1.98	4.88	0.23	0.95
		9.63	8.41	0.06	0.52	1.07	0.14	0.79
		9.63	8.41	0.06	0.52	1.07	0.14	0.79
0.33	3.52	148.56	99.50	1.10	19.98	14.88	0.46	3.35
	3.50	44.59	39.32	0.07	0.72	2.59	0.12	1.44
0.05	0.02	55.46	34.41	0.57	7.77	6.04	0.18	0.81
		3.53	3.05	0.02		0.03		0.03
0.28		21.48	9.67	0.24	7.24	3.38	0.08	0.52
		2.35	1.78	0.01	0.34	0.26	0.01	0.22
		16.56	8.26	0.16	3.63	1.92	0.05	0.10
		4.58	3.01	0.03	0.28	0.66	0.02	0.23
		0.22	0.20			0.01		0.01
		0.22	0.20			0.01		0.01
		0.22	0.20			0.01		0.01

2-1-2　续表 23

行　业	所有者权益合计	实收资本				
			国家资本	集体资本	法人资本	个人资本
腈纶纤维制造						
维纶纤维制造						
丙纶纤维制造						
氨纶纤维制造						
其他合成纤维制造						
橡胶和塑料制品业	35.36	19.53	0.73	0.37	8.70	6.58
橡胶制品业	17.68	10.36	0.27		7.30	2.04
轮胎制造	9.13	6.37			6.37	
橡胶板、管、带制造	3.44	2.25	0.06		0.88	0.56
橡胶零件制造	2.91	1.18				1.18
再生橡胶制造	0.55	0.25			0.05	0.20
日用及医用橡胶制品制造						
其他橡胶制品制造	1.64	0.31	0.21			0.10
塑料制品业	17.68	9.17	0.46	0.37	1.40	4.54
塑料薄膜制造	4.67	2.77		0.01	0.11	2.64
塑料板、管、型材制造	8.13	2.71	0.26		0.69	1.31
塑料丝、绳及编织品制造	2.35	1.36	0.20	0.26	0.54	0.36
泡沫塑料制造						
塑料人造革、合成革制造						
塑料包装箱及容器制造	2.25	2.19			0.01	0.22
日用塑料制品制造						
塑料零件制造						
其他塑料制品制造	0.27	0.14		0.09	0.05	
非金属矿物制品业	184.42	168.48	29.43	6.93	66.58	55.61
水泥、石灰和石膏制造	87.27	96.79	24.84	2.28	35.57	26.22
水泥制造	77.92	90.87	22.81	1.73	35.14	23.30
石灰和石膏制造	9.35	5.92	2.03	0.54	0.43	2.91
石膏、水泥制品及类似制品制造	19.27	15.31	1.48	2.45	7.76	3.39
水泥制品制造	13.14	12.00	1.48	2.45	5.05	2.79
砼结构构件制造	0.89	1.01			0.71	0.30
石棉水泥制品制造						
轻质建筑材料制造	4.72	1.62			1.52	0.10
其他水泥类似制品制造	0.52	0.69			0.49	0.20
砖瓦、石材等建筑材料制造	15.86	9.53	1.60	0.50	3.26	4.17
粘土砖瓦及建筑砌块制造	4.68	2.52	0.79	0.50	0.19	1.05
建筑陶瓷制品制造	1.30	0.55			0.07	0.48
建筑用石加工	4.15	3.95	0.82		2.00	1.13
防水建筑材料制造	4.96	2.28			0.82	1.46
隔热和隔音材料制造	0.06	0.04				0.04
其他建筑材料制造	0.70	0.18			0.18	
玻璃制造	4.40	5.53			1.50	4.03
平板玻璃制造	4.40	5.53			1.50	4.03
其他玻璃制造						
玻璃制品制造	7.13	4.58			1.48	2.82
技术玻璃制品制造						
光学玻璃制造						
玻璃仪器制造						

单位：亿元

港澳台资本	外商资本	主营业务收入	主营业务成本	主营业务税金及附加	销售费用	管理费用	税金	财务费用
0.02	3.14	87.03	76.29	0.27	2.25	2.54	0.11	1.81
	0.76	50.50	44.45	0.17	1.09	1.16	0.06	1.23
		33.41	29.49	0.07	0.62	0.47	0.04	1.14
	0.76	8.20	7.07	0.07	0.30	0.36		0.04
		2.12	1.62	0.01	0.15	0.21	0.01	
		3.29	3.05	0.01	0.02	0.09		0.02
		3.48	3.21	0.01	0.01	0.03		0.03
0.02	2.39	36.53	31.85	0.10	1.16	1.38	0.05	0.58
		4.33	3.87		0.08	0.10	0.01	0.09
	0.44	20.35	17.26	0.04	0.87	0.76	0.03	0.34
		7.04	6.49	0.04	0.10	0.31	0.01	0.14
0.02	1.95	4.28	3.81	0.02	0.09	0.15	0.01	-0.01
		0.53	0.43		0.02	0.06		0.03
2.02	7.92	372.10	316.44	2.16	14.42	22.02	0.96	13.11
1.46	6.43	134.61	116.09	0.84	3.45	10.07	0.58	7.44
1.46	6.43	125.64	108.78	0.66	2.98	9.63	0.53	7.32
		8.97	7.30	0.18	0.47	0.44	0.05	0.12
0.22		43.00	36.91	0.25	1.67	2.69	0.06	0.89
0.22		35.10	30.40	0.21	1.45	2.43	0.05	0.73
		1.59	1.34	0.01	0.04	0.06		0.07
		4.99	3.83	0.02	0.17	0.16	0.01	0.05
		1.32	1.34		0.01	0.04		0.04
		34.32	28.91	0.25	1.86	1.57	0.07	0.62
		6.03	4.60	0.03	0.25	0.55	0.01	0.27
		1.85	1.76		0.03	0.10		0.05
		10.85	9.02	0.17	0.86	0.32	0.02	0.13
		13.68	11.78	0.04	0.70	0.49	0.03	0.15
		0.31	0.30			0.01		
		1.60	1.45		0.02	0.10	0.01	
		11.19	9.76	0.05	0.21	0.45	0.03	0.70
		11.19	9.76	0.05	0.21	0.45	0.03	0.70
0.28		23.61	20.62	0.04	0.35	0.71	0.05	0.48

2-1-2 续表 24

行业	所有者权益合计					
		实收资本	国家资本	集体资本	法人资本	个人资本
日用玻璃制品制造	6.29	3.66			1.04	2.34
玻璃包装容器制造	0.36	0.57			0.20	0.37
玻璃保温容器制造	0.18	0.11				0.11
制镜及类似品加工						
其他玻璃制品制造	0.30	0.24			0.24	
玻璃纤维和玻璃纤维增强塑料制品制造	0.20	0.05				0.05
玻璃纤维及制品制造	0.07	0.02				0.02
玻璃纤维增强塑料制品制造	0.12	0.03				0.03
陶瓷制品制造	5.50	3.56	0.24	0.15	0.77	2.36
卫生陶瓷制品制造						
特种陶瓷制品制造	0.88	0.54			0.16	0.38
日用陶瓷制品制造	2.14	1.84	0.24	0.15	0.49	0.93
园林、陈设艺术及其他陶瓷制品制造	2.48	1.17			0.12	1.05
耐火材料制品制造	16.60	14.79	1.25	0.57	5.90	6.49
石棉制品制造	0.21	0.20			0.20	
云母制品制造						
耐火陶瓷制品及其他耐火材料制造	16.40	14.59	1.25	0.57	5.70	6.49
石墨及其他非金属矿物制品制造	28.20	18.35	0.01	0.99	10.33	6.09
石墨及碳素制品制造	21.69	14.64	0.01	0.99	9.15	3.57
其他非金属矿物制品制造	6.51	3.71			1.18	2.53
黑色金属冶炼和压延加工业	847.44	305.75	92.77	2.81	70.95	134.47
炼铁	54.38	41.70	0.62	0.20	7.99	32.89
炼钢	35.96	41.67	3.92	0.21	20.06	17.49
黑色金属铸造	29.97	26.31	2.58	0.43	11.45	8.34
钢压延加工	693.57	173.52	85.00	0.52	20.21	67.55
铁合金冶炼	33.57	22.54	0.64	1.45	11.24	8.21
有色金属冶炼和压延加工业	163.88	114.98	52.43	4.89	41.38	15.17
常用有色金属冶炼	136.81	98.72	51.80	4.50	32.22	9.69
铜冶炼	46.37	11.60	8.74		2.60	0.26
铅锌冶炼	0.11	0.16				0.16
镍钴冶炼	0.87	0.60				0.60
锡冶炼						
锑冶炼						
铝冶炼	70.72	73.94	42.96	3.00	27.00	0.73
镁冶炼	18.57	12.00	0.10	1.50	2.62	7.53
其他常用有色金属冶炼	0.17	0.42				0.42
贵金属冶炼	3.91	2.73			1.83	0.89
金冶炼	2.36	1.30			0.41	0.89
银冶炼	1.55	1.43			1.43	
其他贵金属冶炼						
稀有稀土金属冶炼	4.80	2.76	0.09	0.39	1.99	0.30
钨钼冶炼						
稀土金属冶炼	4.46	2.50	0.09	0.14	1.97	0.30
其他稀有金属冶炼	0.34	0.27		0.25	0.02	
有色金属合金制造	4.59	3.56	0.01		2.57	0.36
有色金属铸造						

单位：亿元

港澳台资本	外商资本	主营业务收入	主营业务成本	主营业务税金及附加	销售费用	管理费用	税金	财务费用
0.28		19.60	17.06	0.03	0.32	0.57	0.05	0.42
		1.67	1.42	0.02	0.03	0.04		0.05
		0.37	0.32			0.02		0.01
		1.96	1.81		0.01	0.08		
		0.59	0.48		0.02	0.02		0.01
		0.39	0.34		0.02	0.01		
		0.20	0.14		0.01	0.01		0.01
	0.04	21.75	17.99	0.20	0.58	0.83	0.03	0.24
		0.76	0.51		0.07	0.07		0.01
	0.04	6.52	5.14	0.05	0.19	0.29	0.01	0.06
		14.47	12.34	0.15	0.32	0.48	0.02	0.16
0.06	0.53	38.28	31.57	0.29	1.72	2.85	0.06	1.19
		0.80	0.71		0.02	0.02		0.01
0.06	0.53	37.48	30.86	0.29	1.69	2.83	0.06	1.18
	0.93	64.75	54.12	0.24	4.57	2.82	0.08	1.55
	0.93	47.20	39.65	0.18	2.60	1.78	0.07	1.10
		17.55	14.47	0.06	1.97	1.04	0.02	0.44
0.20	3.51	3270.97	3085.82	4.73	33.12	79.68	4.24	47.84
		255.74	243.39	0.56	1.11	3.54	0.20	2.49
		323.52	312.85	0.28	2.06	4.39	0.21	5.38
0.01	3.46	72.15	63.67	0.22	2.75	2.77	0.14	1.96
0.19	0.05	2485.05	2342.32	3.45	24.96	65.45	3.52	35.49
		134.51	123.59	0.22	2.23	3.53	0.17	2.53
0.25	0.86	497.80	464.10	1.91	7.22	12.38	1.13	17.52
0.25	0.25	412.40	387.33	1.75	6.14	10.27	1.03	15.94
		65.18	61.36	0.17	0.48	1.94	0.08	1.38
		0.29	0.27			0.03		0.01
		0.69	0.43		0.01	0.02		
0.25		290.47	274.21	1.48	4.90	6.63	0.87	11.98
	0.25	54.08	49.45	0.09	0.75	1.61	0.08	2.53
		1.70	1.61			0.05		0.03
		4.46	3.25	0.01	0.12	0.39	0.01	0.02
		3.73	2.67		0.11	0.26	0.01	0.02
		0.73	0.59	0.01	0.01	0.12		
		6.86	6.29	0.01	0.17	0.46	0.03	0.15
		5.91	5.38	0.01	0.16	0.39	0.03	0.15
		0.95	0.91		0.01	0.08		
	0.61	11.25	10.67	0.03	0.20	0.48	0.02	0.13

2-1-2 续表 25

行业	所有者权益合计	实收资本				
			国家资本	集体资本	法人资本	个人资本
有色金属压延加工	13.76	7.21	0.53		2.77	3.92
铜压延加工						
铝压延加工	10.07	5.11	0.01		2.25	2.85
贵金属压延加工	1.76	0.84	0.51			0.33
稀有稀土金属压延加工	1.24	0.82			0.33	0.49
其他有色金属压延加工	0.69	0.44			0.19	0.25
金属制品业	38.54	21.98	2.20	1.19	4.08	13.91
结构性金属制品制造	8.85	6.27	0.14	0.59	1.57	3.47
金属结构制造	7.93	6.11	0.14	0.59	1.49	3.39
金属门窗制造	0.92	0.16			0.08	0.08
金属工具制造	1.87	0.20	0.15			0.05
切削工具制造	1.72	0.15	0.15			
手工具制造						
农用及园林用金属工具制造						
刀剪及类似日用金属工具制造						
其他金属工具制造	0.15	0.05				0.05
集装箱及金属包装容器制造	-0.07	0.38		0.05	0.15	0.18
集装箱制造						
金属压力容器制造	-0.32					
金属包装容器制造	0.25	0.38		0.05	0.15	0.18
金属丝绳及其制品制造	1.81	1.87		0.34		1.53
建筑、安全用金属制品制造	4.35	2.28		0.05	0.26	1.97
建筑、家具用金属配件制造						
建筑装饰及水暖管道零件制造	2.77	1.77			0.16	1.61
安全、消防用金属制品制造	1.51	0.46			0.10	0.36
其他建筑、安全用金属制品制造	0.06	0.05		0.05		
金属表面处理及热处理加工	0.70	0.07			0.01	0.06
搪瓷制品制造	0.06	0.05				0.05
生产专用搪瓷制品制造	0.06	0.05				0.05
建筑装饰搪瓷制品制造						
搪瓷卫生洁具制造						
搪瓷日用品及其他搪瓷制品制造						
金属制日用品制造	0.19	0.05				0.05
金属制厨房用器具制造						
金属制餐具和器皿制造	0.02	0.02				0.02
金属制卫生器具制造						
其他金属制日用品制造	0.17	0.03				0.03
其他金属制品制造	20.78	10.80	1.91	0.16	2.09	6.55
锻件及粉末冶金制品制造	16.60	9.72	1.26	0.01	2.02	6.34
交通及公共管理用金属标牌制造						
其他未列明金属制品制造						
通用设备制造业	59.59	33.63	5.88	1.46	13.86	11.84
锅炉及原动设备制造	22.37	4.99	2.63	0.09	1.33	0.94
锅炉及辅助设备制造	20.86	4.48	2.37		1.33	0.78
内燃机及配件制造	1.51	0.50	0.26	0.09		0.16
汽轮机及辅机制造						

单位：亿元

港澳台资本	外商资本	主营业务收入	主营业务成本	主营业务税金及附加	销售费用	管理费用	税金	财务费用
		62.83	56.56	0.11	0.59	0.78	0.05	1.27
		49.11	44.30	0.02	0.45	0.47	0.04	0.98
		4.56	4.16	0.01	0.06	0.17		0.20
		2.93	2.73	0.01	0.04	0.09	0.01	0.04
		6.23	5.36	0.07	0.05	0.05		0.05
	0.10	103.67	91.48	0.42	2.62	5.82	0.17	2.08
		18.64	16.68	0.06	0.31	1.13	0.04	0.73
		16.62	14.98	0.05	0.30	1.08	0.04	0.60
		2.02	1.70		0.01	0.05		0.13
		0.72	0.48	0.01	0.03	0.18		
		0.23	0.10		0.03	0.12		
		0.49	0.38	0.01		0.05		
		1.78	1.69	0.01	0.02	0.15		0.05
		0.24	0.29		0.01	0.04		
		1.54	1.40	0.01	0.01	0.11		0.05
		3.63	3.51	0.02	0.14	0.28	0.03	0.07
		17.49	15.72	0.07	0.19	0.64	0.02	0.18
		15.61	14.32	0.06	0.06	0.36	0.02	0.17
		1.36	1.00	0.01	0.13	0.13		0.01
		0.52	0.40	0.01		0.15		
		1.49	1.32		0.02	0.05		0.02
		0.49	0.48			0.01		
		0.49	0.48			0.01		
		0.91	0.87		0.01	0.02		0.01
		0.03	0.02					
		0.89	0.84		0.01	0.02		0.01
	0.10	58.52	50.73	0.25	1.89	3.36	0.08	1.02
	0.10	42.34	37.43	0.18	1.37	1.73	0.05	0.85
0.02	0.57	184.98	156.24	0.47	5.23	11.04	0.26	2.00
		55.57	41.39	0.11	2.48	4.05	0.04	0.24
		53.55	39.86	0.11	2.33	3.85	0.04	0.24
		2.02	1.53	0.01	0.14	0.20		

2-1-2　续表 26

行　业	所有者权益合计	实收资本	国家资本	集体资本	法人资本	个人资本
水轮机及辅机制造						
风能原动设备制造						
其他原动设备制造						
金属加工机械制造	7.05	3.67	0.74	0.20	0.93	1.80
金属切削机床制造	0.76	0.43	0.23	0.20		
金属成形机床制造	0.48	0.36				0.36
铸造机械制造	0.93	0.78			0.33	0.45
金属切割及焊接设备制造						
机床附件制造	0.64	0.30			0.30	
其他金属加工机械制造	4.24	1.80	0.51		0.30	0.99
物料搬运设备制造	2.37	2.25		0.08	0.94	1.23
轻小型起重设备制造	0.53	0.44			0.44	
起重机制造	0.16	0.28		0.08		0.20
生产专用车辆制造						
连续搬运设备制造	1.53	1.08			0.18	0.90
电梯、自动扶梯及升降机制造	0.16	0.45			0.33	0.13
其他物料搬运设备制造						
泵、阀门、压缩机及类似机械制造	10.68	9.11	0.37	0.02	5.71	2.82
泵及真空设备制造	5.41	3.51	0.20		2.03	1.28
气体压缩机械制造						
阀门和旋塞制造	0.58	0.38	0.17	0.01		0.10
液压和气压动力机械及元件制造	4.69	5.22		0.01	3.68	1.44
轴承、齿轮和传动部件制造	1.59	1.41	0.26	0.29		0.86
轴承制造						
齿轮及齿轮减、变速箱制造	1.45	1.26	0.26	0.29		0.71
其他传动部件制造	0.14	0.15				0.15
烘炉、风机、衡器、包装等设备制造	9.16	6.51	0.03	0.08	3.22	3.19
烘炉、熔炉及电炉制造	1.12	0.44	0.03			0.41
风机、风扇制造	3.70	2.50		0.04	0.51	1.95
气体、液体分离及纯净设备制造	0.27	0.21			0.21	
制冷、空调设备制造	3.31	2.66			2.18	0.48
风动和电动工具制造						
喷枪及类似器具制造	0.27	0.24		0.04	0.20	
衡器制造	0.49	0.46			0.12	0.34
包装专用设备制造						
文化、办公用机械制造						
电影机械制造						
幻灯及投影设备制造						
照相机及器材制造						
复印和胶印设备制造						
计算器及货币专用设备制造						
其他文化、办公用机械制造						
通用零部件制造	5.45	5.18	1.86	0.70	1.43	0.79
金属密封件制造	0.41	0.05		0.05		
紧固件制造	0.26	0.32		0.18	0.12	
弹簧制造						
机械零部件加工	4.37	4.40	1.86	0.47	1.28	0.79
其他通用零部件制造	0.41	0.41			0.03	

单位：亿元

港澳台资本	外商资本	主营业务收入	主营业务成本	主营业务税金及附加	销售费用	管理费用	税金	财务费用
		10.17	8.70	0.03	0.16	0.50	0.04	0.19
		1.40	1.13	0.01	0.04	0.21	0.02	0.04
		0.64	0.57		0.03	0.05		0.03
		1.46	1.32	0.01	0.02	0.07		0.04
		0.31	0.24		0.02	0.03		
		6.35	5.44	0.01	0.06	0.14	0.02	0.08
		6.98	5.94	0.03	0.27	0.65	0.02	0.11
		2.89	2.30	0.02	0.20	0.34	0.01	
		0.43	0.38		0.01	0.08		
		3.26	2.94	0.01	0.05	0.17	0.01	0.06
		0.41	0.33		0.01	0.06		0.05
	0.19	43.59	38.57	0.07	1.10	1.99	0.07	0.61
		31.22	28.21	0.03	0.45	0.76	0.02	0.41
	0.10	1.27	0.94	0.01	0.10	0.18		0.02
	0.09	11.11	9.42	0.03	0.56	1.05	0.05	0.18
		3.14	2.76	0.01	0.21	0.36	0.01	0.15
		1.85	1.60	0.01	0.19	0.28	0.01	0.14
		1.28	1.16		0.02	0.09		0.01
		17.53	13.54	0.07	0.72	1.47	0.03	0.46
		1.23	0.87	0.01	0.05	0.12	0.01	0.09
		10.66	7.88	0.02	0.48	0.83	0.01	0.09
		0.43	0.26	0.01	0.02	0.10		0.03
		3.73	3.33	0.01	0.12	0.23	0.01	0.22
		0.98	0.80	0.01	0.01	0.16		
		0.50	0.40		0.04	0.04		0.02
0.02	0.38	45.95	43.69	0.15	0.22	1.84	0.04	0.23
		3.84	3.87	0.04	0.02	0.08		
0.02		0.84	0.83		0.02	0.05		0.01
		40.59	38.40	0.11	0.13	1.67	0.03	0.21
	0.38	0.68	0.59		0.05	0.04		0.01

2-1-2 续表 27

行业	所有者权益合计	实收资本				
			国家资本	集体资本	法人资本	个人资本
其他通用设备制造业	0.93	0.52			0.30	0.22
专用设备制造业	166.77	105.06	57.85	3.95	24.57	16.78
采矿、冶金、建筑专用设备制造	128.44	82.77	56.20	2.11	10.21	12.35
矿山机械制造	124.70	74.52	53.61	2.11	9.02	9.27
石油钻采专用设备制造	0.21	3.64	2.59		0.32	0.74
建筑工程用机械制造	0.61	1.10				1.10
海洋工程专用设备制造						
建筑材料生产专用机械制造	0.05	0.10				
冶金专用设备制造	2.88	3.42			0.87	1.25
化工、木材、非金属加工专用设备制造	16.18	11.07	0.30	0.70	8.87	1.20
炼油、化工生产专用设备制造	13.69	9.73	0.30	0.70	8.54	0.20
橡胶加工专用设备制造						
塑料加工专用设备制造	-0.13	0.33			0.33	
木材加工机械制造						
模具制造	2.62	1.00				1.00
其他非金属加工专用设备制造						
食品、饮料、烟草及饲料生产专用设备制造	1.63	0.15			0.15	
食品、酒、饮料及茶生产专用设备制造	1.63	0.15			0.15	
农副食品加工专用设备制造						
烟草生产专用设备制造						
饲料生产专用设备制造						
印刷、制药、日化及日用品生产专用设备制造	0.35	0.28		0.05	0.22	0.01
制浆和造纸专用设备制造						
印刷专用设备制造	0.35	0.28		0.05	0.22	0.01
日用化工专用设备制造						
制药专用设备制造						
照明器具生产专用设备制造						
玻璃、陶瓷和搪瓷制品生产专用设备制造						
其他日用品生产专用设备制造						
纺织、服装和皮革加工专用设备制造	3.69	2.94		1.09	1.38	0.47
纺织专用设备制造	3.16	2.49		1.09	0.93	0.47
皮革、毛皮及其制品加工专用设备制造						
缝制机械制造	0.53	0.45			0.45	
洗涤机械制造						
电子和电工机械专用设备制造	4.47	2.32	0.03		1.31	0.98
电工机械专用设备制造	0.94	0.63				0.63
电子工业专用设备制造	3.53	1.70	0.03		1.31	0.35
农、林、牧、渔专用机械制造	5.96	1.42	0.52		0.30	0.60
拖拉机制造	4.05	0.52	0.52			
机械化农业及园艺机具制造	0.99	0.60			0.10	0.50
营林及木竹采伐机械制造						
畜牧机械制造						
渔业机械制造						
农林牧渔机械配件制造	0.27	0.20			0.20	
棉花加工机械制造						
其他农、林、牧、渔业机械制造	0.66	0.10				0.10

单位：亿元

港澳台资本	外商资本	主营业务收入	主营业务成本	主营业务税金及附加	销售费用	管理费用	税金	财务费用
		2.06	1.65		0.08	0.17	0.01	0.01
	1.80	364.18	313.37	1.12	10.59	25.84	0.48	7.37
	1.80	294.97	254.59	0.88	9.00	20.29	0.22	6.49
	0.50	280.73	242.76	0.81	8.52	18.81	0.18	5.69
		6.98	5.77	0.02	0.26	0.54	0.02	0.44
		0.77	0.73		0.04	0.05		0.11
		0.06	0.06					0.01
	1.30	6.43	5.27	0.04	0.18	0.89	0.01	0.24
		19.09	16.56	0.04	0.14	0.53	0.02	0.21
		12.88	11.24	0.03	0.13	0.47	0.01	0.02
		0.02	0.02		0.01	0.03		
		6.20	5.30			0.02		0.19
		0.31	0.26		0.01	0.02		
		0.31	0.26		0.01	0.02		
		0.63	0.47		0.05	0.11		
		0.63	0.47		0.05	0.11		
		28.96	25.97	0.12	0.67	3.20	0.18	0.13
		28.46	25.54	0.12	0.66	3.18	0.18	0.09
		0.50	0.43		0.01	0.03		0.03
		5.23	3.20	0.03	0.26	0.69	0.01	0.03
		0.85	0.75		0.01	0.04		0.01
		4.38	2.45	0.03	0.24	0.65	0.01	0.02
		7.36	6.24	0.01	0.27	0.32	0.01	0.31
		4.06	3.37	0.01	0.12	0.18		0.14
		0.68	0.62		0.03	0.06		0.01
		1.79	1.52		0.09	0.05		0.14
		0.83	0.73		0.03	0.04	0.01	0.03

2-1-2 续表 28

行　业	所有者权益合计	实收资本				
			国家资本	集体资本	法人资本	个人资本
医疗仪器设备及器械制造						
医疗诊断、监护及治疗设备制造						
口腔科用设备及器具制造						
医疗实验室及医用消毒设备和器具制造						
医疗、外科及兽医用器械制造						
机械治疗及病房护理设备制造						
假肢、人工器官及植(介)入器械制造						
其他医疗设备及器械制造						
环保、社会公共服务及其他专用设备制造	6.04	4.11	0.80		2.13	1.17
环境保护专用设备制造	4.28	1.75	0.60		0.40	0.75
地质勘查专用设备制造						
邮政专用机械及器材制造						
商业、饮食、服务专用设备制造						
社会公共安全设备及器材制造	0.05	0.08			0.06	0.02
交通安全、管制及类似专用设备制造						
水资源专用机械制造	-0.28	0.20	0.20			
其他专用设备制造	1.98	2.08			1.68	0.40
汽车制造业	38.23	30.53	4.26	7.36	14.54	4.27
汽车整车制造	6.94	11.52		6.79	4.72	0.01
改装汽车制造	10.70	3.59	0.09		3.41	0.09
低速载货汽车制造						
电车制造						
汽车车身、挂车制造	1.05	1.26			0.43	0.83
汽车零部件及配件制造	19.54	14.17	4.17	0.57	5.99	3.34
铁路、船舶、航空航天和其他运输设备制造业	31.68	22.14	12.64	0.91	5.09	2.10
铁路运输设备制造	32.95	19.29	12.64	0.91	2.24	2.10
铁路机车车辆及动车组制造	8.58	6.56	6.56			
窄轨机车车辆制造	2.30	1.19				1.19
铁路机车车辆配件制造	11.06	5.90	2.13	0.43	1.14	0.80
铁路专用设备及器材、配件制造	3.21	1.10	0.60	0.35	0.04	0.11
其他铁路运输设备制造	7.80	4.55	3.35	0.13	1.06	
城市轨道交通设备制造						
船舶及相关装置制造						
金属船舶制造						
非金属船舶制造						
娱乐船和运动船制造						
船用配套设备制造						
船舶改装与拆除						
航标器材及其他相关装置制造						
航空、航天器及设备制造						
飞机制造						
航天器制造						
航空、航天相关设备制造						
其他航空航天器制造						

单位：亿元

港澳台资本	外商资本	主营业务收入	主营业务成本	主营业务税金及附加	销售费用	管理费用	税金	财务费用
		7.62	6.08	0.04	0.20	0.68	0.04	0.20
		4.34	3.47	0.03	0.10	0.32	0.02	0.07
		0.21	0.11		0.02	0.06		0.01
		0.43	0.37		0.02	0.05		
		2.63	2.13	0.01	0.05	0.25	0.01	0.12
	0.02	76.52	68.83	0.15	3.54	6.05	0.26	1.46
		2.15	2.29	0.02	0.23	1.57	0.06	0.25
		34.52	32.24	0.01	1.44	1.29	0.03	-0.23
		3.52	2.87	0.01	0.05	0.10		0.13
	0.02	36.34	31.44	0.12	1.82	3.09	0.17	1.30
	1.40	108.53	90.02	0.55	2.39	9.31	0.25	2.28
	1.40	107.37	89.00	0.55	2.29	9.06	0.25	2.28
		46.74	39.70	0.23	0.62	3.74	0.11	1.40
		3.05	2.23		0.09	0.14	0.01	0.10
	1.40	24.60	19.79	0.18	0.51	2.10	0.04	0.45
		7.95	5.65	0.05	0.80	0.54		0.02
		25.03	21.63	0.08	0.27	2.55	0.08	0.30

2-1-2 续表 29

行业	所有者权益合计	实收资本				
			国家资本	集体资本	法人资本	个人资本
摩托车制造						
摩托车整车制造						
摩托车零部件及配件制造						
自行车制造						
脚踏自行车及残疾人座车制造						
助动自行车制造						
非公路休闲车及零配件制造						
潜水救捞及其他未列明运输设备制造	-1.27	2.85			2.85	
潜水及水下救捞装备制造						
其他未列明运输设备制造	-1.27	2.85			2.85	
电气机械和器材制造业	63.23	41.99	19.07	1.27	10.76	10.39
电机制造	22.21	7.75	7.45	0.06	0.14	0.04
发电机及发电机组制造						
电动机制造	21.52	7.67	7.45	0.06	0.06	0.04
微电机及其他电机制造	0.69	0.08			0.08	
输配电及控制设备制造	23.34	21.54	11.10	0.02	4.78	5.36
变压器、整流器和电感器制造	3.80	2.24			1.15	0.85
电容器及其配套设备制造	1.16	1.05			0.47	0.58
配电开关控制设备制造	2.13	1.85	0.10	0.02	0.32	1.38
电力电子元器件制造	0.45	0.30				0.30
光伏设备及元器件制造	15.18	15.54	11.00		2.84	1.69
其他输配电及控制设备制造	0.62	0.55				0.55
电线、电缆、光缆及电工器材制造	7.28	7.07	0.52	1.09	2.35	3.11
电线、电缆制造	7.05	6.39	0.52	1.01	1.75	3.11
光纤、光缆制造	0.06	0.60			0.60	
绝缘制品制造	0.17	0.07		0.07		
其他电工器材制造						
电池制造	6.73	3.58		0.10	3.08	0.40
锂离子电池制造	1.12	0.72			0.72	
镍氢电池制造						
其他电池制造	5.62	2.87		0.10	2.37	0.40
家用电力器具制造	0.05	0.17				
家用制冷电器具制造						
家用空气调节器制造						
家用通风电器具制造						
家用厨房电器具制造						
家用清洁卫生电器具制造						
家用美容、保健电器具制造						
家用电力器具专用配件制造	0.05	0.17				
其他家用电力器具制造						
非电力家用器具制造	0.92	0.74				0.74
燃气、太阳能及类似能源家用器具制造	0.92	0.74				0.74
其他非电力家用器具制造						
照明器具制造	2.63	1.09			0.40	0.69
电光源制造						
照明灯具制造	2.63	1.09			0.40	0.69
灯用电器附件及其他照明器具制造						

单位：亿元

港澳台资本	外商资本	主营业务收入	主营业务成本	主营业务税金及附加	销售费用	管理费用	税金	财务费用
		1.16	1.02		0.09	0.25		
		1.16	1.02		0.09	0.25		
	0.49	106.78	94.69	0.43	3.26	8.78	0.30	4.33
	0.05	56.57	47.80	0.25	1.54	4.79	0.16	1.41
	0.05	55.93	47.19	0.24	1.53	4.72	0.16	1.41
		0.64	0.61		0.01	0.07		
	0.27	31.06	30.63	0.11	0.93	2.53	0.09	2.22
	0.24	9.62	6.79	0.06	0.43	0.38	0.01	0.18
		1.49	1.29		0.04	0.09		0.01
	0.03	4.29	3.63	0.03	0.20	0.46	0.01	0.03
		1.04	0.79		0.12	0.11		0.01
		8.01	11.61		0.13	1.47	0.06	1.99
		6.59	6.52	0.02	0.01	0.03		
		13.06	11.56	0.04	0.40	0.63	0.04	0.46
		11.76	10.38	0.03	0.35	0.51	0.03	0.45
		0.66	0.65		0.05	0.03		
		0.65	0.53		0.01	0.09		0.01
		1.58	1.39		0.12	0.39		0.22
		0.57	0.43		0.04	0.09		
		1.01	0.95		0.08	0.30		0.22
	0.17	0.08	0.11			0.02		
	0.17	0.08	0.11			0.02		
		1.99	1.70	0.01	0.03	0.02		
		1.99	1.70	0.01	0.03	0.02		
		2.08	1.18	0.02	0.23	0.34	0.02	0.02
		2.08	1.18	0.02	0.23	0.34	0.02	0.02

2-1-2 续表 30

行业	所有者权益合计	实收资本	国家资本	集体资本	法人资本	个人资本
其他电气机械及器材制造	0.06	0.05				0.05
电气信号设备装置制造						
其他未列明电气机械及器材制造	0.06	0.05				0.05
计算机、通信和其他电子设备制造业	161.65	121.72	1.99	1.15	17.65	3.17
计算机制造	0.46	0.84				
计算机整机制造	0.46	0.84				
计算机零部件制造						
计算机外围设备制造						
其他计算机制造						
通信设备制造	133.73	96.41	0.49			0.20
通信系统设备制造	4.85	0.69	0.49			0.20
通信终端设备制造	128.88	95.71				
广播电视设备制造						
广播电视节目制作及发射设备制造						
广播电视接收设备及器材制造						
应用电视设备及其他广播电视设备制造						
雷达及配套设备制造						
视听设备制造	1.49	0.50				0.50
电视机制造						
音响设备制造						
影视录放设备制造	1.49	0.50				0.50
电子器件制造	2.83	2.06			1.30	0.76
电子真空器件制造	0.32	0.15				0.15
半导体分立器件制造	0.36	0.30			0.30	
集成电路制造	1.26	0.61				0.61
光电子器件及其他电子器件制造	0.90	1.00			1.00	
电子元件制造	8.15	4.41		0.47	2.83	1.12
电子元件及组件制造	8.15	4.41		0.47	2.83	1.12
印制电路板制造						
其他电子设备制造	15.00	17.50	1.50	0.69	13.52	0.59
仪器仪表制造业	15.26	5.41	0.14		3.70	1.26
通用仪器仪表制造	13.60	4.99	0.06		3.52	1.21
工业自动控制系统装置制造	13.38	4.88			3.52	1.16
电工仪器仪表制造	0.05	0.05				0.05
绘图、计算及测量仪器制造						
实验分析仪器制造						
试验机制造	0.17	0.06	0.06			
供应用仪表及其他通用仪器制造						
专用仪器仪表制造	0.25	0.10			0.05	0.05
环境监测专用仪器仪表制造						
运输设备及生产用计数仪表制造						
导航、气象及海洋专用仪器制造						
农林牧渔专用仪器仪表制造	0.19	0.05			0.05	
地质勘探和地震专用仪器制造						
教学专用仪器制造						

单位：亿元

		主营业务收入	主营业务成本	主营业务税金及附加	销售费用	管理费用		财务费用
港澳台资本	外商资本						税金	
		0.34	0.31			0.06		
		0.34	0.31			0.06		
34.22	62.69	493.24	394.90	1.25	1.40	16.95	0.82	1.07
		3.69	3.34	0.01	0.01	0.59	0.05	-0.01
		3.69	3.34	0.01	0.01	0.59	0.05	-0.01
33.02	62.69	469.04	374.05	1.16	0.87	13.86	0.74	0.43
		9.69	7.27		0.07	0.46		-0.11
33.02	62.69	459.35	366.78	1.16	0.80	13.40	0.74	0.54
		2.60	2.00	0.01	0.09	0.09		0.06
		2.60	2.00	0.01	0.09	0.09		0.06
		3.88	3.15	0.01	0.12	0.39		0.12
		1.75	1.66			0.03		0.09
		0.58	0.52			0.03		0.02
		1.34	0.86		0.10	0.26		0.01
		0.21	0.11		0.02	0.07		0.01
		11.75	10.81	0.04	0.24	0.80	0.01	0.42
		11.75	10.81	0.04	0.24	0.80	0.01	0.42
1.20		2.29	1.54	0.02	0.06	1.22	0.01	0.05
0.31		25.81	16.66	0.21	1.37	2.42	0.02	0.09
0.20		24.29	15.57	0.20	1.27	2.18	0.01	0.07
0.20		23.80	15.21	0.19	1.24	2.10	0.01	0.07
		0.20	0.16		0.02	0.02		
		0.29	0.20		0.01	0.06		
		0.53	0.41		0.04	0.03		0.01
		0.27	0.19		0.03	0.01		0.01

2-1-2 续表 31

行　　业	所有者权益合计	实收资本	国家资本	集体资本	法人资本	个人资本
核子及核辐射测量仪器制造						
电子测量仪器制造						
其他专用仪器制造	0.06	0.05				0.05
钟表与计时仪器制造						
光学仪器及眼镜制造	1.42	0.32	0.08		0.13	
光学仪器制造	1.42	0.32	0.08		0.13	
眼镜制造						
其他仪器仪表制造业						
其他制造业	5.59	0.89	0.39		0.39	0.11
日用杂品制造	1.26	0.10			0.09	0.01
鬃毛加工、制刷及清扫工具制造						
其他日用杂品制造	1.26	0.10			0.09	0.01
煤制品制造	0.68	0.20			0.20	
核辐射加工						
其他未列明制造业						
废弃资源综合利用业	0.37	0.43		0.10		0.33
金属废料和碎屑加工处理	0.37	0.43		0.10		0.33
非金属废料和碎屑加工处理						
金属制品、机械和设备修理业	0.29	2.62	0.60	0.19	1.77	0.01
金属制品修理						
通用设备修理	1.00	0.45	0.25		0.15	
专用设备修理	0.47	0.30	0.30			
铁路、船舶、航空航天等运输设备修理	0.19	0.06	0.05			0.01
铁路运输设备修理	0.19	0.06	0.05			0.01
船舶修理						
航空航天器修理						
其他运输设备修理						
电气设备修理	-1.38	1.81		0.19	1.63	
仪器仪表修理						
其他机械和设备修理业						
电力、热力、燃气及水生产和供应业	**615.00**	**547.80**	**342.92**	**0.74**	**173.34**	**13.10**
电力、热力生产和供应业	531.50	510.01	319.29	0.74	161.45	11.36
电力生产	340.71	418.57	238.08	0.74	154.65	9.25
火力发电	252.52	350.94	211.19	0.74	118.07	7.45
水力发电	35.01	25.10	15.10		10.00	
核力发电						
风力发电	47.25	38.42	11.78		22.62	1.64
太阳能发电						
其他电力生产	5.94	4.11			3.95	0.16
电力供应	174.13	84.55	78.52		6.00	0.03
热力生产和供应	16.66	6.89	2.69		0.80	2.08
燃气生产和供应业	44.70	18.85	5.57		11.17	1.59
水的生产和供应业	38.80	18.94	18.06		0.72	0.15
自来水生产和供应	37.79	18.89	18.03		0.70	0.15
污水处理及其再生利用						
其他水的处理、利用与分配	1.01	0.05	0.03		0.02	

单位：亿元

港澳台资本	外商资本	主营业务收入	主营业务成本	主营业务税金及附加	销售费用	管理费用	税金	财务费用
		0.26	0.22		0.02	0.01		
0.11		1.00	0.67	0.01	0.05	0.21		0.02
0.11		1.00	0.67	0.01	0.05	0.21		0.02
		7.13	5.94	0.01	0.25	0.41	0.03	0.05
		2.64	2.13		0.10	0.11		0.06
		2.64	2.13		0.10	0.11		0.06
		2.32	1.94		0.11	0.06		0.03
		0.93	0.84	0.01	0.04	0.08		0.03
		0.93	0.84	0.01	0.04	0.08		0.03
	0.05	8.40	7.17	0.05	0.29	0.83	0.02	0.01
	0.05	2.61	2.20	0.01		0.16		
		2.06	1.80	0.01		0.15		
		0.90	0.72	0.01	0.06	0.07		0.01
		0.90	0.72	0.01	0.06	0.07		0.01
		2.82	2.45	0.02	0.23	0.46	0.01	
1.38	**14.20**	**1718.53**	**1480.45**	**8.55**	**6.33**	**66.76**	**2.46**	**77.53**
1.23	13.83	1608.53	1398.77	7.89	0.99	56.72	2.13	74.14
1.23	13.83	702.13	543.29	4.74	0.11	16.55	1.24	58.79
	12.68	657.37	522.42	4.48	0.08	14.45	1.19	51.73
		17.60	8.79	0.26	0.03	0.91	0.02	0.86
1.23	1.15	22.58	8.57			1.06	0.02	5.46
		4.58	3.51			0.13	0.02	0.74
		875.52	823.90	3.06	0.05	36.90	0.84	12.94
		30.88	31.59	0.08	0.83	3.27	0.05	2.41
0.15	0.37	93.54	67.61	0.50	4.40	6.41	0.17	3.08
		16.46	14.08	0.16	0.94	3.63	0.17	0.31
		16.26	13.84	0.16	0.94	3.62	0.17	0.28
		0.20	0.24			0.01		0.03

2-1-2 续表 32

行　业	利息收入	利息支出	投资收益（损失以“-”号记）	营业利润	利润总额
总　计	**41.76**	**553.45**	**17.57**	**609.63**	**606.04**
采矿业	**26.51**	**276.85**	**54.63**	**419.61**	**395.81**
煤炭开采和洗选业	26.25	262.87	62.08	389.42	364.91
烟煤和无烟煤开采洗选	26.25	262.87	62.08	389.42	364.91
褐煤开采洗选					
其他煤炭采选					
石油和天然气开采业	0.06	3.34	0.62	4.31	7.35
石油开采					
天然气开采	0.06	3.34	0.62	4.31	7.35
黑色金属矿采选业	0.16	10.37	-8.08	23.45	21.48
铁矿采选	0.16	10.14	-8.08	23.34	21.35
锰矿、铬矿采选		0.23		0.11	0.13
其他黑色金属矿采选					
有色金属矿采选业	0.04	0.05		2.24	1.87
常用有色金属矿采选	0.01	0.05		1.64	1.40
铜矿采选	0.01	0.03		0.11	-0.12
铅锌矿采选					
镍钴矿采选					
锡矿采选					
锑矿采选					
铝矿采选		0.02		1.53	1.52
镁矿采选					
其他常用有色金属矿采选					
贵金属矿采选	0.03			0.60	0.47
金矿采选	0.03			0.60	0.47
银矿采选					
其他贵金属矿采选					
稀有稀土金属矿采选					
钨钼矿采选					
稀土金属矿采选					
放射性金属矿采选					
其他稀有金属矿采选					
非金属矿采选业		0.22		0.20	0.20
土砂石开采		0.12		0.34	0.33
石灰石、石膏开采		0.02		0.18	0.18
建筑装饰用石开采		0.02		0.17	0.17
耐火土石开采					
粘土及其他土砂石开采		0.08		-0.01	-0.01
化学矿开采		0.10		-0.14	-0.14
采盐					
石棉及其他非金属矿采选					
石棉、云母矿采选					
石墨、滑石采选					
宝石、玉石采选					
其他未列明非金属矿采选					

单位：亿元

亏损企业亏损额	应交增值税	应交所得税	从业人员平均人数（万人）	总资产贡献率（%）	资产负债率（%）	产品销售率（%）	成本费用利润率（%）	流动资本周转率（%）
372.36	**751.06**	**164.99**	**214.19**	**7.27**	**72.10**	**95.14**	**3.28**	**1.73**
170.06	**488.71**	**119.76**	**108.42**	**8.63**	**70.54**	**93.84**	**4.97**	**1.54**
165.32	470.53	114.93	104.15	8.54	71.02	93.99	4.81	1.53
165.32	470.53	114.93	104.15	8.54	71.02	93.99	4.81	1.53
0.68	2.44	1.23	0.44	5.86	59.36	99.22	16.90	0.77
0.68	2.44	1.23	0.44	5.86	59.36	99.22	16.90	0.77
3.69	14.40	3.44	3.40	13.44	58.49	90.77	7.00	2.31
3.29	14.11	3.32	3.19	13.94	57.51	90.84	7.15	2.44
0.40	0.30	0.12	0.20	3.80	77.20	87.46	1.51	0.74
0.15	1.16	0.12	0.35	10.77	82.19	93.98	10.93	1.35
0.15	1.02		0.21	9.93	89.85	91.99	11.58	1.04
0.12	0.06		0.06	-0.45	73.44	89.23	-6.18	0.85
0.03	0.97		0.16	14.42	96.95	92.51	15.01	1.08
	0.13	0.12	0.14	17.14	24.46	99.16	9.37	4.77
	0.13	0.12	0.14	17.14	24.46	99.16	9.37	4.77
0.22	0.17	0.04	0.08	6.49	92.23	98.67	3.76	0.67
0.09	0.09	0.04	0.07	9.38	87.67	99.07	8.22	0.96
	0.02	0.03	0.01	49.10	77.19	94.98	23.05	2.89
0.03	0.03		0.04	11.16	72.65	97.19	8.41	2.12
0.06	0.03		0.03	2.86	97.73	106.98	-1.12	0.38
0.14	0.08		0.01	1.92	99.44	96.68	-11.27	0.30

2-1-2 续表 33

行业	利息收入	利息支出	投资收益（损失以“-”号记）	营业利润	利润总额
开采辅助活动					
煤炭开采和洗选辅助活动					
石油和天然气开采辅助活动					
其他开采辅助活动					
其他采矿业					
制造业	**14.29**	**196.49**	**-40.16**	**78.58**	**98.23**
农副食品加工业	0.15	4.06	0.03	24.32	25.60
谷物磨制		0.20		0.49	0.55
饲料加工	-0.02	0.63		10.41	10.73
植物油加工	0.02	0.73		5.34	5.55
食用植物油加工	0.02	0.73		5.30	5.49
非食用植物油加工				0.04	0.05
制糖业		0.11		-0.67	-0.69
屠宰及肉类加工	0.03	1.07		4.33	4.99
牲畜屠宰	0.03	0.12		0.05	0.49
禽类屠宰		0.74		3.32	3.46
肉制品及副产品加工		0.21		0.96	1.04
水产品加工					
水产品冷冻加工					
鱼糜制品及水产品干腌制加工					
水产饲料制造					
鱼油提取及制品制造					
其他水产品加工					
蔬菜、水果和坚果加工		0.39		1.74	1.68
蔬菜加工		0.02		0.07	0.08
水果和坚果加工		0.37		1.67	1.60
其他农副食品加工	0.11	0.92	0.03	2.68	2.79
淀粉及淀粉制品制造	0.11	0.75		1.48	1.59
豆制品制造		0.01	0.02	0.02	0.02
蛋品加工					
其他未列明农副食品加工		0.17		1.19	1.19
食品制造业	0.04	1.70		8.69	9.11
焙烤食品制造		0.07		1.28	1.40
糕点、面包制造		0.01		-0.05	-0.03
饼干及其他焙烤食品制造		0.06		1.34	1.43
糖果、巧克力及蜜饯制造		0.27		0.57	0.56
糖果、巧克力制造					
蜜饯制作		0.27		0.57	0.56
方便食品制造		0.08		0.22	0.31
米、面制品制造		0.03		0.07	0.07
速冻食品制造		0.02		0.04	0.05
方便面及其他方便食品制造		0.04		0.11	0.19
乳制品制造	0.01	0.36		2.68	2.70
罐头食品制造		0.37		0.43	0.49
肉、禽类罐头制造		0.26		0.26	0.33
水产品罐头制造					
蔬菜、水果罐头制造		0.11		0.17	0.16
其他罐头食品制造					

单位：亿元

亏损企业亏损额	应交增值税	应交所得税	从业人员平均人数（万人）	总资产贡献率（%）	资产负债率（%）	产品销售率（%）	成本费用利润率（%）	流动资本周转率（%）
177.62	**180.25**	**25.79**	**99.05**	**4.78**	**72.51**	**95.70**	**1.11**	**1.76**
1.56	2.81	0.32	2.94	14.31	53.73	96.62	7.82	3.14
0.02	0.09		0.17	6.63	53.44	97.99	3.93	1.79
0.06	1.28	0.04	0.69	41.69	57.15	97.75	11.83	6.84
0.06	0.02		0.28	16.76	42.63	95.49	12.82	2.58
0.06	0.01		0.26	17.53	41.90	96.04	13.09	2.64
	0.01		0.02	3.22	55.50	76.09	4.17	1.52
0.69	0.03		0.06	-12.00	122.17	123.67	-22.50	1.33
0.53	0.84	0.16	1.03	9.31	49.30	93.48	6.11	2.59
0.16	0.14	0.01	0.16	4.25	49.96	96.19	2.77	1.94
0.33	0.27		0.57	11.67	48.26	90.56	7.50	2.86
0.04	0.43	0.15	0.30	9.20	50.79	98.92	5.79	2.79
	0.21	0.08	0.29	10.91	47.22	97.20	7.66	2.08
	0.02	0.01	0.06	6.22	35.69	95.19	5.39	2.10
	0.20	0.07	0.23	11.39	48.41	97.34	7.83	2.08
0.19	0.34	0.03	0.42	8.67	64.13	98.71	3.83	3.18
0.19	0.32	0.03	0.37	7.71	67.59	97.97	2.63	3.59
			0.03	1.85	61.70	126.28	1.77	1.42
	0.01		0.02	12.62	53.99	101.00	10.24	2.15
0.44	2.76	0.94	1.89	14.02	47.66	93.84	7.81	2.55
0.10	0.66	0.26	0.48	21.83	50.90	99.59	10.02	4.12
0.10	0.08		0.16	3.40	102.47	95.03	-1.21	2.21
	0.58	0.26	0.31	26.19	38.70	100.64	12.54	4.96
0.24	0.13	0.01	0.17	10.92	43.80	82.54	8.32	1.40
0.24	0.13	0.01	0.17	10.92	43.80	82.54	8.32	1.40
0.04	0.21	0.02	0.15	12.06	47.52	95.50	4.54	3.43
	0.03		0.02	9.04	33.20	93.03	7.75	1.22
		0.01	0.02	4.08	42.48	91.52	6.06	1.19
0.04	0.18	0.01	0.11	20.30	60.97	96.69	3.71	9.73
	0.74	0.28	0.41	13.97	45.76	98.58	6.16	2.87
0.05	0.25	0.04	0.22	13.38	55.21	85.13	3.90	2.89
	0.20	0.02	0.10	15.50	51.32	81.12	3.40	3.53
0.05	0.04	0.02	0.11	9.89	61.60	108.00	5.66	1.77

2-1-2 续表 34

行　业			投资收益（损失以“-”号记）	营业利润	利润总额
	利息收入	利息支出			
调味品、发酵制品制造	0.02	0.40		2.01	2.14
味精制造					
酱油、食醋及类似制品制造	0.01	0.40		1.70	1.83
其他调味品、发酵制品制造	0.02			0.32	0.32
其他食品制造		0.15		1.48	1.50
营养食品制造				0.02	0.02
保健食品制造		0.02		0.07	0.07
冷冻饮品及食用冰制造					
盐加工					
食品及饲料添加剂制造		0.13		0.74	0.75
其他未列明食品制造				0.65	0.65
酒、饮料和精制茶制造业	0.76	1.84	0.06	17.63	17.32
酒的制造	0.75	1.13	0.06	13.43	12.99
酒精制造					
白酒制造	0.73	0.77	0.06	13.29	12.94
啤酒制造	0.02	0.23		-0.73	-0.73
黄酒制造					
葡萄酒制造		0.10		0.69	0.57
其他酒制造		0.03		0.18	0.21
饮料制造	0.01	0.70		3.86	3.99
碳酸饮料制造		0.01		0.02	0.04
瓶(罐)装饮用水制造				0.12	0.12
果菜汁及果菜汁饮料制造	0.01	0.65		2.90	2.97
含乳饮料和植物蛋白饮料制造		0.04		0.82	0.84
固体饮料制造				0.02	0.03
茶饮料及其他饮料制造		0.01		-0.01	
精制茶加工		0.02		0.34	0.34
烟草制品业	0.22			7.06	7.01
烟叶复烤					
卷烟制造	0.22			7.06	7.01
其他烟草制品制造					
纺织业	0.05	1.03	-0.63	0.58	0.59
棉纺织及印染精加工	0.05	0.87	-0.63	0.38	0.35
棉纺纱加工		0.42	0.01		0.01
棉织造加工		0.10		0.07	0.07
棉印染精加工	0.05	0.36	-0.63	0.31	0.27
毛纺织及染整精加工		0.12		-0.06	-0.06
毛条和毛纱线加工		0.12		-0.06	-0.06
毛织造加工					
毛染整精加工					
麻纺织及染整精加工		0.01		0.01	
麻纤维纺前加工和纺纱					
麻织造加工		0.01		0.01	
麻染整精加工					
丝绢纺织及印染精加工		0.01		0.01	0.04
缫丝加工		0.01		0.01	0.04
绢纺和丝织加工					
丝印染精加工					

单位：亿元

亏损企业亏损额	应交增值税	应交所得税	从业人员平均人数（万人）	总资产贡献率（%）	资产负债率（%）	产品销售率（%）	成本费用利润率（%）	流动资本周转率（%）
	0.70	0.31	0.36	13.40	52.77	94.03	12.43	2.11
	0.68	0.31	0.34	13.61	56.48	93.93	11.82	2.13
	0.02		0.03	11.74	23.27	95.79	17.74	1.98
0.01	0.08	0.02	0.10	12.73	37.94	88.33	9.72	2.07
	0.01	0.01	0.01	13.39	47.81	85.17	12.91	1.28
	0.01		0.01	9.86	50.87		19.78	0.84
0.01	0.06	0.01	0.05	13.48	37.80	79.30	8.00	2.13
			0.04	12.24	35.25	99.83	11.87	2.25
1.24	10.88	0.97	2.37	20.65	48.05	93.58	10.20	1.68
1.14	9.67	0.67	1.76	25.72	48.61	99.65	10.76	1.59
0.09	9.00	0.49	1.44	30.38	47.25	100.96	12.10	1.58
1.05	0.50	0.01	0.25	6.60	59.39	102.04	-7.53	2.30
	0.06	0.13	0.04	7.96	44.42	79.25	26.11	0.73
	0.11	0.03	0.03	23.48	55.10	79.09	10.94	3.61
0.10	1.20	0.30	0.59	10.35	48.54	83.61	8.29	2.21
	0.26		0.12	9.94	66.34	96.69	0.54	5.96
	0.01	0.03		32.77	41.66	98.20	19.22	18.01
0.10	0.76	0.14	0.38	9.47	48.45	79.35	9.08	1.78
	0.16	0.12	0.07	18.00	42.20	97.91	12.80	4.47
	0.01		0.02	3.84	25.05	99.39	3.22	1.87
				1.61	64.85	98.46	0.42	1.31
	0.01	0.01	0.01	4.40	34.97	98.23	36.99	0.42
	4.84	1.75	0.10	101.62	11.50	99.47	42.71	2.03
	4.84	1.75	0.10	101.62	11.50	99.47	42.71	2.03
0.69	1.17	0.25	0.97	4.40	75.25	93.10	1.40	1.07
0.61	0.29	0.21	0.72	2.88	81.06	90.69	1.16	0.93
0.53	0.11	0.13	0.31	2.31	68.48	91.83	0.06	1.08
0.04	0.06		0.21	5.53	83.20	83.27	1.80	1.50
0.05	0.13	0.08	0.20	2.98	93.14	91.98	2.23	0.74
0.08	0.74		0.03	18.17	72.03	99.71	-0.76	2.20
0.08	0.74		0.03	18.17	72.03	99.71	-0.76	2.20
	0.08		0.15	2.85	39.89	98.45	0.18	1.06
			0.01	0.09	31.78	71.15	0.38	0.46
	0.08		0.14	4.40	44.45	99.44	0.15	1.23
			0.02	7.05	28.93	101.89	16.84	0.79
			0.02	7.05	28.93	101.89	16.84	0.79

2-1-2 续表 35

行 业			投资收益（损失以“–”号记）	营业利润	利润总额
	利息收入	利息支出			
化纤织造及印染精加工					
化纤织造加工					
化纤织物染整精加工					
针织或钩针编织物及其制品制造				0.04	0.04
针织或钩针编织物织造				0.04	0.04
针织或钩针编织物印染精加工					
针织或钩针编织品制造					
家用纺织制成品制造		0.02		0.14	0.14
床上用品制造		0.02		0.14	0.14
毛巾类制品制造					
窗帘、布艺类产品制造					
其他家用纺织制成品制造					
非家用纺织制成品制造				0.07	0.07
非织造布制造				0.06	0.06
绳、索、缆制造					
纺织带和帘子布制造				0.01	0.01
篷、帆布制造					
其他非家用纺织制成品制造					
纺织服装、服饰业	0.01	0.22		1.05	1.77
机织服装制造	0.01	0.22		1.09	1.76
针织或钩针编织服装制造		0.01		-0.04	
服饰制造					
皮革、毛皮、羽毛及其制品和制鞋业		0.01		0.10	0.10
皮革鞣制加工		0.01		0.10	0.10
皮革制品制造					
皮革服装制造					
皮箱、包(袋)制造					
皮手套及皮装饰制品制造					
其他皮革制品制造					
毛皮鞣制及制品加工					
毛皮鞣制加工					
毛皮服装加工					
其他毛皮制品加工					
羽毛(绒)加工及制品制造					
羽毛(绒)加工					
羽毛(绒)制品加工					
制鞋业					
纺织面料鞋制造					
皮鞋制造					
塑料鞋制造					
橡胶鞋制造					
其他制鞋业					
木材加工和木、竹、藤、棕、草制品业	0.03	0.85		0.34	0.46
木材加工					
锯材加工					
木片加工					
单板加工					
其他木材加工					

单位：亿元

亏损企业亏损额	应交增值税	应交所得税	从业人员平均人数（万人）	总资产贡献率（%）	资产负债率（%）	产品销售率（%）	成本费用利润率（%）	流动资本周转率（%）
			0.01	2.22	54.57	124.12	1.72	0.53
			0.01	2.22	54.57	124.12	1.72	0.53
			0.01	13.57	22.11	94.89	13.34	1.52
			0.01	13.57	22.11	94.89	13.34	1.52
	0.05	0.02	0.02	17.26	17.45	99.82	17.75	3.14
	0.05	0.02	0.02	17.26	17.45	99.82	17.75	3.14
	0.01	0.01	0.01	15.60	6.92	100.07	11.79	7.09
		0.01	0.01	15.46	4.87	100.11	15.71	6.93
			0.01	16.36	18.42	100.00	4.84	7.42
	0.39	0.32	0.49	14.07	48.43	99.60	11.78	1.72
	0.38	0.32	0.45	14.43	47.17	99.97	12.17	1.74
	0.01		0.04	4.25	83.46	86.75	0.72	1.33
	0.04	0.02	0.03	15.77	3.09	86.02	1.40	8.10
	0.04	0.02	0.03	15.77	3.09	86.02	1.40	8.10
0.92	0.14		0.20	2.82	62.24	87.33	2.68	0.76
	0.01		0.01	1.28	51.13	101.22	0.02	1.34
	0.01		0.01	1.28	51.13	101.22	0.02	1.34

2-1-2 续表 36

行业	利息收入	利息支出	投资收益(损失以"–"号记)	营业利润	利润总额
人造板制造	0.03	0.69		-0.69	-0.62
胶合板制造					
纤维板制造	0.03	0.61		-0.98	-0.91
刨花板制造		0.01		0.07	0.07
其他人造板制造		0.07		0.22	0.22
木制品制造		0.16		0.96	1.00
建筑用木料及木材组件加工					
木门窗、楼梯制造		0.16		0.97	1.01
地板制造					
木制容器制造					
软木制品及其他木制品制造				-0.02	-0.01
竹、藤、棕、草等制品制造				0.07	0.07
竹制品制造					
藤制品制造					
棕制品制造				0.07	0.07
草及其他制品制造					
家具制造业		0.14		0.17	0.20
木质家具制造		0.14		0.17	0.20
竹、藤家具制造					
金属家具制造					
塑料家具制造					
其他家具制造					
造纸和纸制品业	0.02	0.53		0.92	0.94
纸浆制造					
木竹浆制造					
非木竹浆制造					
造纸		0.14		-0.03	-0.03
机制纸及纸板制造		0.14		-0.03	-0.03
手工纸制造					
加工纸制造					
纸制品制造	0.02	0.39		0.95	0.98
纸和纸板容器制造	0.02	0.26		0.64	0.65
其他纸制品制造		0.14		0.31	0.32
印刷和记录媒介复制业	0.02	0.41		0.77	1.25
印刷	0.02	0.41		0.77	1.25
书、报刊印刷	0.01	0.20		-0.05	0.42
本册印制				0.07	0.07
包装装潢及其他印刷	0.01	0.21		0.75	0.76
装订及印刷相关服务					
记录媒介复制					
文教、工美、体育和娱乐用品制造业		0.05	-0.31	0.41	0.51
文教办公用品制造					
文具制造					
笔的制造					
教学用模型及教具制造					
墨水、墨汁制造					
其他文教办公用品制造					

单位：亿元

亏损企业亏损额	应交增值税	应交所得税	从业人员平均人数（万人）	总资产贡献率（%）	资产负债率（%）	产品销售率（%）	成本费用利润率（%）	流动资本周转率（%）
0.91	0.13		0.11	0.71	74.51	81.25	-10.48	0.43
0.91	0.08		0.05	-0.79	78.86	98.60	-30.26	0.19
	0.02		0.03	10.76	28.54	76.84	4.25	4.40
	0.03		0.03	14.91	42.57	62.52	17.94	1.60
0.01			0.06	6.04	44.57	90.25	9.94	1.14
			0.02	2.89	100.37	101.24	0.11	1.87
			0.03	6.57	41.52	90.04	15.29	0.83
0.01			0.01	-1.30	64.03	78.70	-0.41	9.36
			0.01	9.25	23.61	100.46	14.53	1.04
			0.01	9.25	23.61	100.46	14.53	1.04
	0.04	0.03	0.07	5.31	56.74	84.50	3.45	1.18
	0.04	0.03	0.07	5.31	56.74	84.50	3.45	1.18
0.14	0.34	0.08	0.38	8.53	65.48	89.82	4.92	2.08
0.13	0.10	0.01	0.17	2.87	48.05	96.93	-0.61	1.78
0.13	0.10	0.01	0.17	2.87	48.05	96.93	-0.61	1.78
0.01	0.24	0.07	0.21	11.55	74.78	87.48	7.16	2.23
0.01	0.23	0.07	0.15	17.17	62.75	95.34	7.59	2.64
	0.01		0.06	6.35	85.89	76.19	6.42	1.75
0.07	0.36	0.08	0.53	7.86	52.12	98.46	6.60	1.55
0.07	0.36	0.08	0.53	7.86	52.12	98.46	6.60	1.55
0.03	0.12	0.04	0.34	6.70	58.88	101.80	4.91	1.58
				10.40	22.79		27.97	0.71
0.04	0.24	0.03	0.19	8.70	47.98	96.25	7.48	1.58
0.11	0.39	0.01	0.32	4.92	75.64	62.69	6.18	0.68

2-1-2 续表 37

行 业	利息收入	利息支出	投资收益(损失以"-"号记)	营业利润	利润总额
乐器制造					
中乐器制造					
西乐器制造					
电子乐器制造					
其他乐器及零件制造					
工艺美术品制造		0.01	0.01	-0.09	0.02
雕塑工艺品制造					
金属工艺品制造				-0.02	
漆器工艺品制造				0.03	0.03
花画工艺品制造					
天然植物纤维编织工艺品制造					
抽纱刺绣工艺品制造		0.01	0.01	-0.09	
地毯、挂毯制造					
珠宝首饰及有关物品制造				-0.02	-0.02
其他工艺美术品制造				0.01	0.01
体育用品制造		0.04	-0.32	0.50	0.49
球类制造					
体育器材及配件制造		0.01		-0.01	
训练健身器材制造		0.02	-0.32	0.50	0.48
运动防护用具制造					
其他体育用品制造					
玩具制造					
游艺器材及娱乐用品制造					
露天游乐场所游乐设备制造					
游艺用品及室内游艺器材制造					
其他娱乐用品制造					
石油加工、炼焦和核燃料加工业	2.54	51.57	4.79	-41.77	-40.33
精炼石油产品制造		0.34		3.21	1.53
原油加工及石油制品制造		0.33		3.20	1.50
人造原油制造		0.01		0.01	0.03
炼焦	2.54	51.23	4.79	-44.98	-41.86
核燃料加工					
化学原料和化学制品制造业	1.94	28.32	0.71	-14.92	-12.26
基础化学原料制造	0.40	8.64	0.08	-6.12	-7.05
无机酸制造		0.04		-0.20	-0.20
无机碱制造	0.12	3.05		-10.08	-11.56
无机盐制造	0.01	0.63		-0.41	-0.26
有机化学原料制造	0.18	1.96	0.05	-1.12	-1.20
其他基础化学原料制造	0.10	2.96	0.02	5.68	6.17
肥料制造	1.09	9.86	0.36	-5.48	-3.53
氮肥制造	0.53	8.09	0.30	-2.65	-0.87
磷肥制造					
钾肥制造					
复混肥料制造	0.56	1.52	0.07	-4.00	-3.92
有机肥料及微生物肥料制造		0.25		1.18	1.26
其他肥料制造					

单位：亿元

亏损企业亏损额	应交增值税	应交所得税	从业人员平均人数(万人)	总资产贡献率(%)	资产负债率(%)	产品销售率(%)	成本费用利润率(%)	流动资本周转率(%)
0.02	0.24		0.22	2.15	74.13	35.02	0.63	0.37
	0.03		0.04	2.64	39.95	29.53	0.34	0.69
	0.03		0.02	2.68	77.58	87.03	5.85	0.24
	0.05		0.03	4.76	79.51	66.47	0.72	0.45
0.02	0.13		0.04	1.27	80.48	18.00	-2.20	0.21
			0.08	5.31	58.08	86.15	1.36	3.40
0.09	0.15	0.01	0.10	11.19	79.06	97.41	9.87	1.26
	0.01		0.01	3.29	73.52	104.01	0.27	1.10
0.09	0.14	0.01	0.09	12.32	79.86	96.93	11.32	1.28
62.32	27.52	1.31	12.28	1.71	85.52	94.89	-2.87	1.11
	0.62	0.36	0.23	11.98	64.58	106.79	4.14	1.99
	0.61	0.36	0.22	11.98	64.57	107.02	4.18	1.97
	0.01			11.94	65.45	98.12	2.84	3.46
62.32	26.90	0.95	12.05	1.58	85.78	94.52	-3.06	1.09
38.46	12.26	3.71	10.09	2.33	72.73	95.68	-1.53	1.75
16.27	4.63	1.29	2.78	1.39	75.28	95.62	-2.57	1.47
0.20	0.07		0.04	-3.48	106.23	89.00	-7.38	1.21
11.56	0.07		0.73	-5.21	77.26	107.11	-18.22	0.96
0.62	0.48	0.02	0.48	3.00	73.25	95.97	-0.91	2.04
3.67	1.12	0.03	0.91	1.36	86.78	94.63	-1.53	1.53
0.21	2.89	1.24	0.62	7.18	64.25	95.55	6.06	1.79
11.71	2.03	1.65	3.15	1.98	73.38	97.99	-1.33	1.96
7.62	0.78	1.45	2.42	2.61	75.80	98.10	-0.39	2.59
4.09	0.43	0.01	0.68	-3.25	64.61	98.69	-10.30	0.86
	0.82	0.18	0.06	22.04	70.25	92.27	20.90	0.79

2-1-2 续表 38

行业	利息收入	利息支出	投资收益(损失以“-”号记)	营业利润	利润总额
农药制造		0.04		0.56	0.54
化学农药制造		0.03		0.55	0.53
生物化学农药及微生物农药制造		0.01		0.01	0.01
涂料、油墨、颜料及类似产品制造	0.11	0.71	0.01	1.22	1.24
涂料制造		0.09		0.22	0.23
油墨及类似产品制造	0.04	0.25	0.01	0.20	0.22
颜料制造		0.01		-0.04	-0.04
染料制造	0.07	0.35		0.72	0.71
密封用填料及类似品制造				0.13	0.13
合成材料制造	0.23	4.68	0.02	-7.91	-7.42
初级形态塑料及合成树脂制造	0.03	0.82	0.01	0.50	0.70
合成橡胶制造		1.32		-3.60	-3.45
合成纤维单(聚合)体制造	0.19	2.54	0.01	-4.81	-4.68
其他合成材料制造					
专用化学产品制造	0.04	2.37	0.03	2.20	2.54
化学试剂和助剂制造	0.03	1.83		1.37	1.62
专项化学用品制造		0.06		0.21	0.21
林产化学产品制造		0.08	0.02	0.16	0.24
信息化学品制造	0.01	0.38	0.01	0.45	0.45
环境污染处理专用药剂材料制造					
动物胶制造					0.01
其他专用化学产品制造		0.01			
炸药、火工及焰火产品制造	0.06	0.97	0.42	2.15	2.71
炸药及火工产品制造	0.06	0.97	0.42	2.15	2.71
焰火、鞭炮产品制造					
日用化学产品制造	0.01	1.05	-0.21	-1.55	-1.29
肥皂及合成洗涤剂制造	0.01	1.05	-0.21	-1.55	-1.29
化妆品制造					
口腔清洁用品制造					
香料、香精制造					
其他日用化学产品制造					
医药制造业	0.29	3.18	0.17	10.17	10.84
化学药品原料药制造	0.08	1.17	0.01	0.67	0.88
化学药品制剂制造	0.18	0.98	0.10	5.86	6.47
中药饮片加工		0.03		0.44	0.45
中成药生产	0.01	0.47		0.53	0.05
兽用药品制造		0.19		-0.19	-0.18
生物药品制造	0.01	0.12		2.42	2.65
卫生材料及医药用品制造		0.23	0.06	0.43	0.51
化学纤维制造业		0.01			
纤维素纤维原料及纤维制造					
化纤浆粕制造					
人造纤维(纤维素纤维)制造					
合成纤维制造		0.01			
锦纶纤维制造					
涤纶纤维制造		0.01			

单位：亿元

亏损企业亏损额	应交增值税	应交所得税	从业人员平均人数(万人)	总资产贡献率(%)	资产负债率(%)	产品销售率(%)	成本费用利润率(%)	流动资本周转率(%)
	0.02	0.05	0.02	14.56	15.97	98.43	20.88	1.40
	0.02	0.05	0.02	19.96	21.35	79.03	22.48	1.60
			0.01	1.53	2.98	539.41	4.61	0.54
0.09	0.64	0.16	0.33	9.48	72.45	82.96	4.99	1.30
	0.10	0.05	0.07	12.38	74.96	94.62	2.52	4.00
0.02	0.21	0.06	0.08	8.31	56.24	91.98	3.47	1.07
0.04	0.01		0.02	-1.06	105.19	17.90	-6.92	0.34
0.03	0.30	0.02	0.16	11.04	75.64	99.62	8.97	1.00
	0.02	0.03		7.81	89.81	97.11	10.24	0.72
8.13	1.73	0.28	0.92	-0.67	78.57	95.98	-6.35	3.05
	0.86	0.13	0.40	5.13	67.55	92.28	1.64	2.77
3.45	0.16		0.24	-5.90	95.78	106.22	-24.79	2.12
4.68	0.72	0.15	0.29	-2.22	77.95	100.42	-7.79	3.63
0.86	0.91	-0.23	0.98	7.58	62.19	93.37	3.63	2.04
0.86	0.58	-0.28	0.65	7.19	61.68	95.07	3.22	2.05
	0.09		0.05	11.21	52.89	99.73	6.82	2.09
	0.16	0.04	0.12	10.39	64.12	92.55	3.71	1.88
	0.05		0.13	7.96	65.38	83.85	5.53	2.36
	0.01		0.01	1.63	41.67	100.95	0.26	1.10
	0.02		0.02	7.59	79.07	81.12	1.16	2.49
			0.01	1.60	83.67	100.00	0.47	1.07
0.11	1.91	0.51	1.38	9.40	48.61	97.61	7.30	1.50
0.11	1.91	0.51	1.38	9.40	48.61	97.61	7.30	1.50
1.29	0.40		0.52	0.74	78.77	93.98	-11.49	0.67
1.29	0.40		0.52	0.74	78.77	93.98	-11.49	0.67
1.80	7.62	1.65	3.19	8.47	60.02	92.33	7.80	1.41
0.21	0.29	0.13	0.87	2.60	76.34	99.57	1.96	1.89
0.21	3.37	0.86	1.23	12.80	44.18	96.92	13.18	1.58
	0.16		0.03	21.36	92.86	97.95	14.56	2.22
1.05	2.14	0.17	0.68	5.64	54.15	82.90	0.26	0.76
0.33	0.04		0.07	1.11	82.61	91.64	-6.99	1.07
0.01	1.35	0.38	0.14	21.33	59.73	78.39	18.98	1.50
	0.27	0.11	0.16	13.28	60.49	83.71	11.16	1.35
			0.01	2.43	79.17	95.22	-1.52	0.63
			0.01	2.43	79.17	95.22	-1.52	0.63
			0.01	2.43	79.17	95.22	-1.52	0.63

2-1-2 续表 39

行　业	利息收入	利息支出	投资收益（损失以“-”号记）	营业利润	利润总额
腈纶纤维制造					
维纶纤维制造					
丙纶纤维制造					
氨纶纤维制造					
其他合成纤维制造					
橡胶和塑料制品业	0.07	1.68	0.08	4.14	4.44
橡胶制品业	0.03	1.24	0.01	2.57	2.77
轮胎制造	0.03	1.17		1.75	1.79
橡胶板、管、带制造		0.02	0.01	0.39	0.43
橡胶零件制造				0.13	0.18
再生橡胶制造		0.02		0.10	0.15
日用及医用橡胶制品制造					
其他橡胶制品制造		0.03		0.19	0.22
塑料制品业	0.04	0.43	0.07	1.56	1.67
塑料薄膜制造		0.05		0.19	0.19
塑料板、管、型材制造	0.01	0.28		1.09	1.16
塑料丝、绳及编织品制造		0.14	0.04	0.05	0.05
泡沫塑料制造					
塑料人造革、合成革制造					
塑料包装箱及容器制造	0.02	-0.05		0.24	0.24
日用塑料制品制造					
塑料零件制造					
其他塑料制品制造		0.02	0.02	-0.01	0.01
非金属矿物制品业	0.19	11.81	0.28	5.20	8.19
水泥、石灰和石膏制造	-0.01	7.38	0.02	-3.48	-1.98
水泥制造	-0.01	7.29	0.02	-3.76	-2.27
石灰和石膏制造		0.09		0.28	0.29
石膏、水泥制品及类似制品制造	0.01	0.72	0.04	0.94	1.43
水泥制品制造	0.01	0.61	0.01	0.23	0.64
砼结构构件制造		0.06	0.02	0.05	0.10
石棉水泥制品制造					
轻质建筑材料制造		0.05		0.77	0.77
其他水泥类似制品制造				-0.11	-0.07
砖瓦、石材等建筑材料制造		0.40		1.14	1.41
粘土砖瓦及建筑砌块制造		0.14		0.34	0.63
建筑陶瓷制品制造		0.05		-0.09	-0.09
建筑用石加工		0.12		0.36	0.35
防水建筑材料制造		0.09		0.50	0.49
隔热和隔音材料制造				0.01	0.01
其他建筑材料制造				0.01	0.01
玻璃制造	0.03	0.64	0.13	0.19	0.27
平板玻璃制造	0.03	0.64	0.13	0.19	0.27
其他玻璃制造					
玻璃制品制造		0.45		1.42	1.47
技术玻璃制品制造					
光学玻璃制造					
玻璃仪器制造					

单位：亿元

亏损企业亏损额	应交增值税	应交所得税	从业人员平均人数（万人）	总资产贡献率（%）	资产负债率（%）	产品销售率（%）	成本费用利润率（%）	流动资本周转率（%）
0.16	0.88	0.72	1.15	7.85	60.49	91.22	5.30	1.68
0.04	0.48	0.20	0.48	9.40	64.14	88.88	5.74	1.86
			0.22	9.05	72.42	85.85	5.60	2.08
0.04	0.31	0.11	0.12	12.92	46.61	92.01	5.43	2.01
	0.06	0.03	0.05	5.64	32.76	99.51	9.04	0.59
	0.09	0.05	0.07	17.19	64.81	98.62	4.77	3.49
	0.03	0.01	0.03	7.57	57.26	93.36	6.78	1.34
0.12	0.40	0.52	0.67	6.05	56.27	94.40	4.71	1.49
	0.01		0.06	2.59	51.21	93.22	4.66	0.64
0.06	0.20	0.10	0.25	8.46	59.01	99.12	6.05	1.85
0.04	0.13	0.01	0.23	6.24	59.41	82.12	0.73	1.85
	0.02	0.06	0.10	3.37	48.33	87.31	5.90	1.91
0.01	0.04	0.35	0.02	6.28	76.32	100.00	2.11	0.68
12.81	15.25	2.63	9.28	5.67	71.67	94.34	2.22	1.33
9.06	5.67	0.96	2.66	3.46	74.60	96.66	-1.44	1.21
8.87	5.48	0.94	2.43	3.45	75.83	96.45	-1.75	1.22
0.18	0.19	0.02	0.22	3.50	55.93	99.53	3.34	1.09
0.82	1.53	0.22	0.77	6.78	65.98	95.77	3.33	1.26
0.64	1.34	0.20	0.65	5.86	72.54	99.57	1.79	1.18
0.06	0.02		0.03	7.05	50.96	117.57	6.10	0.85
	0.14	0.01	0.06	16.67	19.61	61.85	17.95	3.84
0.12	0.02	0.01	0.03	-2.90	64.70	98.81	-5.14	1.26
0.47	1.50	0.09	0.80	8.77	60.74	92.94	4.21	1.67
0.05	0.26	0.04	0.28	7.66	65.85	91.65	10.65	1.26
0.24	0.15		0.17	1.99	78.17	90.46	-4.46	0.74
0.16	0.72		0.25	17.04	47.72	98.93	3.39	3.55
	0.37	0.05	0.10	8.74	56.24	89.38	3.71	1.44
				6.90	32.37	100.00	1.92	7.43
0.01	0.01		0.01	1.68	48.24	99.53	0.83	2.71
0.18	0.47		0.30	4.55	85.77	84.26	2.42	0.74
0.18	0.47		0.30	4.55	85.77	84.26	2.42	0.74
0.04	0.71	0.32	1.41	14.28	59.20	94.77	6.65	2.37

2-1-2 续表 40

行业	利息收入	利息支出	投资收益(损失以"–"号记)	营业利润	利润总额
日用玻璃制品制造		0.40		1.23	1.29
玻璃包装容器制造		0.05		0.12	0.12
玻璃保温容器制造		0.01		0.02	0.02
制镜及类似品加工					
其他玻璃制品制造				0.04	0.03
玻璃纤维和玻璃纤维增强塑料制品制造		0.01		0.05	0.05
玻璃纤维及制品制造				0.02	0.02
玻璃纤维增强塑料制品制造		0.01		0.03	0.03
陶瓷制品制造	0.01	0.24	-0.01	1.91	1.92
卫生陶瓷制品制造					
特种陶瓷制品制造		0.01		0.09	0.09
日用陶瓷制品制造	0.01	0.07	-0.01	0.78	0.80
园林、陈设艺术及其他陶瓷制品制造		0.16		1.04	1.04
耐火材料制品制造	0.05	0.59	0.10	0.86	1.04
石棉制品制造		0.01		0.03	0.03
云母制品制造					
耐火陶瓷制品及其他耐火材料制造	0.05	0.57	0.10	0.83	1.01
石墨及其他非金属矿物制品制造	0.09	1.37	-0.01	2.18	2.57
石墨及碳素制品制造	0.08	1.03		2.43	2.65
其他非金属矿物制品制造		0.34	-0.01	-0.25	-0.08
黑色金属冶炼和压延加工业	6.15	51.70	2.07	20.01	23.04
炼铁	0.10	2.21	-0.16	3.80	3.98
炼钢	0.17	5.17	0.41	-0.73	-0.52
黑色金属铸造	0.03	1.84	0.26	1.03	1.28
钢压延加工	5.83	40.40	1.51	12.34	14.29
铁合金冶炼	0.02	2.07	0.06	3.57	4.01
有色金属冶炼和压延加工业	0.25	16.48	0.14	-0.50	-0.98
常用有色金属冶炼	0.22	15.07	0.12	-4.45	-4.60
铜冶炼	0.03	1.31			0.24
铅锌冶炼		0.01		-0.02	-0.03
镍钴冶炼				0.01	0.01
锡冶炼					
锑冶炼					
铝冶炼	0.18	11.44	0.11	-5.48	-6.14
镁冶炼	0.01	2.27	0.01	1.04	1.30
其他常用有色金属冶炼		0.03		0.01	0.01
贵金属冶炼		0.01		0.64	0.64
金冶炼		0.01		0.81	0.80
银冶炼				-0.16	-0.16
其他贵金属冶炼					
稀有稀土金属冶炼		0.13		-0.17	-0.28
钨钼冶炼					
稀土金属冶炼		0.13		-0.12	-0.23
其他稀有金属冶炼				-0.05	-0.05
有色金属合金制造		0.12		-0.11	-0.10
有色金属铸造					

单位：亿元

亏损企业亏损额	应交增值税	应交所得税	从业人员平均人数（万人）	总资产贡献率（%）	资产负债率（%）	产品销售率（%）	成本费用利润率（%）	流动资本周转率（%）
0.04	0.58	0.28	1.27	15.28	54.13	95.26	7.03	2.55
	0.09	0.02	0.07	15.47	79.75	83.34	8.04	2.16
	0.02	0.01	0.03	7.15	73.65	98.77	6.34	1.50
	0.03	0.01	0.04	6.03	79.54	100.00	1.81	1.57
	0.02		0.01	25.60	41.18	86.06	10.07	2.64
	0.02			40.06	33.14	87.31	6.75	14.59
			0.01	18.38	45.22	83.52	17.11	1.02
0.19	0.85	0.26	1.17	17.62	69.32	90.78	9.80	3.00
	0.01	0.01	0.04	5.58	57.57	97.99	13.82	0.48
0.12	0.35	0.14	0.48	16.25	72.14	93.01	14.02	3.12
0.07	0.49	0.11	0.65	21.87	69.64	89.40	7.79	4.03
1.05	2.07	0.09	0.95	7.36	68.75	92.74	2.77	1.29
			0.01	5.26	76.42	84.04	3.90	1.14
1.05	2.07	0.09	0.95	7.39	68.62	92.90	2.75	1.29
1.01	2.43	0.68	1.21	7.07	69.18	93.62	3.99	1.26
0.47	1.58	0.65	0.82	7.95	67.86	93.12	5.71	1.25
0.54	0.85	0.03	0.39	4.69	72.79	95.18	-0.45	1.27
30.60	53.39	4.61	19.41	4.54	69.83	97.93	0.70	2.97
1.55	3.05	0.49	2.51	5.60	66.80	94.39	1.58	2.73
10.17	8.96	0.02	1.96	4.66	87.78	95.91	-0.16	2.43
0.85	1.76	0.23	2.03	5.18	69.15	115.19	1.76	1.23
14.65	37.47	3.75	11.48	4.27	67.02	98.28	0.57	3.36
3.38	2.14	0.13	1.43	6.53	78.17	94.61	2.98	1.74
10.94	12.26	0.80	5.91	4.07	77.19	89.72	-0.19	1.83
9.23	11.50	0.53	5.24	3.66	78.51	89.33	-1.08	1.85
0.43	0.58	0.24	1.35	2.03	58.58	69.10	0.37	1.08
0.03			0.02	-0.90	92.79	10.83	-8.18	0.29
			0.01	2.18	19.10	105.56	2.47	1.17
7.76	9.97	0.23	2.60	3.85	83.36	93.11	-2.05	2.73
0.99	0.92	0.05	1.23	4.84	80.20	94.83	2.18	1.07
0.02	0.02	0.01	0.03	3.36	91.69	100.14	0.71	1.38
0.16	0.15	0.20	0.08	5.90	71.58	89.66	16.90	0.47
	0.11	0.20	0.04	27.32	30.38	93.74	26.18	2.42
0.16	0.04		0.04	-1.10	85.06	76.72	-22.74	0.09
0.58	0.09		0.16	-0.42	58.68	93.48	-3.76	1.04
0.51	0.09		0.12	-0.04	53.04	93.83	-3.58	1.19
0.07			0.03	-2.15	84.06	91.29	-4.86	0.57
0.27	0.31		0.14	3.22	59.56	74.82	-0.84	1.91

2-1-2 续表 41

行业	利息收入	利息支出	投资收益（损失以"-"号记）	营业利润	利润总额
有色金属压延加工	0.03	1.15	0.02	3.60	3.35
铜压延加工					
铝压延加工	0.03	0.87	0.01	2.66	2.71
贵金属压延加工		0.20		0.34	0.04
稀有稀土金属压延加工		0.04		0.02	0.02
其他有色金属压延加工		0.04	0.01	0.58	0.58
金属制品业	0.08	1.81	0.34	2.61	3.45
结构性金属制品制造	0.04	0.63		-0.22	-0.09
金属结构制造	0.04	0.51		-0.35	-0.22
金属门窗制造		0.12		0.13	0.13
金属工具制造				0.02	0.02
切削工具制造				-0.02	-0.02
手工具制造					
农用及园林用金属工具制造					
刀剪及类似日用金属工具制造					
其他金属工具制造				0.05	0.05
集装箱及金属包装容器制造		0.05		-0.14	-0.11
集装箱制造					
金属压力容器制造		0.01		-0.10	-0.07
金属包装容器制造		0.05		-0.04	-0.04
金属丝绳及其制品制造		0.05	0.34	-0.03	0.33
建筑、安全用金属制品制造		0.18		1.09	1.10
建筑、家具用金属配件制造					
建筑装饰及水暖管道零件制造		0.17		0.74	0.81
安全、消防用金属制品制造		0.01		0.35	0.28
其他建筑、安全用金属制品制造					
金属表面处理及热处理加工		0.02		0.07	0.07
搪瓷制品制造				0.01	0.01
生产专用搪瓷制品制造				0.01	0.01
建筑装饰搪瓷制品制造					
搪瓷卫生洁具制造					
搪瓷日用品及其他搪瓷制品制造					
金属制日用品制造		0.01		-0.01	-0.01
金属制厨房用器具制造					
金属制餐具和器皿制造					
金属制卫生器具制造					
其他金属制日用品制造		0.01		-0.01	-0.01
其他金属制品制造	0.03	0.87		1.82	2.14
锻件及粉末冶金制品制造	0.02	0.69		1.26	1.42
交通及公共管理用金属标牌制造					
其他未列明金属制品制造					
通用设备制造业	0.08	1.75	0.17	10.04	10.71
锅炉及原动设备制造	0.03	0.24	-0.02	7.35	7.43
锅炉及辅助设备制造	0.03	0.24	-0.02	7.21	7.26
内燃机及配件制造				0.14	0.17
汽轮机及辅机制造					

单位：亿元

亏损企业亏损额	应交增值税	应交所得税	从业人员平均人数（万人）	总资产贡献率（%）	资产负债率（%）	产品销售率（%）	成本费用利润率（%）	流动资本周转率（%）
0.69	0.22	0.06	0.29	10.64	69.41	95.62	5.40	2.28
0.49	0.09	0.03	0.21	10.24	71.83	95.53	5.74	2.32
0.11	0.06	0.02	0.02	7.50	58.10	98.31	0.76	1.74
0.03	0.04	0.01	0.04	2.95	63.10	94.30	0.52	1.12
0.06	0.02		0.02	42.07	59.03	95.05	9.40	5.37
1.28	2.43	0.73	2.62	7.03	66.21	93.10	3.35	1.40
0.46	0.41	0.03	0.50	3.03	72.09	92.74	-0.46	0.74
0.46	0.40	0.03	0.46	2.46	72.00	92.25	-1.29	0.74
	0.01		0.04	7.82	72.77	96.81	7.00	0.78
0.02	0.03	0.01	0.06	1.91	41.23	112.69	3.32	0.37
0.02	0.01		0.05	-0.28	31.42	99.01	-8.85	0.16
	0.02	0.01	0.01	9.96	77.41	148.00	10.49	0.96
0.12	0.04		0.05	-0.45	103.28	89.55	-5.82	1.49
0.07			0.01	-8.84	142.74	89.22	-20.97	1.17
0.05	0.04		0.04	3.87	82.99	89.60	-2.55	1.56
0.39	0.11	0.15	0.14	8.70	68.82	93.64	8.26	1.46
0.06	0.47	0.24	0.62	16.12	60.79	99.69	6.50	2.46
0.06	0.35	0.23	0.54	19.10	60.70	98.14	5.46	3.02
	0.11	0.01	0.02	18.20	32.14	119.52	22.19	1.19
	0.01		0.06	1.49	96.76	100.09	0.05	0.93
0.01	0.02		0.04	6.11	60.14	100.00	4.72	1.30
			0.01	12.65	8.18	95.24	1.44	13.25
			0.01	12.65	8.18	95.24	1.44	13.25
0.01			0.02	0.99	73.30	89.47	-1.17	1.58
				-1.14	70.67	100.00	-4.54	0.24
0.01			0.01	1.37	73.77	89.01	-1.06	1.91
0.22	1.36	0.30	1.19	7.95	63.92	91.42	3.70	1.69
0.19	0.92	0.16	0.82	7.58	60.62	88.21	3.39	1.61
1.39	3.12	0.71	3.11	8.16	69.50	101.95	5.41	1.62
	0.89	0.29	0.63	17.99	53.25	99.22	15.49	1.93
	0.83	0.27	0.59	18.60	53.60	99.45	15.75	2.03
	0.06	0.02	0.04	8.46	47.76	93.62	9.23	0.83

2-1-2 续表 42

行 业	利息收入	利息支出	投资收益(损失以“-”号记)	营业利润	利润总额
水轮机及辅机制造					
风能原动设备制造					
其他原动设备制造					
金属加工机械制造		0.13		0.55	0.57
金属切削机床制造					
金属成形机床制造		0.03		-0.03	0.02
铸造机械制造		0.03			0.01
金属切割及焊接设备制造					
机床附件制造				0.02	0.02
其他金属加工机械制造		0.08		0.56	0.52
物料搬运设备制造		0.10		-0.09	-0.10
轻小型起重设备制造				0.05	0.04
起重机制造				-0.04	-0.04
生产专用车辆制造					
连续搬运设备制造		0.05		0.05	0.05
电梯、自动扶梯及升降机制造		0.05		-0.15	-0.15
其他物料搬运设备制造					
泵、阀门、压缩机及类似机械制造	0.03	0.54		1.68	1.83
泵及真空设备制造	0.01	0.35	0.02	1.42	1.43
气体压缩机械制造					
阀门和旋塞制造		0.01		0.03	0.04
液压和气压动力机械及元件制造	0.02	0.18	-0.02	0.24	0.36
轴承、齿轮和传动部件制造		0.15		-0.32	-0.20
轴承制造					
齿轮及齿轮减、变速箱制造		0.14		-0.32	-0.21
其他传动部件制造		0.01		0.01	0.01
烘炉、风机、衡器、包装等设备制造	0.02	0.39		0.59	0.67
烘炉、熔炉及电炉制造	0.01	0.10		0.08	0.06
风机、风扇制造		0.09		0.67	0.68
气体、液体分离及纯净设备制造		0.03		0.01	0.01
制冷、空调设备制造	0.01	0.15		-0.18	-0.09
风动和电动工具制造					
喷枪及类似器具制造				0.01	0.01
衡器制造		0.02			
包装专用设备制造					
文化、办公用机械制造					
电影机械制造					
幻灯及投影设备制造					
照相机及器材制造					
复印和胶印设备制造					
计算器及货币专用设备制造					
其他文化、办公用机械制造					
通用零部件制造		0.18	0.18	0.09	0.34
金属密封件制造				-0.17	0.08
紧固件制造				-0.07	-0.07
弹簧制造					
机械零部件加工		0.18	0.18	0.32	0.32
其他通用零部件制造				0.01	0.01

单位：亿元

亏损企业亏损额	应交增值税	应交所得税	从业人员平均人数（万人）	总资产贡献率（%）	资产负债率（%）	产品销售率（%）	成本费用利润率（%）	流动资本周转率（%）
0.02	0.34	0.07	0.24	6.78	55.56	91.29	5.34	1.07
	0.04		0.09	1.29	81.47	106.70	0.23	0.47
	0.01		0.03	4.21	67.99	55.10	3.36	0.62
0.02	0.03	0.01	0.05	3.10	58.62	92.50	0.59	0.99
	0.04		0.01	7.70	22.44	102.03	7.07	0.54
	0.22	0.06	0.06	11.49	41.12	92.56	7.49	1.65
0.21	0.16	0.01	0.21	1.57	80.87	94.01	-1.35	0.82
	0.10	0.01	0.06	3.55	88.30	89.90	1.26	0.80
0.04	0.01		0.04	-1.99	86.75	88.82	-8.22	0.40
	0.05		0.06	3.44	67.50	97.76	1.65	0.94
0.17			0.05	-5.23	92.01	100.00	-32.75	1.13
0.21	0.49	0.09	0.79	5.20	80.82	94.80	4.30	1.12
0.17	0.22	0.03	0.40	9.43	74.77	102.63	4.79	1.74
	0.04		0.06	3.61	78.63	88.89	2.85	0.70
0.04	0.23	0.06	0.33	2.45	85.13	81.32	3.16	0.58
0.25	0.09		0.16	0.68	76.51	92.36	-5.43	0.80
0.25	0.05		0.13	-0.26	73.99	90.44	-8.60	0.59
	0.04		0.03	5.08	88.22	95.33	0.62	1.83
0.22	0.37	0.07	0.33	5.59	65.37	89.52	4.11	1.13
0.05	0.04	0.01	0.04	6.87	61.45	89.39	5.57	0.65
	0.19	0.02	0.10	10.80	59.38	93.19	7.29	1.47
			0.01	3.70	81.47	100.00	2.56	0.31
0.17	0.06	0.04	0.09	1.08	70.29	79.01	-2.41	0.90
	0.08		0.07	10.51	70.84	99.74	0.86	2.01
			0.01	2.57	47.08	129.52	0.60	1.08
0.47	0.75	0.15	0.74	4.96	80.96	121.93	0.50	3.38
	0.24		0.11	30.70	65.18	99.96	1.96	4.09
0.07	0.03		0.03	-1.72	86.88	100.60	-7.07	0.59
0.40	0.48	0.15	0.57	4.37	82.32	124.58	0.51	3.65
			0.03	1.49	44.69	106.99	0.81	1.22

2-1-2 续表 43

行　业	利息收入	利息支出	投资收益（损失以“-”号记）	营业利润	利润总额
其他通用设备制造业		0.01		0.17	0.17
专用设备制造业	0.29	6.70	0.49	7.03	8.99
采矿、冶金、建筑专用设备制造	0.12	5.73	0.41	4.54	5.77
矿山机械制造	0.08	5.03	0.41	4.66	5.76
石油钻采专用设备制造	0.03	0.43		0.08	0.08
建筑工程用机械制造		0.08		-0.12	-0.12
海洋工程专用设备制造					
建筑材料生产专用机械制造				-0.01	-0.01
冶金专用设备制造	0.01	0.18		-0.07	0.06
化工、木材、非金属加工专用设备制造	0.01	0.21		1.75	1.83
炼油、化工生产专用设备制造	0.01	0.02		1.09	1.16
橡胶加工专用设备制造					
塑料加工专用设备制造				-0.02	-0.01
木材加工机械制造					
模具制造		0.19		0.68	0.68
其他非金属加工专用设备制造					
食品、饮料、烟草及饲料生产专用设备制造				0.01	0.01
食品、酒、饮料及茶生产专用设备制造				0.01	0.01
农副食品加工专用设备制造					
烟草生产专用设备制造					
饲料生产专用设备制造					
印刷、制药、日化及日用品生产专用设备制造					-0.02
制浆和造纸专用设备制造					
印刷专用设备制造					-0.02
日用化工专用设备制造					
制药专用设备制造					
照明器具生产专用设备制造					
玻璃、陶瓷和搪瓷制品生产专用设备制造					
其他日用品生产专用设备制造					
纺织、服装和皮革加工专用设备制造	0.09	0.19	-0.01	-0.92	-0.13
纺织专用设备制造	0.09	0.15	-0.01	-0.92	-0.13
皮革、毛皮及其制品加工专用设备制造					
缝制机械制造		0.03			
洗涤机械制造					
电子和电工机械专用设备制造	0.02	0.04		1.01	0.73
电工机械专用设备制造		0.01		0.04	0.04
电子工业专用设备制造	0.02	0.03		0.97	0.69
农、林、牧、渔专用机械制造	0.04	0.35		0.23	0.31
拖拉机制造	0.04	0.18		0.25	0.25
机械化农业及园艺机具制造		0.01		-0.02	
营林及木竹采伐机械制造					
畜牧机械制造					
渔业机械制造					
农林牧渔机械配件制造		0.14			0.02
棉花加工机械制造					
其他农、林、牧、渔业机械制造		0.03			0.04

单位：亿元

亏损企业亏损额	应交增值税	应交所得税	从业人员平均人数(万人)	总资产贡献率(%)	资产负债率(%)	产品销售率(%)	成本费用利润率(%)	流动资本周转率(%)
0.01	0.03	0.02	0.03	11.81	49.04	90.72	8.97	1.36
2.78	6.38	1.51	5.90	3.52	74.33	94.74	2.46	0.81
2.02	4.97	1.30	4.47	3.16	76.38	95.63	1.95	0.77
1.64	4.55	1.10	4.12	3.14	75.60	95.49	2.05	0.77
0.05	0.20	0.11	0.14	4.34	98.73	103.15	1.11	1.22
0.12	0.01		0.02	-1.00	72.31	98.50	-12.56	0.51
0.01			0.01	-2.84	89.04	100.00	-17.89	0.17
0.20	0.21	0.08	0.18	3.44	79.35	93.53	0.84	0.72
0.02	0.23	0.05	0.19	7.16	49.55	91.28	10.16	1.07
	0.21	0.05	0.16	5.14	50.36	85.54	9.36	0.91
0.01			0.01	-4.29	152.12	103.90	-17.33	0.25
	0.02		0.02	20.89	38.51	100.00	12.30	1.82
	0.01		0.01	0.87	7.40	59.15	1.83	0.22
	0.01		0.01	0.87	7.40	59.15	1.83	0.22
0.03	0.02		0.05	-0.04	63.10	105.05	-3.25	0.90
0.03	0.02		0.05	-0.04	63.10	105.05	-3.25	0.90
0.67	0.64	0.02	0.72	2.05	89.55	88.61	-0.40	1.26
0.67	0.63	0.02	0.69	2.01	90.64	88.48	-0.42	1.26
	0.01		0.03	3.20	63.95	97.23	0.75	0.86
	0.19	0.07	0.10	13.79	36.42	100.65	17.49	1.09
	0.02		0.02	5.39	28.35	100.00	5.27	0.92
	0.17	0.07	0.07	15.71	38.27	100.77	20.40	1.12
	0.11		0.15	6.24	49.66	92.01	4.24	1.05
	0.08		0.07	6.61	43.57	82.55	6.59	0.89
			0.01	0.34	51.49	113.56	-0.12	1.01
	0.02		0.06	11.54	82.91	100.00	1.07	1.52
	0.01		0.01	7.22	38.15	127.40	5.30	1.32

2-1-2 续表 44

行 业	利息收入	利息支出	投资收益（损失以“-”号记）	营业利润	利润总额
医疗仪器设备及器械制造					
医疗诊断、监护及治疗设备制造					
口腔科用设备及器具制造					
医疗实验室及医用消毒设备和器具制造					
医疗、外科及兽医用器械制造					
机械治疗及病房护理设备制造					
假肢、人工器官及植(介)入器械制造					
其他医疗设备及器械制造					
环保、社会公共服务及其他专用设备制造	0.01	0.18	0.09	0.43	0.49
环境保护专用设备制造	0.01	0.06	0.09	0.36	0.43
地质勘查专用设备制造					
邮政专用机械及器材制造					
商业、饮食、服务专用设备制造					
社会公共安全设备及器材制造		0.01			
交通安全、管制及类似专用设备制造					
水资源专用机械制造				-0.01	-0.01
其他专用设备制造	0.01	0.10		0.07	0.06
汽车制造业	0.28	1.45	0.05	-2.81	-0.55
汽车整车制造	0.01	0.24		-2.05	-1.29
改装汽车制造	0.21	-0.02	0.01	0.07	0.26
低速载货汽车制造					
电车制造					
汽车车身、挂车制造		0.01		0.35	0.36
汽车零部件及配件制造	0.06	1.23	0.05	-1.18	0.12
铁路、船舶、航空航天和其他运输设备制造业	0.07	2.32	1.22	5.02	5.06
铁路运输设备制造	0.07	2.31	1.22	5.23	5.26
铁路机车车辆及动车组制造	0.02	1.42	0.99	1.82	1.85
窄轨机车车辆制造		0.09		0.48	0.49
铁路机车车辆配件制造	0.01	0.44	0.23	1.89	1.90
铁路专用设备及器材、配件制造	0.01	0.04		0.88	0.88
其他铁路运输设备制造	0.03	0.33		0.15	0.15
城市轨道交通设备制造					
船舶及相关装置制造					
金属船舶制造					
非金属船舶制造					
娱乐船和运动船制造					
船用配套设备制造					
船舶改装与拆除					
航标器材及其他相关装置制造					
航空、航天器及设备制造					
飞机制造					
航天器制造					
航空、航天相关设备制造					
其他航空航天器制造					

单位：亿元

亏损企业亏损额	应交增值税	应交所得税	从业人员平均人数（万人）	总资产贡献率（%）	资产负债率（%）	产品销售率（%）	成本费用利润率（%）	流动资本周转率（%）
0.05	0.22	0.06	0.22	5.55	63.22	95.42	6.69	0.72
	0.09	0.06	0.09	7.26	48.32	91.72	10.64	0.81
	0.02		0.02	7.17	89.47	104.67	-0.31	0.53
0.01			0.03	-0.38	125.27	97.50	-1.96	0.56
0.04	0.11		0.08	4.26	69.76	98.93	2.55	0.65
2.48	1.06	0.24	1.81	1.44	70.31	96.48	-0.67	1.33
1.29			0.17	-5.66	62.58	96.07	-28.51	0.51
	0.01		0.27	0.12	69.79	95.73	0.71	2.30
0.02	0.17		0.07	16.38	68.18	103.54	11.38	2.08
1.17	0.88	0.24	1.30	3.24	72.67	96.56	0.32	0.99
0.34	3.96	0.46	1.63	8.35	77.65	98.94	4.72	1.27
0.13	3.92	0.46	1.59	8.93	75.47	98.92	4.97	1.29
	1.67		0.47	10.37	82.74	100.49	3.92	1.48
	0.02		0.03	13.40	49.17	91.80	19.08	1.08
0.01	1.41	0.31	0.43	13.18	62.80	101.11	8.29	1.24
0.10	0.30	0.14	0.08	12.40	68.39	89.54	12.31	0.85
0.02	0.51	0.01	0.58	2.60	80.59	98.77	0.58	1.26

2-1-2 续表 45

行业	利息收入	利息支出	投资收益(损失以"-"号记)	营业利润	利润总额
摩托车制造					
摩托车整车制造					
摩托车零部件及配件制造					
自行车制造					
脚踏自行车及残疾人座车制造					
助动自行车制造					
非公路休闲车及零配件制造					
潜水救捞及其他未列明运输设备制造				-0.21	-0.20
潜水及水下救捞装备制造					
其他未列明运输设备制造				-0.21	-0.20
电气机械和器材制造业	0.03	4.21	1.46	0.78	1.27
电机制造	0.01	1.35	1.17	1.93	2.19
发电机及发电机组制造					
电动机制造	0.01	1.35	1.17	1.98	2.24
微电机及其他电机制造				-0.05	-0.05
输配电及控制设备制造	0.01	2.20		-1.46	-1.33
变压器、整流器和电感器制造		0.16		1.79	1.78
电容器及其配套设备制造		0.01		0.07	0.08
配电开关控制设备制造		0.03		-0.01	-0.01
电力电子元器件制造		0.01			
光伏设备及元器件制造		1.99		-3.33	-3.20
其他输配电及控制设备制造				0.01	0.01
电线、电缆、光缆及电工器材制造	0.01	0.44	0.29	0.28	0.31
电线、电缆制造	0.01	0.43	0.29	0.34	0.36
光纤、光缆制造				-0.07	-0.07
绝缘制品制造		0.01		0.01	0.01
其他电工器材制造					
电池制造		0.20		-0.47	-0.43
锂离子电池制造				0.09	0.12
镍氢电池制造					
其他电池制造		0.20		-0.56	-0.55
家用电力器具制造				-0.05	-0.04
家用制冷电器具制造					
家用空气调节器制造					
家用通风电器具制造					
家用厨房电器具制造					
家用清洁卫生电器具制造					
家用美容、保健电器具制造					
家用电力器具专用配件制造				-0.05	-0.04
其他家用电力器具制造					
非电力家用器具制造				0.24	0.24
燃气、太阳能及类似能源家用器具制造				0.24	0.24
其他非电力家用器具制造					
照明器具制造		0.02		0.27	0.33
电光源制造					
照明灯具制造		0.02		0.27	0.33
灯用电器附件及其他照明器具制造					

单位：亿元

亏损企业亏损额	应交增值税	应交所得税	从业人员平均人数（万人）	总资产贡献率（%）	资产负债率（%）	产品销售率（%）	成本费用利润率（%）	流动资本周转率（%）
0.20	0.04		0.04	-2.14	117.10	100.00	-14.96	0.60
0.20	0.04		0.04	-2.14	117.10	100.00	-14.96	0.60
4.49	3.00	0.61	1.61	4.45	68.28	93.54	0.79	1.39
0.40	1.89	0.05	0.67	8.46	66.79	102.78	3.26	1.46
0.35	1.89	0.05	0.67	8.63	67.39	102.80	3.37	1.46
0.05	0.01		0.01	-4.72	22.12	100.00	-7.36	1.16
3.35	0.72	0.42	0.53	1.90	73.80	87.87	-1.82	1.63
0.01	0.46	0.37	0.09	23.03	63.97	96.15	22.92	1.18
	0.01	0.01	0.02	4.82	41.21	98.56	5.14	0.87
0.11	0.14	0.02	0.14	2.73	70.64	88.96	-0.21	0.74
	0.03		0.01	3.98	58.98	96.65	0.30	1.00
3.22		0.01	0.25	-1.82	77.11	83.66	-6.19	1.94
	0.09		0.02	6.20	67.77	99.86	0.22	3.57
0.12	0.26	0.02	0.20	5.41	61.59	94.28	2.25	0.96
0.05	0.21	0.01	0.16	5.66	60.64	92.78	2.98	0.91
0.07	0.01		0.01	-8.34	90.78	153.43	-9.12	1.58
	0.04		0.03	15.44	58.09	85.53	1.77	1.95
0.56	0.02	0.01	0.10	-1.19	60.80	53.83	-20.31	0.31
	0.02	0.01	0.04	3.72	71.86	55.83	21.37	0.51
0.56			0.06	-2.66	57.48	52.76	-35.49	0.25
0.04			0.01	-22.58	73.55	95.73	-34.27	0.98
0.04			0.01	-22.58	73.55	95.73	-34.27	0.98
	0.07	0.06	0.01	21.58	38.11	100.00	13.75	2.45
	0.07	0.06	0.01	21.58	38.11	100.00	13.75	2.45
0.02	0.02	0.05	0.08	7.14	51.42	87.00	18.44	0.61
0.02	0.02	0.05	0.08	7.14	51.42	87.00	18.44	0.61

2-1-2 续表 46

行业	利息收入	利息支出	投资收益(损失以"-"号记)	营业利润	利润总额
其他电气机械及器材制造				0.02	0.02
电气信号设备装置制造					
其他未列明电气机械及器材制造				0.02	0.02
计算机、通信和其他电子设备制造业	0.67	2.46	-51.47	6.00	8.06
计算机制造	0.02	0.01		-0.25	-0.08
计算机整机制造	0.02	0.01		-0.25	-0.08
计算机零部件制造					
计算机外围设备制造					
其他计算机制造					
通信设备制造	0.67	1.95	-51.47	7.04	8.66
通信系统设备制造	0.15	0.04	0.01	2.01	2.01
通信终端设备制造	0.53	1.91	-51.48	5.03	6.65
广播电视设备制造					
广播电视节目制作及发射设备制造					
广播电视接收设备及器材制造					
应用电视设备及其他广播电视设备制造					
雷达及配套设备制造					
视听设备制造		0.06		0.34	0.48
电视机制造					
音响设备制造					
影视录放设备制造		0.06		0.34	0.48
电子器件制造		0.10		0.24	0.16
电子真空器件制造		0.09		-0.03	-0.03
半导体分立器件制造				0.01	0.01
集成电路制造		0.01		0.27	0.19
光电子器件及其他电子器件制造		0.01			
电子元件制造	-0.03	0.31		-0.76	-0.63
电子元件及组件制造	-0.03	0.31		-0.76	-0.63
印制电路板制造					
其他电子设备制造		0.02		-0.61	-0.53
仪器仪表制造业		0.08	-0.01	5.01	2.57
通用仪器仪表制造		0.06	-0.01	4.94	2.45
工业自动控制系统装置制造		0.06	-0.01	4.92	2.43
电工仪器仪表制造					
绘图、计算及测量仪器制造					
实验分析仪器制造					
试验机制造				0.02	0.02
供应用仪表及其他通用仪器制造					
专用仪器仪表制造		0.01		0.04	0.04
环境监测专用仪器仪表制造					
运输设备及生产用计数仪表制造					
导航、气象及海洋专用仪器制造					
农林牧渔专用仪器仪表制造		0.01		0.04	0.04
地质勘探和地震专用仪器制造					
教学专用仪器制造					

单位：亿元

亏损企业亏损额	应交增值税	应交所得税	从业人员平均人数（万人）	总资产贡献率（%）	资产负债率（%）	产品销售率（%）	成本费用利润率（%）	流动资本周转率（%）
				16.54	63.07	100.00	5.43	2.39
				16.54	63.07	100.00	5.43	2.39
2.43	5.51	0.86	10.01	4.18	59.29	95.48	1.92	2.07
0.08	0.04		0.20	-0.36	95.73	100.84	-1.72	0.59
0.08	0.04		0.20	-0.36	95.73	100.84	-1.72	0.59
0.51	4.87	0.76	9.41	4.78	60.01	95.86	2.20	2.27
	0.02		0.08	16.35	58.76	100.00	26.08	1.03
0.51	4.85	0.76	9.34	4.35	60.06	95.79	1.72	2.32
			0.01	23.90	35.31	92.90	21.38	1.21
			0.01	23.90	35.31	92.90	21.38	1.21
0.04	0.05	0.02	0.06	5.21	54.35	80.28	4.12	1.63
0.03	0.01		0.02	3.60	83.00	71.44	-1.88	1.72
	0.01			2.14	44.34	94.16	0.95	3.63
	0.04	0.02	0.01	11.37	39.64	100.75	14.72	1.39
			0.02	0.33	44.32	8.80	-1.11	0.93
1.07	0.43	0.05	0.22	1.00	56.31	83.48	-5.06	1.11
1.07	0.43	0.05	0.22	1.00	56.31	83.48	-5.06	1.11
0.73	0.10	0.03	0.11	-1.56	39.52	100.00	-18.43	0.24
0.01	0.85	0.33	0.29	12.40	48.82	97.70	12.43	1.15
0.01	0.82	0.31	0.20	13.05	49.66	98.84	12.76	1.16
0.01	0.79	0.31	0.17	13.07	49.54	99.21	12.95	1.17
	0.01		0.02	11.25	64.13	78.73	0.82	1.64
	0.02		0.01	12.41	52.97	100.00	8.21	0.90
	0.01	0.01	0.01	10.22	60.42	70.35	9.18	0.92
		0.01		13.02	42.83	87.24	16.42	0.94

2-1-2 续表 47

行业	利息收入	利息支出	投资收益（损失以"-"号记）	营业利润	利润总额
核子及核辐射测量仪器制造					
电子测量仪器制造					
其他专用仪器制造					0.01
钟表与计时仪器制造					
光学仪器及眼镜制造		0.01		0.03	0.07
光学仪器制造		0.01		0.03	0.07
眼镜制造					
其他仪器仪表制造业					
其他制造业	0.04	0.08	0.16	0.47	0.47
日用杂品制造		0.06		0.24	0.24
鬃毛加工、制刷及清扫工具制造					
其他日用杂品制造		0.06		0.24	0.24
煤制品制造		0.02		0.17	0.17
核辐射加工					
其他未列明制造业					
废弃资源综合利用业		0.03		-0.06	0.17
金属废料和碎屑加工处理		0.03		-0.06	0.17
非金属废料和碎屑加工处理					
金属制品、机械和设备修理业		0.01	0.03	0.12	0.28
金属制品修理					
通用设备修理			0.03	0.27	0.27
专用设备修理				0.13	0.13
铁路、船舶、航空航天等运输设备修理		0.01		0.03	0.03
铁路运输设备修理		0.01		0.03	0.03
船舶修理					
航空航天器修理					
其他运输设备修理					
电气设备修理				-0.31	-0.15
仪器仪表修理					
其他机械和设备修理业					
电力、热力、燃气及水生产和供应业	**0.97**	**80.11**	**3.10**	**111.43**	**112.00**
电力、热力生产和供应业	0.78	76.79	2.65	101.04	104.54
电力生产	0.58	62.42	2.61	75.98	76.14
火力发电	0.42	53.12	2.53	62.19	62.03
水力发电	-0.04	3.54	0.02	6.98	6.89
核力发电					
风力发电	0.18	5.00	0.06	6.75	6.76
太阳能发电					
其他电力生产	0.02	0.76		0.06	0.46
电力供应	0.16	11.92	0.04	31.03	30.87
热力生产和供应	0.05	2.44		-5.97	-2.47
燃气生产和供应业	0.16	2.99	0.30	12.60	9.29
水的生产和供应业	0.03	0.33	0.15	-2.20	-1.83
自来水生产和供应	0.03	0.30	0.15	-2.12	-1.75
污水处理及其再生利用					
其他水的处理、利用与分配		0.03		-0.08	-0.08

单位：亿元

亏损企业亏损额	应交增值税	应交所得税	从业人员平均人数（万人）	总资产贡献率（%）	资产负债率（%）	产品销售率（%）	成本费用利润率（%）	流动资本周转率（%）
	0.01			6.93	80.82	60.38	2.50	0.90
	0.02	0.01	0.08	4.93	34.98	96.02	7.34	1.06
	0.02	0.01	0.08	4.93	34.98	96.02	7.34	1.06
	0.09	0.03	0.19	6.07	43.98	97.94	6.83	1.12
		0.01	0.08	13.93	40.11	101.29	9.87	2.73
		0.01	0.08	13.93	40.11	101.29	9.87	2.73
	0.05	0.02	0.01	17.14	52.21	96.64	7.90	3.11
0.02	0.06		0.03	16.21	93.27	100.00	17.29	0.87
0.02	0.06		0.03	16.21	93.27	100.00	17.29	0.87
0.15	0.44	0.10	0.24	11.27	95.91	99.23	3.31	1.99
	0.12	0.07	0.03	20.37	48.85	99.99	11.26	1.72
	0.11	0.03	0.04	18.04	67.38	100.00	6.17	1.75
	0.09	0.01	0.08	20.22	70.97	93.87	3.27	1.47
	0.09	0.01	0.08	20.22	70.97	93.87	3.27	1.47
0.15	0.11		0.09	-0.11	146.78	99.74	-4.64	3.14
24.68	**82.10**	**19.45**	**6.73**	**9.89**	**78.34**	**97.84**	**6.77**	**3.56**
22.10	78.96	16.93	5.14	10.35	79.33	98.16	6.74	3.90
18.78	50.74	14.35	3.80	10.81	80.90	95.78	12.04	2.48
18.46	47.00	12.77	3.51	11.25	82.91	95.50	10.32	2.74
	3.04	1.36	0.15	13.28	66.48	100.00	61.33	2.20
0.07	0.69	0.22	0.08	6.96	72.40	99.77	43.56	0.96
0.25			0.06	3.69	81.80	100.00	10.10	0.39
	27.42	2.60	0.49	11.16	73.48	100.00	3.52	12.37
3.32	0.80	-0.02	0.85	0.59	86.74	100.10	-5.97	0.57
0.68	2.20	2.50	0.66	7.51	77.43	92.46	11.15	1.94
1.89	0.94	0.01	0.93	-0.59	44.45	97.55	-9.55	0.79
1.81	0.93	0.01	0.93	-0.55	44.72	97.52	-9.27	0.80
0.08	0.01			-2.39	32.18	100.00	-28.80	0.38

2-1-3 按行业分组的规模以上国有及国有控股

行业	企业单位数（个）	工业总产值（当年价格）	工业销售产值（当年价格）	出口交货值	资产总计	固定资产合计
总计	**748**	**8443.75**	**8041.33**	**168.51**	**17342.28**	**7570.32**
采矿业	**364**	**4061.36**	**3790.21**	**43.48**	**10341.77**	**4005.69**
煤炭开采和洗选业	348	3987.13	3718.63	43.48	10014.17	3923.75
烟煤和无烟煤开采洗选	348	3987.13	3718.63	43.48	10014.17	3923.75
褐煤开采洗选						
其他煤炭采选						
石油和天然气开采业	6	25.76	25.49		188.10	69.11
石油开采						
天然气开采	6	25.76	25.49		188.10	69.11
黑色金属矿采选业	7	38.78	36.86		122.63	6.41
铁矿采选	7	38.78	36.86		122.63	6.41
锰矿、铬矿采选						
其他黑色金属矿采选						
有色金属矿采选业	3	9.69	9.22		16.87	6.42
常用有色金属矿采选	3	9.69	9.22		16.87	6.42
贵金属矿采选						
稀有稀土金属矿采选						
非金属矿采选业						
土砂石开采						
化学矿开采						
采盐						
石棉及其他非金属矿采选						
开采辅助活动						
煤炭开采和洗选辅助活动						
石油和天然气开采辅助活动						
其他开采辅助活动						
其他采矿业						
制造业	**274**	**2719.37**	**2625.30**	**125.04**	**4384.88**	**1707.51**
农副食品加工业	6	5.23	5.50	0.45	8.52	2.76
谷物磨制	2	1.96	1.90		1.06	0.38
饲料加工						
植物油加工						
制糖业	1	0.76	1.20		2.23	1.31
屠宰及肉类加工	2	2.35	2.27	0.45	4.57	1.00
水产品加工						
蔬菜、水果和坚果加工						
其他农副食品加工	1	0.15	0.12		0.67	0.07
食品制造业	1	0.33	0.31		0.33	0.04
焙烤食品制造						
糖果、巧克力及蜜饯制造						
方便食品制造						
乳制品制造						
罐头食品制造						
调味品、发酵制品制造	1	0.33	0.31		0.33	0.04
其他食品制造						
酒、饮料和精制茶制造业	11	77.33	78.96	0.20	119.41	19.21
酒的制造	7	70.86	74.49	0.20	113.29	16.82
饮料制造	4	6.47	4.47		6.12	2.38
精制茶加工						

工业企业主要经济指标(大、中类行业)

单位：亿元

固定资产原价	累计折旧	流动资产合计	应收账款	存货	产成品	负债合计	流动负债合计	应付账款
10392.25	**4304.01**	**5706.28**	**963.72**	**949.11**	**331.74**	**12491.07**	**7216.30**	**1765.09**
4914.72	**2083.71**	**3482.68**	**453.99**	**333.81**	**121.55**	**7257.01**	**4227.31**	**976.67**
4813.15	2056.88	3409.93	434.37	313.94	114.95	7065.07	4126.47	936.30
4813.15	2056.88	3409.93	434.37	313.94	114.95	7065.07	4126.47	936.30
80.35	17.19	52.80	19.02	7.85	0.04	103.90	75.38	34.83
80.35	17.19	52.80	19.02	7.85	0.04	103.90	75.38	34.83
7.41	1.98	9.89	0.32	4.10	2.09	72.29	9.72	4.50
7.41	1.98	9.89	0.32	4.10	2.09	72.29	9.72	4.50
13.81	7.66	10.05	0.28	7.93	4.47	15.75	15.75	1.04
13.81	7.66	10.05	0.28	7.93	4.47	15.75	15.75	1.04
2609.11	**1054.14**	**1795.23**	**396.07**	**570.66**	**208.29**	**3185.88**	**2308.77**	**574.64**
3.70	1.56	4.61	0.63	1.77	0.94	7.92	7.56	0.82
0.59	0.21	0.64	0.06	0.37	0.07	0.72	0.72	0.15
1.95	0.64	0.61	0.06	0.51	0.41	3.64	3.60	0.17
1.07	0.70	2.78	0.48	0.67	0.24	2.89	2.56	0.28
0.08	0.01	0.58	0.02	0.23	0.22	0.68	0.67	0.22
0.11	0.07	0.26	0.08	0.13	0.10	0.19	0.17	0.09
0.11	0.07	0.26	0.08	0.13	0.10	0.19	0.17	0.09
31.12	12.46	82.34	4.15	32.58	16.25	55.74	54.34	8.17
27.13	10.90	79.49	4.15	30.07	14.39	51.78	50.42	7.75
3.99	1.56	2.86		2.52	1.86	3.95	3.92	0.42

2-1-3 续表 1

行业	企业单位数（个）	工业总产值（当年价格）	工业销售产值（当年价格）	出口交货值	资产总计	固定资产合计
烟草制品业	1	41.57	41.35		28.73	8.27
烟叶复烤						
卷烟制造	1	41.57	41.35		28.73	8.27
其他烟草制品制造						
纺织业	3	2.60	2.51	0.18	5.08	2.12
棉纺织及印染精加工	1	0.63	0.57		1.55	0.95
毛纺织及染整精加工						
麻纺织及染整精加工	2	1.97	1.94	0.18	3.53	1.17
丝绢纺织及印染精加工						
化纤织造及印染精加工						
针织或钩针编织物及其制品制造						
家用纺织制成品制造						
非家用纺织制成品制造						
纺织服装、服饰业	5	10.70	10.80		9.76	1.76
机织服装制造	4	10.17	10.34		9.16	1.52
针织或钩针编织服装制造	1	0.53	0.46		0.60	0.24
服饰制造						
皮革、毛皮、羽毛及其制品和制鞋业						
皮革鞣制加工						
皮革制品制造						
毛皮鞣制及制品加工						
羽毛(绒)加工及制品制造						
制鞋业						
木材加工和木、竹、藤、棕、草制品业						
木材加工						
人造板制造						
木制品制造						
竹、藤、棕、草等制品制造						
家具制造业						
木质家具制造						
竹、藤家具制造						
金属家具制造						
塑料家具制造						
其他家具制造						
造纸和纸制品业						
纸浆制造						
造纸						
纸制品制造						
印刷和记录媒介复制业	6	4.87	5.04		8.97	2.17
印刷	6	4.87	5.04		8.97	2.17
装订及印刷相关服务						
记录媒介复制						
文教、工美、体育和娱乐用品制造业	1	5.52	0.85		7.30	2.48
文教办公用品制造						
乐器制造						
工艺美术品制造	1	5.52	0.85		7.30	2.48
体育用品制造						
玩具制造						
游艺器材及娱乐用品制造						

单位：亿元

固定资产原价	累计折旧	流动资产合计	应收账款	存货	产成品	负债合计	流动负债合计	应付账款
13.58	5.66	20.18	1.98	3.70	0.97	3.30	3.30	2.49
13.58	5.66	20.18	1.98	3.70	0.97	3.30	3.30	2.49
5.34	3.26	2.72	0.16	1.41	0.62	3.26	2.22	0.22
2.43	1.48	0.59	0.03	0.40	0.25	1.85	1.30	0.16
2.91	1.78	2.13	0.12	1.01	0.37	1.41	0.92	0.06
3.13	1.38	5.58	0.73	2.18	1.33	5.67	5.26	1.82
2.67	1.16	5.23	0.72	1.95	1.20	5.17	4.80	1.81
0.45	0.22	0.35	0.01	0.23	0.13	0.50	0.47	0.01
5.08	2.91	3.81	0.92	0.79	0.32	5.74	4.87	1.07
5.08	2.91	3.81	0.92	0.79	0.32	5.74	4.87	1.07
2.56	0.09	4.31	0.09	4.01	2.37	6.52	6.52	0.46
2.56	0.09	4.31	0.09	4.01	2.37	6.52	6.52	0.46

2-1-3 续表 2

行 业	企业单位数（个）	工业总产值（当年价格）	工业销售产值（当年价格）	出口交货值	资产总计	固定资产合计
石油加工、炼焦和核燃料加工业	20	249.87	248.84		459.99	144.58
精炼石油产品制造	1	17.85	20.70		20.64	3.61
炼焦	19	232.02	228.14		439.35	140.97
核燃料加工						
化学原料和化学制品制造业	43	296.15	293.48	3.00	726.69	392.78
基础化学原料制造	14	41.65	41.76		217.12	112.30
肥料制造	16	175.00	174.40		314.25	168.44
农药制造						
涂料、油墨、颜料及类似产品制造	3	4.40	4.46	0.72	5.77	1.40
合成材料制造	4	49.00	47.24	1.60	122.68	85.66
专用化学产品制造	3	10.91	11.07	0.18	15.28	10.68
炸药、火工及焰火产品制造	2	5.25	5.23	0.10	23.70	8.87
日用化学产品制造	1	9.93	9.33	0.40	27.88	5.44
医药制造业	7	40.23	40.43	15.27	82.85	60.01
化学药品原料药制造	2	35.58	36.22	15.27	74.52	56.62
化学药品制剂制造	1	0.47	0.44		1.06	0.71
中药饮片加工						
中成药生产	2	1.14	1.12		1.41	0.52
兽用药品制造	1	0.42	0.39		3.52	1.66
生物药品制造	1	2.61	2.25		2.35	0.51
卫生材料及医药用品制造						
化学纤维制造业						
纤维素纤维原料及纤维制造						
合成纤维制造						
橡胶和塑料制品业	9	43.91	39.22	5.24	43.60	11.74
橡胶制品业	5	40.40	35.54	5.24	36.96	10.98
塑料制品业	4	3.52	3.67		6.63	0.77
非金属矿物制品业	41	62.43	60.36		147.15	79.95
水泥、石灰和石膏制造	23	37.14	35.73		119.55	67.14
石膏、水泥制品及类似制品制造	6	5.69	5.65		8.50	3.17
砖瓦、石材等建筑材料制造	5	12.23	12.13		4.93	2.96
玻璃制造						
玻璃制品制造	1	1.91	1.91		1.49	0.14
玻璃纤维和玻璃纤维增强塑料制品制造						
陶瓷制品制造	1	0.46	0.48		0.63	0.36
耐火材料制品制造	2	1.13	0.80		4.94	3.76
石墨及其他非金属矿物制品制造	3	3.86	3.66		7.10	2.43
黑色金属冶炼和压延加工业	11	1065.09	1043.53	81.78	1381.55	535.29
炼铁						
炼钢	1	45.21	43.95		22.79	5.55
黑色金属铸造	2	4.20	4.20		5.02	1.88
钢压延加工	7	1015.68	995.38	81.78	1353.17	527.75
铁合金冶炼	1				0.56	0.09
有色金属冶炼和压延加工业	13	273.95	236.83	0.10	432.28	225.60
常用有色金属冶炼	9	267.88	231.00		417.82	224.14
贵金属冶炼	1	0.98	0.75		10.35	0.73
稀有稀土金属冶炼	2	1.12	1.11	0.10	1.73	0.66
有色金属合金制造						
有色金属铸造						
有色金属压延加工	1	3.97	3.97		2.37	0.07

单位：亿元

固定资产原价	累计折旧	流动资产合计	应收账款	存货	产成品	负债合计	流动负债合计	应付账款
199.85	77.78	173.68	35.25	48.27	20.35	374.23	307.84	77.16
4.68	1.50	16.00	9.41	6.00	2.47	14.36	14.36	9.33
195.17	76.28	157.68	25.84	42.27	17.88	359.87	293.48	67.83
526.07	177.70	243.41	33.61	48.90	16.91	548.05	418.03	75.18
135.62	30.88	69.27	18.82	12.59	3.11	166.33	128.93	40.33
242.64	104.37	111.85	6.57	20.54	7.00	231.30	185.45	17.98
3.35	1.96	4.37	1.44	1.66	0.85	4.67	4.41	2.28
107.53	28.06	29.36	1.45	8.44	4.09	100.67	61.48	7.72
11.49	1.59	3.96	1.40	1.19	0.42	12.33	12.28	2.37
12.87	3.98	9.59	0.96	1.50	0.52	10.78	7.49	1.33
12.57	6.86	15.01	2.96	2.98	0.92	21.96	17.99	3.18
52.87	6.53	20.01	6.29	5.05	1.01	65.54	39.50	5.51
47.90	4.89	16.64	5.46	3.99	0.43	58.24	34.09	4.53
1.40	0.66	0.35	0.14	0.13	0.08	1.59	1.59	0.21
0.87	0.39	0.68	0.09	0.44	0.21	1.09	1.02	0.27
1.95	0.36	0.79	0.10	0.21	0.18	3.04	1.24	0.26
0.75	0.24	1.55	0.50	0.27	0.11	1.58	1.57	0.24
15.66	3.94	23.02	6.81	9.25	7.02	31.91	17.97	4.53
14.19	3.24	19.72	5.56	7.98	6.07	27.54	13.61	3.73
1.47	0.70	3.29	1.24	1.27	0.95	4.37	4.36	0.80
101.31	28.85	52.38	16.46	10.84	2.70	120.39	80.29	18.76
83.05	22.59	40.34	10.38	7.85	1.52	101.30	62.33	12.59
4.32	1.86	4.43	2.32	1.49	0.43	4.48	4.15	1.37
4.56	1.60	1.60	0.16	0.23	0.14	1.89	1.09	0.25
0.21	0.07	1.25	1.22	0.03		1.18	1.18	0.81
0.48	0.13	0.13	0.01	0.07	0.04	0.27	0.27	0.04
4.17	0.49	0.26	0.09	0.13	0.01	4.03	4.03	0.69
4.53	2.11	4.36	2.28	1.03	0.55	7.24	7.23	3.01
1013.33	481.60	408.59	30.87	171.20	61.56	952.36	625.41	117.07
34.87	29.32	17.24	5.03	8.13	2.48	13.65	13.65	7.81
3.94	2.06	2.93	0.31	2.05	1.14	4.17	3.39	1.34
974.21	450.01	387.95	25.21	160.96	57.91	934.02	607.86	107.70
0.31	0.21	0.46	0.32	0.06	0.03	0.51	0.51	0.23
391.21	165.65	141.19	7.75	82.00	15.53	317.31	174.87	22.48
388.46	164.37	129.83	6.93	79.88	15.00	306.13	169.73	22.33
1.69	0.96	8.10	0.29	0.41	0.33	8.81	3.04	0.15
0.84	0.18	0.98	0.23	0.62	0.19	1.23	0.94	
0.21	0.14	2.28	0.29	1.10	0.01	1.15	1.15	

2-1-3 续表 3

行业	企业单位数(个)	工业总产值(当年价格)	工业销售产值(当年价格)	出口交货值	资产总计	固定资产合计
金属制品业	7	22.13	22.53	1.82	24.07	7.10
结构性金属制品制造	1	4.18	4.18		3.46	0.02
金属工具制造	1	0.30	0.30		2.51	1.08
集装箱及金属包装容器制造						
金属丝绳及其制品制造						
建筑、安全用金属制品制造						
金属表面处理及热处理加工						
搪瓷制品制造						
金属制日用品制造						
其他金属制品制造	5	17.65	18.06	1.82	18.11	6.00
通用设备制造业	15	28.89	27.67	0.31	76.34	17.78
锅炉及原动设备制造	3	13.33	12.95		29.24	3.97
金属加工机械制造	2	2.31	2.25		5.26	0.87
物料搬运设备制造	1	3.47	3.12		4.51	0.68
泵、阀门、压缩机及类似机械制造	5	7.41	7.26	0.31	30.33	9.39
轴承、齿轮和传动部件制造	1	0.36	0.19		0.57	0.11
烘炉、风机、衡器、包装等设备制造						
文化、办公用机械制造						
通用零部件制造	3	2.01	1.89		6.43	2.76
其他通用设备制造业						
专用设备制造业	28	257.06	244.69	13.30	491.66	91.72
采矿、冶金、建筑专用设备制造	20	225.72	216.75	10.64	439.20	83.83
化工、木材、非金属加工专用设备制造	3	9.24	7.88		27.48	3.61
食品、饮料、烟草及饲料生产专用设备制造						
印刷、制药、日化及日用品生产专用设备制造						
纺织、服装和皮革加工专用设备制造	1	17.63	15.67	2.65	17.79	3.22
电子和电工机械专用设备制造	2	2.72	2.77		2.87	0.26
农、林、牧、渔专用机械制造						
医疗仪器设备及器械制造						
环保、社会公共服务及其他专用设备制造	2	1.75	1.62	0.01	4.32	0.81
汽车制造业	10	21.69	19.67	1.17	49.49	16.32
汽车整车制造						
改装汽车制造	2	4.35	2.86		9.93	1.77
低速载货汽车制造						
电车制造						
汽车车身、挂车制造						
汽车零部件及配件制造	8	17.34	16.82	1.17	39.56	14.55
铁路、船舶、航空航天和其他运输设备制造业	7	84.47	84.01	0.41	102.09	35.96
铁路运输设备制造	7	84.47	84.01	0.41	102.09	35.96
城市轨道交通设备制造						
船舶及相关装置制造						
航空、航天器及设备制造						
摩托车制造						
自行车制造						
非公路休闲车及零配件制造						
潜水救捞及其他未列明运输设备制造						

单位：亿元

固定资产原价	累计折旧	流动资产合计	应收账款	存货	产成品	负债合计	流动负债合计	应付账款
9.30	3.49	15.13	4.14	5.63	1.55	17.00	14.86	5.31
0.04	0.02	3.43	1.30	1.57		2.99	2.99	1.15
1.42	0.37	1.43	0.12	1.19	0.17	0.79	0.76	0.07
7.84	3.10	10.27	2.73	2.87	1.38	13.22	11.11	4.10
18.51	8.09	52.16	11.57	20.64	7.16	61.76	45.25	11.73
5.41	1.44	21.74	3.30	10.12	1.44	21.12	18.19	3.35
1.37	0.70	4.32	1.17	2.65	1.46	3.79	3.13	1.17
0.84	0.16	3.78	0.87	2.47	2.04	3.99	3.99	0.94
5.38	3.15	18.44	5.45	3.48	2.00	26.20	14.93	4.92
0.13	0.02	0.40	0.08	0.25	0.06	0.44	0.41	0.14
5.38	2.62	3.47	0.70	1.67	0.15	6.22	4.61	1.21
106.77	31.79	350.03	150.36	81.16	34.94	363.31	304.02	141.83
94.44	26.97	315.13	142.07	73.87	32.26	328.77	277.96	130.77
4.62	1.06	14.80	3.83	3.75	1.21	14.13	11.79	3.47
6.33	3.34	14.10	2.74	2.46	0.71	16.50	10.53	6.94
0.45	0.19	2.60	0.99	0.19	0.18	1.08	0.93	0.48
0.93	0.24	3.40	0.73	0.90	0.59	2.83	2.81	0.17
25.24	9.66	23.89	3.40	8.40	4.02	36.20	26.55	6.04
2.10	0.40	3.86	0.11	2.00	0.88	5.50	2.45	0.36
23.14	9.26	20.02	3.29	6.41	3.15	30.70	24.10	5.68
25.03	10.72	63.41	30.74	12.28	2.01	79.74	65.00	38.12
25.03	10.72	63.41	30.74	12.28	2.01	79.74	65.00	38.12

2-1-3 续表 4

行业	企业单位数(个)	工业总产值(当年价格)	工业销售产值(当年价格)	出口交货值	资产总计	固定资产合计
电气机械和器材制造业	13	100.26	93.69	1.31	140.92	40.18
电机制造	3	50.64	52.04	1.31	64.73	9.99
输配电及控制设备制造	5	45.47	38.13		56.14	19.84
电线、电缆、光缆及电工器材制造	3	2.30	2.26		6.06	1.18
电池制造	1	1.52	0.80		11.63	8.76
家用电力器具制造						
非电力家用器具制造						
照明器具制造	1	0.34	0.46		2.36	0.42
其他电气机械及器材制造						
计算机、通信和其他电子设备制造业	2	11.79	11.82		21.28	5.10
计算机制造	1	3.53	3.56		10.69	3.83
通信设备制造	1	8.26	8.26		10.59	1.27
广播电视设备制造						
雷达及配套设备制造						
视听设备制造						
电子器件制造						
电子元件制造						
其他电子设备制造						
仪器仪表制造业	4	3.33	3.29	0.51	5.12	1.17
通用仪器仪表制造	2	2.39	2.39		2.94	0.09
专用仪器仪表制造						
钟表与计时仪器制造						
光学仪器及眼镜制造	2	0.94	0.90	0.51	2.18	1.09
其他仪器仪表制造业						
其他制造业	1.00	2.19	2.19		5.37	1.18
日用杂品制造						
煤制品制造						
核辐射加工						
其他未列明制造业	1.00	2.19	2.19		5.37	1.18
废弃资源综合利用业						
金属废料和碎屑加工处理						
非金属废料和碎屑加工处理						
金属制品、机械和设备修理业	9.00	7.81	7.74		6.35	2.23
金属制品修理						
通用设备修理	3.00	2.61	2.61		1.95	0.34
专用设备修理	3.00	2.20	2.20		1.44	0.08
铁路、船舶、航空航天等运输设备修理	1.00	0.49	0.43		0.50	0.04
电气设备修理	2.00	2.51	2.50		2.46	1.77
仪器仪表修理						
其他机械和设备修理业						
电力、热力、燃气及水生产和供应业	**110.00**	**1663.02**	**1625.82**		**2615.63**	**1857.13**
电力、热力生产和供应业	88.00	1567.26	1537.51		2369.73	1735.56
电力生产	70.00	664.21	634.43		1611.47	1255.59
电力供应	5.00	875.52	875.52		656.46	425.66
热力生产和供应	13.00	27.52	27.56		101.81	54.32
燃气生产和供应业	9.00	79.46	72.28		176.78	84.63
水的生产和供应业	13.00	16.31	16.03		69.11	36.93
自来水生产和供应	12.00	16.09	15.82		67.63	36.02
污水处理及其再生利用						
其他水的处理、利用与分配	1.00	0.21	0.21		1.49	0.91

单位：亿元

固定资产原价	累计折旧	流动资产合计	应收账款	存货	产成品	负债合计	流动负债合计	应付账款
43.45	14.13	77.65	44.94	16.82	10.07	102.10	78.49	22.70
16.39	8.08	45.23	26.51	10.88	5.71	43.70	40.31	15.07
21.29	5.30	23.03	15.17	3.79	2.86	44.28	26.93	5.18
1.61	0.43	4.66	2.12	0.69	0.48	5.16	3.61	0.97
3.72	0.30	2.87	0.75	1.12	0.83	7.01	5.69	1.10
0.43	0.01	1.86	0.39	0.35	0.18	1.96	1.96	0.38
8.34	3.24	15.26	1.88	1.63	0.16	16.32	16.04	9.41
5.91	2.08	6.23	1.81	0.51	0.16	10.23	9.95	4.89
2.43	1.16	9.03	0.07	1.12	0.01	6.09	6.09	4.52
1.29	0.72	3.62	1.41	1.11	0.17	3.18	3.07	0.88
0.39	0.30	2.68	1.19	0.79	0.03	2.42	2.32	0.78
0.90	0.42	0.94	0.23	0.32	0.13	0.76	0.76	0.10
2.15	0.97	4.19		0.35	0.02	1.93	1.20	0.19
2.15	0.97	4.19		0.35	0.02	1.93	1.20	0.19
4.12	1.89	3.81	1.86	0.55	0.23	6.19	6.14	2.58
0.52	0.17	1.52	0.63	0.21	0.05	0.95	0.95	0.79
0.09	0.02	1.30	0.76	0.11	0.06	0.97	0.97	0.89
0.10	0.06	0.44	0.34	0.06		0.38	0.38	0.30
3.42	1.64	0.54	0.14	0.18	0.13	3.88	3.83	0.61
2868.42	**1166.16**	**428.37**	**113.66**	**44.64**	**1.90**	**2048.18**	**680.22**	**213.79**
2715.00	1129.50	362.79	103.29	41.88	1.66	1877.56	611.24	197.68
1861.59	705.49	252.21	85.46	39.81	1.66	1308.77	536.74	172.24
772.42	395.29	71.00	16.55	0.53		482.48	24.18	12.19
80.98	28.71	39.58	1.28	1.54		86.31	50.33	13.25
94.85	12.91	44.06	8.27	1.24	0.24	140.42	49.47	8.56
58.58	23.75	21.51	2.09	1.51		30.20	19.51	7.55
57.42	23.50	20.99	2.08	1.51		29.73	19.03	7.39
1.16	0.25	0.52	0.01			0.48	0.48	0.16

2-1-3 续表 5

行业	所有者权益合计	实收资本				
			国家资本	集体资本	法人资本	个人资本
总计	**4843.99**	**2440.44**	**1306.59**	**42.71**	**979.04**	**78.03**
采矿业	**3084.91**	**1301.61**	**604.45**	**27.85**	**609.70**	**49.49**
煤炭开采和洗选业	2949.32	1178.38	537.91	27.85	553.42	49.08
烟煤和无烟煤开采洗选	2949.32	1178.38	537.91	27.85	553.42	49.08
褐煤开采洗选						
其他煤炭采选						
石油和天然气开采业	84.20	77.19	25.32		51.87	
石油开采						
天然气开采	84.20	77.19	25.32		51.87	
黑色金属矿采选业	50.34	44.92	40.95		3.65	0.32
铁矿采选	50.34	44.92	40.95		3.65	0.32
锰矿、铬矿采选						
其他黑色金属矿采选						
有色金属矿采选业	1.06	1.12	0.27		0.76	0.09
常用有色金属矿采选	1.06	1.12	0.27		0.76	0.09
贵金属矿采选						
稀有稀土金属矿采选						
非金属矿采选业						
土砂石开采						
化学矿开采						
采盐						
石棉及其他非金属矿采选						
开采辅助活动						
煤炭开采和洗选辅助活动						
石油和天然气开采辅助活动						
其他开采辅助活动						
其他采矿业						
制造业	**1194.87**	**643.44**	**379.47**	**14.57**	**217.54**	**20.74**
农副食品加工业	0.60	2.16	1.81		0.35	
谷物磨制	0.34	0.39	0.39			
饲料加工						
植物油加工						
制糖业	-1.41	0.35			0.35	
屠宰及肉类加工	1.68	1.41	1.41			
水产品加工						
蔬菜、水果和坚果加工						
其他农副食品加工	-0.01	0.01	0.01			
食品制造业	0.13	0.05				0.05
焙烤食品制造						
糖果、巧克力及蜜饯制造						
方便食品制造						
乳制品制造						
罐头食品制造						
调味品、发酵制品制造	0.13	0.05				0.05
其他食品制造						
酒、饮料和精制茶制造业	63.66	16.18	9.57		4.35	2.06
酒的制造	61.51	14.20	9.32		2.87	2.01
饮料制造	2.15	1.98	0.25		1.48	0.05
精制茶加工						

单位：亿元

港澳台资本	外商资本	主营业务收　　入	主营业务成　　本	主营业务税金及附加	销售费用	管理费用	税金	财务费用
0.43	**30.65**	**10056.82**	**8343.43**	**112.21**	**337.82**	**705.91**	**23.65**	**317.48**
	9.28	**4888.12**	**3733.28**	**66.79**	**251.74**	**481.58**	**13.58**	**170.98**
	9.28	4812.06	3673.62	66.08	251.63	474.72	12.93	164.04
	9.28	4812.06	3673.62	66.08	251.63	474.72	12.93	164.04
		34.69	24.58	0.28	0.10	4.46	0.20	3.04
		34.69	24.58	0.28	0.10	4.46	0.20	3.04
		33.74	27.63	0.28	0.01	2.16	0.41	3.91
		33.74	27.63	0.28	0.01	2.16	0.41	3.91
		7.64	7.44	0.14		0.23	0.04	
		7.64	7.44	0.14		0.23	0.04	
0.43	**9.85**	**3516.64**	**3185.16**	**37.27**	**80.88**	**161.13**	**7.77**	**75.01**
		6.67	6.43	0.01	0.16	0.45	0.03	0.09
		2.36	2.28		0.03	0.06		
		1.20	1.23		0.02	0.09	0.02	0.09
		2.95	2.77		0.11	0.29	0.01	
		0.16	0.15			0.01		
		1.22	1.00	0.01	0.10	0.05		
		1.22	1.00	0.01	0.10	0.05		
0.20		133.69	81.50	12.40	18.81	8.02	0.54	0.15
		128.88	77.29	12.38	18.39	7.91	0.53	0.06
0.20		4.82	4.20	0.01	0.41	0.10	0.01	0.09

2-1-3 续表 6

行业	所有者权益合计	实收资本				
			国家资本	集体资本	法人资本	个人资本
烟草制品业	25.43	6.13			6.13	
烟叶复烤						
卷烟制造	25.43	6.13			6.13	
其他烟草制品制造						
纺织业	1.82	1.57	0.77	0.12		0.67
棉纺织及印染精加工	-0.31	0.37	0.10			0.27
毛纺织及染整精加工						
麻纺织及染整精加工	2.12	1.20	0.67	0.12		0.41
丝绢纺织及印染精加工						
化纤织造及印染精加工						
针织或钩针编织物及其制品制造						
家用纺织制成品制造						
非家用纺织制成品制造						
纺织服装、服饰业	4.08	1.75	0.42		1.33	
机织服装制造	3.98	1.48	0.42		1.06	
针织或钩针编织服装制造	0.10	0.27			0.27	
服饰制造						
皮革、毛皮、羽毛及其制品和制鞋业						
皮革鞣制加工						
皮革制品制造						
毛皮鞣制及制品加工						
羽毛(绒)加工及制品制造						
制鞋业						
木材加工和木、竹、藤、棕、草制品业						
木材加工						
人造板制造						
木制品制造						
竹、藤、棕、草等制品制造						
家具制造业						
木质家具制造						
竹、藤家具制造						
金属家具制造						
塑料家具制造						
其他家具制造						
造纸和纸制品业						
纸浆制造						
造纸						
纸制品制造						
印刷和记录媒介复制业	3.23	1.79	1.09		0.69	0.01
印刷	3.23	1.79	1.09		0.69	0.01
装订及印刷相关服务						
记录媒介复制						
文教、工美、体育和娱乐用品制造业	0.78	1.33			1.17	0.16
文教办公用品制造						
乐器制造						
工艺美术品制造	0.78	1.33			1.17	0.16
体育用品制造						
玩具制造						
游艺器材及娱乐用品制造						

单位：亿元

港澳台资本	外商资本	主营业务收入	主营业务成本	主营业务税金及附加	销售费用	管理费用	税金	财务费用
		40.41	13.08	17.57	0.42	2.51	0.08	-0.22
		40.41	13.08	17.57	0.42	2.51	0.08	-0.22
		2.81	2.58	0.01	0.10	0.29	0.02	0.01
		0.56	0.68		0.01	0.05	0.01	
		2.24	1.90	0.01	0.08	0.24		0.01
		7.54	6.14	0.03	0.28	0.88	0.01	0.03
		7.07	5.75	0.03	0.26	0.79	0.01	0.02
		0.47	0.39		0.02	0.09	0.01	0.01
		5.08	4.22	0.02	0.02	0.87	0.04	0.05
		5.08	4.22	0.02	0.02	0.87	0.04	0.05
		0.77	0.77		0.01	0.02		
		0.77	0.77		0.01	0.02		

2-1-3 续表 7

行业	所有者权益合计					
		实收资本				
			国家资本	集体资本	法人资本	个人资本
石油加工、炼焦和核燃料加工业	81.75	96.96	30.47	1.25	60.88	4.36
精炼石油产品制造	6.28	2.04			2.04	
炼焦	75.47	94.92	30.47	1.25	58.84	4.36
核燃料加工						
化学原料和化学制品制造业	178.73	128.04	57.58	9.57	51.05	4.90
基础化学原料制造	50.89	34.82	18.05	3.96	10.22	0.10
肥料制造	82.95	64.97	28.54	4.31	30.59	0.31
农药制造						
涂料、油墨、颜料及类似产品制造	1.10	0.56	0.36		0.09	
合成材料制造	22.01	14.36	7.54		5.70	
专用化学产品制造	2.95	5.00	0.28	1.27	3.00	0.45
炸药、火工及焰火产品制造	12.92	2.84	2.81	0.03		
日用化学产品制造	5.92	5.49			1.45	4.04
医药制造业	17.31	13.40	8.48		0.52	0.89
化学药品原料药制造	16.28	10.62	7.11			
化学药品制剂制造	-0.53	0.44	0.44			
中药饮片加工						
中成药生产	0.32	0.31	0.16			0.15
兽用药品制造	0.48	1.50	0.77			0.74
生物药品制造	0.77	0.52			0.52	
卫生材料及医药用品制造						
化学纤维制造业						
纤维素纤维原料及纤维制造						
合成纤维制造						
橡胶和塑料制品业	11.68	7.51	0.73		6.52	0.26
橡胶制品业	9.43	6.69	0.27		6.43	
塑料制品业	2.26	0.81	0.46		0.09	0.26
非金属矿物制品业	26.70	45.79	22.73	1.45	18.56	3.04
水泥、石灰和石膏制造	18.20	38.05	18.98	0.47	16.60	2.00
石膏、水泥制品及类似制品制造	4.01	2.61	1.48		1.12	
砖瓦、石材等建筑材料制造	3.05	2.24	1.28	0.18		0.78
玻璃制造						
玻璃制品制造	0.30	0.24			0.24	
玻璃纤维和玻璃纤维增强塑料制品制造						
陶瓷制品制造	0.36	0.24	0.24			
耐火材料制品制造	0.91	1.60	0.76		0.60	0.24
石墨及其他非金属矿物制品制造	-0.14	0.82		0.80		0.02
黑色金属冶炼和压延加工业	429.19	98.12	91.52		5.00	1.60
炼铁						
炼钢	9.14	3.92	3.92			
黑色金属铸造	0.85	2.56	2.56			
钢压延加工	419.15	91.61	85.00		5.00	1.60
铁合金冶炼	0.05	0.04	0.04			
有色金属冶炼和压延加工业	114.97	81.29	52.10		29.15	0.04
常用有色金属冶炼	111.70	79.15	51.55		27.60	
贵金属冶炼	1.55	1.43			1.43	
稀有稀土金属冶炼	0.50	0.20	0.04		0.12	0.04
有色金属合金制造						
有色金属铸造						
有色金属压延加工	1.23	0.51	0.51			

单位：亿元

港澳台资本	外商资本	主营业务收入	主营业务成本	主营业务税金及附加	销售费用	管理费用	税金	财务费用
		307.08	290.41	0.64	8.86	7.74	0.66	8.83
		16.76	15.00	0.11	0.19	0.59	0.05	0.25
		290.33	275.41	0.54	8.67	7.15	0.60	8.58
0.12	4.83	424.57	397.08	0.89	7.93	27.23	1.24	18.09
	2.49	85.94	83.18	0.51	1.16	5.92	0.16	4.47
	1.22	229.70	209.93	0.15	4.39	14.12	0.68	8.14
0.12		4.42	3.79	0.02	0.23	0.21	0.02	0.11
	1.12	75.48	74.04	0.13	1.11	4.39	0.20	3.92
		14.30	13.56	0.01	0.42	0.29	0.01	0.44
		5.10	4.18	0.01	0.09	1.21	0.02	0.22
		9.63	8.41	0.06	0.52	1.07	0.14	0.79
	3.50	40.73	34.64	0.06	1.86	2.71	0.13	1.39
	3.50	36.42	32.54	0.03	0.45	2.06	0.11	1.21
		0.52	0.34		0.04	0.18	0.01	
		1.22	0.84	0.01	0.13	0.09		0.02
		0.39	0.17		0.21	0.19	0.01	0.15
		2.19	0.74	0.02	1.03	0.20		
		44.10	39.28	0.14	0.79	0.99	0.05	1.18
		40.41	36.17	0.12	0.66	0.62	0.04	1.14
		3.70	3.11	0.02	0.13	0.38	0.01	0.04
		60.52	50.41	0.40	2.69	5.65	0.21	3.50
		36.89	30.33	0.29	1.11	4.33	0.16	3.12
		5.77	4.51	0.03	0.28	0.47	0.02	0.08
		10.48	8.83	0.08	0.73	0.19	0.01	0.10
		1.96	1.81		0.01	0.08		
		0.48	0.36		0.06	0.04		
		1.26	1.14		0.10	0.27	0.01	0.01
		3.69	3.42		0.39	0.28	0.01	0.19
		1682.76	1585.96	2.36	19.61	56.33	2.89	19.69
		49.64	50.12	0.07	0.04	1.06	0.11	0.31
		4.10	3.77	0.01	0.10	0.34	0.01	0.02
		1628.10	1531.21	2.28	19.46	54.90	2.77	19.36
		0.91	0.86		0.01	0.03		
		257.05	241.52	1.10	3.74	7.10	0.85	11.43
		251.28	236.34	1.07	3.66	6.64	0.83	11.39
		0.73	0.59	0.01	0.01	0.12		
		1.07	0.91		0.03	0.19	0.01	0.02
		3.97	3.68	0.01	0.05	0.13		0.01

2-1-3 续表 8

行业	所有者权益合计	实收资本				
			国家资本	集体资本	法人资本	个人资本
金属制品业	7.07	2.66	2.12		0.33	0.22
结构性金属制品制造	0.47	0.35	0.10		0.25	
金属工具制造	1.72	0.15	0.15			
集装箱及金属包装容器制造						
金属丝绳及其制品制造						
建筑、安全用金属制品制造						
金属表面处理及热处理加工						
搪瓷制品制造						
金属制日用品制造						
其他金属制品制造	4.89	2.16	1.87		0.08	0.22
通用设备制造业	14.57	12.10	5.72	0.10	5.57	0.62
锅炉及原动设备制造	8.12	2.84	2.63	0.09		0.12
金属加工机械制造	1.46	1.23	0.74			0.49
物料搬运设备制造	0.53	0.44			0.44	
泵、阀门、压缩机及类似机械制造	4.13	4.95	0.37	0.01	4.49	
轴承、齿轮和传动部件制造	0.13	0.13	0.13			
烘炉、风机、衡器、包装等设备制造						
文化、办公用机械制造						
通用零部件制造	0.20	2.51	1.86		0.64	
其他通用设备制造业						
专用设备制造业	128.19	72.66	56.86	1.19	13.46	0.74
采矿、冶金、建筑专用设备制造	110.26	61.51	55.72	0.49	4.14	0.74
化工、木材、非金属加工专用设备制造	13.35	9.87	0.30	0.70	8.87	
食品、饮料、烟草及饲料生产专用设备制造						
印刷、制药、日化及日用品生产专用设备制造						
纺织、服装和皮革加工专用设备制造	1.29					
电子和电工机械专用设备制造	1.79	0.48	0.03		0.45	
农、林、牧、渔专用机械制造						
医疗仪器设备及器械制造						
环保、社会公共服务及其他专用设备制造	1.48	0.80	0.80			
汽车制造业	13.29	11.32	4.26		6.53	0.53
汽车整车制造						
改装汽车制造	4.43	3.09	0.09		3.00	
低速载货汽车制造						
电车制造						
汽车车身、挂车制造						
汽车零部件及配件制造	8.86	8.23	4.17		3.53	0.53
铁路、船舶、航空航天和其他运输设备制造业	22.35	13.78	12.54	0.32		
铁路运输设备制造	22.35	13.78	12.54	0.32		
城市轨道交通设备制造						
船舶及相关装置制造						
航空、航天器及设备制造						
摩托车制造						
自行车制造						
非公路休闲车及零配件制造						
潜水救捞及其他未列明运输设备制造						

单位：亿元

港澳台资本	外商资本	主营业务收　入	主营业务成　本	主营业务税金及附加	销售费用	管理费用	税金	财务费用
		22.14	18.56	0.15	0.68	2.11	0.05	0.36
		4.20	3.97	0.01	0.02	0.17		0.15
		0.23	0.10		0.03	0.12		
		17.71	14.48	0.14	0.63	1.82	0.04	0.21
	0.09	26.27	21.40	0.12	1.43	3.63	0.11	0.22
		10.90	8.33	0.05	0.55	1.72	0.03	0.05
		2.20	1.88	0.01	0.08	0.21	0.02	0.02
		2.89	2.30	0.02	0.20	0.34	0.01	
	0.09	8.15	6.85	0.03	0.57	1.00	0.05	0.09
		0.20	0.19		0.01	0.05		
		1.94	1.84		0.01	0.30		0.06
	0.41	260.49	223.07	0.63	8.05	16.63	0.24	5.05
	0.41	227.48	194.90	0.52	7.39	14.40	0.15	5.04
		12.67	11.07	0.03	0.13	0.48	0.01	
		14.41	12.74	0.06	0.34	1.29	0.07	-0.04
		3.37	2.05	0.02	0.15	0.30		-0.01
		2.57	2.31		0.04	0.15	0.01	0.06
		19.87	18.19	0.04	1.05	2.42	0.14	0.38
		2.96	2.65		0.06	0.40	0.03	-0.05
		16.91	15.55	0.04	0.98	2.02	0.11	0.43
	0.91	82.89	69.52	0.36	1.95	6.80	0.19	1.69
	0.91	82.89	69.52	0.36	1.95	6.80	0.19	1.69

2-1-3 续表 9

行业	所有者权益合计	实收资本	国家资本	集体资本	法人资本	个人资本
电气机械和器材制造业	38.82	23.33	19.06	0.57	3.06	0.59
电机制造	21.02	7.60	7.45		0.06	0.04
输配电及控制设备制造	11.86	11.43	11.10		0.33	
电线、电缆、光缆及电工器材制造	0.90	1.13	0.52	0.57		0.05
电池制造	4.62	2.67			2.27	0.40
家用电力器具制造						
非电力家用器具制造						
照明器具制造	0.41	0.50			0.40	0.10
其他电气机械及器材制造						
计算机、通信和其他电子设备制造业	4.96	1.33	0.49			
计算机制造	0.46	0.84				
通信设备制造	4.50	0.49	0.49			
广播电视设备制造						
雷达及配套设备制造						
视听设备制造						
电子器件制造						
电子元件制造						
其他电子设备制造						
仪器仪表制造业	1.94	1.38	0.14		1.13	
通用仪器仪表制造	0.52	1.06	0.06		1.00	
专用仪器仪表制造						
钟表与计时仪器制造						
光学仪器及眼镜制造	1.42	0.32	0.08		0.13	
其他仪器仪表制造业						
其他制造业	3.44	0.39	0.39			
日用杂品制造						
煤制品制造						
核辐射加工						
其他未列明制造业	3.44	0.39	0.39			
废弃资源综合利用业						
金属废料和碎屑加工处理						
非金属废料和碎屑加工处理						
金属制品、机械和设备修理业	0.17	2.43	0.60		1.77	
金属制品修理						
通用设备修理	1.00	0.45	0.25		0.15	
专用设备修理	0.47	0.30	0.30			
铁路、船舶、航空航天等运输设备修理	0.12	0.05	0.05			
电气设备修理	-1.42	1.63			1.63	
仪器仪表修理						
其他机械和设备修理业						
电力、热力、燃气及水生产和供应业	**564.21**	**495.39**	**322.67**	**0.29**	**151.80**	**7.80**
电力、热力生产和供应业	488.93	464.82	301.45	0.29	143.07	7.17
电力生产	301.20	376.31	220.43	0.29	136.90	7.17
电力供应	173.98	84.52	78.52		6.00	
热力生产和供应	13.75	3.99	2.50		0.17	
燃气生产和供应业	36.37	11.86	3.38		8.00	0.47
水的生产和供应业	38.91	18.72	17.84		0.72	0.15
自来水生产和供应	37.90	18.67	17.81		0.70	0.15
污水处理及其再生利用						
其他水的处理、利用与分配	1.01	0.05	0.03		0.02	

单位：亿元

港澳台资本	外商资本	主营业务收入	主营业务成本	主营业务税金及附加	销售费用	管理费用	税金	财务费用
	0.05	65.01	59.18	0.25	1.81	6.44	0.22	3.26
	0.05	53.16	44.58	0.23	1.51	4.63	0.15	1.41
		7.62	10.79	0.01	0.15	1.30	0.06	1.51
		2.96	2.59	0.01	0.07	0.20	0.01	0.12
		0.81	0.80		0.07	0.29		0.21
		0.46	0.41		0.01	0.03		0.01
		12.39	9.85	0.01	0.04	0.97	0.05	-0.16
		3.69	3.34	0.01	0.01	0.59	0.05	-0.01
		8.70	6.52		0.03	0.39		-0.15
0.11		3.37	2.58	0.02	0.21	0.41		0.02
		2.38	1.91	0.01	0.15	0.20		
0.11		1.00	0.67	0.01	0.06	0.21		0.02
		1.69	1.47		0.01	0.18	0.01	-0.04
		1.69	1.47		0.01	0.18	0.01	-0.04
	0.05	7.53	6.31	0.04	0.29	0.70	0.02	0.01
	0.05	2.61	2.20	0.01		0.16		
		2.06	1.80	0.01		0.15		
		0.43	0.29		0.06	0.05		0.01
		2.43	2.01	0.01	0.23	0.35	0.01	
	11.52	**1652.06**	**1424.99**	**8.15**	**5.20**	**63.20**	**2.30**	**71.49**
	11.52	1560.15	1357.89	7.58	0.69	54.44	1.98	68.76
	11.52	660.59	509.88	4.51	0.05	15.17	1.12	54.07
		875.07	823.54	3.06	0.05	36.81	0.83	12.94
		24.50	24.46	0.01	0.59	2.46	0.03	1.75
		75.90	53.41	0.41	3.58	5.26	0.16	2.42
		16.00	13.70	0.16	0.94	3.51	0.16	0.30
		15.80	13.46	0.15	0.94	3.50	0.16	0.27
		0.20	0.24			0.01		0.03

2-1-3 续表 10

行　业	利息收入	利息支出	投资收益（损失以“-”号记）	营业利润	利润总额
总　计	**31.31**	**347.13**	**59.23**	**331.09**	**348.56**
采矿业	**20.60**	**188.55**	**53.74**	**233.93**	**244.31**
煤炭开采和洗选业	20.56	181.70	53.31	230.17	238.22
烟煤和无烟煤开采洗选	20.56	181.70	53.31	230.17	238.22
褐煤开采洗选					
其他煤炭采选					
石油和天然气开采业	0.04	2.98	0.58	2.71	5.10
石油开采					
天然气开采	0.04	2.98	0.58	2.71	5.10
黑色金属矿采选业		3.87	-0.16	-0.37	-0.42
铁矿采选		3.87	-0.16	-0.37	-0.42
锰矿、铬矿采选					
其他黑色金属矿采选					
有色金属矿采选业				1.41	1.41
常用有色金属矿采选				1.41	1.41
贵金属矿采选					
稀有稀土金属矿采选					
非金属矿采选业					
土砂石开采					
化学矿开采					
采盐					
石棉及其他非金属矿采选					
开采辅助活动					
煤炭开采和洗选辅助活动					
石油和天然气开采辅助活动					
其他开采辅助活动					
其他采矿业					
制造业	**9.87**	**84.23**	**2.40**	**-15.41**	**-6.97**
农副食品加工业	0.03	0.12		-0.62	-0.36
谷物磨制				-0.01	-0.01
饲料加工					
植物油加工					
制糖业		0.09		-0.41	-0.40
屠宰及肉类加工	0.03	0.02		-0.21	0.05
水产品加工					
蔬菜、水果和坚果加工					
其他农副食品加工					
食品制造业				0.06	0.06
焙烤食品制造					
糖果、巧克力及蜜饯制造					
方便食品制造					
乳制品制造					
罐头食品制造					
调味品、发酵制品制造				0.06	0.06
其他食品制造					
酒、饮料和精制茶制造业	0.74	0.82	0.06	12.88	12.57
酒的制造	0.74	0.73	0.06	12.88	12.57
饮料制造		0.09			
精制茶加工					

单位：亿元

亏损企业亏损额	应交增值税	应交所得税	从业人员平均人数（万人）	总资产贡献率（%）	资产负债率（%）	产品销售率（%）	成本费用利润率（%）	流动资本周转率（%）
207.07	**482.65**	**113.41**	**119.45**	**7.29**	**72.03**	**95.23**	**3.29**	**1.92**
111.19	**339.69**	**86.80**	**83.81**	**7.95**	**70.17**	**93.32**	**4.54**	**1.62**
108.79	335.19	85.70	83.03	8.03	70.55	93.27	4.49	1.63
108.79	335.19	85.70	83.03	8.03	70.55	93.27	4.49	1.63
0.41	2.06	0.85	0.35	5.56	55.24	98.96	15.43	0.67
0.41	2.06	0.85	0.35	5.56	55.24	98.96	15.43	0.67
1.87	1.74	0.26	0.27	4.46	58.95	95.05	-1.24	3.41
1.87	1.74	0.26	0.27	4.46	58.95	95.05	-1.24	3.41
0.12	0.70		0.16	13.39	93.36	95.20	18.40	0.92
0.12	0.70		0.16	13.39	93.36	95.20	18.40	0.92
77.48	**63.44**	**8.02**	**29.92**	**3.84**	**72.66**	**96.54**	**-0.19**	**2.03**
0.41	0.14		0.10	-1.41	92.97	105.15	-5.01	1.46
0.01	0.01		0.02	0.29	68.32	97.02	-0.33	3.70
0.40	0.03		0.03	-12.60	163.45	157.64	-27.20	2.05
	0.11		0.04	3.39	63.17	96.41	1.59	1.07
			0.01	0.42	101.15	81.77	0.02	0.29
	0.05	0.02	0.01	37.43	59.17	95.00	5.20	4.76
	0.05	0.02	0.01	37.43	59.17	95.00	5.20	4.76
0.52	9.13	0.48	1.42	28.62	46.68	102.10	11.52	1.63
0.50	9.00	0.47	1.37	29.95	45.71	105.12	12.05	1.63
0.02	0.13		0.06	3.94	64.61	69.03	0.06	1.70

2-1-3 续表 11

行　　业			投资收益（损失以“-”号记）	营业利润	利润总额
	利息收入	利息支出			
烟草制品业	0.22			7.06	7.01
烟叶复烤					
卷烟制造	0.22			7.06	7.01
其他烟草制品制造					
纺织业		0.01		-0.18	-0.18
棉纺织及印染精加工				-0.19	-0.19
毛纺织及染整精加工					
麻纺织及染整精加工		0.01		0.01	
丝绢纺织及印染精加工					
化纤织造及印染精加工					
针织或钩针编织物及其制品制造					
家用纺织制成品制造					
非家用纺织制成品制造					
纺织服装、服饰业	0.01	0.04		0.23	0.83
机织服装制造	0.01	0.03		0.27	0.82
针织或钩针编织服装制造		0.01		-0.04	
服饰制造					
皮革、毛皮、羽毛及其制品和制鞋业					
皮革鞣制加工					
皮革制品制造					
毛皮鞣制及制品加工					
羽毛(绒)加工及制品制造					
制鞋业					
木材加工和木、竹、藤、棕、草制品业					
木材加工					
人造板制造					
木制品制造					
竹、藤、棕、草等制品制造					
家具制造业					
木质家具制造					
竹、藤家具制造					
金属家具制造					
塑料家具制造					
其他家具制造					
造纸和纸制品业					
纸浆制造					
造纸					
纸制品制造					
印刷和记录媒介复制业	0.01	0.06		-0.05	0.30
印刷	0.01	0.06		-0.05	0.30
装订及印刷相关服务					
记录媒介复制					
文教、工美、体育和娱乐用品制造业				-0.02	-0.02
文教办公用品制造					
乐器制造					
工艺美术品制造				-0.02	-0.02
体育用品制造					
玩具制造					
游艺器材及娱乐用品制造					

单位：亿元

亏损企业亏损额	应交增值税	应交所得税	从业人员平均人数（万人）	总资产贡献率（%）	资产负债率（%）	产品销售率（%）	成本费用利润率（%）	流动资本周转率（%）
	4.84	1.75	0.10	101.62	11.50	99.47	42.71	2.03
	4.84	1.75	0.10	101.62	11.50	99.47	42.71	2.03
0.19	0.09		0.18	-1.47	64.22	96.50	-6.17	1.04
0.19	0.01		0.03	-11.32	119.77	90.42	-25.06	0.96
	0.08		0.15	2.85	39.89	98.45	0.18	1.06
	0.27	0.10	0.31	11.96	58.14	100.89	11.08	1.39
	0.25	0.10	0.27	12.47	56.47	101.62	11.84	1.39
	0.01		0.04	4.25	83.46	86.75	0.72	1.33
0.03	0.15	0.01	0.20	5.88	63.98	103.56	5.06	1.56
0.03	0.15	0.01	0.20	5.88	63.98	103.56	5.06	1.56
0.02	0.13		0.03	1.40	89.28	15.39	-2.86	0.18
0.02	0.13		0.03	1.40	89.28	15.39	-2.86	0.18

2-1-3 续表 12

行 业			投资收益(损失以“-”号记)	营业利润	利润总额
	利息收入	利息支出			
石油加工、炼焦和核燃料加工业	0.75	9.63	0.34	-7.76	-7.77
精炼石油产品制造		0.25		0.61	0.61
炼焦	0.75	9.38	0.34	-8.38	-8.38
核燃料加工					
化学原料和化学制品制造业	1.53	18.93	0.22	-26.31	-25.35
基础化学原料制造	0.16	4.25		-10.15	-11.62
肥料制造	1.09	8.82	0.36	-5.45	-4.27
农药制造					
涂料、油墨、颜料及类似产品制造		0.10		0.12	0.12
合成材料制造	0.21	4.06	0.02	-8.43	-8.02
专用化学产品制造		0.42	0.02	-0.31	-0.29
炸药、火工及焰火产品制造	0.05	0.23	0.02	-0.54	0.02
日用化学产品制造	0.01	1.05	-0.21	-1.55	-1.29
医药制造业	0.08	1.16		0.20	0.34
化学药品原料药制造	0.08	0.98		0.34	0.52
化学药品制剂制造				-0.02	-0.04
中药饮片加工					
中成药生产		0.03		0.03	0.03
兽用药品制造		0.15		-0.33	-0.33
生物药品制造		0.01		0.18	0.15
卫生材料及医药用品制造					
化学纤维制造业					
纤维素纤维原料及纤维制造					
合成纤维制造					
橡胶和塑料制品业	0.03	1.21	0.05	1.91	1.94
橡胶制品业	0.03	1.17	0.01	1.85	1.88
塑料制品业		0.04	0.04	0.06	0.06
非金属矿物制品业	0.03	3.56	0.02	-1.99	-1.07
水泥、石灰和石膏制造	0.02	3.20	0.02	-2.35	-1.71
石膏、水泥制品及类似制品制造		0.07		0.47	0.57
砖瓦、石材等建筑材料制造		0.09		0.54	0.61
玻璃制造					
玻璃制品制造				0.04	0.03
玻璃纤维和玻璃纤维增强塑料制品制造					
陶瓷制品制造				0.02	0.02
耐火材料制品制造		0.01		-0.25	-0.25
石墨及其他非金属矿物制品制造	0.02	0.20		-0.45	-0.35
黑色金属冶炼和压延加工业	5.66	26.77	-1.34	-5.05	-3.04
炼铁					
炼钢	0.01	0.22		-1.92	-1.85
黑色金属铸造	0.02	0.04		-0.14	-0.08
钢压延加工	5.63	26.50	-1.34	-3.00	-1.17
铁合金冶炼				0.01	0.05
有色金属冶炼和压延加工业	0.17	11.18	0.12	-5.19	-4.74
常用有色金属冶炼	0.17	11.14	0.11	-5.44	-4.72
贵金属冶炼				-0.16	-0.16
稀有稀土金属冶炼		0.02		-0.04	-0.01
有色金属合金制造					
有色金属铸造					
有色金属压延加工		0.01		0.46	0.16

单位：亿元

亏损企业亏损额	应交增值税	应交所得税	从业人员平均人数（万人）	总资产贡献率（%）	资产负债率（%）	产品销售率（%）	成本费用利润率（%）	流动资本周转率（%）
11.34	5.79	0.24	2.53	1.64	81.36	99.59	-2.45	1.78
	0.25	0.16	0.19	5.94	69.56	116.01	3.77	1.06
11.34	5.53	0.08	2.34	1.44	81.91	98.33	-2.78	1.85
33.79	3.46	1.72	5.49	-0.49	75.42	99.10	-5.54	1.78
12.98	0.72	0.34	1.11	-2.90	76.61	100.26	-11.93	1.28
11.00	1.14	1.47	2.60	1.51	73.60	99.65	-1.79	2.09
0.03	0.18	0.04	0.11	7.11	80.90	101.18	2.64	1.04
8.13	0.87	0.18	0.58	-2.58	82.06	96.41	-9.53	2.61
0.34	0.07	-0.32	0.16	1.34	80.72	101.42	-1.87	3.71
0.02	0.08	0.02	0.40	1.28	45.49	99.59	0.36	0.55
1.29	0.40		0.52	0.74	78.77	93.98	-11.49	0.67
0.37	0.24	0.07	0.84	2.08	79.10	100.49	0.83	2.08
		0.02	0.67	1.96	78.15	101.81	1.42	2.23
0.04	0.01		0.08	-2.16	150.03	93.47	-6.84	1.52
	0.06		0.03	8.30	77.56	98.03	2.66	1.78
0.33	0.02		0.01	-4.31	86.42	92.52	-45.60	0.49
	0.14	0.05	0.03	13.67	67.35	86.04	7.56	1.45
0.01	0.24	0.03	0.45	8.01	73.20	89.31	4.53	1.94
0.01	0.11	0.02	0.29	8.78	74.50	87.99	4.83	2.07
	0.12		0.16	3.69	65.95	104.53	1.52	1.21
5.71	3.57	0.81	1.51	4.39	81.82	96.70	-1.69	1.18
5.06	2.40	0.72	0.81	3.48	84.74	96.19	-4.37	0.93
0.06	0.23	0.06	0.12	10.49	52.73	99.35	9.46	1.44
	0.78	0.02	0.28	31.82	38.21	99.20	6.18	6.55
	0.03	0.01	0.04	6.03	79.54	100.00	1.81	1.57
	0.05		0.05	10.51	42.75	104.65	3.33	3.66
0.25	0.07		0.05	-3.37	81.59	70.58	-16.18	4.87
0.35	0.01		0.16	-2.19	101.96	94.80	-8.06	0.85
13.89	15.64	0.69	5.95	2.62	68.93	97.98	-0.18	4.21
1.85	0.56		0.23	-4.40	59.89	97.20	-3.58	2.88
0.10	0.20		0.21	2.97	83.11	99.91	-1.64	1.44
11.95	14.87	0.68	5.51	2.73	69.02	98.00	-0.07	4.30
	0.02		0.01	13.76	91.87		5.14	2.19
5.91	8.74	0.35	3.24	3.72	73.40	86.45	-1.77	1.87
5.72	8.63	0.33	3.16	3.82	73.27	86.23	-1.81	1.97
0.16	0.04		0.04	-1.10	85.06	76.72	-22.74	0.09
0.02	0.01		0.04	0.84	71.07	99.55	-1.10	1.27
	0.06	0.02	0.01	10.12	48.29	100.00	3.05	2.44

2-1-3 续表 13

行　业			投资收益（损失以“-”号记）	营业利润	利润总额
	利息收入	利息支出			
金属制品业	0.01	0.34		0.37	0.59
结构性金属制品制造		0.12		-0.03	0.04
金属工具制造				-0.02	-0.02
集装箱及金属包装容器制造					
金属丝绳及其制品制造					
建筑、安全用金属制品制造					
金属表面处理及热处理加工					
搪瓷制品制造					
金属制日用品制造					
其他金属制品制造	0.01	0.22		0.43	0.57
通用设备制造业	0.05	0.26	-0.04	-0.02	0.11
锅炉及原动设备制造	0.03	0.08	-0.02	0.23	0.29
金属加工机械制造		0.02		0.03	0.03
物料搬运设备制造				0.05	0.04
泵、阀门、压缩机及类似机械制造	0.02	0.10	-0.02	-0.01	0.03
轴承、齿轮和传动部件制造				-0.04	-0.03
烘炉、风机、衡器、包装等设备制造					
文化、办公用机械制造					
通用零部件制造		0.06		-0.28	-0.24
其他通用设备制造业					
专用设备制造业	0.17	4.82	0.41	6.55	7.38
采矿、冶金、建筑专用设备制造	0.07	4.74	0.41	4.42	5.31
化工、木材、非金属加工专用设备制造	0.01	0.01		1.07	1.15
食品、饮料、烟草及饲料生产专用设备制造					
印刷、制药、日化及日用品生产专用设备制造					
纺织、服装和皮革加工专用设备制造	0.06	0.01		0.16	0.29
电子和电工机械专用设备制造	0.02	0.01		0.86	0.57
农、林、牧、渔专用机械制造					
医疗仪器设备及器械制造					
环保、社会公共服务及其他专用设备制造		0.06		0.04	0.06
汽车制造业	0.08	0.40	0.02	-2.07	-0.72
汽车整车制造					
改装汽车制造	0.03	-0.02		-0.10	0.06
低速载货汽车制造					
电车制造					
汽车车身、挂车制造					
汽车零部件及配件制造	0.04	0.42	0.02	-1.97	-0.78
铁路、船舶、航空航天和其他运输设备制造业	0.06	1.72	1.17	3.44	3.47
铁路运输设备制造	0.06	1.72	1.17	3.44	3.47
城市轨道交通设备制造					
船舶及相关装置制造					
航空、航天器及设备制造					
摩托车制造					
自行车制造					
非公路休闲车及零配件制造					
潜水救捞及其他未列明运输设备制造					

单位：亿元

亏损企业亏损额	应交增值税	应交所得税	从业人员平均人数（万人）	总资产贡献率（%）	资产负债率（%）	产品销售率（%）	成本费用利润率（%）	流动资本周转率（%）
0.19	0.68	0.08	0.54	7.26	70.61	101.82	2.68	1.49
	0.14	0.01	0.05	8.90	86.45	100.00	0.86	1.25
0.02	0.01		0.05	-0.28	31.42	99.01	-8.85	0.16
0.17	0.52	0.07	0.44	7.99	73.02	102.30	3.30	1.75
0.49	0.75	0.09	1.01	1.55	80.91	95.78	0.39	0.53
	0.31	0.03	0.30	2.35	72.23	97.19	2.69	0.50
	0.07	0.01	0.09	2.54	72.15	97.68	0.92	0.77
	0.10	0.01	0.06	3.55	88.30	89.90	1.26	0.80
0.21	0.22	0.04	0.37	1.20	86.38	97.95	0.39	0.46
0.03	0.01		0.04	-3.49	77.62	53.02	-10.85	0.56
0.25	0.03		0.15	-2.26	96.84	94.08	-9.42	0.56
0.11	4.14	1.12	2.73	3.42	73.89	95.19	2.88	0.76
0.09	3.40	0.99	2.12	3.16	74.86	96.03	2.37	0.73
0.01	0.21	0.05	0.16	5.06	51.40	85.27	9.43	0.91
	0.39		0.33	3.86	92.73	88.92	1.83	1.12
	0.14	0.06	0.04	24.97	37.64	101.60	23.06	1.29
0.01	0.01	0.01	0.07	3.02	65.63	92.61	2.28	0.79
0.90	0.40	0.04	0.72	0.14	73.15	90.69	-3.11	0.88
	0.01		0.06	0.16	55.39	65.60	1.97	0.77
0.90	0.39	0.04	0.65	0.14	77.61	96.99	-3.89	0.90
0.10	2.56	0.26	0.99	7.90	78.11	99.46	4.19	1.36
0.10	2.56	0.26	0.99	7.90	78.11	99.46	4.19	1.36

2-1-3 续表 14

行 业	利息收入	利息支出	投资收益（损失以“–”号记）	营业利润	利润总额
电气机械和器材制造业	0.03	3.18	1.17	-1.00	-0.68
电机制造	0.01	1.35	1.17	1.95	2.20
输配电及控制设备制造		1.51		-2.33	-2.27
电线、电缆、光缆及电工器材制造	0.01	0.12		-0.03	-0.03
电池制造		0.20		-0.57	-0.56
家用电力器具制造					
非电力家用器具制造					
照明器具制造		0.01		-0.02	-0.02
其他电气机械及器材制造					
计算机、通信和其他电子设备制造业	0.17	0.01	0.01	1.67	1.84
计算机制造	0.02	0.01		-0.25	-0.08
通信设备制造	0.15		0.01	1.92	1.92
广播电视设备制造					
雷达及配套设备制造					
视听设备制造					
电子器件制造					
电子元件制造					
其他电子设备制造					
仪器仪表制造业		0.01		0.15	0.19
通用仪器仪表制造				0.12	0.12
专用仪器仪表制造					
钟表与计时仪器制造					
光学仪器及眼镜制造		0.01		0.03	0.07
其他仪器仪表制造业					
其他制造业	0.04		0.16	0.06	0.06
日用杂品制造					
煤制品制造					
核辐射加工					
其他未列明制造业	0.04		0.16	0.06	0.06
废弃资源综合利用业					
金属废料和碎屑加工处理					
非金属废料和碎屑加工处理					
金属制品、机械和设备修理业		0.01	0.03	0.27	0.27
金属制品修理					
通用设备修理			0.03	0.27	0.27
专用设备修理				0.13	0.13
铁路、船舶、航空航天等运输设备修理		0.01		0.01	0.01
电气设备修理				-0.14	-0.14
仪器仪表修理					
其他机械和设备修理业					
电力、热力、燃气及水生产和供应业	0.84	74.35	3.10	112.57	111.23
电力、热力生产和供应业	0.67	71.66	2.65	103.12	104.77
电力生产	0.47	57.95	2.61	75.96	75.48
电力供应	0.16	11.92	0.04	31.03	30.87
热力生产和供应	0.05	1.79		-3.88	-1.58
燃气生产和供应业	0.14	2.37	0.30	11.65	8.28
水的生产和供应业	0.03	0.33	0.15	-2.19	-1.82
自来水生产和供应	0.03	0.30	0.15	-2.11	-1.74
污水处理及其再生利用					
其他水的处理、利用与分配		0.03		-0.08	-0.08

单位：亿元

亏损企业亏损额	应交增值税	应交所得税	从业人员平均人数（万人）	总资产贡献率（%）	资产负债率（%）	产品销售率（%）	成本费用利润率（%）	流动资本周转率（%）
3.27	1.92	0.06	0.95	3.30	72.46	93.45	-0.57	1.50
0.35	1.79	0.05	0.59	8.58	67.52	102.77	3.47	1.43
2.30	0.04	0.02	0.22	-1.28	78.87	83.86	-4.52	2.08
0.04	0.08		0.07	2.96	85.11	98.31	-0.92	0.64
0.56			0.04	-3.11	60.25	52.71	-40.75	0.28
0.02			0.03	-0.41	82.76	136.81	-3.63	0.25
0.08	0.04		0.27	8.15	76.69	100.25	16.26	0.81
0.08	0.04		0.20	-0.36	95.73	100.84	-1.72	0.59
			0.06	16.74	57.48	100.00	28.25	0.96
	0.07	0.02	0.12	5.78	62.07	98.87	6.02	0.94
	0.05	0.02	0.04	6.41	82.16	100.00	5.47	0.90
	0.02	0.01	0.08	4.93	34.98	96.02	7.34	1.06
	0.03		0.09	1.00	35.91	100.25	3.25	0.40
	0.03		0.09	1.00	35.91	100.25	3.25	0.40
0.14	0.36	0.10	0.13	10.73	97.36	99.15	3.61	2.05
	0.12	0.07	0.03	20.37	48.85	99.99	11.26	1.72
	0.11	0.03	0.04	18.04	67.38	100.00	6.17	1.75
	0.01		0.01	7.08	76.26	87.90	3.17	0.97
0.14	0.11		0.06	-0.47	157.66	99.70	-5.43	4.55
18.40	79.53	18.59	5.72	10.43	78.31	97.76	7.04	3.89
16.23	76.61	16.43	4.34	10.98	79.23	98.10	7.00	4.33
13.85	48.67	13.84	3.17	11.56	81.22	95.52	12.88	2.64
	27.41	2.60	0.48	11.16	73.50	100.00	3.52	12.38
2.38	0.52	-0.02	0.69	0.70	84.78	100.13	-4.87	0.65
0.28	2.01	2.15	0.51	7.33	79.43	90.96	12.50	1.79
1.89	0.91	0.01	0.88	-0.65	43.70	98.32	-9.82	0.76
1.81	0.90	0.01	0.87	-0.61	43.96	98.30	-9.53	0.77
0.08	0.01			-2.39	32.18	100.00	-28.80	0.38

2-1-4 按行业分组的规模以上私营工业

行　业	企业单位数（个）	工业总产值（当年价格）	工业销售产值（当年价格）	出口交货值	资产总计	固定资产合计
总　计	**2332**	**5496.83**	**5260.71**	**55.19**	**5817.72**	**1750.44**
采矿业	**847**	**1990.34**	**1910.88**	**3.32**	**1754.92**	**409.56**
煤炭开采和洗选业	660	1672.76	1626.48	3.32	1523.19	330.33
烟煤和无烟煤开采洗选	660	1672.76	1626.48	3.32	1523.19	330.33
褐煤开采洗选						
其他煤炭采选						
石油和天然气开采业						
石油开采						
天然气开采						
黑色金属矿采选业	175	304.65	272.16		215.41	70.99
铁矿采选	170	302.05	270.48		210.44	70.15
锰矿、铬矿采选	5	2.60	1.68		4.97	0.84
其他黑色金属矿采选						
有色金属矿采选业	6	10.84	10.07		13.23	7.56
常用有色金属矿采选	3	5.15	4.43		9.70	5.22
贵金属矿采选	3	5.69	5.64		3.53	2.34
稀有稀土金属矿采选						
非金属矿采选业	6	2.09	2.17		3.09	0.67
土砂石开采	6	2.09	2.17		3.09	0.67
化学矿开采						
采盐						
石棉及其他非金属矿采选						
开采辅助活动						
煤炭开采和洗选辅助活动						
石油和天然气开采辅助活动						
其他开采辅助活动						
其他采矿业						
制造业	**1465**	**3492.21**	**3335.57**	**51.87**	**3994.22**	**1311.64**
农副食品加工业	98	209.33	199.89	0.86	159.56	62.08
谷物磨制	16	8.03	7.86	0.02	9.78	2.92
饲料加工	22	21.97	21.11		13.48	5.57
植物油加工	11	62.71	60.12		36.12	12.48
制糖业						
屠宰及肉类加工	22	74.53	68.79		61.63	26.52
水产品加工						
蔬菜、水果和坚果加工	16	20.58	20.44	0.84	18.69	6.70
其他农副食品加工	11	21.50	21.57		19.85	7.89
食品制造业	51	83.59	79.46	0.37	67.91	25.29
焙烤食品制造	9	14.97	14.91		8.55	4.66
糖果、巧克力及蜜饯制造	8	8.21	6.51		8.25	3.00
方便食品制造	5	3.08	2.96		2.36	0.92
乳制品制造	8	26.91	26.39		17.17	4.30
罐头食品制造	5	8.78	7.63	0.18	6.10	2.84
调味品、发酵制品制造	11	11.29	10.80	0.19	14.00	6.09
其他食品制造	5	10.35	10.28		11.48	3.48
酒、饮料和精制茶制造业	24	31.59	23.35	0.14	40.73	9.42
酒的制造	13	10.72	6.75		17.48	4.64
饮料制造	9	18.16	13.95	0.14	14.80	4.26
精制茶加工	2	2.71	2.66		8.45	0.52

企业主要经济指标(大、中类行业)

单位：亿元

固定资产原价	累计折旧	流动资产合计	应收账款	存货	产成品	负债合计	流动负债合计	应付账款
2723.22	**1151.18**	**3092.22**	**559.47**	**662.86**	**282.31**	**4336.15**	**3562.54**	**828.78**
550.34	**188.78**	**981.40**	**188.85**	**132.64**	**63.96**	**1279.18**	**1057.28**	**198.22**
444.80	148.27	864.29	171.51	98.28	41.52	1147.04	949.68	174.74
444.80	148.27	864.29	171.51	98.28	41.52	1147.04	949.68	174.74
98.91	37.39	110.21	16.12	33.12	21.83	120.49	99.20	20.36
97.50	36.81	106.73	14.90	31.01	20.14	116.23	98.72	20.33
1.41	0.58	3.49	1.21	2.11	1.69	4.25	0.49	0.03
5.66	2.82	4.48	0.39	0.77	0.41	8.99	5.84	2.12
2.01	0.97	3.29	0.27	0.46	0.27	8.12	5.24	2.08
3.65	1.85	1.19	0.12	0.31	0.15	0.86	0.61	0.04
0.97	0.30	2.42	0.84	0.47	0.19	2.66	2.56	1.00
0.97	0.30	2.42	0.84	0.47	0.19	2.66	2.56	1.00
2137.70	**955.70**	**2082.40**	**369.02**	**529.01**	**218.34**	**2999.46**	**2468.08**	**622.00**
75.52	26.23	78.37	10.07	29.25	13.61	75.43	63.74	6.62
3.03	0.60	5.58	1.06	2.21	0.71	4.22	4.02	0.85
5.77	1.09	6.92	0.65	3.34	0.78	6.29	4.92	0.66
14.97	4.81	18.07	0.99	8.41	6.44	15.48	14.43	0.65
25.09	5.70	27.36	4.32	9.30	2.97	29.00	25.57	3.19
5.96	0.85	9.48	2.29	2.47	1.23	8.71	6.70	0.63
20.70	13.18	10.96	0.76	3.53	1.47	11.74	8.10	0.64
33.57	9.47	34.37	8.04	13.17	5.12	31.75	26.57	5.29
5.42	1.10	3.03	0.33	1.73	0.44	3.87	3.59	1.27
3.69	0.80	4.70	1.02	1.83	1.01	3.93	2.37	0.44
1.17	0.40	1.13	0.23	0.29	0.11	0.78	0.73	0.03
9.04	4.72	11.26	3.51	3.74	1.22	9.11	8.53	1.53
3.44	0.63	3.02	0.27	1.52	0.20	3.12	3.10	0.38
6.83	1.00	4.30	0.87	1.31	0.38	6.58	4.34	0.71
3.98	0.82	6.92	1.81	2.76	1.77	4.37	3.92	0.92
9.96	2.67	19.18	2.06	10.15	5.09	18.22	11.35	2.10
4.76	0.93	8.88	0.73	6.19	2.36	9.69	6.05	0.94
4.77	1.61	7.28	0.83	3.17	2.65	5.58	5.00	1.15
0.43	0.13	3.02	0.50	0.79	0.08	2.96	0.29	0.01

2-1-4 续表 1

行业	企业单位数(个)	工业总产值(当年价格)	工业销售产值(当年价格)	出口交货值	资产总计	固定资产合计
烟草制品业						
烟叶复烤						
卷烟制造						
其他烟草制品制造						
纺织业	29	31.19	29.63	6.88	38.51	9.55
棉纺织及印染精加工	19	22.41	20.85	6.88	34.01	8.15
毛纺织及染整精加工	5	6.56	6.54		2.04	0.14
麻纺织及染整精加工						
丝绢纺织及印染精加工						
化纤织造及印染精加工	1	0.15	0.19		0.45	0.03
针织或钩针编织物及其制品制造	1	0.35	0.33		0.30	0.08
家用纺织制成品制造	1	1.10	1.10		1.23	0.76
非家用纺织制成品制造	2	0.63	0.63		0.48	0.39
纺织服装、服饰业	2	7.92	7.71		6.37	2.60
机织服装制造	2	7.92	7.71		6.37	2.60
针织或钩针编织服装制造						
服饰制造						
皮革、毛皮、羽毛及其制品和制鞋业	1	8.10	6.97		1.30	0.22
皮革鞣制加工	1	8.10	6.97		1.30	0.22
皮革制品制造						
毛皮鞣制及制品加工						
羽毛(绒)加工及制品制造						
制鞋业						
木材加工和木、竹、藤、棕、草制品业	10	13.89	12.02		51.57	13.53
木材加工	1	0.27	0.27		0.96	0.49
人造板制造	6	5.23	4.16		30.96	6.24
木制品制造	2	7.86	7.06		18.86	6.68
竹、藤、棕、草等制品制造	1	0.53	0.54		0.79	0.11
家具制造业	4	3.93	2.87		7.21	1.16
木质家具制造	4	3.93	2.87		7.21	1.16
竹、藤家具制造						
金属家具制造						
塑料家具制造						
其他家具制造						
造纸和纸制品业	18	19.32	17.22		19.58	8.21
纸浆制造						
造纸	8	5.04	4.88		6.42	2.92
纸制品制造	10	14.28	12.34		13.16	5.29
印刷和记录媒介复制业	11	5.70	5.28		9.32	3.93
印刷	11	5.70	5.28		9.32	3.93
装订及印刷相关服务						
记录媒介复制						
文教、工美、体育和娱乐用品制造业	8	7.48	7.05	0.19	8.15	0.83
文教办公用品制造						
乐器制造						
工艺美术品制造	5	2.49	2.05		4.83	0.64
体育用品制造	3	4.98	5.00	0.19	3.33	0.19
玩具制造						
游艺器材及娱乐用品制造						

单位：亿元

固定资产原价	累计折旧	流动资产合计	应收账款	存货	产成品	负债合计	流动负债合计	应付账款
13.81	5.33	26.15	3.95	5.35	1.78	33.12	31.96	2.68
12.23	5.04	23.26	2.41	4.68	1.62	30.67	29.56	2.63
0.14		1.90	1.42	0.39		1.89	1.89	
0.02	0.02	0.38	0.03	0.09	0.06	0.25	0.21	0.02
0.09	0.01	0.22	0.05	0.07	0.05	0.07	0.05	0.02
0.82	0.06	0.30	0.01	0.08	0.05	0.21	0.21	
0.50	0.19	0.09	0.02	0.03		0.03	0.03	0.02
3.83	1.24	3.13	1.43	0.96	0.43	2.07	2.07	0.10
3.83	1.24	3.13	1.43	0.96	0.43	2.07	2.07	0.10
0.33	0.10	0.86	0.26	0.29	0.16	0.04	0.04	0.04
0.33	0.10	0.86	0.26	0.29	0.16	0.04	0.04	0.04
13.24	1.69	22.11	1.96	4.40	0.74	32.08	26.94	0.39
0.56	0.07	0.45	0.14	0.30		0.49	0.47	
6.29	1.37	12.02	0.50	1.00	0.46	23.34	19.05	0.20
6.24	0.21	9.12	1.27	3.00	0.22	8.06	7.24	0.19
0.15	0.04	0.51	0.05	0.10	0.06	0.19	0.19	
1.31	0.25	4.84	0.13	2.93	0.35	4.17	4.17	0.02
1.31	0.25	4.84	0.13	2.93	0.35	4.17	4.17	0.02
11.33	3.49	8.98	2.00	1.99	0.86	13.28	7.72	2.26
3.68	1.12	2.97	0.67	0.91	0.44	3.13	2.85	0.42
7.65	2.37	6.01	1.32	1.08	0.42	10.15	4.88	1.84
4.84	2.06	4.51	1.18	1.18	0.25	5.44	4.85	1.23
4.84	2.06	4.51	1.18	1.18	0.25	5.44	4.85	1.23
0.77	0.23	6.70	1.84	0.81	0.43	6.06	3.92	1.79
0.47	0.10	3.62	0.33	0.61	0.35	3.08	2.21	0.25
0.30	0.12	3.08	1.51	0.20	0.08	2.97	1.71	1.54

2-1-4 续表 2

行业	企业单位数(个)	工业总产值(当年价格)	工业销售产值(当年价格)	出口交货值	资产总计	固定资产合计
石油加工、炼焦和核燃料加工业	94	645.18	607.74		1227.29	325.84
精炼石油产品制造	4	18.01	17.93		6.31	1.63
炼焦	90	627.17	589.81		1220.98	324.22
核燃料加工						
化学原料和化学制品制造业	120	158.49	145.76	3.23	213.96	82.53
基础化学原料制造	56	81.34	76.10	3.01	125.79	43.41
肥料制造	11	12.94	9.97		17.71	12.62
农药制造	1	0.17	0.92		1.21	0.65
涂料、油墨、颜料及类似产品制造	8	8.49	8.23		8.22	2.26
合成材料制造	3	0.70	0.65		2.05	0.57
专用化学产品制造	38	48.77	44.24	0.22	53.08	20.83
炸药、火工及焰火产品制造	3	6.07	5.65		5.89	2.19
日用化学产品制造						
医药制造业	43	36.58	33.87	0.71	45.50	14.16
化学药品原料药制造	7	5.63	5.32		6.28	2.14
化学药品制剂制造	11	14.70	14.42	0.65	18.82	5.54
中药饮片加工	2	3.61	3.53		3.07	1.45
中成药生产	14	8.10	6.36		13.11	3.88
兽用药品制造	5	3.17	2.90		2.49	0.58
生物药品制造	2	0.93	0.89		0.20	0.08
卫生材料及医药用品制造	2	0.43	0.45	0.06	1.54	0.50
化学纤维制造业						
纤维素纤维原料及纤维制造						
合成纤维制造						
橡胶和塑料制品业	33	33.59	30.86	0.27	29.32	7.12
橡胶制品业	8	8.05	7.14		8.91	1.85
塑料制品业	25	25.54	23.72	0.27	20.40	5.27
非金属矿物制品业	302	230.61	219.17	14.37	293.79	123.43
水泥、石灰和石膏制造	72	66.00	62.69		119.71	63.38
石膏、水泥制品及类似制品制造	50	29.49	29.61		37.27	11.38
砖瓦、石材等建筑材料制造	34	24.04	21.82		29.26	10.91
玻璃制造						
玻璃制品制造	19	21.18	20.00	10.35	12.37	5.02
玻璃纤维和玻璃纤维增强塑料制品制造	2	0.73	0.63		0.33	0.10
陶瓷制品制造	31	17.10	16.29	0.37	15.85	7.22
耐火材料制品制造	57	32.16	30.71	1.03	27.14	9.58
石墨及其他非金属矿物制品制造	37	39.90	37.43	2.63	51.86	15.83
黑色金属冶炼和压延加工业	210	1468.95	1444.08	12.01	1196.99	448.11
炼铁	64	260.24	245.17	2.85	148.75	48.37
炼钢	12	280.92	268.85	4.51	271.13	124.77
黑色金属铸造	81	64.87	77.64	1.12	76.61	23.07
钢压延加工	33	750.30	746.75	2.35	580.46	202.50
铁合金冶炼	20	112.62	105.67	1.17	120.04	49.39
有色金属冶炼和压延加工业	61	180.97	166.56	0.54	211.79	85.32
常用有色金属冶炼	30	116.95	108.81	0.12	170.17	67.93
贵金属冶炼						
稀有稀土金属冶炼	7	3.09	2.97		5.90	1.98
有色金属合金制造	7	13.73	9.68	0.42	7.82	4.73
有色金属铸造						
有色金属压延加工	17	47.20	45.09		27.90	10.68

单位：亿元

固定资产原价	累计折旧	流动资产合计	应收账款	存货	产成品	负债合计	流动负债合计	应付账款
580.68	298.27	662.44	89.81	106.85	52.97	1099.54	879.93	196.60
2.05	0.42	3.14	0.85	0.57	0.07	3.74	3.09	0.78
578.63	297.85	659.31	88.96	106.29	52.91	1095.80	876.84	195.82
117.61	38.32	96.76	17.56	26.81	13.06	161.44	128.40	24.45
61.13	19.56	54.88	6.07	14.51	6.42	103.66	82.58	11.41
17.47	5.09	4.29	0.50	0.88	0.58	14.87	8.74	5.59
0.67	0.14	0.41	0.10	0.13	0.08	0.04	0.04	0.01
2.48	0.55	5.56	2.21	1.42	0.56	5.63	4.90	1.29
0.64	0.08	0.58	0.34	0.13	0.10	1.24	0.37	0.27
30.70	10.58	27.47	7.00	9.26	4.97	31.35	27.11	5.23
4.51	2.32	3.56	1.34	0.47	0.34	4.67	4.66	0.65
19.32	9.60	21.95	3.37	8.94	3.82	28.11	23.35	4.70
2.75	1.66	3.43	0.22	0.52	0.28	4.59	2.84	1.04
5.81	2.60	6.84	1.04	3.27	1.51	7.72	6.26	1.43
2.77	1.61	1.59	0.52	0.97	0.16	2.85	2.34	0.05
6.68	3.46	7.62	1.17	3.60	1.55	9.68	8.90	2.00
0.80	0.22	1.47	0.21	0.44	0.24	1.92	1.74	0.09
0.09	0.01	0.12	0.05	0.04	0.04	0.13	0.13	0.04
0.42	0.04	0.87	0.16	0.09	0.04	1.23	1.15	0.06
8.32	2.13	18.09	5.97	5.22	2.01	15.12	14.50	2.92
2.30	0.46	5.77	3.17	1.79	0.33	3.33	3.20	0.96
6.02	1.67	12.32	2.79	3.43	1.68	11.79	11.29	1.96
167.29	59.45	147.37	55.31	42.60	17.38	195.06	151.74	48.32
76.93	22.00	47.77	11.96	14.64	4.21	81.75	51.78	16.78
19.18	8.07	24.14	15.11	3.40	1.27	27.42	26.06	11.53
17.89	9.63	16.60	7.75	2.29	0.95	17.02	15.69	4.16
8.70	3.86	5.85	1.30	2.13	0.97	6.66	5.57	0.73
0.11	0.01	0.22	0.09	0.04	0.02	0.14	0.14	0.05
8.01	1.65	6.46	0.77	3.51	2.45	11.41	10.27	1.34
16.23	7.36	15.78	5.29	6.41	3.09	16.69	13.00	3.92
20.26	6.86	30.54	13.03	10.18	4.44	33.97	29.24	9.81
863.92	429.28	602.41	66.14	186.91	68.44	871.25	748.55	218.95
71.87	28.44	87.28	12.68	30.24	14.84	106.61	84.22	29.37
157.44	40.09	118.08	3.13	36.21	19.18	244.32	183.54	70.86
28.72	6.77	46.54	13.29	11.88	3.04	54.12	47.41	8.70
501.64	302.73	287.84	22.36	88.79	21.97	368.98	342.87	80.17
104.25	51.26	62.67	14.68	19.79	9.39	97.21	90.50	29.84
97.60	27.05	95.97	11.94	23.39	13.22	190.86	146.67	47.80
79.81	22.75	73.65	7.27	13.85	6.35	163.03	125.95	44.82
2.27	0.58	3.84	1.18	1.64	0.98	2.85	2.83	0.59
7.42	2.69	3.04	0.45	1.80	0.85	3.63	3.44	0.78
8.10	1.03	15.44	3.04	6.10	5.05	21.34	14.46	1.61

2-1-4 续表 3

行业	企业单位数(个)	工业总产值(当年价格)	工业销售产值(当年价格)	出口交货值	资产总计	固定资产合计
金属制品业	88	69.07	61.73	8.18	63.75	16.48
结构性金属制品制造	17	8.99	7.69		16.72	2.66
金属工具制造	1	0.12	0.17		0.68	0.12
集装箱及金属包装容器制造	5	1.29	1.08		1.98	0.58
金属丝绳及其制品制造	2	0.87	0.79	0.01	3.81	2.61
建筑、安全用金属制品制造	19	14.78	14.74	1.34	7.61	1.41
金属表面处理及热处理加工	2	1.09	1.09		0.74	0.09
搪瓷制品制造	1	0.52	0.49		0.07	0.01
金属制日用品制造	3	0.83	0.75		0.75	0.17
其他金属制品制造	38	40.59	34.93	6.83	31.39	8.84
通用设备制造业	73	107.72	104.26	0.26	86.99	22.29
锅炉及原动设备制造	3	42.38	42.44		16.68	7.75
金属加工机械制造	11	8.56	7.65	0.02	9.86	3.40
物料搬运设备制造	5	4.03	3.91		6.03	2.18
泵、阀门、压缩机及类似机械制造	17	25.89	25.50	0.18	20.77	2.33
轴承、齿轮和传动部件制造	2	2.23	2.15		3.65	1.21
烘炉、风机、衡器、包装等设备制造	16	15.44	13.99	0.05	21.33	3.61
文化、办公用机械制造						
通用零部件制造	16	6.93	6.56		7.18	1.55
其他通用设备制造业	3	2.27	2.07		1.50	0.25
专用设备制造业	78	63.99	60.90	0.81	79.97	14.93
采矿、冶金、建筑专用设备制造	52	39.90	37.67	0.02	49.94	7.85
化工、木材、非金属加工专用设备制造	2	6.43	6.42		4.59	0.89
食品、饮料、烟草及饲料生产专用设备制造	1	0.95	0.56	0.02	1.76	0.36
印刷、制药、日化及日用品生产专用设备制造						
纺织、服装和皮革加工专用设备制造	9	6.69	6.13	0.76	6.41	1.79
电子和电工机械专用设备制造	3	2.86	2.86	0.01	4.16	0.74
农、林、牧、渔专用机械制造	3	2.69	2.95		2.95	0.99
医疗仪器设备及器械制造						
环保、社会公共服务及其他专用设备制造	8	4.47	4.31		10.16	2.33
汽车制造业	17	13.14	13.05	0.95	19.82	7.54
汽车整车制造	1	0.17	0.17		0.58	0.09
改装汽车制造						
低速载货汽车制造						
电车制造						
汽车车身、挂车制造	7	3.46	3.58		3.33	1.41
汽车零部件及配件制造	9	9.52	9.30	0.95	15.92	6.04
铁路、船舶、航空航天和其他运输设备制造业	9	7.45	7.09		14.60	6.27
铁路运输设备制造	8	6.18	5.82		7.17	2.08
城市轨道交通设备制造						
船舶及相关装置制造						
航空、航天器及设备制造						
摩托车制造						
自行车制造						
非公路休闲车及零配件制造						
潜水救捞及其他未列明运输设备制造	1	1.28	1.28		7.42	4.19

单位：亿元

固定资产原价	累计折旧	流动资产合计	应收账款	存货	产成品	负债合计	流动负债合计	应付账款
22.60	7.84	43.23	16.22	12.09	4.11	41.86	36.48	7.68
2.97	0.86	13.17	5.16	2.58	1.04	11.58	9.58	1.81
0.22	0.10	0.51	0.31	0.05		0.53	0.53	
0.79	0.36	1.01	0.11	0.54	0.22	2.15	2.06	0.03
2.89	0.27	1.02	0.37	0.40	0.19	2.95	2.31	0.15
1.64	0.45	5.37	1.74	1.19	0.80	4.26	4.17	1.18
0.17	0.09	0.65	0.59	0.05		0.66	0.66	-0.01
0.03	0.02	0.04		0.03	0.01	0.01	0.01	
0.22	0.05	0.58	0.04	0.16	0.02	0.55	0.53	
13.68	5.64	20.88	7.90	7.10	1.83	19.18	16.65	4.52
25.85	6.51	52.60	20.75	14.96	5.00	50.34	42.88	17.09
7.80	1.47	5.70	1.39	2.20	1.90	3.57	1.67	0.54
4.21	0.99	5.84	1.72	1.74	0.44	4.56	4.31	0.77
1.97	0.30	3.25	1.25	0.65	0.23	4.53	3.90	0.82
3.01	1.00	17.45	7.62	5.75	0.91	16.15	15.64	8.86
1.54	0.33	2.13	0.92	0.50	0.24	2.56	1.96	0.33
4.79	1.57	11.73	4.52	3.18	0.90	13.80	11.28	3.70
2.16	0.73	5.31	2.73	0.72	0.34	4.45	3.42	1.86
0.37	0.12	1.19	0.61	0.22	0.03	0.72	0.72	0.20
19.31	6.03	57.58	23.99	12.50	2.86	52.27	50.98	16.11
10.41	3.42	38.19	17.43	6.68	0.99	34.89	34.05	11.40
1.14	0.61	3.68	1.26	1.08	0.23	1.76	1.76	0.05
0.55	0.23	1.40	0.15	0.59	0.43	0.13	0.12	0.06
2.63	0.84	3.86	1.18	1.12	0.40	5.17	5.13	2.19
1.03	0.29	2.23	1.48	0.32	0.05	1.48	1.47	0.44
0.94	0.09	1.93	0.50	0.83	0.21	1.92	1.79	0.45
2.61	0.55	6.29	1.98	1.88	0.55	6.91	6.66	1.52
8.37	1.73	10.74	2.13	3.32	1.73	12.70	11.10	1.60
0.21	0.12	0.38	0.06	0.28		0.26	0.26	0.13
1.31	0.20	1.69	0.20	0.28	0.04	2.27	0.74	0.22
6.85	1.41	8.67	1.87	2.76	1.69	10.17	10.09	1.25
8.53	2.31	6.86	2.52	1.61	0.46	12.56	10.33	2.04
2.87	0.85	4.94	2.23	1.24	0.26	3.86	3.86	0.70
5.65	1.47	1.93	0.29	0.37	0.20	8.69	6.47	1.34

2-1-4 续表 4

行业	企业单位数(个)	工业总产值(当年价格)	工业销售产值(当年价格)	出口交货值	资产总计	固定资产合计
电气机械和器材制造业	38	18.37	16.59	0.58	32.37	6.88
电机制造	1	0.46	0.46		0.89	0.16
输配电及控制设备制造	20	7.66	6.74		19.73	3.68
电线、电缆、光缆及电工器材制造	11	5.63	5.33		5.46	1.20
电池制造	2	0.28	0.15		1.58	0.44
家用电力器具制造						
非电力家用器具制造	2	2.00	2.00		1.51	0.67
照明器具制造	1	1.99	1.56	0.52	3.05	0.72
其他电气机械及器材制造	1	0.35	0.35	0.06	0.15	0.01
计算机、通信和其他电子设备制造业	22	20.18	17.19	1.52	45.77	10.99
计算机制造						
通信设备制造	1	0.37	0.37		1.16	0.68
广播电视设备制造						
雷达及配套设备制造						
视听设备制造	1	2.60	2.41		2.31	0.15
电子器件制造	5	4.77	3.83		6.19	1.58
电子元件制造	12	10.42	8.55	1.52	11.30	2.07
其他电子设备制造	3	2.03	2.03		24.80	6.52
仪器仪表制造业	12	9.56	9.06		15.92	0.91
通用仪器仪表制造	10	8.72	8.47		15.30	0.86
专用仪器仪表制造	2	0.84	0.59		0.63	0.05
钟表与计时仪器制造						
光学仪器及眼镜制造						
其他仪器仪表制造业						
其他制造业	5	4.94	4.79		4.60	1.86
日用杂品制造	1	2.10	2.13		2.10	0.76
煤制品制造	2	2.37	2.29		1.43	0.68
核辐射加工						
其他未列明制造业	2	0.47	0.37		1.07	0.41
废弃资源综合利用业	3	0.93	0.93		1.43	0.19
金属废料和碎屑加工处理	3	0.93	0.93		1.43	0.19
非金属废料和碎屑加工处理						
金属制品、机械和设备修理业	**1**	**0.48**	**0.48**		**0.17**	
金属制品修理						
通用设备修理						
专用设备修理						
铁路、船舶、航空航天等运输设备修理	1	0.48	0.48		0.17	
电气设备修理						
仪器仪表修理						
其他机械和设备修理业						
电力、热力、燃气及水生产和供应业	**20**	**14.27**	**14.26**		**68.58**	**29.24**
电力、热力生产和供应业	18	13.22	13.21		63.07	25.98
电力生产	10	7.71	7.69		35.41	16.31
电力供应	1	0.45	0.45		0.17	0.12
热力生产和供应	7	5.07	5.07		27.49	9.55
燃气生产和供应业	2	1.05	1.05		5.50	3.26
水的生产和供应业						
自来水生产和供应						
污水处理及其再生利用						
其他水的处理、利用与分配						

单位：亿元

固定资产原价	累计折旧	流动资产合计	应收账款	存货	产成品	负债合计	流动负债合计	应付账款
7.95	2.27	18.21	7.94	4.94	2.00	17.27	14.79	4.83
0.25	0.08	0.55	0.20	0.25		0.20	0.19	0.12
4.14	1.23	9.96	4.45	2.19	0.49	12.67	11.07	3.22
1.61	0.42	4.06	1.80	1.16	0.88	2.32	2.11	0.78
0.35	0.07	1.14	0.13	0.57	0.31	0.58	0.29	0.01
0.52	0.13	0.81	0.51	0.17	0.05	0.58	0.38	0.27
0.99	0.27	1.55	0.73	0.60	0.26	0.83	0.65	0.38
0.09	0.08	0.14	0.12			0.10	0.10	0.05
17.12	9.96	22.23	5.36	5.58	1.67	18.77	15.98	4.51
0.19	0.04	0.40	0.28	0.01		0.82	0.35	0.09
0.23	0.08	2.15	1.36	0.24	0.19	0.82	0.82	0.27
4.05	2.65	2.52	0.42	0.73	0.51	3.36	3.26	0.62
8.40	6.47	7.51	2.32	3.30	0.57	3.97	3.85	2.11
4.24	0.72	9.66	0.98	1.30	0.39	9.80	7.70	1.42
1.44	0.53	13.48	6.35	2.12	0.43	6.74	5.63	1.36
1.37	0.50	12.90	5.96	2.06	0.43	6.36	5.25	1.10
0.07	0.02	0.58	0.40	0.06		0.38	0.38	0.27
3.02	1.55	2.15	0.47	0.54	0.36	2.46	2.19	0.40
0.82	0.06	0.97	0.10	0.33	0.22	0.84	0.84	0.01
2.10	1.46	0.75	0.15	0.17	0.14	0.75	0.71	0.09
0.09	0.04	0.44	0.23	0.04		0.87	0.63	0.30
0.27	0.09	0.95	0.20	0.12		1.37	1.16	0.08
0.27	0.09	0.95	0.20	0.12		1.37	1.16	0.08
0.01	**0.01**	**0.17**	**0.06**			**0.09**	**0.09**	**0.01**
0.01	0.01	0.17	0.06			0.09	0.09	0.01
35.18	**6.70**	**28.42**	**1.60**	**1.21**	**0.01**	**57.51**	**37.18**	**8.56**
31.50	6.16	27.62	1.50	1.19		53.75	34.37	8.31
19.30	3.18	12.48	1.11	0.69		27.64	14.95	6.62
0	0.13	0.05	0			0	0.02	
12	2.85	15.09	0	0.50		26	19.40	1.70
4	0.54	0.80	0	0.02	0.01	4	2.81	0.25

2-1-4 续表 5

行　业	所有者权益合计	实收资本	国家资本	集体资本	法人资本	个人资本
总　计	**1472.84**	**1159.59**	**7.90**	**18.02**	**367.41**	**754.28**
采矿业	**473.98**	**231.10**	**2.29**	**8.24**	**104.16**	**107.01**
煤炭开采和洗选业	374.68	180.49	2.29	4.40	84.42	79.98
烟煤和无烟煤开采洗选	374.68	180.49	2.29	4.40	84.42	79.98
褐煤开采洗选						
其他煤炭采选						
石油和天然气开采业						
石油开采						
天然气开采						
黑色金属矿采选业	94.63	47.25		3.63	17.28	26.34
铁矿采选	93.91	46.82		3.63	17.26	25.93
锰矿、铬矿采选	0.72	0.43			0.02	0.41
其他黑色金属矿采选						
有色金属矿采选业	4.24	2.74		0.20	2.46	0.08
常用有色金属矿采选	1.58	0.87			0.87	
贵金属矿采选	2.66	1.87		0.20	1.59	0.08
稀有稀土金属矿采选						
非金属矿采选业	0.43	0.62				0.62
土砂石开采	0.43	0.62				0.62
化学矿开采						
采盐						
石棉及其他非金属矿采选						
开采辅助活动						
煤炭开采和洗选辅助活动						
石油和天然气开采辅助活动						
其他开采辅助活动						
其他采矿业						
制造业	**987.80**	**919.99**	**5.40**	**9.79**	**258.65**	**644.37**
农副食品加工业	83.29	23.58	0.01	0.37	9.07	14.13
谷物磨制	5.56	2.48	0.01		0.63	1.84
饲料加工	7.05	3.08			0.90	2.18
植物油加工	20.64	3.67			2.16	1.51
制糖业						
屠宰及肉类加工	32.62	8.86		0.37	4.23	4.27
水产品加工						
蔬菜、水果和坚果加工	9.91	3.33			0.53	2.80
其他农副食品加工	7.51	2.17			0.63	1.54
食品制造业	34.78	13.09	0.27	0.11	7.65	5.00
焙烤食品制造	4.65	1.82			1.51	0.31
糖果、巧克力及蜜饯制造	4.33	1.54	0.01	0.01	1.44	0.08
方便食品制造	1.56	0.63	0.20		0.38	0.05
乳制品制造	8.06	4.34	0.02		3.84	0.49
罐头食品制造	2.98	1.05				1.05
调味品、发酵制品制造	7.00	2.16	0.05	0.10	0.17	1.78
其他食品制造	6.20	1.55			0.31	1.23
酒、饮料和精制茶制造业	22.51	6.93	0.24	0.73	2.57	3.23
酒的制造	7.79	2.83			0.92	1.75
饮料制造	9.22	3.31	0.24	0.73	1.37	0.96
精制茶加工	5.50	0.79			0.28	0.51

单位：亿元

		主营业务收入	主营业务成本	主营业务税金及附加	销售费用	管理费用		财务费用
港澳台资本	外商资本						税金	
1.30	**0.34**	**5122.23**	**4587.45**	**23.93**	**109.51**	**149.88**	**9.42**	**127.47**
0.10	**0.20**	**1809.81**	**1559.91**	**14.83**	**41.59**	**61.90**	**5.03**	**42.45**
0.10	0.20	1540.66	1346.26	10.31	39.46	48.37	3.92	36.06
0.10	0.20	1540.66	1346.26	10.31	39.46	48.37	3.92	36.06
		256.80	203.97	4.46	1.49	12.44	0.78	6.34
		255.20	202.59	4.45	1.49	12.38	0.78	6.19
		1.60	1.38	0.01		0.06		0.14
		10.18	7.78	0.06	0.52	1.03	0.32	0.02
		4.66	3.28	0.03	0.50	0.60	0.30	0.05
		5.52	4.50	0.03	0.02	0.43	0.02	-0.03
		2.17	1.91	0.01	0.11	0.06	0.01	0.04
		2.17	1.91	0.01	0.11	0.06	0.01	0.04
1.20	**0.14**	**3296.92**	**3014.61**	**9.02**	**67.69**	**86.54**	**4.35**	**83.55**
		192.18	170.36	0.16	2.57	3.26	0.08	2.73
		8.62	7.32	0.02	0.28	0.28	0.01	0.21
		23.27	21.62		0.55	0.40	0.01	0.26
		47.98	41.23	0.01	0.17	0.49	0.01	0.66
		70.69	63.84	0.06	0.82	1.25	0.03	0.89
		20.34	17.69	0.04	0.35	0.40	0.01	0.34
		21.27	18.67	0.03	0.39	0.45	0.01	0.36
		81.95	68.16	0.24	3.91	2.43	0.11	1.30
		13.45	11.03	0.06	0.61	0.46	0.03	0.07
		5.60	4.31	0.05	0.44	0.19	0.02	0.29
		2.81	2.30	0.01	0.06	0.16	0.01	0.05
		26.20	22.96	0.05	0.87	0.66	0.04	0.19
		8.28	7.28	0.03	0.28	0.29		0.20
		11.26	8.45	0.03	0.92	0.45	0.01	0.30
		14.35	11.83	0.01	0.74	0.22	0.01	0.19
		22.41	16.80	0.85	0.96	1.23	0.32	0.44
		7.38	4.25	0.83	0.50	0.85	0.31	0.26
		13.75	11.82	0.02	0.37	0.29	0.01	0.16
		1.28	0.73		0.08	0.09		0.02

2-1-4 续表 6

行业	所有者权益合计	实收资本	国家资本	集体资本	法人资本	个人资本
烟草制品业						
烟叶复烤						
卷烟制造						
其他烟草制品制造						
纺织业	5.26	6.16			0.65	5.51
棉纺织及印染精加工	3.21	5.81			0.58	5.24
毛纺织及染整精加工	0.16	0.02				0.02
麻纺织及染整精加工						
丝绢纺织及印染精加工						
化纤织造及印染精加工	0.21	0.05			0.05	
针织或钩针编织物及其制品制造	0.23	0.02				0.02
家用纺织制成品制造	1.01	0.11			0.03	0.08
非家用纺织制成品制造	0.44	0.15				0.15
纺织服装、服饰业	4.30	1.25				1.25
机织服装制造	4.30	1.25				1.25
针织或钩针编织服装制造						
服饰制造						
皮革、毛皮、羽毛及其制品和制鞋业	1.26	0.36				0.36
皮革鞣制加工	1.26	0.36				0.36
皮革制品制造						
毛皮鞣制及制品加工						
羽毛(绒)加工及制品制造						
制鞋业						
木材加工和木、竹、藤、棕、草制品业	19.46	3.72			3.16	0.56
木材加工	0.47	0.15			0.15	
人造板制造	7.59	2.71			2.51	0.20
木制品制造	10.80	0.56			0.50	0.06
竹、藤、棕、草等制品制造	0.60	0.30				0.30
家具制造业	2.97	2.37			0.31	2.07
木质家具制造	2.97	2.37			0.31	2.07
竹、藤家具制造						
金属家具制造						
塑料家具制造						
其他家具制造						
造纸和纸制品业	6.24	4.69			1.46	3.23
纸浆制造						
造纸	3.30	2.16			0.71	1.45
纸制品制造	2.94	2.53			0.75	1.78
印刷和记录媒介复制业	3.87	1.25		0.03	0.43	0.79
印刷	3.87	1.25		0.03	0.43	0.79
装订及印刷相关服务						
记录媒介复制						
文教、工美、体育和娱乐用品制造业	2.10	0.94			0.54	0.40
文教办公用品制造						
乐器制造						
工艺美术品制造	1.75	0.64			0.54	0.10
体育用品制造	0.35	0.30				0.30
玩具制造						
游艺器材及娱乐用品制造						

单位：亿元

港澳台资本	外商资本	主营业务收入	主营业务成本	主营业务税金及附加	销售费用	管理费用	税金	财务费用
		29.20	26.57	0.04	0.45	0.64	0.03	0.89
		20.55	18.51	0.03	0.33	0.49	0.03	0.87
		6.54	6.46		0.02	0.04		
		0.20	0.09		0.05	0.06		
		0.34	0.29					
		0.94	0.72	0.01	0.02	0.03		0.02
		0.63	0.50		0.03	0.03		
		7.71	6.38	0.01	0.06	0.15	0.01	0.19
		7.71	6.38	0.01	0.06	0.15	0.01	0.19
		6.97	6.76	0.06	0.02	0.03		0.01
		6.97	6.76	0.06	0.02	0.03		0.01
		15.98	14.34	0.02	0.17	0.51	0.02	1.05
		0.60	0.55	0.01		0.02		0.02
		4.64	4.09	0.02	0.12	0.38	0.01	0.83
		10.21	9.28		0.04	0.08	0.01	0.20
		0.54	0.43		0.01	0.03		
		3.00	2.46	0.01	0.21	0.13	0.01	0.13
		3.00	2.46	0.01	0.21	0.13	0.01	0.13
		17.47	15.55	0.04	0.24	0.38	0.06	0.47
		5.09	4.84	0.01	0.08	0.08	0.01	0.12
		12.38	10.71	0.03	0.16	0.30	0.04	0.36
		6.59	5.54	0.01	0.14	0.38	0.02	0.20
		6.59	5.54	0.01	0.14	0.38	0.02	0.20
		4.49	3.93	0.02	0.30	0.29	0.03	0.03
		1.94	1.54	0.01	0.23	0.20		0.02
		2.55	2.39		0.07	0.10	0.03	0.02

2-1-4 续表 7

行业	所有者权益合计	实收资本	国家资本	集体资本	法人资本	个人资本
石油加工、炼焦和核燃料加工业	128.87	439.11	0.12	0.84	67.31	370.84
精炼石油产品制造	2.57	0.71			0.05	0.66
炼焦	126.29	438.40	0.12	0.84	67.26	370.18
核燃料加工						
化学原料和化学制品制造业	51.03	34.46	2.90	0.02	7.88	23.66
基础化学原料制造	21.31	18.26		0.02	2.00	16.24
肥料制造	2.84	4.43	2.90		1.10	0.43
农药制造	1.03	0.43				0.43
涂料、油墨、颜料及类似产品制造	2.56	1.67			0.12	1.55
合成材料制造	0.81	0.52			0.50	0.02
专用化学产品制造	21.26	8.06			3.06	4.99
炸药、火工及焰火产品制造	1.23	1.10			1.10	
日用化学产品制造						
医药制造业	16.87	12.51			8.19	4.32
化学药品原料药制造	1.49	1.22			0.81	0.42
化学药品制剂制造	11.10	7.52			5.99	1.53
中药饮片加工	0.22	0.14			0.14	
中成药生产	3.11	2.69			0.85	1.84
兽用药品制造	0.57	0.54			0.36	0.18
生物药品制造	0.07	0.03			0.01	0.02
卫生材料及医药用品制造	0.31	0.37			0.03	0.34
化学纤维制造业						
纤维素纤维原料及纤维制造						
合成纤维制造						
橡胶和塑料制品业	14.16	6.37		0.10	1.11	5.16
橡胶制品业	5.58	2.21			0.17	2.04
塑料制品业	8.57	4.16		0.10	0.93	3.12
非金属矿物制品业	97.67	68.89		2.55	32.94	33.36
水泥、石灰和石膏制造	37.83	30.11		0.64	13.50	15.97
石膏、水泥制品及类似制品制造	9.42	8.71		1.54	3.98	3.19
砖瓦、石材等建筑材料制造	12.19	6.31		0.22	3.21	2.88
玻璃制造						
玻璃制品制造	5.71	2.77			0.24	2.53
玻璃纤维和玻璃纤维增强塑料制品制造	0.20	0.05				0.05
陶瓷制品制造	4.36	3.10		0.15	0.72	2.19
耐火材料制品制造	10.34	8.49		0.01	4.98	3.51
石墨及其他非金属矿物制品制造	17.63	9.35			6.30	3.05
黑色金属冶炼和压延加工业	323.92	179.91		0.87	61.91	117.09
炼铁	39.10	38.86			6.75	32.11
炼钢	26.80	37.68		0.21	20.06	17.42
黑色金属铸造	22.19	17.51		0.40	10.23	6.84
钢压延加工	211.48	67.25			13.86	53.39
铁合金冶炼	24.35	18.61		0.26	11.02	7.33
有色金属冶炼和压延加工业	20.83	19.00	0.01	1.75	9.67	7.57
常用有色金属冶炼	7.10	9.79		1.50	4.41	3.89
贵金属冶炼						
稀有稀土金属冶炼	2.99	0.57		0.25	0.06	0.26
有色金属合金制造	4.19	2.94	0.01		2.57	0.36
有色金属铸造						
有色金属压延加工	6.54	5.69			2.63	3.06

单位：亿元

港澳台资本	外商资本	主营业务收入	主营业务成本	主营业务税金及附加	销售费用	管理费用	税金	财务费用
		617.17	575.16	2.34	21.70	20.03	1.11	32.09
		19.26	15.47	0.48	0.56	0.74	0.02	0.10
		597.91	559.68	1.86	21.14	19.29	1.09	31.99
		142.96	127.61	0.42	3.97	5.18	0.26	5.06
		70.18	63.57	0.26	1.74	2.17	0.12	2.50
		10.69	10.64	0.01	0.16	0.59	0.02	0.29
		0.22	0.15		0.05	0.03		0.01
		8.91	7.81	0.03	0.38	0.34	0.01	0.26
		0.64	0.57		0.02	0.02		0.01
		46.84	40.71	0.06	1.40	1.20	0.05	1.85
		5.47	4.17	0.07	0.22	0.81	0.06	0.14
		29.68	23.22	0.17	1.73	2.14	0.06	0.48
		4.26	3.68	0.02	0.02	0.16	0.01	0.10
		12.18	8.81	0.08	0.99	1.04	0.02	0.10
		3.53	3.05	0.02		0.03		0.03
		6.39	4.94	0.04	0.53	0.71	0.03	0.13
		1.96	1.61	0.01	0.12	0.07		0.07
		0.89	0.76	0.01	0.04	0.03		0.01
		0.47	0.36		0.03	0.09		0.04
		30.27	25.94	0.06	1.09	1.04	0.03	0.62
		7.07	6.04	0.02	0.22	0.39	0.01	0.08
		23.20	19.90	0.04	0.87	0.65	0.02	0.54
	0.04	210.04	180.42	1.07	7.12	9.35	0.40	5.74
		61.36	54.56	0.30	1.35	2.67	0.18	2.47
		28.08	24.87	0.17	0.64	1.68	0.03	0.57
		21.38	17.85	0.09	1.04	1.08	0.05	0.41
		20.06	17.52	0.04	0.32	0.56	0.04	0.34
		0.59	0.48		0.02	0.02		0.01
	0.04	16.07	13.21	0.11	0.39	0.60	0.03	0.17
		27.60	22.86	0.19	1.06	1.13	0.04	0.86
		34.90	29.07	0.17	2.30	1.61	0.03	0.90
		1410.87	1336.95	2.04	11.89	18.82	1.22	22.67
		242.55	230.99	0.51	0.96	2.92	0.18	2.41
		273.88	262.73	0.21	2.03	3.32	0.10	5.07
		53.56	47.69	0.18	1.85	1.72	0.11	1.77
		731.67	696.25	0.97	5.43	7.84	0.69	11.27
		109.21	99.28	0.18	1.62	3.01	0.14	2.15
		166.89	154.64	0.64	2.49	3.23	0.14	3.92
		108.86	101.89	0.60	1.91	2.26	0.08	2.98
		3.08	2.60		0.05	0.13		0.08
		9.57	9.16	0.02	0.17	0.40	0.02	0.08
		45.38	40.99	0.02	0.37	0.44	0.04	0.79

2-1-4 续表 8

行业	所有者权益合计					
		实收资本				
			国家资本	集体资本	法人资本	个人资本
金属制品业	21.83	13.09	0.04	0.35	2.88	9.73
结构性金属制品制造	5.14	3.34	0.04	0.20	1.27	1.83
金属工具制造	0.15	0.05				0.05
集装箱及金属包装容器制造	-0.17	0.33			0.15	0.18
金属丝绳及其制品制造	0.86	1.46				1.46
建筑、安全用金属制品制造	3.27	1.37			0.26	1.11
金属表面处理及热处理加工	0.08	0.02			0.01	0.01
搪瓷制品制造	0.06	0.05				0.05
金属制日用品制造	0.19	0.05				0.05
其他金属制品制造	12.24	6.41		0.15	1.19	4.98
通用设备制造业	36.53	14.83	0.03	0.24	6.28	8.28
锅炉及原动设备制造	13.01	1.43			1.10	0.33
金属加工机械制造	5.29	2.11		0.20	0.60	1.31
物料搬运设备制造	1.50	1.35			0.33	1.03
泵、阀门、压缩机及类似机械制造	4.62	2.68			1.14	1.54
轴承、齿轮和传动部件制造	1.09	0.86				0.86
烘炉、风机、衡器、包装等设备制造	7.52	4.94	0.03	0.04	2.33	2.55
文化、办公用机械制造						
通用零部件制造	2.72	0.96			0.49	0.47
其他通用设备制造业	0.78	0.50			0.30	0.20
专用设备制造业	27.24	19.67	0.20	0.20	7.75	11.42
采矿、冶金、建筑专用设备制造	14.60	12.70	0.20	0.20	4.70	7.49
化工、木材、非金属加工专用设备制造	2.82	1.20				1.20
食品、饮料、烟草及饲料生产专用设备制造	1.63	0.15			0.15	
印刷、制药、日化及日用品生产专用设备制造						
纺织、服装和皮革加工专用设备制造	1.24	1.45			0.98	0.47
电子和电工机械专用设备制造	2.68	1.84			0.86	0.98
农、林、牧、渔专用机械制造	1.03	0.40			0.30	0.10
医疗仪器设备及器械制造						
环保、社会公共服务及其他专用设备制造	3.24	1.93			0.76	1.17
汽车制造业	7.12	4.23			2.31	1.84
汽车整车制造	0.32	1.00			1.00	
改装汽车制造						
低速载货汽车制造						
电车制造						
汽车车身、挂车制造	1.05	1.26			0.43	0.83
汽车零部件及配件制造	5.75	1.97			0.88	1.01
铁路、船舶、航空航天和其他运输设备制造业	2.04	4.97	0.08	0.05	2.85	1.98
铁路运输设备制造	3.31	2.12	0.08	0.05		1.98
城市轨道交通设备制造						
船舶及相关装置制造						
航空、航天器及设备制造						
摩托车制造						
自行车制造						
非公路休闲车及零配件制造						
潜水救捞及其他未列明运输设备制造	-1.27	2.85			2.85	

单位：亿元

港澳台资本	外商资本	主营业务收入	主营业务成本	主营业务税金及附加	销售费用	管理费用	税金	财务费用
	0.10	57.81	52.41	0.14	1.49	2.14	0.06	1.25
		7.66	6.65	0.02	0.22	0.30	0.01	0.35
		0.49	0.38	0.01		0.05		
		1.09	1.07	0.01	0.02	0.09		0.05
		0.78	0.94		0.05	0.09		0.03
		15.25	13.69	0.06	0.17	0.43	0.02	0.12
		1.11	0.98		0.01	0.03		0.02
		0.49	0.48			0.01		
		0.91	0.87		0.01	0.02		0.01
	0.10	30.03	27.33	0.05	1.01	1.12	0.02	0.66
		110.02	90.09	0.14	2.93	5.16	0.09	1.29
		42.64	31.35	0.03	1.90	2.20	0.01	0.14
		7.77	6.62	0.02	0.08	0.27	0.02	0.16
		3.36	2.99	0.01	0.06	0.20	0.01	0.11
		31.32	28.49	0.02	0.25	0.66	0.01	0.38
		1.97	1.77		0.09	0.12		0.07
		14.40	11.29	0.04	0.37	1.14	0.02	0.38
		6.66	6.08	0.02	0.11	0.41	0.01	0.05
		1.91	1.50		0.07	0.16	0.01	0.01
		60.53	52.46	0.18	1.58	3.56	0.12	1.07
		38.03	33.92	0.11	0.96	2.07	0.04	0.42
		6.42	5.49	0.01		0.05	0.01	0.20
		0.31	0.26		0.01	0.02		
		6.08	5.26	0.01	0.20	0.51	0.04	0.13
		1.87	1.15	0.01	0.11	0.39	0.01	0.04
		3.23	2.82		0.15	0.11	0.01	0.17
		4.59	3.55	0.04	0.15	0.42	0.02	0.12
		13.02	10.72	0.04	0.44	0.52	0.02	0.52
		0.20	0.20		0.04	0.09		0.01
		3.52	2.87	0.01	0.05	0.10		0.13
		9.31	7.65	0.03	0.35	0.34	0.02	0.38
		6.43	5.00	0.03	0.21	0.76	0.04	0.14
		5.27	3.98	0.03	0.11	0.51	0.04	0.13
		1.16	1.02		0.09	0.25		

2-1-4 续表 9

行业	所有者权益合计	实收资本	国家资本	集体资本	法人资本	个人资本
电气机械和器材制造业	14.93	12.25		0.31	4.21	7.73
电机制造	0.69	0.08			0.08	
输配电及控制设备制造	6.99	7.82			3.28	4.55
电线、电缆、光缆及电工器材制造	3.05	2.77		0.21	0.75	1.80
电池制造	0.99	0.20		0.10	0.10	
家用电力器具制造						
非电力家用器具制造	0.92	0.74				0.74
照明器具制造	2.22	0.59				0.59
其他电气机械及器材制造	0.06	0.05				0.05
计算机、通信和其他电子设备制造业	27.00	21.90	1.50	1.15	14.88	3.17
计算机制造						
通信设备制造	0.34	0.20				0.20
广播电视设备制造						
雷达及配套设备制造						
视听设备制造	1.49	0.50				0.50
电子器件制造	2.83	2.06			1.30	0.76
电子元件制造	7.34	1.64		0.47	0.06	1.12
其他电子设备制造	15.00	17.50	1.50	0.69	13.52	0.59
仪器仪表制造业	9.19	3.53			2.27	1.26
通用仪器仪表制造	8.94	3.43			2.22	1.21
专用仪器仪表制造	0.25	0.10			0.05	0.05
钟表与计时仪器制造						
光学仪器及眼镜制造						
其他仪器仪表制造业						
其他制造业	2.14	0.50			0.39	0.11
日用杂品制造	1.26	0.10			0.09	0.01
煤制品制造	0.68	0.20			0.20	
核辐射加工						
其他未列明制造业	0.20	0.20			0.10	0.10
废弃资源综合利用业	0.31	0.43		0.10		0.33
金属废料和碎屑加工处理	0.31	0.43		0.10		0.33
非金属废料和碎屑加工处理						
金属制品、机械和设备修理业	0.08	0.01				0.01
金属制品修理						
通用设备修理						
专用设备修理						
铁路、船舶、航空航天等运输设备修理	0.08	0.01				0.01
电气设备修理						
仪器仪表修理						
其他机械和设备修理业						
电力、热力、燃气及水生产和供应业	11.06	8.50	0.20		4.59	2.90
电力、热力生产和供应业	9.32	7.24	0.20		3.69	2.54
电力生产	7.77	4.84	0.01		3.09	0.93
电力供应	0	0.03				0.03
热力生产和供应	1	2.37	0.19		0.60	1.58
燃气生产和供应业	2	1.26			0.90	0.36
水的生产和供应业						
自来水生产和供应						
污水处理及其再生利用						
其他水的处理、利用与分配						

单位：亿元

港澳台资本	外商资本	主营业务收　入	主营业务成　本	主营业务税金及附加	销售费用	管理费用	税金	财务费用
		16.53	14.28	0.06	0.70	1.41	0.03	0.75
		0.64	0.61		0.01	0.07		
		6.99	6.46	0.02	0.31	0.77	0.01	0.57
		4.73	4.28	0.01	0.11	0.17		0.16
		0.21	0.15		0.01	0.01		0.01
		1.99	1.70	0.01	0.03	0.02		
		1.62	0.77	0.02	0.22	0.31	0.01	0.01
		0.34	0.31			0.06		
1.20		18.93	15.68	0.07	0.44	2.21	0.03	0.36
		0.99	0.76		0.03	0.07		0.04
		2.60	2.00	0.01	0.09	0.09		0.06
		3.88	3.15	0.01	0.12	0.39		0.12
		9.17	8.22	0.02	0.13	0.43	0.01	0.09
1.20		2.29	1.54	0.02	0.06	1.22	0.01	0.05
		10.98	7.46	0.11	0.60	1.23	0.01	0.05
		10.45	7.05	0.11	0.56	1.21	0.01	0.04
		0.53	0.41		0.04	0.03		0.01
		5.44	4.46	0.01	0.24	0.23	0.02	0.09
		2.64	2.13		0.10	0.11		0.06
		2.32	1.94		0.11	0.06		0.03
		0.47	0.39		0.03	0.06	0.01	
		0.93	0.84	0.01	0.04	0.08		0.03
		0.93	0.84	0.01	0.04	0.08		0.03
		0.48	0.43	0.01		0.02		
		0.48	0.43	0.01		0.02		
		15.51	12.92	0.08	0.23	1.44	0.04	1.47
		12.76	10.59	0.08	0.20	1.18	0.04	1.36
		7.21	4.98	0.01	0.03	0.40	0.03	0.79
		0.45	0			0		
		5.10	5	0.06	0.17	1	0.01	0.58
		2.75	2		0.04	0		0.11

2-1-4 续表 10

行　业			投资收益(损失以"-"号记)	营业利润	利润总额
	利息收入	利息支出			
总　计	**3.52**	**111.23**	**-1.52**	**146.32**	**124.58**
采矿业	**2.06**	**36.92**	**-6.61**	**95.26**	**67.80**
煤炭开采和洗选业	1.87	30.73	0.60	72.42	47.10
烟煤和无烟煤开采洗选	1.87	30.73	0.60	72.42	47.10
褐煤开采洗选					
其他煤炭采选					
石油和天然气开采业					
石油开采					
天然气开采					
黑色金属矿采选业	0.16	6.11	-7.21	22.01	20.23
铁矿采选	0.16	5.97	-7.21	22.01	20.23
锰矿、铬矿采选		0.14			
其他黑色金属矿采选					
有色金属矿采选业	0.04	0.05		0.82	0.46
常用有色金属矿采选	0.01	0.05		0.22	-0.01
贵金属矿采选	0.03			0.60	0.47
稀有稀土金属矿采选					
非金属矿采选业		0.03		0.01	0.01
土砂石开采		0.03		0.01	0.01
化学矿开采					
采盐					
石棉及其他非金属矿采选					
开采辅助活动					
煤炭开采和洗选辅助活动					
石油和天然气开采辅助活动					
其他开采辅助活动					
其他采矿业					
制造业	**1.45**	**72.93**	**5.08**	**51.51**	**56.13**
农副食品加工业	0.04	2.61	0.03	13.34	14.05
谷物磨制		0.20		0.50	0.56
饲料加工	-0.02	0.25		0.71	0.86
植物油加工	0.02	0.67		5.39	5.60
制糖业					
屠宰及肉类加工		0.86		3.98	4.33
水产品加工					
蔬菜、水果和坚果加工		0.33		1.49	1.43
其他农副食品加工	0.04	0.30	0.02	1.25	1.28
食品制造业	0.03	1.15		5.86	6.15
焙烤食品制造		0.07		1.25	1.33
糖果、巧克力及蜜饯制造		0.26		0.31	0.30
方便食品制造		0.04		0.21	0.22
乳制品制造		0.19		1.43	1.48
罐头食品制造		0.20		0.21	0.27
调味品、发酵制品制造	0.02	0.26		1.10	1.18
其他食品制造		0.13		1.35	1.36
酒、饮料和精制茶制造业		0.31		2.21	2.11
酒的制造		0.20		0.84	0.73
饮料制造		0.09		1.03	1.05
精制茶加工		0.02		0.34	0.34

单位：亿元

亏损企业亏损额	应交增值税	应交所得税	从业人员平均人数(万人)	总资产贡献率(%)	资产负债率(%)	产品销售率(%)	成本费用利润率(%)	流动资本周转率(%)
87.69	**154.05**	**18.82**	**49.43**	**7.06**	**74.53**	**95.70**	**2.48**	**1.68**
21.14	**78.22**	**10.33**	**10.88**	**11.16**	**72.89**	**96.01**	**3.97**	**1.85**
19.89	66.49	7.30	7.94	10.04	75.30	97.23	3.20	1.79
19.89	66.49	7.30	7.94	10.04	75.30	97.23	3.20	1.79
1.15	11.24	2.91	2.71	19.44	55.93	89.34	8.98	2.34
1.13	11.19	2.91	2.69	19.81	55.23	89.55	9.04	2.40
0.01	0.05		0.03	4.15	85.55	64.54	0.15	0.46
0.03	0.45	0.12	0.19	7.43	67.94	92.89	4.86	2.31
0.03	0.32		0.05	3.9	83.75	85.96	-0.24	1.42
	0.13	0.12	0.14	17.14	24.46	99.16	9.37	4.77
0.07	0.03		0.04	2.69	86.11	103.45	0.49	0.90
0.07	0.03		0.04	2.69	86.11	103.45	0.49	0.90
65.45	**75.51**	**8.39**	**38.22**	**5.32**	**75.09**	**95.51**	**1.70**	**1.61**
0.50	1.03	0.19	1.77	11.16	47.27	95.49	7.82	2.47
	0.08		0.14	8.76	43.13	97.90	6.54	1.62
0.04	0.07	0.01	0.15	8.91	46.66	96.10	3.73	3.42
	0.02		0.26	17.37	42.85	95.87	13.14	2.65
0.40	0.60	0.07	0.82	9.49	47.05	92.29	6.48	2.59
	0.20	0.07	0.25	10.7	46.57	99.31	7.61	2.15
0.06	0.07	0.03	0.14	8.23	59.14	100.30	6.42	1.94
0.27	1.78	0.68	1.2	13.69	46.76	95.06	8.09	2.39
	0.53	0.22	0.39	23.3	45.24	99.60	10.80	4.49
0.24	0.13	0.01	0.14	8.87	47.56	79.28	5.65	1.20
	0.05	0.01	0.05	14.04	33.06	96.21	8.50	2.48
	0.47	0.22	0.21	12.74	53.06	98.06	6.00	2.33
0.01	0.20	0.02	0.15	11.43	51.10	86.85	3.39	2.74
	0.35	0.19	0.19	12.82	47.01	95.59	11.69	2.62
0.01	0.06	0.01	0.07	13.59	38.11	99.27	10.50	2.07
0.06	0.41	0.29	0.34	9.04	44.74	73.93	10.83	1.18
0.06	0.20	0.13	0.17	11.19	55.42	62.93	12.39	0.83
	0.19	0.15	0.16	9.14	37.71	76.80	8.23	1.91
	0.01	0.01	0.01	4.4	34.97	98.23	36.99	0.42

2-1-4 续表 11

行　　业	利息收入	利息支出	投资收益（损失以"-"号记）	营业利润	利润总额
烟草制品业					
烟叶复烤					
卷烟制造					
其他烟草制品制造					
纺织业	0.05	0.60	-0.63	0.44	0.41
棉纺织及印染精加工	0.05	0.58	-0.63	0.17	0.14
毛纺织及染整精加工				0.02	0.02
麻纺织及染整精加工					
丝绢纺织及印染精加工					
化纤织造及印染精加工					
针织或钩针编织物及其制品制造				0.04	0.04
家用纺织制成品制造		0.02		0.14	0.14
非家用纺织制成品制造				0.07	0.07
纺织服装、服饰业		0.19		0.92	0.94
机织服装制造		0.19		0.92	0.94
针织或钩针编织服装制造					
服饰制造					
皮革、毛皮、羽毛及其制品和制鞋业		0.01		0.10	0.10
皮革鞣制加工		0.01		0.10	0.10
皮革制品制造					
毛皮鞣制及制品加工					
羽毛(绒)加工及制品制造					
制鞋业					
木材加工和木、竹、藤、棕、草制品业	0.03	0.85		0.28	0.40
木材加工					
人造板制造	0.03	0.69		-0.75	-0.67
木制品制造		0.16		0.96	1.00
竹、藤、棕、草等制品制造				0.07	0.07
家具制造业		0.13		0.05	0.08
木质家具制造		0.13		0.05	0.08
竹、藤家具制造					
金属家具制造					
塑料家具制造					
其他家具制造					
造纸和纸制品业	0.02	0.45		0.78	0.80
纸浆制造					
造纸		0.11		-0.04	-0.04
纸制品制造	0.02	0.34		0.82	0.84
印刷和记录媒介复制业		0.17		0.32	0.33
印刷		0.17		0.32	0.33
装订及印刷相关服务					
记录媒介复制					
文教、工美、体育和娱乐用品制造业		0.02	-0.29	0.51	0.60
文教办公用品制造					
乐器制造					
工艺美术品制造		0.01	0.01	-0.05	0.04
体育用品制造		0.01	-0.30	0.56	0.56
玩具制造					
游艺器材及娱乐用品制造					

单位：亿元

亏损企业亏损额	应交增值税	应交所得税	从业人员平均人数（万人）	总资产贡献率（%）	资产负债率（%）	产品销售率（%）	成本费用利润率（%）	流动资本周转率（%）
0.28	1.02	0.12	0.6	5.22	86.01	94.99	1.38	1.17
0.28	0.24	0.09	0.54	2.73	90.20	93.01	0.64	0.95
	0.72		0.01	36.39	92.26	99.80	0.37	3.44
			0.01	2.22	54.57	124.12	1.72	0.53
			0.01	13.57	22.11	94.89	13.34	1.52
	0.05	0.02	0.02	17.26	17.45	99.82	17.75	3.14
	0.01	0.01	0.01	15.6	6.92	100.07	11.79	7.09
	0.10	0.22	0.14	19.36	32.48	97.36	13.82	2.47
	0.10	0.22	0.14	19.36	32.48	97.36	13.82	2.47
	0.04	0.02	0.03	15.77	3.09	86.02	1.40	8.10
	0.04	0.02	0.03	15.77	3.09	86.02	1.40	8.10
0.92	0.12		0.16	2.64	62.20	86.58	2.45	0.73
	0.01		0.01	1.28	51.13	101.22	0.02	1.34
0.91	0.12		0.1	0.38	75.37	79.56	-12.30	0.40
0.01			0.04	6.14	42.75	89.80	10.45	1.12
			0.01	9.25	23.61	100.46	14.53	1.04
	0.04		0.05	3.45	57.86	72.99	2.75	0.62
	0.04		0.05	3.45	57.86	72.99	2.75	0.62
0.14	0.27	0.05	0.32	7.82	67.83	89.11	4.81	1.95
0.13	0.10	0.01	0.16	2.63	48.71	96.74	-0.85	1.71
0.01	0.17	0.04	0.17	10.35	77.16	86.41	7.32	2.06
0.03	0.05	0.01	0.14	5.95	58.41	92.68	5.05	1.47
0.03	0.05	0.01	0.14	5.95	58.41	92.68	5.05	1.47
	0.15		0.18	9.72	74.26	94.30	13.22	0.81
	0.08		0.15	3.09	63.84	82.07	2.10	0.54
	0.07		0.03	19.33	89.37	100.42	21.75	1.14

2-1-4 续表 12

行　　业	利息收入	利息支出	投资收益（损失以“-”号记）	营业利润	利润总额
石油加工、炼焦和核燃料加工业	0.47	28.48	2.41	-24.32	-24.13
精炼石油产品制造		0.09		1.99	0.30
炼焦	0.47	28.40	2.41	-26.31	-24.44
核燃料加工					
化学原料和化学制品制造业	0.19	4.14	0.01	1.07	2.08
基础化学原料制造	0.11	1.74		0.07	0.10
肥料制造		0.28		-1.00	-0.35
农药制造		0.01		0.01	0.01
涂料、油墨、颜料及类似产品制造	0.04	0.27		0.11	0.14
合成材料制造		0.01		0.02	0.02
专用化学产品制造	0.04	1.69	0.01	1.63	1.94
炸药、火工及焰火产品制造		0.14		0.24	0.20
日用化学产品制造					
医药制造业		0.44		2.02	1.33
化学药品原料药制造		0.09		0.29	0.29
化学药品制剂制造		0.11		1.16	1.11
中药饮片加工		0.03		0.44	0.45
中成药生产		0.11		0.05	-0.68
兽用药品制造		0.05		0.14	0.14
生物药品制造		0.01			
卫生材料及医药用品制造		0.04		-0.06	0.01
化学纤维制造业					
纤维素纤维原料及纤维制造					
合成纤维制造					
橡胶和塑料制品业		0.45	0.02	1.51	1.78
橡胶制品业		0.06		0.33	0.50
塑料制品业		0.39	0.02	1.18	1.28
非金属矿物制品业	0.07	4.71	0.04	6.89	7.94
水泥、石灰和石膏制造	-0.03	2.37	0.01	-0.06	0.39
石膏、水泥制品及类似制品制造		0.52	0.03	0.25	0.55
砖瓦、石材等建筑材料制造		0.28		0.89	0.97
玻璃制造					
玻璃制品制造		0.31		1.33	1.39
玻璃纤维和玻璃纤维增强塑料制品制造		0.01		0.05	0.05
陶瓷制品制造	0.01	0.18	-0.01	1.58	1.60
耐火材料制品制造	0.01	0.29	0.01	1.54	1.60
石墨及其他非金属矿物制品制造	0.06	0.76	-0.01	1.31	1.39
黑色金属冶炼和压延加工业	0.46	20.20	3.38	21.61	22.50
炼铁	0.09	2.17	-0.16	4.05	4.20
炼钢	0.16	4.95	0.41	1.19	1.33
黑色金属铸造		1.63	0.26	0.57	0.77
钢压延加工	0.19	9.67	2.85	12.84	12.96
铁合金冶炼	0.02	1.78	0.02	2.96	3.24
有色金属冶炼和压延加工业	-0.04	3.35	0.03	1.83	0.88
常用有色金属冶炼	-0.06	2.50	0.02	-0.83	-1.85
贵金属冶炼					
稀有稀土金属冶炼		0.06		0.21	0.22
有色金属合金制造		0.08		-0.12	-0.09
有色金属铸造					
有色金属压延加工	0.02	0.72	0.02	2.55	2.61

单位：亿元

亏损企业亏损额	应交增值税	应交所得税	从业人员平均人数(万人)	总资产贡献率(%)	资产负债率(%)	产品销售率(%)	成本费用利润率(%)	流动资本周转率(%)
33.42	15.15	0.14	6.3	1.75	89.59	94.20	-3.63	0.97
	0.19	0.04	0.03	16.76	59.24	99.56	1.79	6.19
33.42	14.96	0.10	6.27	1.67	89.75	94.04	-3.77	0.94
3.46	2.75	0.17	2.18	4.3	75.46	91.97	1.45	1.50
2.43	1.43	0.02	1.02	2.71	82.40	93.55	0.14	1.28
0.49	0.06	0.01	0.2	0.04	83.97	77.08	-2.96	2.49
			0.01	1.53	2.98	539.41	4.61	0.54
0.02	0.20	0.02	0.11	7.23	68.50	96.86	1.63	1.60
			0.02	1.7	60.37	93.09	3.34	1.11
0.53	0.59	0.09	0.71	8.01	59.05	90.71	4.24	1.73
	0.47	0.03	0.11	14.89	79.15	93.08	3.25	1.81
0.98	1.31	0.18	0.8	7.11	61.79	92.61	4.82	1.36
0.01	0.18	0.07	0.09	9.28	73.20	94.39	7.29	1.24
0.17	0.52	0.09	0.33	9.61	41.00	98.09	10.10	1.78
	0.16		0.03	21.36	92.86	97.95	14.56	2.22
0.80	0.33	0.02	0.27	-1.46	73.82	78.56	-10.69	0.84
	0.02		0.06	8.77	77.21	91.53	7.67	1.38
	0.07		0.01	42.94	64.05	94.95	0.24	7.43
	0.03		0.02	5.17	80.04	104.29	2.13	0.53
0.11	0.36	0.53	0.52	9.06	51.59	91.88	6.18	1.69
0.03	0.17	0.07	0.15	8.46	37.37	88.70	7.35	1.24
0.07	0.20	0.45	0.37	9.32	57.80	92.88	5.82	1.89
3.02	7.78	1.24	5.11	7.3	66.39	95.04	3.89	1.44
1.72	2.08	0.18	1.05	4.32	68.29	94.98	0.63	1.29
0.41	0.90	0.08	0.48	5.76	73.59	100.40	1.99	1.16
0.22	0.62	0.08	0.36	6.69	58.15	90.74	4.73	1.29
0.02	0.65	0.29	1.23	19.31	53.84	94.41	7.41	3.43
	0.02		0.01	25.6	41.18	86.06	10.07	2.64
0.19	0.74	0.19	0.93	16.47	71.99	95.28	11.11	2.49
0.08	1.27	0.04	0.45	12.26	61.51	95.48	6.16	1.75
0.37	1.50	0.37	0.6	7.24	65.50	93.82	3.96	1.19
14.65	35.27	2.88	11.32	6.65	72.79	98.31	1.61	2.36
1.16	2.89	0.48	2.28	6.5	71.67	94.21	1.76	2.78
8.32	8.40	0.02	1.74	5.43	90.11	95.70	0.48	2.37
0.66	1.32	0.12	1.5	5.1	70.65	119.70	1.43	1.16
1.67	21.06	2.17	4.64	7.66	63.57	99.53	1.79	2.55
2.84	1.61	0.09	1.16	5.65	80.98	93.83	3.01	1.76
4.00	2.16	0.13	1.81	3.34	90.12	92.04	0.51	1.82
3.12	1.81	0.09	1.41	1.83	95.81	93.04	-1.62	1.56
0.07	0.02		0.07	5.06	48.36	96.19	7.70	0.80
0.27	0.28		0.12	3.56	46.41	70.55	-0.95	3.23
0.54	0.06	0.04	0.21	12.1	76.49	95.54	5.88	3.06

2-1-4 续表 13

行 业			投资收益（损失以“-”号记）	营业利润	利润总额
	利息收入	利息支出			
金属制品业	0.06	1.04		1.21	1.44
结构性金属制品制造	0.04	0.29		0.06	0.10
金属工具制造				0.05	0.05
集装箱及金属包装容器制造		0.05		-0.14	-0.12
金属丝绳及其制品制造		0.03		-0.33	-0.33
建筑、安全用金属制品制造		0.12		1.14	1.14
金属表面处理及热处理加工		0.02		0.07	0.07
搪瓷制品制造				0.01	0.01
金属制日用品制造		0.01		-0.01	-0.01
其他金属制品制造	0.02	0.51		0.38	0.52
通用设备制造业	0.02	1.07		9.66	9.92
锅炉及原动设备制造		0.14		7.02	7.04
金属加工机械制造		0.12		0.54	0.56
物料搬运设备制造		0.10		-0.10	-0.09
泵、阀门、压缩机及类似机械制造	0.01	0.30		1.55	1.61
轴承、齿轮和传动部件制造		0.07		-0.09	-0.02
烘炉、风机、衡器、包装等设备制造	0.01	0.32		0.55	0.61
文化、办公用机械制造					
通用零部件制造		0.02		0.02	0.03
其他通用设备制造业		0.01		0.17	0.17
专用设备制造业	0.03	0.92	0.09	2.38	2.83
采矿、冶金、建筑专用设备制造	0.01	0.30		1.28	1.57
化工、木材、非金属加工专用设备制造		0.20		0.67	0.67
食品、饮料、烟草及饲料生产专用设备制造				0.01	0.01
印刷、制药、日化及日用品生产专用设备制造					
纺织、服装和皮革加工专用设备制造		0.12		-0.02	0.04
电子和电工机械专用设备制造		0.04		0.15	0.16
农、林、牧、渔专用机械制造		0.17			0.06
医疗仪器设备及器械制造					
环保、社会公共服务及其他专用设备制造	0.01	0.09	0.09	0.29	0.33
汽车制造业		0.38		0.81	0.88
汽车整车制造		0.01		-0.13	-0.13
改装汽车制造					
低速载货汽车制造					
电车制造					
汽车车身、挂车制造		0.01		0.35	0.36
汽车零部件及配件制造		0.36		0.59	0.65
铁路、船舶、航空航天和其他运输设备制造业		0.12		0.31	0.32
铁路运输设备制造		0.12		0.52	0.52
城市轨道交通设备制造					
船舶及相关装置制造					
航空、航天器及设备制造					
摩托车制造					
自行车制造					
非公路休闲车及零配件制造					
潜水救捞及其他未列明运输设备制造				-0.21	-0.20

单位：亿元

亏损企业亏损额	应交增值税	应交所得税	从业人员平均人数(万人)	总资产贡献率(%)	资产负债率(%)	产品销售率(%)	成本费用利润率(%)	流动资本周转率(%)
0.53	1.04	0.34	1.4	5.64	65.66	89.38	2.48	1.36
0.04	0.07	0.01	0.18	2.65	69.26	85.50	1.36	0.58
	0.02	0.01	0.01	9.96	77.41	148.00	10.49	0.96
0.12	0.01		0.03	-2.22	108.35	84.00	-9.39	1.11
0.33			0.04	-7.77	77.40	90.90	-28.65	0.78
	0.41	0.24	0.5	22.86	55.94	99.74	7.94	2.91
0.01	0.01		0.02	13.75	88.95	100.00	6.48	1.70
			0.01	12.65	8.18	95.24	1.44	13.25
0.01			0.02	0.99	73.30	89.47	-1.17	1.58
0.02	0.51	0.08	0.58	4.99	61.11	86.07	1.70	1.47
0.49	1.37	0.43	1.24	14.36	57.87	96.79	9.93	2.09
	0.58	0.26	0.29	46.72	21.42	100.14	19.78	7.49
0.01	0.26	0.06	0.14	9.62	46.29	89.39	7.71	1.33
0.17	0.04		0.11	0.94	75.16	97.01	-2.77	1.05
	0.18	0.03	0.26	10.22	77.75	98.48	5.41	1.80
0.03	0.04		0.05	2.43	70.17	96.26	-0.91	0.92
0.18	0.14	0.05	0.22	5.12	64.70	90.65	4.65	1.23
0.09	0.10	0.01	0.15	2.45	61.95	94.69	0.50	1.25
0.01	0.03	0.02	0.02	13.95	47.84	91.13	9.90	1.60
0.29	1.15	0.20	1.09	6.36	65.36	95.18	4.79	1.06
0.23	0.81	0.13	0.66	5.64	69.86	94.42	4.18	1.01
	0.02		0.03	19.71	38.44	99.90	11.73	1.74
	0.01		0.01	0.87	7.40	59.15	1.83	0.22
0.02	0.08		0.13	3.74	80.62	91.71	0.58	1.58
	0.05	0.01	0.05	6.07	35.59	99.75	9.24	0.84
	0.03		0.07	8.92	65.15	109.71	1.83	1.81
0.04	0.15	0.05	0.14	5.9	68.03	96.36	7.65	0.74
0.16	0.33	0.12	0.37	8.22	64.06	99.26	7.22	1.22
0.13			0.01	-21.03	44.98	100.00	-37.02	0.58
0.02	0.17		0.07	16.38	68.18	103.54	11.38	2.08
0.01	0.16	0.12	0.29	7.59	63.89	97.69	7.50	1.08
0.20	0.23	0.01	0.17	4.77	86.01	95.17	4.96	0.94
	0.19	0.01	0.14	11.93	53.84	94.17	10.36	1.07
0.20	0.04		0.04	-2.14	117.10	100.00	-14.96	0.60

2-1-4 续表 14

行　业			投资收益（损失以“–”号记）	营业利润	利润总额
	利息收入	利息支出			
电气机械和器材制造业		0.70		-0.45	-0.33
电机制造				-0.05	-0.05
输配电及控制设备制造		0.54		-0.99	-0.93
电线、电缆、光缆及电工器材制造		0.14		0.03	0.04
电池制造				0.01	0.01
家用电力器具制造					
非电力家用器具制造				0.24	0.24
照明器具制造		0.01		0.29	0.34
其他电气机械及器材制造				0.02	0.02
计算机、通信和其他电子设备制造业		0.30		0.37	0.57
计算机制造					
通信设备制造		0.04		0.09	0.09
广播电视设备制造					
雷达及配套设备制造					
视听设备制造		0.06		0.34	0.48
电子器件制造		0.10		0.24	0.16
电子元件制造	-0.01	0.08		0.31	0.37
其他电子设备制造		0.02		-0.61	-0.53
仪器仪表制造业		0.04		1.45	1.58
通用仪器仪表制造		0.04		1.41	1.53
专用仪器仪表制造		0.01		0.04	0.04
钟表与计时仪器制造					
光学仪器及眼镜制造					
其他仪器仪表制造业					
其他制造业		0.08		0.41	0.41
日用杂品制造		0.06		0.24	0.24
煤制品制造		0.02		0.17	0.17
核辐射加工					
其他未列明制造业					
废弃资源综合利用业		0.03		-0.06	0.17
金属废料和碎屑加工处理		0.03		-0.06	0.17
非金属废料和碎屑加工处理					
金属制品、机械和设备修理业				0.02	0.02
金属制品修理					
通用设备修理					
专用设备修理					
铁路、船舶、航空航天等运输设备修理				0.02	0.02
电气设备修理					
仪器仪表修理					
其他机械和设备修理业					
电力、热力、燃气及水生产和供应业	**0.01**	**1.38**		**-0.46**	**0.65**
电力、热力生产和供应业		1.27		-0.69	0.42
电力生产		0.69		0.82	1.20
电力供应					
热力生产和供应		0.58		-2	-0.79
燃气生产和供应业		0.11		0	0.23
水的生产和供应业					
自来水生产和供应					
污水处理及其再生利用					
其他水的处理、利用与分配					

单位：亿元

亏损企业亏损额	应交增值税	应交所得税	从业人员平均人数（万人）	总资产贡献率（%）	资产负债率（%）	产品销售率（%）	成本费用利润率（%）	流动资本周转率（%）
1.09	0.25	0.12	0.34	2.1	53.36	90.31	-1.86	0.94
0.05	0.01		0.01	-4.72	22.12	100.00	-7.36	1.16
1.03	0.09	0.01	0.19	-1.38	64.22	88.02	-10.96	0.74
0.01	0.05		0.07	4.28	42.51	94.63	0.74	1.20
			0.01	0.67	37.05	52.99	4.83	0.18
	0.07	0.06	0.01	21.58	38.11	100.00	13.75	2.45
	0.02	0.05	0.05	12.99	27.15	78.53	26.28	1.05
				16.54	63.07	100.00	5.43	2.39
0.83	0.55	0.10	0.32	3.24	41.01	85.18	3.02	0.87
	0.02		0.01	12.75	70.41	100.00	9.76	2.46
			0.01	23.9	35.31	92.90	21.38	1.21
0.04	0.05	0.02	0.06	5.21	54.35	80.28	4.12	1.63
0.06	0.36	0.05	0.14	7.5	35.09	82.08	4.17	1.24
0.73	0.10	0.03	0.11	-1.56	39.52	100.00	-18.43	0.24
0.01	0.63	0.18	0.12	14.85	42.31	94.77	16.68	0.83
0.01	0.62	0.17	0.11	15.04	41.57	97.13	17.09	0.83
	0.01	0.01	0.01	10.22	60.42	70.35	9.18	0.92
	0.06	0.03	0.1	11.99	53.41	96.92	8.10	2.53
		0.01	0.08	13.93	40.11	101.29	9.87	2.73
	0.05	0.02	0.01	17.14	52.21	96.64	7.90	3.11
	0.01		0.01	1.29	81.20	78.65	0.08	1.09
0.02	0.06		0.03	18.99	96.00	100.00	17.29	0.98
0.02	0.06		0.03	18.99	96.00	100.00	17.29	0.98
	0.07		0.08	58.51	55.55	100.00	3.37	2.80
	0.07		0.08	58.51	55.55	100.00	3.37	2.80
1.11	**0.32**	**0.09**	**0.33**	**3.56**	**83.87**	**99.91**	**3.86**	**0.58**
1.11	0.31	0.03	0.31	3.29	85.22	99.90	3.03	0.48
0.30	0.13	0.03	0.18	5.74	78.05	99.83	18.31	0.58
	0		0.01	10	10.86	100.00	1	8.65
0.82	0		0.11	0	94.93	100.00	-11	0.36
	0	0.07	0.02	7	68.34	100.00	8	4.05

2-1-5 按行业分组的规模以上外商投资和港澳台商

行业	企业单位数（个）	工业总产值（当年价格）	工业销售产值（当年价格）	出口交货值	资产总计	固定资产合计
总计	**95**	**543.79**	**524.11**	**29.81**	**1018.23**	**507.27**
采矿业	**13**	**160.62**	**151.57**		**354.63**	**162.61**
煤炭开采和洗选业	10	156.68	147.64		329.89	140.30
烟煤和无烟煤开采洗选	10	156.68	147.64		329.89	140.30
褐煤开采洗选						
其他煤炭采选						
石油和天然气开采业	3	3.93	3.93		24.74	22.32
石油开采						
天然气开采	3	3.93	3.93		24.74	22.32
黑色金属矿采选业						
铁矿采选						
锰矿、铬矿采选						
其他黑色金属矿采选						
有色金属矿采选业						
常用有色金属矿采选						
贵金属矿采选						
稀有稀土金属矿采选						
非金属矿采选业						
土砂石开采						
化学矿开采						
采盐						
石棉及其他非金属矿采选						
开采辅助活动						
煤炭开采和洗选辅助活动						
石油和天然气开采辅助活动						
其他开采辅助活动						
其他采矿业						
制造业	**73**	**307.93**	**297.19**	**29.81**	**497.43**	**215.96**
农副食品加工业	2	3.44	2.92	0.81	3.27	1.05
谷物磨制						
饲料加工						
植物油加工						
制糖业						
屠宰及肉类加工	1	0.73	0.73		0.78	0.63
水产品加工						
蔬菜、水果和坚果加工	1	2.72	2.19	0.81	2.50	0.41
其他农副食品加工						
食品制造业	4	8.05	8.15	0.59	4.39	1.83
焙烤食品制造	1	1.32	1.32		0.76	0.45
糖果、巧克力及蜜饯制造						
方便食品制造						
乳制品制造	2	6.11	6.24		3.47	1.34
罐头食品制造	1	0.61	0.59	0.59	0.16	0.03
调味品、发酵制品制造						
其他食品制造						
酒、饮料和精制茶制造业	13	17.99	15.34		22.04	13.22
酒的制造	2	1.56	1.49		3.82	2.97
饮料制造	11	16.43	13.85		18.21	10.25
精制茶加工						

投资工业企业主要经济指标(大、中类行业)

单位：亿元

固定资产原价	累计折旧	流动资产合计	应收账款	存货	产成品	负债合计	流动负债合计	应付账款
760.04	**314.83**	**363.62**	**73.15**	**60.76**	**21.47**	**632.71**	**469.95**	**107.88**
179.32	**52.63**	**108.27**	**14.61**	**7.81**	**2.47**	**182.64**	**134.84**	**32.14**
159.38	50.25	106.13	14.16	7.68	2.45	163.53	116.51	25.35
159.38	50.25	106.13	14.16	7.68	2.45	163.53	116.51	25.35
19.94	2.38	2.14	0.45	0.13	0.03	19.11	18.33	6.79
19.94	2.38	2.14	0.45	0.13	0.03	19.11	18.33	6.79
336.62	**139.97**	**222.81**	**50.14**	**47.71**	**18.90**	**349.76**	**290.31**	**62.39**
1.10	0.07	2.01	0.42	1.17	0.73	1.44	1.44	0.09
0.66	0.04	0.14	0.04	0.01	0.01	0.13	0.13	0.06
0.44	0.03	1.86	0.38	1.16	0.72	1.31	1.31	0.03
4.09	2.26	2.18	0.99	0.44	0.06	1.04	1.02	0.73
0.67	0.22	0.23	0.04	0.11	0.02	0.27	0.27	0.12
3.37	2.02	1.82	0.90	0.32	0.04	0.72	0.70	0.58
0.05	0.02	0.12	0.05			0.05	0.05	0.03
19.32	6.23	7.82	0.18	4.80	3.17	15.97	14.25	1.90
3.96	0.98	0.63	0.03	0.49	0.01	4.44	3.81	0.06
15.36	5.25	7.18	0.15	4.31	3.16	11.53	10.44	1.84

2-1-5 续表 1

行业	企业单位数(个)	工业总产值(当年价格)	工业销售产值(当年价格)	出口交货值	资产总计	固定资产合计
烟草制品业						
烟叶复烤						
卷烟制造						
其他烟草制品制造						
纺织业	1	0.07	0.05	0.01	1.27	0.65
棉纺织及印染精加工						
毛纺织及染整精加工						
麻纺织及染整精加工	1	0.07	0.05	0.01	1.27	0.65
丝绢纺织及印染精加工						
化纤织造及印染精加工						
针织或钩针编织物及其制品制造						
家用纺织制成品制造						
非家用纺织制成品制造						
纺织服装、服饰业						
机织服装制造						
针织或钩针编织服装制造						
服饰制造						
皮革、毛皮、羽毛及其制品和制鞋业						
皮革鞣制加工						
皮革制品制造						
毛皮鞣制及制品加工						
羽毛(绒)加工及制品制造						
制鞋业						
木材加工和木、竹、藤、棕、草制品业						
木材加工						
人造板制造						
木制品制造						
竹、藤、棕、草等制品制造						
家具制造业						
木质家具制造						
竹、藤家具制造						
金属家具制造						
塑料家具制造						
其他家具制造						
造纸和纸制品业						
纸浆制造						
造纸						
纸制品制造						
印刷和记录媒介复制业	1	0.23	0.26		0.57	0.33
印刷	1	0.23	0.26		0.57	0.33
装订及印刷相关服务						
记录媒介复制						
文教、工美、体育和娱乐用品制造业						
文教办公用品制造						
乐器制造						
工艺美术品制造						
体育用品制造						
玩具制造						
游艺器材及娱乐用品制造						

单位：亿元

固定资产原价	累计折旧	流动资产合计	应收账款	存货	产成品	负债合计	流动负债合计	应付账款
1.29	0.65	0.45	0.05	0.31		0.40	0.39	0.02
1.29	0.65	0.45	0.05	0.31		0.40	0.39	0.02
0.53	0.20	0.24	0.12	0.08	0.02	0.18	0.03	0.03
0.53	0.20	0.24	0.12	0.08	0.02	0.18	0.03	0.03

2-1-5　续表 2

行　　业	企　业 单位数 (个)	工业总产值 (当年价格)	工业销售 产　　值 (当年价格)	出口交货值	资产总计	固定资产 合　　计
石油加工、炼焦和核燃料加工业	8	91.57	85.00		180.75	38.12
精炼石油产品制造	1	4.38	4.34		1.67	0.16
炼焦	7	87.19	80.67		179.08	37.97
核燃料加工						
化学原料和化学制品制造业	7	25.87	25.02		35.16	24.67
基础化学原料制造	4	15.06	14.82		23.67	19.03
肥料制造	2	8.20	7.96		9.40	5.39
农药制造						
涂料、油墨、颜料及类似产品制造	1	2.60	2.24		2.09	0.25
合成材料制造						
专用化学产品制造						
炸药、火工及焰火产品制造						
日用化学产品制造						
医药制造业	5	39.49	39.04	15.27	76.24	57.26
化学药品原料药制造	2	35.58	36.22	15.27	74.52	56.62
化学药品制剂制造	2	3.88	2.79		0.81	0.40
中药饮片加工						
中成药生产	1	0.03	0.03		0.91	0.24
兽用药品制造						
生物药品制造						
卫生材料及医药用品制造						
化学纤维制造业						
纤维素纤维原料及纤维制造						
合成纤维制造						
橡胶和塑料制品业	3	7.69	7.43		9.33	4.87
橡胶制品业	1	2.91	2.96		3.42	1.39
塑料制品业	2	4.78	4.47		5.91	3.48
非金属矿物制品业	6	13.89	14.10	0.07	27.07	19.92
水泥、石灰和石膏制造	1	10.25	10.39		20.95	17.99
石膏、水泥制品及类似制品制造	1	0.22	0.19		0.60	0.15
砖瓦、石材等建筑材料制造						
玻璃制造						
玻璃制品制造						
玻璃纤维和玻璃纤维增强塑料制品制造						
陶瓷制品制造						
耐火材料制品制造	3	2.71	2.78	0.06	3.73	0.95
石墨及其他非金属矿物制品制造	1	0.71	0.74		1.79	0.84
黑色金属冶炼和压延加工业	4	7.71	7.82	2.30	8.49	3.98
炼铁						
炼钢						
黑色金属铸造	2	6.31	6.45	2.30	7.27	3.85
钢压延加工	2	1.40	1.37		1.22	0.14
铁合金冶炼						
有色金属冶炼和压延加工业	3	4.57	4.55		4.77	0.87
常用有色金属冶炼	2	2.16	2.16		1.23	0.49
贵金属冶炼						
稀有稀土金属冶炼						
有色金属合金制造	1	2.42	2.39		3.54	0.37
有色金属铸造						
有色金属压延加工						

单位：亿元

固定资产原价	累计折旧	流动资产合计	应收账款	存货	产成品	负债合计	流动负债合计	应付账款
92.32	56.72	97.53	7.95	21.23	9.67	161.92	137.16	31.24
0.35	0.19	1.50	0.15	0.63	0.19	0.39	0.39	0.20
91.97	56.53	96.03	7.80	20.59	9.48	161.54	136.77	31.04
39.78	15.11	8.83	2.62	1.75	0.55	15.67	12.72	2.65
29.04	10.01	3.60	1.74	0.57	0.13	11.02	8.07	1.55
9.64	4.25	3.39	0.15	0.86	0.27	4.11	4.11	0.78
1.09	0.85	1.83	0.73	0.33	0.14	0.54	0.54	0.32
48.66	5.05	17.15	5.51	4.22	0.54	59.05	34.90	4.54
47.90	4.89	16.64	5.46	3.99	0.43	58.24	34.09	4.53
0.48	0.12	0.39	0.01	0.18	0.08	0.38	0.38	0.01
0.28	0.04	0.13	0.04	0.05	0.03	0.43	0.42	
8.24	3.37	4.29	1.92	0.75	0.29	3.13	2.65	0.65
1.96	0.57	1.96	1.48	0.35	0.25	0.75	0.72	0.39
6.28	2.80	2.33	0.44	0.40	0.04	2.38	1.93	0.25
21.54	3.51	5.25	0.83	1.85	0.22	19.22	16.91	1.65
17.99	1.81	1.69	0.15	0.90		14.15	11.84	0.76
0.64	0.49	0.29	0.11	0.10		0.50	0.49	0.02
1.61	0.75	2.44	0.28	0.41	0.20	3.76	4.30	0.61
1.30	0.46	0.83	0.29	0.45	0.02	0.80	0.28	0.25
7.57	4.41	4.25	1.55	1.24	0.66	4.17	2.95	0.75
7.30	4.27	3.18	1.20	0.92	0.47	3.31	2.09	0.68
0.28	0.14	1.07	0.35	0.32	0.19	0.86	0.86	0.07
2.12	1.26	3.79	0.55	0.70	0.41	3.34	3.33	0.39
1.09	0.60	0.74	0.01	0.20	0.12	0.21	0.20	0.15
1.03	0.66	3.05	0.54	0.50	0.29	3.13	3.13	0.24

2-1-5 续表 3

行业	企业单位数（个）	工业总产值（当年价格）	工业销售产值（当年价格）	出口交货值	资产总计	固定资产合计
金属制品业	1	1.47	1.21		1.69	0.88
结构性金属制品制造						
金属工具制造						
集装箱及金属包装容器制造						
金属丝绳及其制品制造						
建筑、安全用金属制品制造						
金属表面处理及热处理加工						
搪瓷制品制造						
金属制日用品制造						
其他金属制品制造	1	1.47	1.21		1.69	0.88
通用设备制造业	1	0.31	0.36	0.36	0.44	0.11
锅炉及原动设备制造						
金属加工机械制造						
物料搬运设备制造						
泵、阀门、压缩机及类似机械制造						
轴承、齿轮和传动部件制造						
烘炉、风机、衡器、包装等设备制造						
文化、办公用机械制造						
通用零部件制造	1	0.31	0.36	0.36	0.44	0.11
其他通用设备制造业						
专用设备制造业	3	1.51	1.39		4.50	1.40
采矿、冶金、建筑专用设备制造	2	1.02	0.92		2.53	1.25
化工、木材、非金属加工专用设备制造						
食品、饮料、烟草及饲料生产专用设备制造						
印刷、制药、日化及日用品生产专用设备制造						
纺织、服装和皮革加工专用设备制造						
电子和电工机械专用设备制造						
农、林、牧、渔专用机械制造						
医疗仪器设备及器械制造						
环保、社会公共服务及其他专用设备制造	1	0.48	0.47		1.97	0.14
汽车制造业	3	1.03	0.91	0.33	4.37	0.73
汽车整车制造						
改装汽车制造						
低速载货汽车制造						
电车制造						
汽车车身、挂车制造						
汽车零部件及配件制造	3	1.03	0.91	0.33	4.37	0.73
铁路、船舶、航空航天和其他运输设备制造业	2	17.54	17.47	0.35	20.60	6.48
铁路运输设备制造	2	17.54	17.47	0.35	20.60	6.48
城市轨道交通设备制造						
船舶及相关装置制造						
航空、航天器及设备制造						
摩托车制造						
自行车制造						
非公路休闲车及零配件制造						
潜水救捞及其他未列明运输设备制造						

单位：亿元

固定资产原价	累计折旧	流动资产合计	应收账款	存货	产成品	负债合计	流动负债合计	应付账款
1.53	0.66	0.74	0.31	0.24	0.15	0.53	0.53	0.06
1.53	0.66	0.74	0.31	0.24	0.15	0.53	0.53	0.06
0.18	0.12	0.33	0.13	0.19		0.08	0.08	0.02
0.18	0.12	0.33	0.13	0.19		0.08	0.08	0.02
2.78	1.39	2.38	0.96	0.73	0.39	1.93	1.93	0.72
2.59	1.33	1.27	0.39	0.47	0.13	1.27	1.27	0.57
0.20	0.05	1.11	0.57	0.26	0.26	0.66	0.66	0.15
1.02	0.31	3.37	0.43	0.81	0.43	3.71	3.61	0.32
1.02	0.31	3.37	0.43	0.81	0.43	3.71	3.61	0.32
11.30	4.92	12.92	6.07	2.69	0.52	11.61	11.61	4.33
11.30	4.92	12.92	6.07	2.69	0.52	11.61	11.61	4.33

2-1-5 续表 4

行业	企业单位数(个)	工业总产值(当年价格)	工业销售产值(当年价格)	出口交货值	资产总计	固定资产合计
电气机械和器材制造业	3	6.29	6.47		6.69	0.35
电机制造						
输配电及控制设备制造	2	6.22	6.41		6.50	0.25
电线、电缆、光缆及电工器材制造						
电池制造						
家用电力器具制造	1	0.06	0.06		0.19	0.10
非电力家用器具制造						
照明器具制造						
其他电气机械及器材制造						
计算机、通信和其他电子设备制造业	2	58.06	58.53	9.72	84.79	38.99
计算机制造						
通信设备制造	2	58.06	58.53	9.72	84.79	38.99
广播电视设备制造						
雷达及配套设备制造						
视听设备制造						
电子器件制造						
电子元件制造						
其他电子设备制造						
仪器仪表制造业						
通用仪器仪表制造						
专用仪器仪表制造						
钟表与计时仪器制造						
光学仪器及眼镜制造						
其他仪器仪表制造业						
其他制造业						
日用杂品制造						
煤制品制造						
核辐射加工						
其他未列明制造业						
废弃资源综合利用业						
金属废料和碎屑加工处理						
非金属废料和碎屑加工处理						
金属制品、机械和设备修理业	1.00	1.16	1.16		0.99	0.25
金属制品修理						
通用设备修理	1.00	1.16	1.16		0.99	0.25
专用设备修理						
铁路、船舶、航空航天等运输设备修理						
电气设备修理						
仪器仪表修理						
其他机械和设备修理业						
电力、热力、燃气及水生产和供应业	**9.00**	**75.24**	**75.35**		**166.17**	**128.70**
电力、热力生产和供应业	8.00	72.44	72.55		159.68	123.26
电力生产	8.00	72.44	72.55		159.68	123.26
电力供应						
热力生产和供应						
燃气生产和供应业	1.00	2.80	2.80		6.49	5.43
水的生产和供应业						
自来水生产和供应						
污水处理及其再生利用						
其他水的处理、利用与分配						

单位：亿元

固定资产原价	累计折旧	流动资产合计	应收账款	存货	产成品	负债合计	流动负债合计	应付账款
0.85	0.50	6.07	2.48	0.82	0.09	4.38	3.92	1.99
0.56	0.31	5.98	2.46	0.76	0.07	4.25	3.88	1.95
0.29	0.19	0.09	0.02	0.06	0.03	0.14	0.04	0.04
72.01	33.12	42.55	16.92	3.64	0.99	41.60	40.50	10.05
72.01	33.12	42.55	16.92	3.64	0.99	41.60	40.50	10.05
0.38	0.13	0.66	0.15	0.05		0.36	0.36	0.27
0.38	0.13	0.66	0.15	0.05		0.36	0.36	0.27
244.09	**122.23**	**32.54**	**8.41**	**5.24**	**0.09**	**100.31**	**44.81**	**13.35**
238.40	121.94	31.71	8.39	5.24	0.09	94.89	41.87	13.15
238.40	121.94	31.71	8.39	5.24	0.09	94.89	41.87	13.15
5.69	0.30	0.82	0.01			5.42	2.93	0.20

2-1-5 续表 5

行业	所有者权益合计	实收资本	国家资本	集体资本	法人资本	个人资本
总 计	**384.57**	**242.03**	**71.55**	**13.51**	**35.64**	**4.71**
采矿业	**171.98**	**57.65**	**20.54**	**1.01**	**3.87**	
煤炭开采和洗选业	166.36	52.40	20.54	1.01	3.87	
烟煤和无烟煤开采洗选	166.36	52.40	20.54	1.01	3.87	
褐煤开采洗选						
其他煤炭采选						
石油和天然气开采业	5.62	5.25				
石油开采						
天然气开采	5.62	5.25				
黑色金属矿采选业						
铁矿采选						
锰矿、铬矿采选						
其他黑色金属矿采选						
有色金属矿采选业						
常用有色金属矿采选						
贵金属矿采选						
稀有稀土金属矿采选						
非金属矿采选业						
土砂石开采						
化学矿开采						
采盐						
石棉及其他非金属矿采选						
开采辅助活动						
煤炭开采和洗选辅助活动						
石油和天然气开采辅助活动						
其他开采辅助活动						
其他采矿业						
制造业	**146.73**	**121.96**	**12.02**	**12.51**	**18.97**	**4.11**
农副食品加工业	1.83	0.13			0.09	
谷物磨制						
饲料加工						
植物油加工						
制糖业						
屠宰及肉类加工	0.64	0.12			0.08	
水产品加工						
蔬菜、水果和坚果加工	1.19	0.02			0.01	
其他农副食品加工						
食品制造业	3.35	2.13		0.34	1.17	
焙烤食品制造	0.49	0.30				
糖果、巧克力及蜜饯制造						
方便食品制造						
乳制品制造	2.75	1.83		0.34	1.17	
罐头食品制造	0.10					
调味品、发酵制品制造						
其他食品制造						
酒、饮料和精制茶制造业	6.07	8.88	0.25	1.59	1.69	0.05
酒的制造	-0.61	2.39				
饮料制造	6.68	6.49	0.25	1.59	1.69	0.05
精制茶加工						

单位：亿元

港澳台资本	外商资本	主营业务收入	主营业务成本	主营业务税金及附加	销售费用	管理费用	税金	财务费用
2.29	**114.33**	**532.52**	**408.75**	**4.76**	**18.70**	**32.26**	**2.15**	**19.42**
	32.23	**154.55**	**88.38**	**2.16**	**7.54**	**12.68**	**1.20**	**4.48**
	26.98	150.83	85.61	2.15	7.50	12.18	1.19	4.37
	26.98	150.83	85.61	2.15	7.50	12.18	1.19	4.37
	5.25	3.72	2.78	0.01	0.03	0.50	0.01	0.11
	5.25	3.72	2.78	0.01	0.03	0.50	0.01	0.11
2.29	**72.06**	**305.48**	**262.06**	**2.17**	**11.16**	**19.01**	**0.89**	**11.40**
0.04		3.33	2.90		0.06	0.06		0.06
0.04		0.71	0.67			0.01		
		2.63	2.24		0.06	0.04		0.06
0.30	0.33	8.15	7.13	0.03	0.45	0.31	0.02	
0.30		1.32	0.96	0.01	0.08	0.13		
	0.32	6.24	5.64	0.02	0.33	0.17	0.01	
		0.59	0.53		0.04	0.01		
1.70	3.60	18.01	14.35	0.32	1.86	0.91	0.08	0.17
1.50	0.89	1.44	1.04	0.25	0.06	0.28	0.02	0.04
0.20	2.71	16.57	13.31	0.07	1.80	0.63	0.06	0.13

2-1-5 续表 6

行业	所有者权益合计					
		实收资本				
			国家资本	集体资本	法人资本	个人资本
烟草制品业						
烟叶复烤						
卷烟制造						
其他烟草制品制造						
纺织业	0.87	0.41				0.41
棉纺织及印染精加工						
毛纺织及染整精加工						
麻纺织及染整精加工	0.87	0.41				0.41
丝绢纺织及印染精加工						
化纤织造及印染精加工						
针织或钩针编织物及其制品制造						
家用纺织制成品制造						
非家用纺织制成品制造						
纺织服装、服饰业						
机织服装制造						
针织或钩针编织服装制造						
服饰制造						
皮革、毛皮、羽毛及其制品和制鞋业						
皮革鞣制加工						
皮革制品制造						
毛皮鞣制及制品加工						
羽毛(绒)加工及制品制造						
制鞋业						
木材加工和木、竹、藤、棕、草制品业						
木材加工						
人造板制造						
木制品制造						
竹、藤、棕、草等制品制造						
家具制造业						
木质家具制造						
竹、藤家具制造						
金属家具制造						
塑料家具制造						
其他家具制造						
造纸和纸制品业						
纸浆制造						
造纸						
纸制品制造						
印刷和记录媒介复制业	0.39	0.50			0.25	
印刷	0.39	0.50			0.25	
装订及印刷相关服务						
记录媒介复制						
文教、工美、体育和娱乐用品制造业						
文教办公用品制造						
乐器制造						
工艺美术品制造						
体育用品制造						
玩具制造						
游艺器材及娱乐用品制造						

单位：亿元

港澳台资本	外商资本	主营业务收　入	主营业务成　本	主营业务税金及附加	销售费用	管理费用	税金	财务费用
		0.21	0.18		0.01	0.01		
		0.21	0.18		0.01	0.01		
	0.26	0.24	0.23		0.01	0.02		
	0.26	0.24	0.23		0.01	0.02		

2-1-5 续表 7

行　　业	所有者权益合计	实收资本				
			国家资本	集体资本	法人资本	个人资本
石油加工、炼焦和核燃料加工业	18.82	27.73	0.07	10.58	5.74	2.39
精炼石油产品制造	1.28	0.70	0.07			
炼焦	17.54	27.03		10.58	5.74	2.39
核燃料加工						
化学原料和化学制品制造业	19.49	9.95	2.72		2.38	0.03
基础化学原料制造	12.65	6.11	2.51		0.20	0.03
肥料制造	5.29	3.40			2.18	
农药制造						
涂料、油墨、颜料及类似产品制造	1.55	0.43	0.21			
合成材料制造						
专用化学产品制造						
炸药、火工及焰火产品制造						
日用化学产品制造						
医药制造业	17.19	11.30	7.11		0.62	0.04
化学药品原料药制造	16.28	10.62	7.11			
化学药品制剂制造	0.43	0.20			0.14	0.04
中药饮片加工						
中成药生产	0.48	0.48			0.48	
兽用药品制造						
生物药品制造						
卫生材料及医药用品制造						
化学纤维制造业						
纤维素纤维原料及纤维制造						
合成纤维制造						
橡胶和塑料制品业	5.35	3.84			0.70	
橡胶制品业	2.67	1.46			0.70	
塑料制品业	2.68	2.39				
非金属矿物制品业	7.85	9.58	0.49		0.60	0.55
水泥、石灰和石膏制造	6.80	6.43				
石膏、水泥制品及类似制品制造	0.10	0.60			0.60	
砖瓦、石材等建筑材料制造						
玻璃制造						
玻璃制品制造						
玻璃纤维和玻璃纤维增强塑料制品制造						
陶瓷制品制造						
耐火材料制品制造	-0.03	1.46	0.49			0.38
石墨及其他非金属矿物制品制造	0.98	1.10				0.17
黑色金属冶炼和压延加工业	4.32	4.89			1.05	0.15
炼铁						
炼钢						
黑色金属铸造	3.95	4.50			1.05	
钢压延加工	0.36	0.39				0.15
铁合金冶炼						
有色金属冶炼和压延加工业	1.33	1.36				0.50
常用有色金属冶炼	0.93	0.75				0.50
贵金属冶炼						
稀有稀土金属冶炼						
有色金属合金制造	0.40	0.61				
有色金属铸造						
有色金属压延加工						

单位：亿元

港澳台资本	外商资本	主营业务收入	主营业务成本	主营业务税金及附加	销售费用	管理费用	税金	财务费用
	8.95	92.25	82.85	0.51	5.20	3.28	0.23	7.78
	0.63	4.69	3.29	0.36	0.29	0.19	0.01	-0.04
	8.32	87.56	79.57	0.15	4.91	3.09	0.23	7.81
	4.82	24.57	20.47	0.05	0.47	1.08	0.06	0.58
	3.38	14.30	12.38	0.03	0.03	0.53	0.02	0.33
	1.22	8.02	6.27		0.24	0.44	0.03	0.25
	0.22	2.24	1.83	0.01	0.20	0.11	0.01	
	3.52	39.51	35.16	0.06	0.57	2.21	0.11	1.24
	3.50	36.42	32.54	0.03	0.45	2.06	0.11	1.21
	0.02	2.79	2.51	0.03	0.04	0.07		0.01
		0.31	0.10		0.09	0.08		0.02
	3.14	7.73	6.51	0.04	0.29	0.31	0.02	-0.04
	0.76	3.02	2.24	0.03	0.21	0.15		0.01
	2.39	4.70	4.27	0.01	0.08	0.16	0.01	-0.05
0.06	7.88	11.63	8.87	0.11	0.54	1.76	0.07	0.75
	6.43	7.88	5.68	0.05	0.38	0.70	0.07	0.68
		0.21	0.19	0.01	0.03	0.03		0.02
0.06	0.53	2.74	2.17	0.05	0.12	1.00		0.05
	0.93	0.80	0.82	0.01		0.03		0.01
0.19	3.51	7.85	6.51		0.36	0.54	0.01	0.16
	3.46	6.41	5.13		0.35	0.47	0.01	0.13
0.19	0.05	1.44	1.38		0.01	0.07		0.03
	0.86	3.70	3.57	0.01	0.06	0.15	0.01	0.05
	0.25	2.02	2.07	0.01	0.02	0.07	0.01	
	0.61	1.68	1.51		0.04	0.08		0.05

2-1-5 续表 8

行 业	所有者权益合计	实收资本				
			国家资本	集体资本	法人资本	个人资本
金属制品业	1.15	0.40			0.40	
结构性金属制品制造						
金属工具制造						
集装箱及金属包装容器制造						
金属丝绳及其制品制造						
建筑、安全用金属制品制造						
金属表面处理及热处理加工						
搪瓷制品制造						
金属制日用品制造						
其他金属制品制造	1.15	0.40			0.40	
通用设备制造业	0.37	0.38				
锅炉及原动设备制造						
金属加工机械制造						
物料搬运设备制造						
泵、阀门、压缩机及类似机械制造						
轴承、齿轮和传动部件制造						
烘炉、风机、衡器、包装等设备制造						
文化、办公用机械制造						
通用零部件制造	0.37	0.38				
其他通用设备制造业						
专用设备制造业	2.57	3.68			2.29	
采矿、冶金、建筑专用设备制造	1.25	2.30			0.91	
化工、木材、非金属加工专用设备制造						
食品、饮料、烟草及饲料生产专用设备制造						
印刷、制药、日化及日用品生产专用设备制造						
纺织、服装和皮革加工专用设备制造						
电子和电工机械专用设备制造						
农、林、牧、渔专用机械制造						
医疗仪器设备及器械制造						
环保、社会公共服务及其他专用设备制造	1.32	1.38			1.38	
汽车制造业	0.66	0.51			0.49	
汽车整车制造						
改装汽车制造						
低速载货汽车制造						
电车制造						
汽车车身、挂车制造						
汽车零部件及配件制造	0.66	0.51			0.49	
铁路、船舶、航空航天和其他运输设备制造业	8.99	3.89	1.37		1.13	
铁路运输设备制造	8.99	3.89	1.37		1.13	
城市轨道交通设备制造						
船舶及相关装置制造						
航空、航天器及设备制造						
摩托车制造						
自行车制造						
非公路休闲车及零配件制造						
潜水救捞及其他未列明运输设备制造						

单位：亿元

港澳台资本	外商资本	主营业务收入	主营业务成本	主营业务税金及附加	销售费用	管理费用	税金	财务费用
		1.21	0.83	0.01	0.08	0.12	0.01	0.03
		1.21	0.83	0.01	0.08	0.12	0.01	0.03
	0.38	0.39	0.33		0.03	0.03		0.01
	0.38	0.39	0.33		0.03	0.03		0.01
	1.39	1.82	1.43	0.01	0.08	0.36		0.05
	1.39	1.35	1.22	0.01	0.07	0.25		0.02
		0.47	0.21		0.01	0.11		0.03
	0.02	1.34	1.20		0.04	0.14	0.01	0.10
	0.02	1.34	1.20		0.04	0.14	0.01	0.10
	1.40	17.36	13.52	0.12	0.44	1.28	0.02	0.41
	1.40	17.36	13.52	0.12	0.44	1.28	0.02	0.41

2-1-5 续表 9

行业	所有者权益合计	实收资本	国家资本	集体资本	法人资本	个人资本
电气机械和器材制造业	2.30	0.69			0.25	
电机制造						
输配电及控制设备制造	2.26	0.52			0.25	
电线、电缆、光缆及电工器材制造						
电池制造						
家用电力器具制造	0.05	0.17				
非电力家用器具制造						
照明器具制造						
其他电气机械及器材制造						
计算机、通信和其他电子设备制造业	43.19	31.49				
计算机制造						
通信设备制造	43.19	31.49				
广播电视设备制造						
雷达及配套设备制造						
视听设备制造						
电子器件制造						
电子元件制造						
其他电子设备制造						
仪器仪表制造业						
通用仪器仪表制造						
专用仪器仪表制造						
钟表与计时仪器制造						
光学仪器及眼镜制造						
其他仪器仪表制造业						
其他制造业						
日用杂品制造						
煤制品制造						
核辐射加工						
其他未列明制造业						
废弃资源综合利用业						
金属废料和碎屑加工处理						
非金属废料和碎屑加工处理						
金属制品、机械和设备修理业	0.63	0.20			0.15	
金属制品修理						
通用设备修理	0.63	0.20			0.15	
专用设备修理						
铁路、船舶、航空航天等运输设备修理						
电气设备修理						
仪器仪表修理						
其他机械和设备修理业						
电力、热力、燃气及水生产和供应业	**65.86**	**62.42**	**38.99**		**12.80**	**0.60**
电力、热力生产和供应业	64.79	60.92	38.45		12.80	
电力生产	64.79	60.92	38.45		12.80	
电力供应						
热力生产和供应						
燃气生产和供应业	1.06	1.50	0.54			0.60
水的生产和供应业						
自来水生产和供应						
污水处理及其再生利用						
其他水的处理、利用与分配						

单位：亿元

港澳台资本	外商资本	主营业务收入	主营业务成本	主营业务税金及附加	销售费用	管理费用	税金	财务费用
	0.44	6.49	4.43	0.06	0.30	0.19	0.01	0.04
	0.27	6.41	4.32	0.06	0.29	0.17	0.01	0.04
	0.17	0.08	0.11			0.02		
	31.49	58.53	50.62	0.81	0.33	6.20	0.23	0.01
	31.49	58.53	50.62	0.81	0.33	6.20	0.23	0.01
	0.05	1.16	0.96			0.07		
	0.05	1.16	0.96			0.07		
	10.03	**72.49**	**58.30**	**0.44**		**0.57**	**0.06**	**3.55**
	9.67	69.69	55.88	0.42		0.41	0.06	3.03
	9.67	69.69	55.88	0.42		0.41	0.06	3.03
	0.37	2.80	2.42	0.02		0.16		0.52

2-1-5 续表 10

行业	利息收入	利息支出	投资收益（损失以“–”号记）	营业利润	利润总额
总计	**2.06**	**18.95**	**4.28**	**52.92**	**52.07**
采矿业	**1.09**	**5.12**	**2.53**	**42.05**	**40.66**
煤炭开采和洗选业	1.09	5.05	2.53	41.53	39.49
烟煤和无烟煤开采洗选	1.09	5.05	2.53	41.53	39.49
褐煤开采洗选					
其他煤炭采选					
石油和天然气开采业		0.08		0.52	1.17
石油开采					
天然气开采		0.08		0.52	1.17
黑色金属矿采选业					
铁矿采选					
锰矿、铬矿采选					
其他黑色金属矿采选					
有色金属矿采选业					
常用有色金属矿采选					
贵金属矿采选					
稀有稀土金属矿采选					
非金属矿采选业					
土砂石开采					
化学矿开采					
采盐					
石棉及其他非金属矿采选					
开采辅助活动					
煤炭开采和洗选辅助活动					
石油和天然气开采辅助活动					
其他开采辅助活动					
其他采矿业					
制造业	**0.87**	**10.19**	**1.75**	**2.95**	**3.91**
农副食品加工业		0.06		0.25	0.25
谷物磨制					
饲料加工					
植物油加工					
制糖业					
屠宰及肉类加工				0.02	0.02
水产品加工					
蔬菜、水果和坚果加工		0.06		0.23	0.23
其他农副食品加工					
食品制造业				0.62	0.62
焙烤食品制造				0.13	0.16
糖果、巧克力及蜜饯制造					
方便食品制造					
乳制品制造				0.43	0.39
罐头食品制造				0.07	0.07
调味品、发酵制品制造					
其他食品制造					
酒、饮料和精制茶制造业	0.01	0.17		0.27	0.31
酒的制造	0.01	0.07		-0.42	-0.42
饮料制造		0.10		0.69	0.73
精制茶加工					

单位：亿元

亏损企业亏损额	应交增值税	应交所得税	从业人员平均人数（万人）	总资产贡献率（%）	资产负债率（%）	产品销售率（%）	成本费用利润率（%）	流动资本周转率（%）
15.54	**31.85**	**15.46**	**8.45**	**10.37**	**62.14**	**96.38**	**10.58**	**1.49**
1.04	**17.21**	**9.96**	**2.21**	**18.06**	**51.5**	**94.37**	**35.83**	**1.43**
1.04	17.13	9.93	2.16	19.01	49.57	94.23	35.88	1.43
1.04	17.13	9.93	2.16	19.01	49.57	94.23	35.88	1.43
	0.08	0.03	0.05	5.40	77.27	99.87	34.20	1.74
	0.08	0.03	0.05	5.40	77.27	99.87	34.20	1.74
10.04	**10.81**	**2.57**	**5.72**	**5.27**	**70.31**	**96.51**	**1.26**	**1.40**
			0.02	9.67	43.99	84.88	7.86	1.66
				3.03	16.85	101.13	3.46	4.95
			0.02	11.73	52.41	80.54	9.04	1.41
	0.29	0.07	0.11	21.53	23.76	101.29	7.68	3.82
	0.11	0.04	0.06	37.00	35.45	99.33	13.46	5.76
	0.18	0.01	0.04	17.17	20.72	102.18	6.22	3.51
		0.02	0.01	42.69	34.04	96.63	11.67	4.82
0.51	0.72	0.14	0.31	6.85	72.48	85.28	1.69	2.43
0.42	0.08		0.07	-0.71	116.07	95.71	-19.33	3.16
0.09	0.64	0.14	0.24	8.44	63.32	84.29	4.52	2.36

2-1-5 续表 11

行　业	利息收入	利息支出	投资收益(损失以“-”号记)	营业利润	利润总额
烟草制品业					
烟叶复烤					
卷烟制造					
其他烟草制品制造					
纺织业					
棉纺织及印染精加工					
毛纺织及染整精加工					
麻纺织及染整精加工					
丝绢纺织及印染精加工					
化纤织造及印染精加工					
针织或钩针编织物及其制品制造					
家用纺织制成品制造					
非家用纺织制成品制造					
纺织服装、服饰业					
机织服装制造					
针织或钩针编织服装制造					
服饰制造					
皮革、毛皮、羽毛及其制品和制鞋业					
皮革鞣制加工					
皮革制品制造					
毛皮鞣制及制品加工					
羽毛(绒)加工及制品制造					
制鞋业					
木材加工和木、竹、藤、棕、草制品业					
木材加工					
人造板制造					
木制品制造					
竹、藤、棕、草等制品制造					
家具制造业					
木质家具制造					
竹、藤家具制造					
金属家具制造					
塑料家具制造					
其他家具制造					
造纸和纸制品业					
纸浆制造					
造纸					
纸制品制造					
印刷和记录媒介复制业				-0.01	-0.02
印刷				-0.01	-0.02
装订及印刷相关服务					
记录媒介复制					
文教、工美、体育和娱乐用品制造业					
文教办公用品制造					
乐器制造					
工艺美术品制造					
体育用品制造					
玩具制造					
游艺器材及娱乐用品制造					

单位：亿元

亏损企业亏损额	应交增值税	应交所得税	从业人员平均人数（万人）	总资产贡献率（%）	资产负债率（%）	产品销售率（%）	成本费用利润率（%）	流动资本周转率（%）
			0.01	0.09	31.78	71.15	0.38	0.46
			0.01	0.09	31.78	71.15	0.38	0.46
0.02	0.01		0.01	-0.37	31.42	111.24	-5.90	1.02
0.02	0.01		0.01	-0.37	31.42	111.24	-5.90	1.02

2-1-5 续表 12

行业			投资收益（损失以“-”号记）	营业利润	利润总额
	利息收入	利息支出			
石油加工、炼焦和核燃料加工业	0.75	6.23	1.48	-5.78	-5.12
精炼石油产品制造				0.61	0.61
炼焦	0.75	6.23	1.48	-6.38	-5.73
核燃料加工					
化学原料和化学制品制造业	0.05	0.61	0.01	1.91	1.85
基础化学原料制造	0.01	0.34		1.03	0.98
肥料制造	0.04	0.27		0.77	0.76
农药制造					
涂料、油墨、颜料及类似产品制造			0.01	0.11	0.11
合成材料制造					
专用化学产品制造					
炸药、火工及焰火产品制造					
日用化学产品制造					
医药制造业	0.08	1.01		0.48	0.66
化学药品原料药制造	0.08	0.98		0.34	0.52
化学药品制剂制造		0.01		0.13	0.13
中药饮片加工					
中成药生产		0.02		0.01	0.01
兽用药品制造					
生物药品制造					
卫生材料及医药用品制造					
化学纤维制造业					
纤维素纤维原料及纤维制造					
合成纤维制造					
橡胶和塑料制品业	0.03	-0.04		0.64	0.64
橡胶制品业		0.01		0.39	0.39
塑料制品业	0.03	-0.05		0.24	0.25
非金属矿物制品业	0.02	0.71		-0.32	-0.17
水泥、石灰和石膏制造		0.68		0.47	0.46
石膏、水泥制品及类似制品制造				-0.08	-0.04
砖瓦、石材等建筑材料制造					
玻璃制造					
玻璃制品制造					
玻璃纤维和玻璃纤维增强塑料制品制造					
陶瓷制品制造					
耐火材料制品制造	0.02	0.02		-0.64	-0.60
石墨及其他非金属矿物制品制造		0.02		-0.07	0.01
黑色金属冶炼和压延加工业	0.01	0.16		0.29	0.26
炼铁					
炼钢					
黑色金属铸造	0.01	0.13		0.33	0.30
钢压延加工		0.03		-0.04	-0.04
铁合金冶炼					
有色金属冶炼和压延加工业		0.05		-0.14	-0.15
常用有色金属冶炼				-0.15	-0.15
贵金属冶炼					
稀有稀土金属冶炼					
有色金属合金制造		0.05			
有色金属铸造					
有色金属压延加工					

单位：亿元

亏损企业亏损额	应交增值税	应交所得税	从业人员平均人数（万人）	总资产贡献率（%）	资产负债率（%）	产品销售率（%）	成本费用利润率（%）	流动资本周转率（%）
7.68	1.71	0.27	0.89	1.43	89.59	92.83	-5.16	0.95
	0.17	0.16	0.01	68.76	23.11	98.94	16.49	3.13
7.68	1.54	0.11	0.88	0.80	90.20	92.52	-6.00	0.91
0.10	0.70	0.57	0.24	9.00	44.57	96.71	7.85	2.86
0.10	0.56	0.34	0.09	8.02	46.55	98.35	7.15	4.11
	0.03	0.19	0.11	10.96	43.72	97.01	10.27	2.41
	0.11	0.04	0.03	11.19	26.00	86.27	4.50	1.23
	0.04	0.04	0.71	2.24	77.45	98.87	1.66	2.35
		0.02	0.67	1.96	78.15	101.81	1.42	2.23
	0.04	0.02	0.03	26.58	47.14	71.84	5.01	7.13
			0.01	3.24	47.22	100.00	2.99	2.43
	0.24	0.16	0.09	9.03	33.54	96.71	8.93	1.82
	0.20	0.1	0.04	18.56	21.87	101.70	14.99	1.54
	0.03	0.06	0.05	3.52	40.29	93.67	5.44	2.06
0.63	0.68	0.06	0.19	4.90	71.00	101.51	-1.41	2.25
	0.46	0.06	0.08	7.85	67.56	101.34	6.18	4.72
0.04			0.01	-4.99	83.56	87.62	-13.37	0.70
0.60	0.19		0.09	-9.45	100.78	102.75	-17.81	1.13
	0.04		0.02	3.52	44.96	103.63	0.60	1.05
0.05		0.06	0.13	4.94	49.17	101.39	3.39	1.87
		0.06	0.12	5.84	45.59	102.23	4.88	2.04
0.05			0.01	-0.41	70.47	97.58	-2.83	1.34
0.15	0.09		0.09	0.06	70.16	99.56	-3.87	1.01
0.15	0.06		0.07	-6.87	17.03	100.16	-6.94	2.75
	0.04		0.02	2.47	88.64	99.03	-0.21	0.59

2-1-5 续表 13

行 业			投资收益（损失以“–”号记）	营业利润	利润总额
	利息收入	利息支出			
金属制品业		0.03		0.14	0.14
结构性金属制品制造					
金属工具制造					
集装箱及金属包装容器制造					
金属丝绳及其制品制造					
建筑、安全用金属制品制造					
金属表面处理及热处理加工					
搪瓷制品制造					
金属制日用品制造					
其他金属制品制造		0.03		0.14	0.14
通用设备制造业					
锅炉及原动设备制造					
金属加工机械制造					
物料搬运设备制造					
泵、阀门、压缩机及类似机械制造					
轴承、齿轮和传动部件制造					
烘炉、风机、衡器、包装等设备制造					
文化、办公用机械制造					
通用零部件制造					
其他通用设备制造业					
专用设备制造业		0.03		-0.09	-0.08
采矿、冶金、建筑专用设备制造				-0.19	-0.18
化工、木材、非金属加工专用设备制造					
食品、饮料、烟草及饲料生产专用设备制造					
印刷、制药、日化及日用品生产专用设备制造					
纺织、服装和皮革加工专用设备制造					
电子和电工机械专用设备制造					
农、林、牧、渔专用机械制造					
医疗仪器设备及器械制造					
环保、社会公共服务及其他专用设备制造		0.03		0.10	0.10
汽车制造业		0.08		-0.14	-0.11
汽车整车制造					
改装汽车制造					
低速载货汽车制造					
电车制造					
汽车车身、挂车制造					
汽车零部件及配件制造		0.08		-0.14	-0.11
铁路、船舶、航空航天和其他运输设备制造业	0.01	0.40	0.18	1.89	1.87
铁路运输设备制造	0.01	0.40	0.18	1.89	1.87
城市轨道交通设备制造					
船舶及相关装置制造					
航空、航天器及设备制造					
摩托车制造					
自行车制造					
非公路休闲车及零配件制造					
潜水救捞及其他未列明运输设备制造					

单位：亿元

亏损企业亏损额	应交增值税	应交所得税	从业人员平均人数（万人）	总资产贡献率（%）	资产负债率（%）	产品销售率（%）	成本费用利润率（%）	流动资本周转率（%）
	0.11	0.02	0.03	17.34	31.63	82.45	13.38	1.64
	0.11	0.02	0.03	17.34	31.63	82.45	13.38	1.64
			0.02	0.36	17.72	113.59	0.40	1.20
			0.02	0.36	17.72	113.59	0.40	1.20
0.18	0.11		0.04	1.54	42.82	92.36	-3.95	0.78
0.18	0.05		0.03	-4.52	50.34	90.21	-11.28	1.10
	0.06		0.01	9.28	33.19	96.89	27.69	0.42
0.15			0.04	-0.56	84.91	88.58	-7.74	0.40
0.15			0.04	-0.56	84.91	88.58	-7.74	0.40
	1.00	0.31	0.08	16.49	56.36	99.62	11.98	1.35
	1.00	0.31	0.08	16.49	56.36	99.62	11.98	1.35

2-1-5 续表 14

行 业	利息收入	利息支出	投资收益(损失以“-”号记)	营业利润	利润总额
电气机械和器材制造业		0.05		1.47	1.46
电机制造					
输配电及控制设备制造		0.05		1.52	1.51
电线、电缆、光缆及电工器材制造					
电池制造					
家用电力器具制造				-0.05	-0.04
非电力家用器具制造					
照明器具制造					
其他电气机械及器材制造					
计算机、通信和其他电子设备制造业	-0.09	0.63	0.04	1.30	1.31
计算机制造					
通信设备制造	-0.09	0.63	0.04	1.30	1.31
广播电视设备制造					
雷达及配套设备制造					
视听设备制造					
电子器件制造					
电子元件制造					
其他电子设备制造					
仪器仪表制造业					
通用仪器仪表制造					
专用仪器仪表制造					
钟表与计时仪器制造					
光学仪器及眼镜制造					
其他仪器仪表制造业					
其他制造业					
日用杂品制造					
煤制品制造					
核辐射加工					
其他未列明制造业					
废弃资源综合利用业					
金属废料和碎屑加工处理					
非金属废料和碎屑加工处理					
金属制品、机械和设备修理业			0.03	0.16	0.16
金属制品修理					
通用设备修理			0.03	0.16	0.16
专用设备修理					
铁路、船舶、航空航天等运输设备修理					
电气设备修理					
仪器仪表修理					
其他机械和设备修理业					
电力、热力、燃气及水生产和供应业	0.09	3.64		7.92	7.51
电力、热力生产和供应业	0.09	3.13		8.23	7.82
电力生产	0.09	3.13		8.23	7.82
电力供应					
热力生产和供应					
燃气生产和供应业		0.51		-0.31	-0.31
水的生产和供应业					
自来水生产和供应					
污水处理及其再生利用					
其他水的处理、利用与分配					

单位：亿元

亏损企业亏损额	应交增值税	应交所得税	从业人员平均人数（万人）	总资产贡献率（%）	资产负债率（%）	产品销售率（%）	成本费用利润率（%）	流动资本周转率（%）
0.04	0.44	0.38	0.05	29.96	65.54	102.87	29.50	1.07
	0.44	0.38	0.04	31.48	65.31	102.94	31.24	1.07
0.04			0.01	-22.58	73.55	95.73	-34.27	0.98
0.51	4.61	0.46	2.65	8.79	49.06	100.81	2.19	1.44
0.51	4.61	0.46	2.65	8.79	49.06	100.81	2.19	1.44
	0.03	0.04	0.01	19.53	36.67	100.00	15.37	1.77
	0.03	0.04	0.01	19.53	36.67	100.00	15.37	1.77
4.47	3.83	2.92	0.53	9.22	60.37	100.15	10.89	2.33
4.16	3.83	2.92	0.52	9.46	59.42	100.16	11.87	2.31
4.16	3.83	2.92	0.52	9.46	59.42	100.16	11.87	2.31
0.31			0.01	3.29	83.62	100.00	-9.97	3.41

2-1-6 按行业分组的大中型工业

行业	企业单位数（个）	工业总产值（当年价格）	工业销售产值（当年价格）	出口交货值	资产总计	固定资产合计
总计	**1175**	**13381.17**	**12694.84**	**586.11**	**23626.52**	**9181.62**
采矿业	**446**	**4955.92**	**4581.16**	**43.48**	**12399.32**	**4458.80**
煤炭开采和洗选业	419	4811.92	4449.44	43.48	12046.19	4357.41
烟煤和无烟煤开采洗选	419	4811.92	4449.44	43.48	12046.19	4357.41
褐煤开采洗选						
其他煤炭采选						
石油和天然气开采业	3	21.44	21.44		126.59	60.63
石油开采						
天然气开采	3	21.44	21.44		126.59	60.63
黑色金属矿采选业	21	109.77	97.53		208.50	32.95
铁矿采选	19	105.82	93.94		203.60	32.17
锰矿、铬矿采选	2	3.95	3.59		4.90	0.78
其他黑色金属矿采选						
有色金属矿采选业	3	12.80	12.75		18.05	7.81
常用有色金属矿采选	1	7.71	7.71		14.74	5.49
贵金属矿采选	2	5.08	5.03		3.31	2.31
稀有稀土金属矿采选						
非金属矿采选业						
土砂石开采						
化学矿开采						
采盐						
石棉及其他非金属矿采选						
开采辅助活动						
煤炭开采和洗选辅助活动						
石油和天然气开采辅助活动						
其他开采辅助活动						
其他采矿业						
制造业	**667**	**6961.57**	**6686.49**	**542.63**	**9246.15**	**3364.73**
农副食品加工业	18	226.07	217.62	1.21	125.44	53.67
谷物磨制	1	1.21	1.13		0.83	0.17
饲料加工	2	66.40	65.29		16.64	8.53
植物油加工	2	36.62	34.10		27.33	8.54
制糖业	1	0.76	1.20		2.23	1.31
屠宰及肉类加工	10	62.01	56.72	0.26	53.62	24.11
水产品加工						
蔬菜、水果和坚果加工	1	7.70	7.64	0.84	6.00	2.08
其他农副食品加工	1	51.38	51.52	0.11	18.80	8.94
食品制造业	15	68.87	65.53	0.01	51.85	19.48
焙烤食品制造	3	11.28	11.15		5.14	2.78
糖果、巧克力及蜜饯制造	1	2.85	2.20		2.83	1.68
方便食品制造	1	3.33	3.17		0.84	0.59
乳制品制造	5	29.85	29.20		19.59	5.13
罐头食品制造	1	6.87	5.66		3.38	1.41
调味品、发酵制品制造	3	8.87	8.33	0.01	14.96	6.41
其他食品制造	1	5.81	5.81		5.11	1.48
酒、饮料和精制茶制造业	17	100.68	102.70	0.20	140.70	33.13
酒的制造	11	80.60	83.95	0.20	121.68	21.81
饮料制造	6	20.08	18.76		19.02	11.32
精制茶加工						

企业主要经济指标(大、中类行业)

单位：亿元

固定资产原价	累计折旧	流动资产合计	应收账款	存货	产成品	负债合计	流动负债合计	应付账款
13106.59	**5578.61**	**9219.17**	**1425.88**	**1581.38**	**591.94**	**16982.74**	**11230.21**	**2612.06**
5554.83	**2316.06**	**4585.73**	**586.21**	**398.38**	**152.05**	**8625.87**	**5378.89**	**1089.25**
5424.79	2271.34	4470.14	556.94	366.11	138.10	8422.43	5254.40	1058.70
5424.79	2271.34	4470.14	556.94	366.11	138.10	8422.43	5254.40	1058.70
66.42	16.49	47.22	18.89	7.81		66.85	58.79	13.98
66.42	16.49	47.22	18.89	7.81		66.85	58.79	13.98
47.68	19.58	58.12	10.15	16.39	9.43	121.19	50.36	16.13
46.35	18.94	54.18	9.43	13.84	7.38	116.66	46.83	13.61
1.33	0.64	3.94	0.72	2.55	2.05	4.53	3.53	2.52
15.93	8.65	10.24	0.24	8.07	4.52	15.40	15.33	0.44
12.31	6.81	9.25	0.15	7.88	4.47	14.73	14.73	0.40
3.63	1.84	1.00	0.08	0.19	0.05	0.68	0.61	0.04
5295.31	**2230.35**	**4289.45**	**750.70**	**1146.27**	**439.58**	**6835.95**	**5366.03**	**1374.56**
58.10	14.97	57.80	7.79	23.26	12.42	67.61	58.13	4.26
0.16	0.03	0.63	0.02	0.48	0.14	0.26	0.26	0.01
9.22	1.39	6.85	0.44	3.04	1.39	11.99	10.56	1.84
11.13	4.37	13.27	0.36	6.30	5.11	11.49	11.14	0.14
1.95	0.64	0.61	0.06	0.51	0.41	3.64	3.60	0.17
23.38	6.20	23.76	3.73	8.97	2.01	26.43	21.13	1.74
1.17	0.13	3.47	0.76			3.19	2.50	0.27
11.10	2.21	9.21	2.42	3.95	3.37	10.62	8.94	0.08
24.84	8.61	24.94	5.76	9.65	3.40	26.77	21.03	4.35
3.70	0.92	2.10	0.18	1.33	0.33	2.70	2.55	1.07
2.24	0.56	1.15	0.49	0.65	0.65	1.11	0.39	
0.85	0.26	0.22	0.02	0.07		0.54	0.54	0.21
9.64	5.17	12.12	3.66	3.87	1.00	8.93	8.12	0.98
1.85	0.47	1.87	0.04	1.14	0.09	1.95	1.95	0.33
4.60	0.77	4.80	0.46	1.48	0.86	9.66	5.87	0.93
1.95	0.47	2.68	0.91	1.10	0.47	1.88	1.60	0.82
45.91	16.88	88.57	5.08	34.68	16.18	65.37	62.17	9.35
34.74	13.48	82.40	4.37	32.42	15.18	58.62	57.15	8.53
11.18	3.40	6.17	0.71	2.26	1.00	6.75	5.01	0.82

2-1-6 续表 1

行　业	企　业 单位数 (个)	工业总产值 (当年价格)	工业销售 产　值 (当年价格)	出口交货值	资产总计	固定资产 合　计
烟草制品业	1	41.57	41.35		28.73	8.27
烟叶复烤						
卷烟制造	1	41.57	41.35		28.73	8.27
其他烟草制品制造						
纺织业	8	22.74	22.05	5.53	39.13	9.23
棉纺织及印染精加工	7	20.84	20.16	5.36	36.87	8.72
毛纺织及染整精加工						
麻纺织及染整精加工	1	1.90	1.89	0.17	2.26	0.51
丝绢纺织及印染精加工						
化纤织造及印染精加工						
针织或钩针编织物及其制品制造						
家用纺织制成品制造						
非家用纺织制成品制造						
纺织服装、服饰业	6	18.24	18.11		16.51	4.48
机织服装制造	5	17.71	17.65		15.91	4.24
针织或钩针编织服装制造	1	0.53	0.46		0.60	0.24
服饰制造						
皮革、毛皮、羽毛及其制品和制鞋业	1	8.10	6.97		1.30	0.22
皮革鞣制加工	1	8.10	6.97		1.30	0.22
皮革制品制造						
毛皮鞣制及制品加工						
羽毛(绒)加工及制品制造						
制鞋业						
木材加工和木、竹、藤、棕、草制品业	1	7.69	6.93		17.83	5.97
木材加工						
人造板制造						
木制品制造	1	7.69	6.93		17.83	5.97
竹、藤、棕、草等制品制造						
家具制造业						
木质家具制造						
竹、藤家具制造						
金属家具制造						
塑料家具制造						
其他家具制造						
造纸和纸制品业	4	7.16	6.59		10.10	5.33
纸浆制造						
造纸	2	1.88	1.87		2.27	1.50
纸制品制造	2	5.27	4.72		7.83	3.83
印刷和记录媒介复制业	6	5.80	5.33	0.17	10.46	3.19
印刷	6	5.80	5.33	0.17	10.46	3.19
装订及印刷相关服务						
记录媒介复制						
文教、工美、体育和娱乐用品制造业	4	3.97	2.82	0.08	6.18	2.19
文教办公用品制造						
乐器制造						
工艺美术品制造	3	2.58	1.27		3.48	1.22
体育用品制造	1	1.39	1.56	0.08	2.70	0.97
玩具制造						
游艺器材及娱乐用品制造						

单位：亿元

固定资产原价	累计折旧	流动资产合计	应收账款	存货	产成品	负债合计	流动负债合计	应付账款
13.58	5.66	20.18	1.98	3.70	0.97	3.30	3.30	2.49
13.58	5.66	20.18	1.98	3.70	0.97	3.30	3.30	2.49
13.93	5.57	26.70	2.73	5.01	1.97	34.05	31.84	2.02
12.30	4.44	25.03	2.66	4.31	1.61	33.04	31.31	1.99
1.63	1.13	1.67	0.08	0.69	0.37	1.00	0.53	0.04
7.17	2.70	8.88	2.13	3.14	1.81	7.93	7.53	1.95
6.72	2.48	8.53	2.12	2.91	1.69	7.43	7.06	1.95
0.45	0.22	0.35	0.01	0.23	0.13	0.50	0.47	0.01
0.33	0.10	0.86	0.26	0.29	0.16	0.04	0.04	0.04
0.33	0.10	0.86	0.26	0.29	0.16	0.04	0.04	0.04
5.44	0.13	8.81	1.20	2.83	0.07	7.40	7.02	0.02
5.44	0.13	8.81	1.20	2.83	0.07	7.40	7.02	0.02
7.61	2.57	3.21	0.66	0.54	0.19	7.76	2.77	1.60
1.89	0.68	0.78	0.18	0.25	0.14	1.00	1.00	0.39
5.72	1.89	2.43	0.48	0.28	0.06	6.76	1.77	1.21
6.77	4.09	5.07	1.01	0.88	0.21	5.76	5.07	0.99
6.77	4.09	5.07	1.01	0.88	0.21	5.76	5.07	0.99
2.42	0.56	3.16	0.31	1.35	0.70	3.86	2.72	0.81
1.09	0.20	1.72	0.13	0.92	0.34	2.09	1.21	0.14
1.33	0.36	1.44	0.17	0.43	0.36	1.78	1.50	0.68

2-1-6 续表 2

行业	企业单位数（个）	工业总产值（当年价格）	工业销售产值（当年价格）	出口交货值	资产总计	固定资产合计
石油加工、炼焦和核燃料加工业	123	1253.53	1190.39	0.16	2295.55	629.21
精炼石油产品制造	1	17.85	20.70		20.64	3.61
炼焦	122	1235.69	1169.69	0.16	2274.91	625.60
核燃料加工						
化学原料和化学制品制造业	73	541.24	523.52	5.75	1086.60	565.65
基础化学原料制造	26	167.71	161.07	3.02	429.52	212.51
肥料制造	18	195.61	192.16		368.48	204.58
农药制造						
涂料、油墨、颜料及类似产品制造	4	13.91	13.52	0.33	14.83	2.70
合成材料制造	6	83.07	79.69	1.60	145.81	99.37
专用化学产品制造	12	35.94	33.89	0.20	47.29	24.37
炸药、火工及焰火产品制造	6	35.08	33.85	0.19	52.79	16.67
日用化学产品制造	1	9.93	9.33	0.40	27.88	5.44
医药制造业	24	114.55	107.57	15.92	204.00	101.51
化学药品原料药制造	4	38.54	39.18	15.27	79.37	58.97
化学药品制剂制造	11	34.83	35.31	0.65	71.72	28.07
中药饮片加工	1	3.35	3.28		2.84	1.36
中成药生产	5	13.91	11.56		31.93	5.01
兽用药品制造						
生物药品制造	2	18.90	14.12		11.86	5.67
卫生材料及医药用品制造	1	5.02	4.11		6.28	2.42
化学纤维制造业						
纤维素纤维原料及纤维制造						
合成纤维制造						
橡胶和塑料制品业	12	61.07	55.68	5.37	65.45	19.30
橡胶制品业	5	42.74	38.08	5.24	42.25	12.70
塑料制品业	7	18.33	17.60	0.13	23.20	6.60
非金属矿物制品业	89	200.74	190.42	18.00	327.66	160.60
水泥、石灰和石膏制造	26	81.44	78.99		189.25	115.99
石膏、水泥制品及类似制品制造	4	7.63	7.77	1.90	9.34	3.30
砖瓦、石材等建筑材料制造	7	13.51	12.97		8.63	4.89
玻璃制造	2	13.97	11.77		30.91	8.43
玻璃制品制造	12	20.11	19.27	10.83	14.53	4.95
玻璃纤维和玻璃纤维增强塑料制品制造						
陶瓷制品制造	19	15.39	13.55	0.31	10.57	5.22
耐火材料制品制造	6	9.07	8.89	0.24	14.15	3.70
石墨及其他非金属矿物制品制造	13	39.61	37.19	4.72	50.28	14.12
黑色金属冶炼和压延加工业	94	2580.98	2508.05	93.92	2668.89	1035.10
炼铁	35	224.03	208.93	1.72	135.42	53.00
炼钢	7	321.03	307.74	4.51	290.07	129.74
黑色金属铸造	17	39.55	38.22	2.68	56.44	17.73
钢压延加工	23	1878.75	1844.56	83.84	2077.22	787.42
铁合金冶炼	12	117.61	108.60	1.17	109.74	47.20
有色金属冶炼和压延加工业	34	444.63	398.24	1.39	653.42	318.13
常用有色金属冶炼	28	420.08	377.48	1.39	627.17	308.75
贵金属冶炼	1	0.98	0.75		10.35	0.73
稀有稀土金属冶炼	1	2.49	2.48		3.41	1.89
有色金属合金制造	1	9.94	6.21		6.10	4.02
有色金属铸造						
有色金属压延加工	3	11.13	11.31		6.38	2.73

单位：亿元

固定资产原价	累计折旧	流动资产合计	应收账款	存货	产成品	负债合计	流动负债合计	应付账款
1099.48	547.00	1199.13	167.56	225.18	99.40	1953.85	1629.23	382.91
4.68	1.50	16.00	9.41	6.00	2.47	14.36	14.36	9.33
1094.80	545.50	1183.13	158.15	219.18	96.93	1939.49	1614.88	373.59
746.58	241.35	384.33	49.61	83.61	30.37	800.47	604.34	113.27
263.72	59.13	152.61	22.77	36.78	9.43	322.66	239.62	62.28
271.63	112.46	127.51	9.89	22.29	8.80	271.01	210.91	27.89
5.94	3.23	11.38	2.69	2.04	1.48	10.54	10.19	1.64
133.55	40.54	35.20	1.83	9.64	4.48	114.99	74.04	11.07
32.51	9.05	19.41	5.03	6.21	3.41	32.72	29.62	4.68
26.67	10.07	23.22	4.43	3.68	1.86	26.58	21.97	2.53
12.57	6.86	15.01	2.96	2.98	0.92	21.96	17.99	3.18
101.98	23.20	71.77	13.64	20.00	8.52	119.24	84.05	12.75
48.87	5.52	18.87	5.54	4.40	0.65	62.11	36.68	5.12
35.31	9.74	25.48	2.43	8.01	4.90	30.53	25.22	5.03
2.67	1.60	1.48	0.50	0.93	0.11	2.79	2.30	0.02
8.19	3.19	17.22	3.74	2.29	1.13	14.40	12.84	1.75
3.19	1.01	5.90	0.86	3.13	1.12	5.90	4.36	0.56
3.75	2.13	2.81	0.57	1.24	0.61	3.50	2.65	0.27
27.70	8.84	37.33	11.98	12.10	7.71	39.61	27.11	6.67
16.62	3.92	22.94	9.06	9.17	6.17	27.47	15.45	4.67
11.08	4.92	14.39	2.92	2.93	1.54	12.14	11.66	2.01
210.37	67.03	134.81	33.41	38.63	13.75	259.86	192.92	36.95
141.11	38.27	61.85	14.28	14.15	2.40	154.91	100.33	19.51
4.93	2.35	5.13	3.13	0.93	0.58	6.86	6.43	2.04
6.39	1.86	3.66	0.22	0.81	0.63	5.61	5.09	0.51
15.32	7.09	15.37	0.92	4.33	2.26	26.51	24.33	1.62
8.06	3.28	7.66	2.23	2.15	1.03	8.19	7.30	1.24
6.29	1.31	3.74	0.40	2.48	1.79	8.66	7.44	0.97
6.98	3.75	9.38	3.21	2.19	1.10	11.69	11.18	2.66
21.30	9.13	28.02	9.03	11.59	3.97	37.43	30.83	8.42
1919.19	905.35	1031.87	88.08	366.77	126.62	1865.62	1392.76	334.94
71.87	25.96	73.60	10.27	22.78	11.07	92.11	72.01	24.20
190.04	67.71	132.30	7.47	42.70	21.03	252.77	193.49	77.70
26.33	10.30	34.76	7.96	9.86	2.96	39.66	32.06	8.09
1557.21	778.42	737.09	48.49	270.66	81.05	1397.54	1019.39	197.72
73.73	22.96	54.12	13.90	20.77	10.52	83.54	75.82	27.23
503.47	198.45	236.97	16.15	100.60	24.07	510.49	327.69	72.11
490.75	194.30	222.38	14.97	97.07	22.41	492.01	315.74	70.17
1.69	0.96	8.10	0.29	0.41	0.33	8.81	3.04	0.15
2.15	0.26	1.52		1.34	0.81	2.34	2.29	0.87
6.50	2.48	2.02	0.58	1.17	0.44	2.32	2.13	0.41
2.38	0.45	2.95	0.30	0.61	0.09	5.01	4.49	0.51

2-1-6 续表 3

行业	企业单位数（个）	工业总产值（当年价格）	工业销售产值（当年价格）	出口交货值	资产总计	固定资产合计
金属制品业	23	52.81	49.84	3.42	56.33	16.14
结构性金属制品制造	5	7.74	7.68		13.49	1.63
金属工具制造	1	0.30	0.30		2.51	1.08
集装箱及金属包装容器制造						
金属丝绳及其制品制造	2	1.14	1.07	0.01	3.94	2.61
建筑、安全用金属制品制造	6	9.97	10.02	0.65	5.31	1.53
金属表面处理及热处理加工						
搪瓷制品制造						
金属制日用品制造						
其他金属制品制造	9	33.65	30.78	2.76	31.09	9.29
通用设备制造业	26	129.22	139.43	0.33	125.68	30.79
锅炉及原动设备制造	4	53.62	53.46		43.48	11.47
金属加工机械制造	1	0.54	0.63		2.99	0.74
物料搬运设备制造	3	6.11	5.91		7.56	1.46
泵、阀门、压缩机及类似机械制造	8	26.96	27.51	0.33	45.87	10.75
轴承、齿轮和传动部件制造	2	0.96	0.74		1.64	0.15
烘炉、风机、衡器、包装等设备制造	3	5.16	4.58		7.81	1.18
文化、办公用机械制造						
通用零部件制造	5	35.86	46.60		16.33	5.03
其他通用设备制造业						
专用设备制造业	34	286.75	271.46	13.31	542.12	103.53
采矿、冶金、建筑专用设备制造	22	239.00	229.09	10.64	466.92	90.95
化工、木材、非金属加工专用设备制造	2	9.22	7.86		27.24	3.58
食品、饮料、烟草及饲料生产专用设备制造						
印刷、制药、日化及日用品生产专用设备制造						
纺织、服装和皮革加工专用设备制造	3	24.24	21.19	2.65	27.94	4.21
电子和电工机械专用设备制造	2	4.51	4.54	0.01	5.64	0.63
农、林、牧、渔专用机械制造	2	6.57	5.68		8.74	2.73
医疗仪器设备及器械制造						
环保、社会公共服务及其他专用设备制造	3	3.22	3.09	0.01	5.65	1.44
汽车制造业	18	64.28	63.66	3.49	103.50	34.86
汽车整车制造	3	1.94	1.86	0.01	17.96	7.29
改装汽车制造	2	32.54	32.57	1.02	29.03	8.34
低速载货汽车制造						
电车制造						
汽车车身、挂车制造						
汽车零部件及配件制造	13	29.80	29.23	2.46	56.51	19.22
铁路、船舶、航空航天和其他运输设备制造业	10	101.08	99.92	0.41	129.24	45.87
铁路运输设备制造	9	99.80	98.64	0.41	121.81	41.68
城市轨道交通设备制造						
船舶及相关装置制造						
航空、航天器及设备制造						
摩托车制造						
自行车制造						
非公路休闲车及零配件制造						
潜水救捞及其他未列明运输设备制造	1	1.28	1.28		7.42	4.19

单位：亿元

固定资产原价	累计折旧	流动资产合计	应收账款	存货	产成品	负债合计	流动负债合计	应付账款
23.31	8.98	36.69	9.40	10.17	3.44	39.68	33.14	7.32
2.06	0.64	11.76	2.39	2.84	0.65	10.68	9.00	1.39
1.42	0.37	1.43	0.12	1.19	0.17	0.79	0.76	0.07
2.95	0.34	1.08	0.31	0.35	0.19	2.97	2.33	0.14
2.02	0.55	3.53	0.64	0.64	0.59	4.09	4.02	0.55
14.86	7.07	18.89	5.94	5.15	1.84	21.16	17.03	5.17
33.24	12.10	80.83	23.52	28.79	9.76	93.82	72.83	27.30
12.83	2.73	25.25	4.30	11.26	2.82	23.49	18.67	3.15
1.14	0.60	2.21	0.09	1.87	0.96	2.54	1.88	0.46
1.80	0.36	5.55	1.54	2.59	2.07	6.23	6.23	1.25
7.07	3.74	32.35	10.69	8.74	2.78	39.05	27.73	12.73
0.56	0.40	1.42	0.40	0.80	0.19	1.61	1.39	0.42
1.92	0.79	2.95	1.21	0.76	0.51	6.14	4.03	1.13
7.93	3.47	11.10	5.30	2.76	0.43	14.75	12.89	8.16
121.89	37.19	381.34	159.71	88.60	37.41	410.86	345.14	149.06
103.50	30.78	334.04	148.18	77.61	33.51	360.61	307.74	133.86
4.33	0.81	14.62	3.83	3.67	1.18	13.76	11.43	3.40
7.76	3.95	19.20	3.38	3.87	1.14	26.13	16.80	9.87
0.95	0.32	3.83	1.96	0.31	0.19	2.12	1.97	0.72
3.69	1.01	5.73	1.63	2.00	0.80	4.43	3.50	0.60
1.66	0.32	3.92	0.73	1.14	0.59	3.81	3.69	0.61
48.88	15.17	48.68	10.59	15.42	8.38	75.77	61.95	13.77
8.93	1.64	4.23	0.07	1.24	0.78	11.34	11.14	1.63
11.27	2.93	14.06	4.50	5.41	2.98	21.37	14.59	5.14
28.68	10.61	30.39	6.01	8.76	4.62	43.06	36.22	6.99
38.81	14.68	78.47	36.89	14.82	3.18	101.85	84.79	43.95
33.15	13.22	76.54	36.59	14.45	2.97	93.16	78.32	42.61
5.65	1.47	1.93	0.29	0.37	0.20	8.69	6.47	1.34

2-1-6 续表 4

行业	企业单位数(个)	工业总产值(当年价格)	工业销售产值(当年价格)	出口交货值	资产总计	固定资产合计
电气机械和器材制造业	10	105.15	98.39	1.82	138.16	37.99
电机制造	3	52.12	53.47	1.31	61.05	9.69
输配电及控制设备制造	4	49.19	42.10		60.07	18.41
电线、电缆、光缆及电工器材制造						
电池制造	1	1.52	0.80		11.63	8.76
家用电力器具制造						
非电力家用器具制造						
照明器具制造	2	2.33	2.03	0.52	5.42	1.13
其他电气机械及器材制造						
计算机、通信和其他电子设备制造业	9	498.11	477.36	371.66	382.55	117.28
计算机制造	1	3.53	3.56		10.69	3.83
通信设备制造	5	487.80	467.61	370.15	333.25	104.11
广播电视设备制造						
雷达及配套设备制造						
视听设备制造						
电子器件制造						
电子元件制造	2	6.01	5.43	1.51	14.92	2.88
其他电子设备制造	1	0.77	0.77		23.70	6.47
仪器仪表制造业	2	11.16	11.14	0.51	10.62	1.57
通用仪器仪表制造	1	10.50	10.50		8.78	0.53
专用仪器仪表制造						
钟表与计时仪器制造						
光学仪器及眼镜制造	1	0.66	0.65	0.51	1.84	1.05
其他仪器仪表制造业						
其他制造业	2	4.29	4.32		7.48	1.94
日用杂品制造	1	2.10	2.13		2.10	0.76
煤制品制造						
核辐射加工						
其他未列明制造业	1	2.19	2.19		5.37	1.18
废弃资源综合利用业						
金属废料和碎屑加工处理						
非金属废料和碎屑加工处理						
金属制品、机械和设备修理业	3	1.11	1.11		0.67	0.08
金属制品修理						
通用设备修理						
专用设备修理						
铁路、船舶、航空航天等运输设备修理	1	0.48	0.48		0.17	
电气设备修理	2	0.64	0.64		0.50	0.08
仪器仪表修理						
其他机械和设备修理业						
电力、热力、燃气及水生产和供应业	**62**	**1463.68**	**1427.20**		**1981.04**	**1358.09**
电力、热力生产和供应业	45	1371.32	1342.44		1741.02	1240.32
电力生产	35	479.30	450.42		1018.05	791.67
电力供应	2	865.21	865.21		629.46	402.72
热力生产和供应	8	26.81	26.81		93.51	45.93
燃气生产和供应业	6	76.3	69.12		172.92	81.87
水的生产和供应业	11	16.06	15.64		67.1	35.91
自来水生产和供应	11	16.06	15.64		67.1	35.91
污水处理及其再生利用						
其他水的处理、利用与分配						

单位：亿元

固定资产原价	累计折旧	流动资产合计	应收账款	存货		负债合计	流动负债合计	应付账款
					产成品			
41.97	13.99	76.02	44.48	16.32	8.94	99.26	77.68	23.64
15.85	7.83	42.78	25.64	10.26	5.02	39.92	37.49	15.11
20.98	5.57	26.96	16.98	4.00	2.64	49.55	31.89	6.66
3.72	0.30	2.87	0.75	1.12	0.83	7.01	5.69	1.10
1.42	0.28	3.41	1.12	0.95	0.45	2.79	2.61	0.76
187.45	73.27	231.15	54.19	37.66	19.19	227.01	223.53	120.58
5.91	2.08	6.23	1.81	0.51	0.16	10.23	9.95	4.89
166.61	62.60	208.32	49.56	33.03	18.07	199.86	198.77	113.63
10.78	7.90	7.96	2.38	2.92	0.57	7.60	7.54	0.95
4.16	0.68	8.64	0.43	1.19	0.39	9.32	7.27	1.11
1.67	0.71	6.17	2.25	1.58	0.50	5.37	4.69	1.08
0.94	0.41	5.52	2.05	1.34	0.41	4.64	3.96	1.00
0.73	0.30	0.65	0.20	0.24	0.09	0.73	0.73	0.08
2.97	1.02	5.16	0.10	0.68	0.24	2.77	2.05	0.21
0.82	0.06	0.97	0.10	0.33	0.22	0.84	0.84	0.01
2.15	0.97	4.19		0.35	0.02	1.93	1.20	0.19
0.26	0.18	0.55	0.24	0.03		0.55	0.54	0.16
0.01	0.01	0.17	0.06			0.09	0.09	0.01
0.25	0.17	0.38	0.19	0.03		0.46	0.45	0.15
2256.45	**1032.20**	**344.00**	**88.96**	**36.73**	**0.31**	**1520.91**	**485.28**	**148.25**
2106.83	996.45	280.25	79.10	34.03	0.08	1355.76	419.42	132.73
1287.77	575.60	172.88	62.88	32.32	0.08	813.06	355.78	115.88
746.93	392.73	67.98	14.99	0.30		462.67	16.33	5.84
72.13	28.12	39.39	1.23	1.41		80.03	47.31	11.02
92.38	12.31	43.26	8.16	1.17	0.24	135.07	46.79	8.28
57.24	23.43	20.48	1.71	1.53		30.08	19.07	7.23
57.24	23.43	20.48	1.71	1.53		30.08	19.07	7.23

2-1-6 续表 5

行业	所有者权益合计	实收资本				
			国家资本	集体资本	法人资本	个人资本
总计	**6633.12**	**3194.87**	**1221.09**	**94.10**	**1238.35**	**441.12**
采矿业	**3772.60**	**1474.18**	**581.53**	**41.89**	**706.25**	**109.96**
煤炭开采和洗选业	3622.91	1346.78	531.06	38.25	642.40	100.53
烟煤和无烟煤开采洗选	3622.91	1346.78	531.06	38.25	642.40	100.53
褐煤开采洗选						
其他煤炭采选						
石油和天然气开采业	59.74	61.49	10.02		51.47	
石油开采						
天然气开采	59.74	61.49	10.02		51.47	
黑色金属矿采选业	87.31	64.06	40.40	3.44	10.79	9.43
铁矿采选	86.94	63.10	40.40	3.44	10.79	8.47
锰矿、铬矿采选	0.37	0.96				0.96
其他黑色金属矿采选						
有色金属矿采选业	2.65	1.85	0.06	0.20	1.59	
常用有色金属矿采选	0.01	0.06	0.06			
贵金属矿采选	2.63	1.79		0.20	1.59	
稀有稀土金属矿采选						
非金属矿采选业						
土砂石开采						
化学矿开采						
采盐						
石棉及其他非金属矿采选						
开采辅助活动						
煤炭开采和洗选辅助活动						
石油和天然气开采辅助活动						
其他开采辅助活动						
其他采矿业						
制造业	**2402.14**	**1362.06**	**373.53**	**51.76**	**458.54**	**325.05**
农副食品加工业	57.83	13.83	1.06	0.37	3.86	8.54
谷物磨制	0.57	0.15				0.15
饲料加工	4.65	2.45				2.45
植物油加工	15.84	2.11			1.53	0.59
制糖业	-1.41	0.35			0.35	
屠宰及肉类加工	27.18	6.03	1.06	0.37	1.99	2.62
水产品加工						
蔬菜、水果和坚果加工	2.81	1.00				1.00
其他农副食品加工	8.19	1.73				1.73
食品制造业	25.08	8.97	0.01	0.52	5.93	2.17
焙烤食品制造	2.44	1.43			1.13	
糖果、巧克力及蜜饯制造	1.72	0.12	0.01	0.01	0.10	
方便食品制造	0.30					
乳制品制造	10.65	4.21			3.92	0.30
罐头食品制造	1.43	0.52				0.52
调味品、发酵制品制造	5.30	1.93		0.52	0.78	0.59
其他食品制造	3.24	0.76				0.76
酒、饮料和精制茶制造业	75.33	24.40	11.74		5.47	5.48
酒的制造	63.06	19.26	11.72		4.59	2.06
饮料制造	12.27	5.14	0.02		0.88	3.42
精制茶加工						

单位：亿元

港澳台资本	外商资本	主营业务收入	主营业务成本	主营业务税金及附加	销售费用	管理费用	税金	财务费用
56.63	**133.25**	**14675.41**	**12314.37**	**138.74**	**449.47**	**905.47**	**35.20**	**471.53**
	26.37	**5654.19**	**4234.02**	**83.57**	**264.39**	**572.11**	**19.44**	**245.13**
	26.37	5505.31	4118.89	81.11	263.11	559.80	18.64	234.31
	26.37	5505.31	4118.89	81.11	263.11	559.80	18.64	234.31
		30.73	22.17	0.22	0.13	3.43	0.15	2.58
		30.73	22.17	0.22	0.13	3.43	0.15	2.58
		107.06	82.97	2.07	1.14	8.42	0.59	8.27
		103.54	79.46	2.07	1.13	8.33	0.59	8.18
		3.52	3.50		0.01	0.09		0.09
		11.09	9.99	0.16	0.02	0.45	0.06	-0.03
		6.13	6.07	0.13		0.04	0.04	
		4.97	3.93	0.03	0.02	0.41	0.02	-0.03
56.63	**95.72**	**7568.29**	**6804.36**	**47.87**	**180.13**	**273.85**	**13.69**	**178.21**
		222.93	196.23	0.07	2.03	3.00	0.08	2.63
		1.03	0.83		0.03	0.02		0.02
		66.96	57.21		0.31	0.81	0.01	0.43
		34.28	28.20		0.08	0.38	0.01	0.59
		1.20	1.23		0.02	0.09	0.02	0.09
		60.30	53.49	0.04	0.71	1.36	0.02	0.86
		7.64	6.89		0.06	0.10		0.09
		51.52	48.39	0.03	0.81	0.24	0.03	0.56
0.34		65.02	52.33	0.23	4.26	2.61	0.09	0.76
0.30		10.63	8.52	0.07	0.59	0.46	0.03	0.01
		2.06	1.52	0.03	0.05	0.07		0.05
		3.17	2.78	0.02	0.32	0.04	0.01	0.02
		29.20	24.44	0.05	1.35	1.11	0.03	0.29
		6.00	5.43	0.02	0.22	0.22		0.09
0.04		8.15	5.24	0.04	1.10	0.63	0.01	0.25
		5.81	4.38		0.63	0.10		0.06
	1.71	159.91	100.65	13.63	21.35	9.40	0.65	0.31
	0.89	138.09	84.04	13.56	19.04	8.75	0.61	0.15
	0.82	21.82	16.61	0.07	2.31	0.65	0.04	0.17

2-1-6 续表 6

行业	所有者权益合计	实收资本				
			国家资本	集体资本	法人资本	个人资本
烟草制品业	25.43	6.13			6.13	
烟叶复烤						
卷烟制造	25.43	6.13			6.13	
其他烟草制品制造						
纺织业	5.07	6.14	0.67	0.12		5.34
棉纺织及印染精加工	3.81	5.34				5.34
毛纺织及染整精加工						
麻纺织及染整精加工	1.26	0.79	0.67	0.12		
丝绢纺织及印染精加工						
化纤织造及印染精加工						
针织或钩针编织物及其制品制造						
家用纺织制成品制造						
非家用纺织制成品制造						
纺织服装、服饰业	8.57	3.09	0.42	0.21	1.27	1.20
机织服装制造	8.47	2.83	0.42	0.21	1.00	1.20
针织或钩针编织服装制造	0.10	0.27			0.27	
服饰制造						
皮革、毛皮、羽毛及其制品和制鞋业	1.26	0.36				0.36
皮革鞣制加工	1.26	0.36				0.36
皮革制品制造						
毛皮鞣制及制品加工						
羽毛(绒)加工及制品制造						
制鞋业						
木材加工和木、竹、藤、棕、草制品业	10.43	0.06				0.06
木材加工						
人造板制造						
木制品制造	10.43	0.06				0.06
竹、藤、棕、草等制品制造						
家具制造业						
木质家具制造						
竹、藤家具制造						
金属家具制造						
塑料家具制造						
其他家具制造						
造纸和纸制品业	2.34	2.01			0.62	1.39
纸浆制造						
造纸	1.28	0.68			0.62	0.06
纸制品制造	1.07	1.34				1.34
印刷和记录媒介复制业	4.68	2.13	0.74		1.37	0.02
印刷	4.68	2.13	0.74		1.37	0.02
装订及印刷相关服务						
记录媒介复制						
文教、工美、体育和娱乐用品制造业	2.31	1.15			0.31	0.84
文教办公用品制造						
乐器制造						
工艺美术品制造	1.39	0.55			0.31	0.24
体育用品制造	0.92	0.60				0.60
玩具制造						
游艺器材及娱乐用品制造						

单位：亿元

港澳台资本	外商资本	主营业务收入	主营业务成本	主营业务税金及附加	销售费用	管理费用	税金	财务费用
		40.41	13.08	17.57	0.42	2.51	0.08	-0.22
		40.41	13.08	17.57	0.42	2.51	0.08	-0.22
		22.01	19.22	0.04	0.34	0.68	0.04	1.05
		19.98	17.50	0.03	0.27	0.45	0.04	1.04
		2.04	1.72	0.01	0.07	0.22		0.01
		15.00	12.35	0.04	0.34	1.12	0.03	0.21
		14.53	11.96	0.04	0.31	1.04	0.02	0.20
		0.47	0.39		0.02	0.09	0.01	0.01
		6.97	6.76	0.06	0.02	0.03		0.01
		6.97	6.76	0.06	0.02	0.03		0.01
		7.27	6.37		0.02	0.04		0.20
		7.27	6.37		0.02	0.04		0.20
		7.68	6.99	0.01	0.04	0.16	0.02	0.18
		1.87	1.81			0.02		0.01
		5.82	5.17	0.01	0.04	0.14	0.02	0.17
		6.02	4.34	0.07	0.56	0.82	0.04	0.20
		6.02	4.34	0.07	0.56	0.82	0.04	0.20
		3.18	2.42	0.02	0.34	0.41	0.02	0.04
		1.07	0.69	0.01	0.24	0.22	0.01	0.02
		2.11	1.73	0.01	0.10	0.19	0.01	0.02

2-1-6 续表 7

行　　业	所有者权益合计	实收资本				
			国家资本	集体资本	法人资本	个人资本
石油加工、炼焦和核燃料加工业	335.80	323.20	30.58	18.59	163.18	97.31
精炼石油产品制造	6.28	2.04			2.04	
炼焦	329.52	321.15	30.58	18.59	161.14	97.31
核燃料加工						
化学原料和化学制品制造业	285.71	185.84	59.17	10.41	67.76	29.31
基础化学原料制造	106.86	65.39	15.48	4.00	17.71	11.38
肥料制造	97.47	78.41	32.49	4.31	38.48	2.11
农药制造						
涂料、油墨、颜料及类似产品制造	4.27	1.34	0.41		0.09	0.62
合成材料制造	30.82	17.05	7.69	0.83	5.70	1.71
专用化学产品制造	14.16	9.21	0.28	1.27	3.70	3.96
炸药、火工及焰火产品制造	26.21	8.94	2.81		0.64	5.49
日用化学产品制造	5.92	5.49			1.45	4.04
医药制造业	84.77	36.36	7.84	0.10	20.49	4.42
化学药品原料药制造	17.26	10.94	7.11			0.32
化学药品制剂制造	41.19	18.67	0.44		15.96	2.27
中药饮片加工	0.05	0.05			0.05	
中成药生产	17.53	3.92	0.09		2.44	1.39
兽用药品制造						
生物药品制造	5.96	1.22	0.17	0.10	0.65	0.29
卫生材料及医药用品制造	2.78	1.56	0.03		1.38	0.15
化学纤维制造业						
纤维素纤维原料及纤维制造						
合成纤维制造						
橡胶和塑料制品业	24.99	13.77	0.16	0.26	7.22	3.42
橡胶制品业	14.78	9.06			7.13	1.18
塑料制品业	10.21	4.71	0.16	0.26	0.09	2.25
非金属矿物制品业	66.96	75.61	19.89	1.97	25.46	19.83
水泥、石灰和石膏制造	34.19	48.26	16.72	0.60	14.09	8.97
石膏、水泥制品及类似制品制造	2.48	2.00	1.23		0.36	0.41
砖瓦、石材等建筑材料制造	3.03	2.65	1.22	0.25	0.07	1.11
玻璃制造	4.40	5.53			1.50	4.03
玻璃制品制造	5.74	3.29			1.22	2.06
玻璃纤维和玻璃纤维增强塑料制品制造						
陶瓷制品制造	1.83	2.20	0.24	0.15	0.30	1.48
耐火材料制品制造	2.46	2.63	0.49	0.17	0.30	1.14
石墨及其他非金属矿物制品制造	12.84	9.05		0.80	7.62	0.63
黑色金属冶炼和压延加工业	804.45	272.42	91.47	1.73	57.26	118.49
炼铁	43.14	33.00			5.09	27.91
炼钢	37.30	40.68	3.92		20.00	16.76
黑色金属铸造	16.62	16.46	2.33	0.40	9.03	1.22
钢压延加工	679.69	165.66	84.61	0.51	14.49	66.05
铁合金冶炼	27.71	16.63	0.60	0.83	8.65	6.55
有色金属冶炼和压延加工业	141.99	102.36	51.70	4.50	37.53	8.13
常用有色金属冶炼	134.22	96.04	51.70	4.50	32.01	7.33
贵金属冶炼	1.55	1.43			1.43	
稀有稀土金属冶炼	1.07	1.80			1.80	
有色金属合金制造	3.78	1.50			1.50	
有色金属铸造						
有色金属压延加工	1.37	1.60			0.80	0.80

单位：亿元

港澳台资本	外商资本	主营业务收　入	主营业务成　本	主营业务税金及附加	销售费用	管理费用	税金	财务费用
5.21	8.32	1250.61	1156.78	3.00	52.94	37.34	2.45	58.08
		16.76	15.00	0.11	0.19	0.59	0.05	0.25
5.21	8.32	1233.86	1141.78	2.89	52.75	36.75	2.39	57.83
14.83	4.36	651.60	595.84	1.69	13.84	34.92	1.95	25.96
14.83	2.00	202.61	188.70	0.90	2.73	8.15	0.52	8.70
	1.02	247.44	224.82	0.20	5.81	14.76	0.70	9.03
	0.22	14.16	11.63	0.04	0.71	0.59	0.04	0.39
	1.12	107.42	104.13	0.24	1.37	4.90	0.28	4.53
		36.86	32.82	0.04	1.11	1.08	0.05	1.58
		33.49	25.33	0.21	1.59	4.37	0.21	0.93
		9.63	8.41	0.06	0.52	1.07	0.14	0.79
	3.50	108.77	70.80	0.72	15.11	11.35	0.37	2.41
	3.50	39.37	34.96	0.05	0.57	2.15	0.11	1.28
		37.67	21.23	0.33	5.60	5.33	0.17	0.62
		3.28	2.83			0.01		0.02
		11.15	3.41	0.16	5.37	1.71	0.03	0.24
		13.19	5.71	0.15	3.32	1.58	0.04	0.06
		4.11	2.65	0.03	0.25	0.57	0.02	0.19
	2.70	60.39	52.58	0.21	1.76	1.74	0.09	1.35
	0.76	43.00	37.59	0.14	1.01	0.91	0.06	1.15
	1.95	17.40	14.99	0.07	0.75	0.83	0.03	0.20
1.46	6.99	183.03	154.91	0.98	6.26	11.70	0.58	8.11
1.46	6.43	76.31	64.01	0.45	1.85	6.16	0.38	5.27
		8.74	7.57	0.05	0.26	0.75	0.02	0.15
		11.24	9.73	0.09	0.72	0.32	0.01	0.14
		11.19	9.76	0.05	0.21	0.45	0.03	0.70
		19.18	16.89	0.02	0.24	0.55	0.04	0.35
	0.04	13.50	11.70	0.12	0.40	0.57	0.02	0.19
	0.53	7.97	6.23	0.07	0.52	1.45	0.02	0.37
		34.90	29.05	0.12	2.06	1.45	0.05	0.93
0.01	3.46	3129.73	2951.63	4.22	31.30	76.19	4.10	45.67
		206.26	196.55	0.32	0.81	2.54	0.16	2.05
		319.51	309.34	0.26	2.00	4.22	0.21	5.30
0.01	3.46	37.39	31.86	0.14	1.80	1.70	0.06	1.30
		2455.96	2314.19	3.31	24.68	64.97	3.51	35.14
		110.62	99.69	0.19	2.00	2.76	0.15	1.87
0.25	0.25	426.12	399.56	1.77	6.41	10.71	1.07	16.11
0.25	0.25	405.02	380.28	1.74	6.11	10.02	1.02	15.87
		0.73	0.59	0.01	0.01	0.12		
		2.48	2.55		0.09	0.12	0.02	0.05
		5.98	5.52	0.02	0.12	0.32	0.01	
		11.91	10.64		0.08	0.13	0.02	0.20

2-1-6 续表 8

行业	所有者权益合计					
		实收资本				
			国家资本	集体资本	法人资本	个人资本
金属制品业	16.57	7.02	1.83	0.24	0.35	4.60
结构性金属制品制造	2.81	1.53	0.10	0.10	0.25	1.08
金属工具制造	1.72	0.15	0.15			
集装箱及金属包装容器制造						
金属丝绳及其制品制造	0.97	1.50		0.10		1.40
建筑、安全用金属制品制造	1.15	0.37		0.05	0.02	0.30
金属表面处理及热处理加工						
搪瓷制品制造						
金属制日用品制造						
其他金属制品制造	9.93	3.48	1.58		0.08	1.82
通用设备制造业	31.76	16.80	5.09	0.52	8.24	2.86
锅炉及原动设备制造	19.89	3.70	2.37		1.00	0.33
金属加工机械制造	0.45	0.23	0.23			
物料搬运设备制造	1.33	1.14			0.64	0.50
泵、阀门、压缩机及类似机械制造	6.83	6.63	0.37	0.01	5.27	0.90
轴承、齿轮和传动部件制造	0.03	0.26	0.26			
烘炉、风机、衡器、包装等设备制造	1.67	1.55		0.04	0.70	0.81
文化、办公用机械制造						
通用零部件制造	1.58	3.29	1.86	0.48	0.63	0.32
其他通用设备制造业						
专用设备制造业	131.18	78.96	56.76	3.29	13.85	5.05
采矿、冶金、建筑专用设备制造	106.22	64.52	55.15	1.56	3.11	4.70
化工、木材、非金属加工专用设备制造	13.48	9.54	0.30	0.70	8.54	
食品、饮料、烟草及饲料生产专用设备制造						
印刷、制药、日化及日用品生产专用设备制造						
纺织、服装和皮革加工专用设备制造	1.80	1.42		1.03	0.40	
电子和电工机械专用设备制造	3.52	1.66			1.31	0.35
农、林、牧、渔专用机械制造	4.31	0.72	0.52		0.20	
医疗仪器设备及器械制造						
环保、社会公共服务及其他专用设备制造	1.84	1.10	0.80		0.30	
汽车制造业	27.73	19.70	2.72	6.79	7.38	2.81
汽车整车制造	6.62	10.52		6.79	3.72	0.01
改装汽车制造	7.66	0.59	0.09		0.41	0.09
低速载货汽车制造						
电车制造						
汽车车身、挂车制造						
汽车零部件及配件制造	13.45	8.59	2.63		3.25	2.71
铁路、船舶、航空航天和其他运输设备制造业	27.39	19.02	11.86	0.73	5.04	
铁路运输设备制造	28.66	16.17	11.86	0.73	2.19	
城市轨道交通设备制造						
船舶及相关装置制造						
航空、航天器及设备制造						
摩托车制造						
自行车制造						
非公路休闲车及零配件制造						
潜水救捞及其他未列明运输设备制造	-1.27	2.85			2.85	

单位：亿元

港澳台资本	外商资本	主营业务收　入	主营业务成　本	主营业务税金及附加	销售费用	管理费用	税金	财务费用
		47.93	41.41	0.16	1.04	3.16	0.06	1.00
		8.06	7.06	0.02	0.05	0.46	0.01	0.44
		0.23	0.10		0.03	0.12		
		1.07	1.19	0.01	0.05	0.12		0.03
		9.98	8.87	0.03	0.01	0.39	0.01	0.08
		28.59	24.19	0.09	0.89	2.08	0.04	0.46
	0.09	133.32	113.26	0.28	3.67	7.43	0.17	1.01
		51.64	38.27	0.07	2.31	3.72	0.04	0.19
		0.57	0.42		0.02	0.15	0.02	
		5.62	4.79	0.03	0.25	0.49	0.01	0.07
	0.09	35.60	31.93	0.05	0.84	1.35	0.06	0.48
		0.76	0.65		0.12	0.16	0.01	0.08
		4.50	4.15	0.01	0.10	0.30		0.08
		34.62	33.05	0.12	0.04	1.27	0.03	0.11
		291.57	250.62	0.89	8.92	21.26	0.33	6.16
		242.72	208.62	0.70	7.85	17.11	0.15	5.82
		12.65	11.05	0.03	0.13	0.45	0.01	
		22.17	20.08	0.11	0.46	2.63	0.14	-0.02
		4.15	2.25	0.03	0.24	0.63	0.01	0.02
		5.86	4.89	0.01	0.21	0.23		0.28
		4.03	3.72	0.01	0.04	0.21	0.02	0.06
		63.76	57.66	0.12	3.14	5.09	0.20	1.03
		1.95	2.08	0.02	0.20	1.49	0.06	0.25
		32.67	30.45		1.39	1.11		-0.19
		29.13	25.12	0.09	1.55	2.49	0.14	0.98
	1.40	98.48	81.71	0.50	2.17	8.40	0.23	2.15
	1.40	97.32	80.69	0.49	2.08	8.14	0.23	2.15
		1.16	1.02		0.09	0.25		

2-1-6 续表 9

行业	所有者权益合计	实收资本				
			国家资本	集体资本	法人资本	个人资本
电气机械和器材制造业	38.90	22.79	17.34	0.06	3.02	2.12
电机制造	21.13	6.44	6.34	0.06		0.04
输配电及控制设备制造	10.52	12.59	11.00		0.36	0.99
电线、电缆、光缆及电工器材制造						
电池制造	4.62	2.67			2.27	0.40
家用电力器具制造						
非电力家用器具制造						
照明器具制造	2.63	1.09			0.40	0.69
其他电气机械及器材制造						
计算机、通信和其他电子设备制造业	155.54	118.46	1.99	1.15	16.29	1.28
计算机制造	0.46	0.84				
通信设备制造	133.38	96.20	0.49			
广播电视设备制造						
雷达及配套设备制造						
视听设备制造						
电子器件制造						
电子元件制造	7.32	4.06		0.47	2.77	0.82
其他电子设备制造	14.38	17.36	1.50	0.69	13.52	0.45
仪器仪表制造业	5.25	0.81	0.08		0.42	
通用仪器仪表制造	4.14	0.50			0.31	
专用仪器仪表制造						
钟表与计时仪器制造						
光学仪器及眼镜制造	1.11	0.31	0.08		0.12	
其他仪器仪表制造业						
其他制造业	4.70	0.49	0.39		0.09	0.01
日用杂品制造	1.26	0.10			0.09	0.01
煤制品制造						
核辐射加工						
其他未列明制造业	3.44	0.39	0.39			
废弃资源综合利用业						
金属废料和碎屑加工处理						
非金属废料和碎屑加工处理						
金属制品、机械和设备修理业	0.12	0.20		0.19		0.01
金属制品修理						
通用设备修理						
专用设备修理						
铁路、船舶、航空航天等运输设备修理	0.08	0.01				0.01
电气设备修理	0.04	0.19		0.19		
仪器仪表修理						
其他机械和设备修理业						
电力、热力、燃气及水生产和供应业	**458.39**	**358.63**	**266.03**	**0.45**	**73.56**	**6.11**
电力、热力生产和供应业	383.52	326.34	243.88	0.45	64.05	5.48
电力生产	204.99	244.70	170.26	0.45	57.85	4.98
电力供应	166.79	78.25	72.25		6.00	
热力生产和供应	11.74	3.4	1.38		0.2	0.5
燃气生产和供应业	37.85	13.66	4.37		8.81	0.47
水的生产和供应业	37.02	18.63	17.78		0.7	0.15
自来水生产和供应	37.02	18.63	17.78		0.7	0.15
污水处理及其再生利用						
其他水的处理、利用与分配						

单位：亿元

港澳台资本	外商资本	主营业务收　入	主营业务成　本	主营业务税金及附加	销售费用	管理费用	税金	财务费用
	0.24	69.34	61.24	0.31	2.17	6.45	0.21	2.92
		54.93	46.36	0.23	1.47	4.40	0.12	1.13
	0.24	11.53	12.89	0.05	0.40	1.42	0.07	1.56
		0.81	0.80		0.07	0.29		0.21
		2.08	1.18	0.02	0.23	0.34	0.02	0.02
34.22	62.69	479.68	383.78	1.20	1.00	15.97	0.81	0.81
		3.69	3.34	0.01	0.01	0.59	0.05	-0.01
33.02	62.69	468.04	373.30	1.16	0.84	13.79	0.74	0.39
		7.12	6.44	0.03	0.14	0.63	0.01	0.38
1.20		0.83	0.71		0.01	0.96	0.01	0.05
0.31		12.11	7.06	0.08	0.57	0.92	0.01	0.04
0.20		11.47	6.61	0.08	0.56	0.78	0.01	0.02
0.11		0.64	0.45	0.01	0.01	0.15		0.02
		4.33	3.60		0.11	0.29	0.01	0.02
		2.64	2.13		0.10	0.11		0.06
		1.69	1.47		0.01	0.18	0.01	-0.04
		1.11	1.15	0.02		0.13		
		0.48	0.43	0.01		0.02		
		0.64	0.72	0.01		0.11		
	11.16	**1452.92**	**1275.99**	**7.30**	**4.95**	**59.51**	**2.08**	**48.19**
	11.16	1364.84	1212.35	6.74	0.52	50.80	1.76	45.57
	11.16	475.97	372.68	3.62	0.05	12.06	0.93	31.80
		865.21	815.70	3.06	0.04	36.64	0.80	12.07
		23.66	23.97	0.06	0.43	2.1	0.03	1.71
		72.44	50.33	0.42	3.49	5.15	0.15	2.35
		15.64	13.31	0.15	0.94	3.56	0.16	0.27
		15.64	13.31	0.15	0.94	3.56	0.16	0.27

2-1-6 续表 10

行　业			投资收益（损失以“-”号记）	营业利润	利润总额
	利息收入	利息支出			
总　计	**39.68**	**482.22**	**24.62**	**464.52**	**480.06**
采矿业	**25.40**	**258.19**	**62.18**	**324.97**	**325.81**
煤炭开采和洗选业	25.34	247.45	61.59	314.17	313.87
烟煤和无烟煤开采洗选	25.34	247.45	61.59	314.17	313.87
褐煤开采洗选					
其他煤炭采选					
石油和天然气开采业	0.01	2.48	0.58	3.02	4.98
石油开采					
天然气开采	0.01	2.48	0.58	3.02	4.98
黑色金属矿采选业	0.02	8.26	0.01	5.70	5.02
铁矿采选	0.02	8.18	0.01	5.87	5.18
锰矿、铬矿采选		0.08		-0.17	-0.16
其他黑色金属矿采选					
有色金属矿采选业	0.03			2.07	1.94
常用有色金属矿采选				1.48	1.47
贵金属矿采选	0.03			0.59	0.46
稀有稀土金属矿采选					
非金属矿采选业					
土砂石开采					
化学矿开采					
采盐					
石棉及其他非金属矿采选					
开采辅助活动					
煤炭开采和洗选辅助活动					
石油和天然气开采辅助活动					
其他开采辅助活动					
其他采矿业					
制造业	**13.74**	**175.62**	**-40.60**	**47.58**	**63.76**
农副食品加工业	0.09	2.72		20.31	21.30
谷物磨制		0.02		0.13	0.15
饲料加工	-0.02	0.49		9.62	9.83
植物油加工	0.01	0.59		5.03	5.17
制糖业		0.09		-0.41	-0.40
屠宰及肉类加工	0.03	0.84		3.91	4.43
水产品加工					
蔬菜、水果和坚果加工		0.09		0.53	0.54
其他农副食品加工	0.07	0.60		1.50	1.58
食品制造业	0.01	0.71		4.87	5.19
焙烤食品制造		0.01		1.02	1.07
糖果、巧克力及蜜饯制造		0.05		0.35	0.34
方便食品制造		0.02		0.01	0.08
乳制品制造		0.29		1.94	1.96
罐头食品制造		0.09		0.03	0.10
调味品、发酵制品制造		0.25		0.88	0.98
其他食品制造				0.65	0.65
酒、饮料和精制茶制造业	0.76	1.02	0.06	14.58	14.27
酒的制造	0.75	0.85	0.06	12.56	12.22
饮料制造	0.01	0.17		2.01	2.05
精制茶加工					

单位：亿元

亏损企业亏损额	应交增值税	应交所得税	从业人员平均人数（万人）	总资产贡献率（%）	资产负债率（%）	产品销售率（%）	成本费用利润率（%）	流动资本周转率（%）
303.53	**635.96**	**143.11**	**184.15**	**7.2**	**71.88**	**94.87**	**3.18**	**1.7**
136.97	**413.67**	**108.87**	**98.6**	**8.55**	**69.57**	**92.44**	**5.35**	**1.4**
134.62	405.87	106.77	96.36	8.52	69.92	92.47	5.28	1.4
134.62	405.87	106.77	96.36	8.52	69.92	92.47	5.28	1.4
	1.56	0.47	0.32	7.32	52.81	100	17.42	0.65
	1.56	0.47	0.32	7.32	52.81	100	17.42	0.65
2.35	5.46	1.51	1.66	9.97	58.13	88.85	4.94	1.86
2.19	5.42	1.51	1.55	10.23	57.3	88.77	5.29	1.93
0.16	0.04		0.11	-0.76	92.5	90.9	-4.29	0.89
	0.78	0.12	0.26	15.81	85.34	99.61	18.41	1.25
	0.65		0.13	15.29	99.92	100	24.14	0.84
	0.13	0.12	0.13	18.09	20.4	99.01	10.48	5.07
152.57	**154.51**	**20.47**	**80.03**	**4.63**	**73.93**	**96.05**	**0.84**	**1.82**
0.60	2.15	0.13	1.84	20.84	53.9	96.26	10.43	3.86
			0.03	20.49	31.25	93.77	14.45	1.82
	1.20		0.5	69.41	72.04	98.33	16.72	9.79
			0.18	21.08	42.05	93.14	17.68	2.58
0.40	0.03		0.03	-12.6	163.45	157.64	-27.2	2.05
0.20	0.65	0.08	0.81	11.08	49.3	91.48	7.86	2.55
		0.05	0.08	10.43	53.13	99.33	7.51	2.21
	0.25		0.2	12.66	56.45	100.29	3.15	5.59
	1.80	0.7	1.03	15.27	51.63	95.15	8.61	2.62
	0.58	0.26	0.36	33.57	52.57	98.81	11	5.15
	0.05	0.01	0.04	16.6	39.22	77.08	20.14	1.8
	0.15		0.08	31.76	64.28	95.08	2.48	15
	0.41	0.24	0.23	13.81	45.61	97.84	7.2	2.41
	0.18	0.01	0.08	11.53	57.69	82.48	1.73	3.22
	0.44	0.19	0.21	11.47	64.58	93.88	13.6	1.7
			0.03	12.64	36.7	100.07	12.51	2.17
0.84	10.01	0.49	1.87	27.13	46.46	102.01	10.75	1.82
0.84	9.39	0.49	1.57	28.99	48.18	104.16	10.81	1.69
	0.62		0.29	15.24	35.48	93.4	10.39	3.54

2-1-6 续表 11

行 业	利息收入	利息支出	投资收益（损失以“-”号记）	营业利润	利润总额
烟草制品业	0.22			7.06	7.01
烟叶复烤					
卷烟制造	0.22			7.06	7.01
其他烟草制品制造					
纺织业	0.05	0.74	-0.49	0.68	0.64
棉纺织及印染精加工	0.05	0.73	-0.49	0.67	0.64
毛纺织及染整精加工					
麻纺织及染整精加工		0.01		0.01	
丝绢纺织及印染精加工					
化纤织造及印染精加工					
针织或钩针编织物及其制品制造					
家用纺织制成品制造					
非家用纺织制成品制造					
纺织服装、服饰业	0.01	0.22		0.99	1.71
机织服装制造	0.01	0.21		1.03	1.71
针织或钩针编织服装制造		0.01		-0.04	
服饰制造					
皮革、毛皮、羽毛及其制品和制鞋业		0.01		0.10	0.10
皮革鞣制加工		0.01		0.10	0.10
皮革制品制造					
毛皮鞣制及制品加工					
羽毛(绒)加工及制品制造					
制鞋业					
木材加工和木、竹、藤、棕、草制品业		0.16		0.97	1.01
木材加工					
人造板制造					
木制品制造		0.16		0.97	1.01
竹、藤、棕、草等制品制造					
家具制造业					
木质家具制造					
竹、藤家具制造					
金属家具制造					
塑料家具制造					
其他家具制造					
造纸和纸制品业		0.18		0.30	0.33
纸浆制造					
造纸		0.01		0.01	0.02
纸制品制造		0.17		0.28	0.30
印刷和记录媒介复制业	0.01	0.20		0.08	0.29
印刷	0.01	0.20		0.08	0.29
装订及印刷相关服务					
记录媒介复制					
文教、工美、体育和娱乐用品制造业		0.04	-0.01	-0.07	0.03
文教办公用品制造					
乐器制造					
工艺美术品制造		0.01	0.01	-0.10	0.01
体育用品制造		0.02	-0.02	0.03	0.01
玩具制造					
游艺器材及娱乐用品制造					

单位：亿元

亏损企业亏损额	应交增值税	应交所得税	从业人员平均人数（万人）	总资产贡献率（%）	资产负债率（%）	产品销售率（%）	成本费用利润率（%）	流动资本周转率（%）
	4.84	1.75	0.1	101.62	11.5	99.47	42.71	2.03
	4.84	1.75	0.1	101.62	11.5	99.47	42.71	2.03
0.04	0.26	0.15	0.61	4.16	87.02	96.94	2.88	0.88
0.04	0.18	0.15	0.47	4.14	89.63	96.71	3.16	0.86
	0.08		0.14	4.4	44.45	99.44	0.15	1.23
	0.36	0.32	0.46	14.17	48.06	99.3	12.13	1.71
	0.35	0.32	0.42	14.55	46.72	99.68	12.55	1.73
	0.01		0.04	4.25	83.46	86.75	0.72	1.33
	0.04	0.02	0.03	15.77	3.09	86.02	1.4	8.1
	0.04	0.02	0.03	15.77	3.09	86.02	1.4	8.1
			0.03	6.57	41.52	90.04	15.29	0.83
			0.03	6.57	41.52	90.04	15.29	0.83
	0.09		0.14	6.08	76.79	92.09	4.45	2.39
	0.01		0.07	2.2	43.83	99.21	1.31	2.41
	0.08		0.07	7.21	86.37	89.55	5.51	2.39
0.02	0.20	0.06	0.32	7.16	55.06	91.96	4.12	1.38
0.02	0.20	0.06	0.32	7.16	55.06	91.96	4.12	1.38
	0.16		0.2	4.12	62.54	71.04	0.83	1.01
	0.08		0.14	3.72	59.96	49.08	1.12	0.62
	0.08		0.07	4.63	65.87	111.81	0.67	1.47

2-1-6 续表 12

行业			投资收益（损失以"-"号记）	营业利润	利润总额
	利息收入	利息支出			
石油加工、炼焦和核燃料加工业	2.53	50.92	4.75	-41.60	-38.51
精炼石油产品制造		0.25		0.61	0.61
炼焦	2.53	50.68	4.75	-42.21	-39.13
核燃料加工					
化学原料和化学制品制造业	1.88	26.00	0.64	-18.57	-16.52
基础化学原料制造	0.39	7.77	0.02	-7.12	-8.22
肥料制造	1.09	9.70	0.36	-4.86	-3.19
农药制造					
涂料、油墨、颜料及类似产品制造	0.07	0.37	0.01	0.87	0.86
合成材料制造	0.23	4.67	0.02	-7.94	-7.47
专用化学产品制造	0.04	1.49	0.03	0.36	0.53
炸药、火工及焰火产品制造	0.06	0.95	0.41	1.67	2.25
日用化学产品制造	0.01	1.05	-0.21	-1.55	-1.29
医药制造业	0.27	2.36	0.15	8.80	9.17
化学药品原料药制造	0.08	1.05	0.01	0.58	0.79
化学药品制剂制造	0.18	0.80	0.09	4.53	5.11
中药饮片加工		0.02		0.43	0.43
中成药生产		0.23		0.42	-0.25
兽用药品制造					
生物药品制造	0.01	0.07		2.36	2.59
卫生材料及医药用品制造		0.19	0.06	0.50	0.50
化学纤维制造业					
纤维素纤维原料及纤维制造					
合成纤维制造					
橡胶和塑料制品业	0.06	1.30	0.05	3.04	3.25
橡胶制品业	0.03	1.18	0.01	2.35	2.42
塑料制品业	0.03	0.12	0.04	0.69	0.83
非金属矿物制品业	0.14	7.79	0.23	2.05	3.62
水泥、石灰和石膏制造	-0.01	5.30		-1.32	-0.29
石膏、水泥制品及类似制品制造		0.11	0.01	0.11	0.28
砖瓦、石材等建筑材料制造		0.13		0.26	0.29
玻璃制造	0.03	0.64	0.13	0.19	0.27
玻璃制品制造		0.34		1.13	1.19
玻璃纤维和玻璃纤维增强塑料制品制造					
陶瓷制品制造	0.01	0.20	-0.01	0.52	0.53
耐火材料制品制造	0.03	0.25	0.09	-0.55	-0.50
石墨及其他非金属矿物制品制造	0.08	0.83		1.72	1.85
黑色金属冶炼和压延加工业	6.05	49.85	2.24	21.46	24.29
炼铁	0.05	1.82	0.05	3.49	3.72
炼钢	0.17	5.10	0.41	-0.89	-0.69
黑色金属铸造	0.02	1.31	0.26	0.96	1.06
钢压延加工	5.82	40.18	1.51	12.67	14.59
铁合金冶炼	-0.01	1.44	0.02	5.25	5.61
有色金属冶炼和压延加工业	0.23	15.25	0.12	-3.79	-4.01
常用有色金属冶炼	0.22	15.00	0.12	-4.18	-4.35
贵金属冶炼				-0.16	-0.16
稀有稀土金属冶炼		0.05		-0.32	-0.46
有色金属合金制造				0.15	0.17
有色金属铸造					
有色金属压延加工	0.01	0.19		0.72	0.79

单位：亿元

亏损企业亏损额	应交增值税	应交所得税	从业人员平均人数（万人）	总资产贡献率（%）	资产负债率（%）	产品销售率（%）	成本费用利润率（%）	流动资本周转率（%）
59.37	26.63	1.1	11.8	1.73	85.11	94.96	-2.89	1.08
	0.25	0.16	0.19	5.94	69.56	116.01	3.77	1.06
59.37	26.38	0.95	11.61	1.69	85.26	94.66	-2.97	1.08
35.87	9.92	3.19	8.49	1.77	73.67	96.72	-2.43	1.72
14.67	3.44	1.1	2.04	0.82	75.12	96.04	-3.9	1.34
11.10	1.93	1.64	2.96	2.05	73.55	98.23	-1.24	1.97
	0.47	0.06	0.22	11.22	71.06	97.2	6.25	1.26
8.13	1.72	0.28	0.87	-0.73	78.86	95.93	-6.46	3.08
0.59	0.44	-0.3	0.62	5.2	69.2	94.31	1.38	1.95
0.09	1.52	0.41	1.26	9.24	50.35	96.5	6.79	1.49
1.29	0.40		0.52	0.74	78.77	93.98	-11.49	0.67
1.17	5.83	1.36	2.42	8.73	58.45	93.9	9.09	1.53
0.03	0.18	0.09	0.76	2.5	78.25	101.66	1.99	2.13
0.11	2.69	0.67	1.02	12.19	42.57	101.38	15.55	1.48
	0.16		0.02	21.57	98.4	97.86	15.19	2.22
1.03	1.34	0.12	0.38	4.63	45.11	83.12	-2.35	0.65
	1.23	0.36	0.11	33.99	49.73	74.72	24.14	2.25
	0.24	0.11	0.14	15.27	55.7	81.95	12.34	1.61
0.08	0.55	0.28	0.72	8.03	60.52	91.17	5.6	1.64
	0.33	0.14	0.35	9.56	65.01	89.08	5.91	1.89
0.08	0.22	0.14	0.37	5.23	52.34	96.02	4.85	1.25
7.08	8.29	1.84	5.22	6.28	79.31	94.86	1.97	1.38
5.47	3.95	0.83	1.38	4.98	81.85	97	-0.38	1.25
0.03	0.33	0.08	0.15	8.31	73.44	101.82	3.06	1.82
0.24	0.84	0.02	0.42	15.54	64.93	96.01	2.59	3.11
0.18	0.47		0.3	4.55	85.77	84.26	2.42	0.74
0.02	0.55	0.28	1.18	14.59	56.39	95.83	6.59	2.51
0.15	0.36	0.12	0.82	11.44	81.97	88.07	4.14	3.61
0.54	0.62	0.01	0.33	2.93	82.63	98.03	-5.76	0.86
0.45	1.17	0.51	0.64	7.74	74.44	93.9	5.34	1.3
27.06	51.30	4.46	17.4	4.63	69.9	97.17	0.77	3.08
1.18	2.32	0.41	1.97	6	68.02	93.26	1.82	2.82
10.12	8.90	0.01	1.91	4.62	87.14	95.86	-0.21	2.46
0.23	1.01	0.18	1.08	6.2	70.28	96.63	2.84	1.09
13.89	37.24	3.74	11.28	4.31	67.28	98.18	0.59	3.39
1.65	1.84	0.13	1.15	8.28	76.13	92.34	5.21	2.07
9.54	11.76	0.53	5.3	3.76	78.13	89.57	-0.91	1.86
8.92	11.41	0.52	5.04	3.76	78.45	89.86	-1.04	1.89
0.16	0.04		0.04	-1.1	85.06	76.72	-22.74	0.09
0.46	0.04		0.04	-10.77	68.62	99.22	-16.31	1.64
	0.26		0.07	7.45	37.97	62.51	2.79	3.08
	0.01		0.1	15.46	78.58	101.64	7.12	4.08

2-1-6 续表 13

行　业			投资收益（损失以“-”号记）	营业利润	利润总额
	利息收入	利息支出			
金属制品业	0.06	0.95		1.64	2.02
结构性金属制品制造	0.03	0.38		0.07	0.17
金属工具制造				-0.02	-0.02
集装箱及金属包装容器制造					
金属丝绳及其制品制造		0.02		-0.32	-0.32
建筑、安全用金属制品制造		0.08		0.72	0.80
金属表面处理及热处理加工					
搪瓷制品制造					
金属制日用品制造					
其他金属制品制造	0.03	0.46		1.19	1.39
通用设备制造业	0.07	0.99	0.16	8.27	8.71
锅炉及原动设备制造	0.03	0.21	-0.02	7.12	7.16
金属加工机械制造					
物料搬运设备制造		0.06		-0.07	-0.08
泵、阀门、压缩机及类似机械制造	0.03	0.43		1.37	1.46
轴承、齿轮和传动部件制造		0.08		-0.22	-0.22
烘炉、风机、衡器、包装等设备制造	0.01	0.09		-0.14	-0.04
文化、办公用机械制造					
通用零部件制造		0.11	0.18	0.22	0.42
其他通用设备制造业					
专用设备制造业	0.26	5.73	0.38	4.69	6.19
采矿、冶金、建筑专用设备制造	0.11	5.26	0.38	3.25	4.20
化工、木材、非金属加工专用设备制造	0.01	0.01		1.10	1.17
食品、饮料、烟草及饲料生产专用设备制造					
印刷、制药、日化及日用品生产专用设备制造					
纺织、服装和皮革加工专用设备制造	0.08	0.05	-0.01	-0.90	-0.19
电子和电工机械专用设备制造	0.02	0.03		0.96	0.68
农、林、牧、渔专用机械制造	0.04	0.31		0.25	0.27
医疗仪器设备及器械制造					
环保、社会公共服务及其他专用设备制造		0.06		0.03	0.06
汽车制造业	0.24	1.16	0.03	-2.69	-0.63
汽车整车制造	0.01	0.23		-1.92	-1.16
改装汽车制造	0.17	-0.02	0.01	0.20	0.23
低速载货汽车制造					
电车制造					
汽车车身、挂车制造					
汽车零部件及配件制造	0.05	0.95	0.02	-0.96	0.31
铁路、船舶、航空航天和其他运输设备制造业	0.07	2.19	1.22	4.61	4.66
铁路运输设备制造	0.07	2.19	1.22	4.82	4.86
城市轨道交通设备制造					
船舶及相关装置制造					
航空、航天器及设备制造					
摩托车制造					
自行车制造					
非公路休闲车及零配件制造					
潜水救捞及其他未列明运输设备制造				-0.21	-0.20

单位：亿元

亏损企业亏损额	应交增值税	应交所得税	从业人员平均人数(万人)	总资产贡献率(%)	资产负债率(%)	产品销售率(%)	成本费用利润率(%)	流动资本周转率(%)
0.42	1.11	0.41	1.32	7.41	70.44	94.38	4.28	1.33
0.01	0.23	0.02	0.21	5.73	79.2	99.22	2.14	0.7
0.02	0.01		0.05	-0.28	31.42	99.01	-8.85	0.16
0.32	0.05		0.09	-6.15	75.4	93.07	-22.82	1.01
	0.14	0.22	0.32	19.85	76.94	100.43	8.46	2.91
0.06	0.68	0.18	0.66	8.35	68.06	91.48	4.96	1.54
0.90	1.99	0.48	2.05	9.46	74.65	107.9	5.91	1.92
	0.82	0.27	0.55	18.94	54.03	99.7	16.09	2.05
	0.03		0.07	1.29	84.96	116.24	0.22	0.26
0.17	0.13	0.01	0.15	1.9	82.47	96.7	-1.35	1.03
0.21	0.32	0.06	0.58	4.86	85.12	102.01	4.19	1.11
0.22	0.04		0.08	-5.9	98.4	77.73	-20.52	0.55
0.06	0.11		0.13	2.03	78.62	88.88	-0.84	1.54
0.25	0.54	0.14	0.49	7.24	90.34	129.92	0.75	5.03
2.06	4.99	1.09	4.69	3.24	75.79	94.67	2.12	0.79
1.41	3.93	0.94	3.65	3.01	77.23	95.86	1.73	0.74
	0.21	0.05	0.15	5.14	50.52	85.25	9.57	0.91
0.64	0.54	0.01	0.58	1.53	93.55	87.42	-0.76	1.24
	0.16	0.07	0.06	15.63	37.62	100.81	21.61	1.09
	0.10		0.13	7.49	50.64	86.5	4.82	1.02
0.01	0.06	0.01	0.12	3.21	67.37	95.97	1.4	1.06
1.93	0.74	0.23	1.42	1.13	73.21	99.03	-0.9	1.38
1.16			0.16	-5.17	63.14	95.73	-27.8	0.51
			0.25	0.13	73.61	100.08	0.67	2.43
0.77	0.74	0.23	1.02	3.65	76.2	98.09	0.98	1.01
0.20	3.66	0.45	1.37	8.47	78.81	98.86	4.78	1.29
	3.62	0.45	1.34	9.12	76.48	98.84	5.06	1.31
0.20	0.04		0.04	-2.14	117.1	100	-14.96	0.6

2-1-6 续表 14

行 业	利息收入	利息支出	投资收益（损失以“-”号记）	营业利润	利润总额
电气机械和器材制造业	0.02	2.86	1.17	1.23	1.42
电机制造	0.01	1.08	1.17	2.46	2.57
输配电及控制设备制造		1.56		-0.93	-0.92
电线、电缆、光缆及电工器材制造					
电池制造		0.20		-0.57	-0.56
家用电力器具制造					
非电力家用器具制造					
照明器具制造		0.02		0.27	0.33
其他电气机械及器材制造					
计算机、通信和其他电子设备制造业	0.66	2.21	-51.47	5.05	7.13
计算机制造	0.02	0.01		-0.25	-0.08
通信设备制造	0.67	1.91	-51.47	6.95	8.57
广播电视设备制造					
雷达及配套设备制造					
视听设备制造					
电子器件制造					
电子元件制造	-0.03	0.27		-0.75	-0.63
其他电子设备制造		0.02		-0.90	-0.73
仪器仪表制造业		0.04		3.42	0.82
通用仪器仪表制造		0.03		3.41	0.80
专用仪器仪表制造					
钟表与计时仪器制造					
光学仪器及眼镜制造		0.01		0.01	0.03
其他仪器仪表制造业					
其他制造业	0.04	0.06	0.16	0.30	0.29
日用杂品制造		0.06		0.24	0.24
煤制品制造					
核辐射加工					
其他未列明制造业	0.04		0.16	0.06	0.06
废弃资源综合利用业					
金属废料和碎屑加工处理					
非金属废料和碎屑加工处理					
金属制品、机械和设备修理业				-0.20	-0.03
金属制品修理					
通用设备修理					
专用设备修理					
铁路、船舶、航空航天等运输设备修理				0.02	0.02
电气设备修理				-0.21	-0.05
仪器仪表修理					
其他机械和设备修理业					
电力、热力、燃气及水生产和供应业	**0.54**	**48.40**	**3.04**	**91.97**	**90.49**
电力、热力生产和供应业	0.37	45.85	2.59	82.96	84.49
电力生产	0.17	33.05	2.55	56.89	56.12
电力供应	0.15	11.05	0.04	30.05	29.88
热力生产和供应	0.04	1.75		-3.98	-1.51
燃气生产和供应业	0.14	2.26	0.3	11.17	7.8
水的生产和供应业	0.03	0.29	0.15	-2.16	-1.8
自来水生产和供应	0.03	0.29	0.15	-2.16	-1.8
污水处理及其再生利用					
其他水的处理、利用与分配					

单位：亿元

亏损企业亏损额	应交增值税	应交所得税	从业人员平均人数（万人）	总资产贡献率（%）	资产负债率（%）	产品销售率（%）	成本费用利润率（%）	流动资本周转率（%）
2.98	2.28	0.47	0.95	4.96	71.84	93.58	1.18	1.59
	1.83	0.05	0.59	9.34	65.39	102.59	3.97	1.55
2.41	0.43	0.37	0.24	1.87	82.49	85.59	-1.74	1.92
0.56			0.04	-3.11	60.25	52.71	-40.75	0.28
0.02	0.02	0.05	0.08	7.14	51.42	87	18.44	0.61
2.33	5.25	0.8	9.82	3.95	59.34	95.84	1.75	2.09
0.08	0.04		0.2	-0.36	95.73	100.84	-1.72	0.59
0.51	4.85	0.76	9.4	4.75	59.97	95.86	2.18	2.27
1.00	0.36	0.04	0.12	0.39	50.95	90.35	-8.26	0.91
0.73			0.09	-3.02	39.32	100	-42.37	0.1
	0.15	0.12	0.11	10.25	50.59	99.89	9.57	1.96
	0.14	0.12	0.05	11.81	52.88	100	9.97	2.08
			0.06	2.78	39.67	98.06	4.46	0.99
	0.03	0.01	0.17	4.64	37.09	100.76	7.05	0.84
		0.01	0.08	13.93	40.11	101.29	9.87	2.73
	0.03		0.09	1	35.91	100.25	3.25	0.4
0.05	0.11		0.14	16.01	82.33	100	-2.74	2.03
	0.07		0.08	58.51	55.55	100	3.37	2.8
0.05	0.04		0.06	1.6	91.41	100	-6.04	1.68
13.99	**67.78**	**13.77**	**5.52**	**10.79**	**76.77**	**97.51**	**6.45**	**4.27**
11.90	64.96	11.74	4.1	11.6	77.87	97.89	6.39	4.91
9.60	36.99	9.17	3.01	12.75	79.86	93.97	13.26	2.79
	27.38	2.59	0.44	11.34	73.5	100	3.44	12.78
2.3	0.6	-0.02	0.65	0.91	85.58	100	-4.81	0.63
0.29	1.94	2.03	0.51	7.1	78.11	90.58	12.45	1.73
1.8	0.87		0.9	-0.75	44.83	97.42	-9.84	0.79
1.8	0.87		0.9	-0.75	44.83	97.42	-9.84	0.79

2-1-7 按行业分组的规模以上工业

行业	企业单位数（个）	工业总产值（当年价格）	工业销售产值（当年价格）	出口交货值	资产总计	固定资产合计
总计	**3963**	**17196.62**	**16360.73**	**615.24**	**27977.44**	**10887.40**
采矿业	**1497**	**7153.94**	**6713.24**	**46.79**	**14331.00**	**4999.27**
煤炭开采和洗选业	1256	6693.69	6291.28	46.79	13679.49	4793.51
烟煤和无烟煤开采洗选	1256	6693.69	6291.28	46.79	13679.49	4793.51
褐煤开采洗选						
其他煤炭采选						
石油和天然气开采业	12	36.93	36.64		229.89	100.92
石油开采						
天然气开采	12	36.93	36.64		229.89	100.92
黑色金属矿采选业	208	397.39	360.69		381.25	89.20
铁矿采选	194	388.24	352.69		362.21	83.40
锰矿、铬矿采选	14	9.14	8.00		19.04	5.80
其他黑色金属矿采选						
有色金属矿采选业	9	20.53	19.29		30.09	13.98
常用有色金属矿采选	6	14.84	13.65		26.57	11.64
贵金属矿采选	3	5.69	5.64		3.53	2.34
稀有稀土金属矿采选						
非金属矿采选业	12	5.40	5.33		10.27	1.66
土砂石开采	11	4.50	4.45		6.29	1.38
化学矿开采	1	0.90	0.87		3.98	0.28
采盐						
石棉及其他非金属矿采选						
开采辅助活动						
煤炭开采和洗选辅助活动						
石油和天然气开采辅助活动						
其他开采辅助活动						
其他采矿业						
制造业	**2311**	**8311.63**	**7953.90**	**568.45**	**10791.72**	**3869.14**
农副食品加工业	134	366.72	354.34	2.23	227.53	91.50
谷物磨制	20	13.15	12.89	0.02	13.09	3.68
饲料加工	31	98.92	96.69		30.36	13.82
植物油加工	14	63.65	60.78		37.53	13.04
制糖业	2	1.84	2.28		4.48	1.87
屠宰及肉类加工	32	88.89	83.09	0.45	74.53	32.41
水产品加工						
蔬菜、水果和坚果加工	18	23.93	23.26	1.65	21.34	7.24
其他农副食品加工	17	76.34	75.36	0.11	46.20	19.44
食品制造业	79	124.79	117.10	2.05	99.13	38.45
焙烤食品制造	11	16.82	16.75		10.06	5.22
糖果、巧克力及蜜饯制造	10	9.90	8.17		9.27	3.37
方便食品制造	9	7.40	7.07		5.22	2.57
乳制品制造	16	43.78	43.15		27.83	8.83
罐头食品制造	9	14.91	12.69	0.77	8.55	3.78
调味品、发酵制品制造	16	17.90	16.83	0.20	24.54	10.79
其他食品制造	8	14.09	12.45	1.08	13.66	3.90
酒、饮料和精制茶制造业	59	152.99	143.16	0.34	211.76	58.67
酒的制造	28	92.61	92.28	0.20	145.21	30.23
饮料制造	29	57.68	48.22	0.14	58.09	27.93
精制茶加工	2	2.71	2.66		8.45	0.52

企业主要经济指标(大、中类行业)

单位：亿元

固定资产原价	累计折旧	流动资产合计	应收账款	存货	产成品	负债合计	流动负债合计	应付账款
15173.97	**6153.55**	**11102.06**	**1885.90**	**1998.56**	**777.97**	**20171.22**	**13438.82**	**3188.10**
6122.74	**2473.13**	**5475.77**	**762.36**	**537.48**	**215.46**	**10109.45**	**6479.32**	**1359.38**
5868.98	2395.18	5243.67	720.71	475.17	181.08	9715.77	6209.44	1276.16
5868.98	2395.18	5243.67	720.71	475.17	181.08	9715.77	6209.44	1276.16
111.78	21.71	61.27	19.65	8.21	0.12	136.45	103.98	44.87
111.78	21.71	61.27	19.65	8.21	0.12	136.45	103.98	44.87
120.41	45.24	147.95	19.63	44.54	28.99	223.01	135.16	33.48
115.24	43.25	136.60	17.05	37.58	23.95	208.31	126.35	29.52
5.16	1.99	11.35	2.58	6.96	5.04	14.70	8.81	3.96
19.47	10.47	14.53	0.66	8.70	4.88	24.73	21.59	3.16
15.83	8.63	13.35	0.55	8.39	4.73	23.87	20.98	3.12
3.65	1.85	1.19	0.12	0.31	0.15	0.86	0.61	0.04
2.11	0.53	8.34	1.70	0.87	0.39	9.47	9.15	1.72
1.75	0.45	4.66	1.26	0.68	0.34	5.52	5.23	1.10
0.35	0.07	3.68	0.44	0.19	0.05	3.96	3.92	0.61
5992.75	**2479.48**	**5138.50**	**999.74**	**1413.43**	**560.40**	**7825.29**	**6189.25**	**1590.49**
111.96	34.88	111.85	16.64	43.33	22.25	122.26	104.35	12.59
4.03	0.91	8.09	1.45	2.63	0.79	6.99	5.54	1.47
15.86	2.93	14.58	1.21	6.80	2.37	17.35	15.66	2.83
15.49	4.89	18.81	1.14	8.69	6.61	16.00	14.91	0.66
3.71	2.11	1.94	0.06	1.66	1.44	5.47	5.44	0.43
31.72	7.43	33.23	5.69	11.36	3.78	36.74	30.76	4.31
6.53	0.94	11.36	2.69	3.62	1.95	10.08	8.07	0.70
34.62	15.65	23.84	4.40	8.57	5.31	29.62	23.97	2.19
49.41	15.95	49.07	11.25	17.93	7.09	47.25	38.14	8.09
6.25	1.38	3.71	0.40	1.90	0.50	5.12	4.76	1.54
4.12	0.86	5.28	1.22	2.11	1.01	4.06	2.50	0.49
3.09	0.84	2.07	0.32	0.69	0.19	2.48	2.24	0.39
16.91	8.76	16.19	4.92	4.73	1.29	12.73	11.30	2.56
4.75	1.00	4.48	0.62	2.36	0.82	4.72	4.37	0.71
9.46	1.80	9.15	1.50	2.93	1.32	12.95	8.79	1.41
4.84	1.31	8.19	2.27	3.21	1.96	5.18	4.18	1.00
77.81	25.55	119.80	7.66	52.49	25.92	101.75	89.71	13.36
43.99	15.26	93.15	5.28	39.59	17.33	70.59	64.38	9.30
33.39	10.16	23.62	1.88	12.11	8.51	28.20	25.04	4.06
0.43	0.13	3.02	0.50	0.79	0.08	2.96	0.29	0.01

2-1-7 续表 1

行　　业	企　业单位数(个)	工业总产值(当年价格)	工业销售产值(当年价格)	出口交货值	资产总计	固定资产合计
烟草制品业	1	41.57	41.35		28.73	8.27
烟叶复烤						
卷烟制造	1	41.57	41.35		28.73	8.27
其他烟草制品制造						
纺织业	38	45.09	41.98	7.39	63.63	15.66
棉纺织及印染精加工	24	33.09	30.01	6.88	52.44	12.27
毛纺织及染整精加工	6	7.56	7.54	0.33	4.40	0.68
麻纺织及染整精加工	2	1.97	1.94	0.18	3.53	1.17
丝绢纺织及印染精加工	1	0.25	0.25		0.80	0.29
化纤织造及印染精加工	1	0.15	0.19		0.45	0.03
针织或钩针编织物及其制品制造	1	0.35	0.33		0.30	0.08
家用纺织制成品制造	1	1.10	1.10		1.23	0.76
非家用纺织制成品制造	2	0.63	0.63		0.48	0.39
纺织服装、服饰业	9	19.14	19.06		17.29	4.62
机织服装制造	8	18.61	18.61		16.69	4.38
针织或钩针编织服装制造	1	0.53	0.46		0.60	0.24
服饰制造						
皮革、毛皮、羽毛及其制品和制鞋业	1	8.10	6.97		1.30	0.22
皮革鞣制加工	1	8.10	6.97		1.30	0.22
皮革制品制造						
毛皮鞣制及制品加工						
羽毛(绒)加工及制品制造						
制鞋业						
木材加工和木、竹、藤、棕、草制品业	12	14.68	12.82		52.66	14.09
木材加工	1	0.27	0.27		0.96	0.49
人造板制造	7	5.70	4.63		31.43	6.62
木制品制造	3	8.17	7.38		19.48	6.87
竹、藤、棕、草等制品制造	1	0.53	0.54		0.79	0.11
家具制造业	5	6.80	5.75		7.44	1.22
木质家具制造	5	6.80	5.75		7.44	1.22
竹、藤家具制造						
金属家具制造						
塑料家具制造						
其他家具制造						
造纸和纸制品业	24	21.99	19.75		21.70	8.98
纸浆制造						
造纸	9	5.46	5.29		7.55	3.25
纸制品制造	15	16.53	14.46		14.15	5.72
印刷和记录媒介复制业	23	17.03	16.77	0.17	26.88	9.74
印刷	23	17.03	16.77	0.17	26.88	9.74
装订及印刷相关服务						
记录媒介复制						
文教、工美、体育和娱乐用品制造业	12	17.30	10.84	0.27	20.06	5.18
文教办公用品制造						
乐器制造						
工艺美术品制造	7	9.63	3.37		13.91	4.01
体育用品制造	5	7.67	7.47	0.27	6.15	1.16
玩具制造						
游艺器材及娱乐用品制造						

单位：亿元

固定资产原价	累计折旧	流动资产合计	应收账款	存货	产成品	负债合计	流动负债合计	应付账款
13.58	5.66	20.18	1.98	3.70	0.97	3.30	3.30	2.49
13.58	5.66	20.18	1.98	3.70	0.97	3.30	3.30	2.49
24.97	10.51	40.20	5.99	9.56	3.68	47.88	44.60	3.98
19.25	8.05	33.46	3.31	7.68	3.12	42.51	39.88	3.47
1.05	0.37	3.34	2.43	0.42	0.01	3.17	3.17	0.40
2.91	1.78	2.13	0.12	1.01	0.37	1.41	0.92	0.06
0.32	0.03	0.28	0.02	0.17	0.03	0.23	0.13	
0.02	0.02	0.38	0.03	0.09	0.06	0.25	0.21	0.02
0.09	0.01	0.22	0.05	0.07	0.05	0.07	0.05	0.02
0.82	0.06	0.30	0.01	0.08	0.05	0.21	0.21	
0.50	0.19	0.09	0.02	0.03		0.03	0.03	0.02
7.37	2.77	9.35	2.32	3.33	1.87	8.37	7.97	2.17
6.92	2.55	9.00	2.31	3.10	1.75	7.87	7.50	2.16
0.45	0.22	0.35	0.01	0.23	0.13	0.50	0.47	0.01
0.33	0.10	0.86	0.26	0.29	0.16	0.04	0.04	0.04
0.33	0.10	0.86	0.26	0.29	0.16	0.04	0.04	0.04
14.24	2.13	22.48	2.23	4.45	0.74	32.78	27.65	0.44
0.56	0.07	0.45	0.14	0.30		0.49	0.47	
7.01	1.71	12.12	0.50	1.04	0.46	23.42	19.14	0.20
6.53	0.31	9.40	1.54	3.01	0.22	8.68	7.85	0.24
0.15	0.04	0.51	0.05	0.10	0.06	0.19	0.19	
1.37	0.25	5.00	0.13	3.08	0.35	4.22	4.22	0.02
1.37	0.25	5.00	0.13	3.08	0.35	4.22	4.22	0.02
12.19	3.67	9.66	2.35	2.22	0.97	14.21	8.56	2.65
4.08	1.18	3.10	0.74	0.94	0.46	3.63	3.31	0.57
8.11	2.48	6.56	1.61	1.29	0.51	10.58	5.25	2.08
15.26	7.17	12.65	3.40	2.89	0.80	14.01	11.97	3.29
15.26	7.17	12.65	3.40	2.89	0.80	14.01	11.97	3.29
5.67	0.84	13.25	2.20	5.83	3.26	15.18	12.76	2.99
4.04	0.36	8.62	0.44	5.16	2.79	10.31	9.44	0.70
1.63	0.49	4.63	1.75	0.67	0.47	4.86	3.32	2.29

2-1-7 续表 2

行业	企业单位数（个）	工业总产值（当年价格）	工业销售产值（当年价格）	出口交货值	资产总计	固定资产合计
石油加工、炼焦和核燃料加工业	160	1334.89	1266.62	0.16	2361.17	654.35
精炼石油产品制造	6	40.24	42.97		28.62	5.39
炼焦	154	1294.65	1223.65	0.16	2332.56	648.95
核燃料加工						
化学原料和化学制品制造业	228	681.40	651.99	8.49	1220.11	620.02
基础化学原料制造	102	239.18	228.71	5.17	495.78	242.84
肥料制造	35	204.16	200.06		378.02	208.66
农药制造	3	4.04	3.97		4.13	1.61
涂料、油墨、颜料及类似产品制造	16	30.69	25.46	0.72	26.94	5.50
合成材料制造	11	84.32	80.93	1.60	148.16	100.01
专用化学产品制造	48	69.66	65.04	0.40	77.73	36.81
炸药、火工及焰火产品制造	12	39.43	38.49	0.19	61.46	19.15
日用化学产品制造	1	9.93	9.33	0.40	27.88	5.44
医药制造业	82	161.09	148.74	16.29	265.01	118.07
化学药品原料药制造	14	45.44	45.25	15.58	89.11	61.44
化学药品制剂制造	25	55.09	53.40	0.65	87.60	32.55
中药饮片加工	2	3.61	3.53		3.07	1.45
中成药生产	26	25.66	21.27		51.38	10.90
兽用药品制造	6	3.59	3.29		6.01	2.24
生物药品制造	6	22.25	17.44		20.04	6.57
卫生材料及医药用品制造	3	5.45	4.56	0.06	7.81	2.92
化学纤维制造业	1	0.20	0.19		0.58	0.05
纤维素纤维原料及纤维制造						
合成纤维制造	1	0.20	0.19		0.58	0.05
橡胶和塑料制品业	51	89.07	81.25	5.52	91.75	25.12
橡胶制品业	14	51.36	45.64	5.24	49.30	14.21
塑料制品业	37	37.72	35.60	0.28	42.45	10.91
非金属矿物制品业	441	406.05	383.05	20.55	657.63	302.62
水泥、石灰和石膏制造	125	143.48	138.69		344.97	195.72
石膏、水泥制品及类似制品制造	66	44.71	42.82	1.90	57.93	19.38
砖瓦、石材等建筑材料制造	47	39.21	36.44		40.54	17.36
玻璃制造	2	13.97	11.77		30.91	8.43
玻璃制品制造	23	24.80	23.50	10.84	18.95	6.71
玻璃纤维和玻璃纤维增强塑料制品制造	2	0.73	0.63		0.33	0.10
陶瓷制品制造	37	24.20	21.97	0.37	18.18	8.62
耐火材料制品制造	76	44.41	41.19	2.21	53.48	19.27
石墨及其他非金属矿物制品制造	63	70.53	66.03	5.23	92.35	27.02
黑色金属冶炼和压延加工业	262	2724.51	2668.21	96.52	2815.67	1080.29
炼铁	72	273.30	257.96	3.23	173.32	64.68
炼钢	14	326.14	312.80	4.51	294.37	130.71
黑色金属铸造	96	83.72	96.44	3.47	98.08	30.78
钢压延加工	48	1900.88	1868.11	84.13	2103.07	797.93
铁合金冶炼	32	140.47	132.89	1.17	146.83	56.19
有色金属冶炼和压延加工业	94	522.93	469.15	2.20	723.37	339.61
常用有色金属冶炼	46	431.34	385.34	1.39	641.43	313.70
贵金属冶炼	3	4.11	3.68		13.74	2.42
稀有稀土金属冶炼	11	7.19	6.73	0.10	11.75	4.62
有色金属合金制造	8	16.14	12.08	0.42	11.36	5.10
有色金属铸造						
有色金属压延加工	26	64.14	61.33	0.29	45.09	13.76

单位：亿元

固定资产原价	累计折旧	流动资产合计	应收账款	存货	产成品	负债合计	流动负债合计	应付账款
1133.15	560.84	1230.86	175.62	234.77	104.83	2019.30	1676.09	399.04
7.08	2.11	20.64	10.41	7.20	2.72	18.48	17.83	10.31
1126.07	558.73	1210.22	165.20	227.57	102.10	2000.82	1658.26	388.73
820.01	266.94	449.99	66.83	103.51	39.24	887.40	670.37	129.70
303.97	74.61	183.52	29.34	46.24	13.83	373.23	274.12	70.01
278.72	115.10	132.11	10.69	23.60	9.24	277.41	215.87	28.62
1.96	0.54	2.24	0.87	0.65	0.48	0.66	0.65	0.17
9.33	4.21	19.91	5.56	5.00	2.37	19.52	18.22	4.61
134.30	40.66	36.02	2.26	9.87	4.63	116.41	74.59	11.37
48.70	13.57	35.23	9.84	10.99	5.70	48.34	43.72	8.52
30.45	11.39	25.96	5.31	4.18	2.07	29.87	25.21	3.23
12.57	6.86	15.01	2.96	2.98	0.92	21.96	17.99	3.18
124.69	32.35	106.08	20.82	31.46	14.96	159.05	112.88	18.62
53.79	8.07	24.02	6.45	5.68	1.32	68.02	41.23	6.40
40.17	10.99	35.15	5.44	11.58	6.99	38.70	31.68	6.55
2.77	1.61	1.59	0.52	0.97	0.16	2.85	2.34	0.05
16.58	7.41	28.32	5.99	6.35	2.71	27.82	25.15	3.95
2.75	0.58	2.26	0.30	0.65	0.42	4.96	2.98	0.36
4.47	1.52	11.06	1.38	4.89	2.72	11.97	5.70	0.99
4.16	2.17	3.68	0.73	1.34	0.65	4.73	3.79	0.32
0.05	0.01	0.35	0.07	0.02	0.02	0.46	0.46	0.08
0.05	0.01	0.35	0.07	0.02	0.02	0.46	0.46	0.08
35.67	11.51	52.45	15.96	16.34	9.90	55.50	40.46	8.96
18.45	4.27	27.45	10.22	10.12	6.65	31.62	17.54	5.07
17.23	7.24	25.00	5.74	6.22	3.25	23.89	22.92	3.88
397.90	125.56	283.55	88.41	82.07	34.56	471.32	366.57	90.77
235.01	59.56	112.62	25.85	30.30	9.14	257.36	176.37	39.94
30.77	12.43	34.59	20.12	6.14	2.22	38.22	35.81	14.65
26.26	11.92	20.61	8.18	3.44	1.76	24.63	21.41	5.04
15.32	7.09	15.37	0.92	4.33	2.26	26.51	24.33	1.62
10.81	4.30	9.99	2.72	3.37	1.83	11.22	10.10	1.93
0.11	0.01	0.22	0.09	0.04	0.02	0.14	0.14	0.05
9.59	1.94	7.26	0.88	4.04	2.82	12.60	11.17	1.42
31.05	13.08	29.89	9.42	10.66	5.99	36.76	32.56	8.80
38.97	15.22	53.01	20.24	19.75	8.51	63.89	54.68	17.33
2007.07	950.61	1117.47	107.10	395.69	141.00	1966.29	1479.61	357.51
87.28	30.93	94.04	14.03	33.31	17.02	115.78	89.09	31.27
192.70	69.41	135.37	8.16	44.36	21.68	258.41	197.62	78.72
43.94	15.10	59.28	16.45	15.92	5.25	67.82	58.19	12.34
1569.70	780.57	750.73	52.02	275.34	83.43	1409.50	1030.98	200.87
113.45	54.61	78.06	16.44	26.76	13.62	114.78	103.72	34.31
526.52	204.63	282.83	25.58	117.31	33.87	558.38	367.56	77.58
496.50	195.88	231.00	15.98	99.78	24.02	503.59	326.25	71.25
3.63	1.21	9.70	0.55	1.15	0.37	9.84	4.07	1.03
5.68	1.35	6.93	1.45	3.70	1.99	6.89	6.53	1.63
8.45	3.35	6.09	0.99	2.31	1.14	6.77	6.58	1.02
12.26	2.85	29.11	6.61	10.38	6.35	31.30	24.13	2.65

2-1-7 续表 3

行 业	企业单位数(个)	工业总产值(当年价格)	工业销售产值(当年价格)	出口交货值	资产总计	固定资产合计
金属制品业	125	115.22	107.27	11.44	114.29	32.10
结构性金属制品制造	29	19.33	17.92	0.18	31.69	5.39
金属工具制造	2	0.42	0.47		3.19	1.20
集装箱及金属包装容器制造	6	1.97	1.76		2.19	0.59
金属丝绳及其制品制造	6	3.83	3.59	0.87	5.82	3.02
建筑、安全用金属制品制造	23	17.12	17.07	1.34	11.30	2.88
金属表面处理及热处理加工	3	1.47	1.47		1.76	0.61
搪瓷制品制造	1	0.52	0.49		0.07	0.01
金属制日用品制造	3	0.83	0.75		0.75	0.17
其他金属制品制造	52	69.73	63.74	9.05	57.53	18.24
通用设备制造业	119	190.23	193.94	1.36	195.83	46.23
锅炉及原动设备制造	10	57.80	57.35	0.05	48.05	12.48
金属加工机械制造	14	10.96	10.00	0.02	15.86	4.54
物料搬运设备制造	9	8.14	7.65		12.41	3.02
泵、阀门、压缩机及类似机械制造	28	38.10	36.12	0.51	55.80	12.74
轴承、齿轮和传动部件制造	5	3.94	3.64		6.77	1.36
烘炉、风机、衡器、包装等设备制造	20	21.58	19.31	0.05	26.47	4.21
文化、办公用机械制造						
通用零部件制造	29	47.28	57.65	0.72	28.65	7.62
其他通用设备制造业	4	2.44	2.22		1.82	0.26
专用设备制造业	140	361.39	342.39	14.26	652.32	122.40
采矿、冶金、建筑专用设备制造	98	292.40	279.63	10.67	546.45	103.54
化工、木材、非金属加工专用设备制造	5	15.67	14.30		32.06	4.50
食品、饮料、烟草及饲料生产专用设备制造	1	0.95	0.56	0.02	1.76	0.36
印刷、制药、日化及日用品生产专用设备制造	2	0.61	0.64	0.15	0.96	0.21
纺织、服装和皮革加工专用设备制造	13	31.63	28.03	3.41	35.76	6.07
电子和电工机械专用设备制造	5	5.59	5.62	0.01	7.03	0.99
农、林、牧、渔专用机械制造	5	7.83	7.20		11.84	3.45
医疗仪器设备及器械制造						
环保、社会公共服务及其他专用设备制造	11	6.71	6.40	0.01	16.46	3.28
汽车制造业	46	79.24	76.44	4.74	128.80	42.29
汽车整车制造	4	2.11	2.03	0.01	18.54	7.38
改装汽车制造	3	35.94	34.41	1.02	35.41	9.00
低速载货汽车制造						
电车制造						
汽车车身、挂车制造	7	3.46	3.58		3.33	1.41
汽车零部件及配件制造	32	37.72	36.42	3.72	71.52	24.49
铁路、船舶、航空航天和其他运输设备制造业	28	111.53	110.34	0.41	141.72	48.78
铁路运输设备制造	27	110.25	109.07	0.41	134.29	44.59
城市轨道交通设备制造						
船舶及相关装置制造						
航空、航天器及设备制造						
摩托车制造						
自行车制造						
非公路休闲车及零配件制造						
潜水救捞及其他未列明运输设备制造	1	1.28	1.28		7.42	4.19

单位：亿元

固定资产原价	累计折旧	流动资产合计	应收账款	存货	产成品	负债合计	流动负债合计	应付账款
45.62	16.98	75.38	24.77	23.47	8.23	75.68	67.02	16.22
6.70	2.26	25.36	8.00	6.94	1.86	22.84	20.61	4.21
1.64	0.47	1.94	0.42	1.24	0.17	1.32	1.29	0.07
0.82	0.38	1.21	0.23	0.55	0.23	2.26	2.18	0.11
3.60	0.58	2.50	0.83	0.71	0.36	4.00	3.36	0.27
4.25	1.63	7.35	2.24	1.96	1.43	6.87	6.73	1.29
1.13	0.52	1.15	0.77	0.14	0.04	1.06	1.06	0.21
0.03	0.02	0.04		0.03	0.01	0.01	0.01	
0.22	0.05	0.58	0.04	0.16	0.02	0.55	0.53	
27.24	11.07	35.25	12.23	11.74	4.11	36.77	31.26	10.06
53.10	18.13	128.60	42.62	41.79	14.11	136.10	109.94	40.89
14.02	3.08	28.80	5.23	12.57	3.45	25.59	20.48	3.99
5.89	1.73	10.61	3.01	4.59	2.01	8.81	7.90	1.96
3.14	0.63	8.74	2.91	3.72	2.56	10.03	9.40	3.09
9.95	4.70	39.19	13.52	10.45	3.15	45.10	33.28	14.48
2.10	0.73	4.20	1.51	1.62	0.59	5.18	3.34	0.75
5.81	2.01	15.65	6.10	4.48	1.35	17.30	14.78	4.64
11.77	5.08	19.90	9.50	4.13	0.96	23.20	19.87	11.73
0.42	0.16	1.51	0.84	0.22	0.03	0.89	0.89	0.25
147.98	46.15	459.89	192.97	106.91	42.09	484.88	416.81	173.34
121.18	36.70	392.00	174.93	89.83	35.95	417.39	363.04	153.68
5.77	1.67	18.48	5.10	4.83	1.44	15.89	13.56	3.52
0.55	0.23	1.40	0.15	0.59	0.43	0.13	0.12	0.06
0.16	0.12	0.73	0.07	0.49	0.08	0.60	0.50	0.12
10.54	4.87	24.35	5.11	5.12	1.63	32.02	22.35	12.32
1.47	0.48	4.83	2.47	0.51	0.23	2.56	2.40	0.92
4.57	1.25	7.29	1.87	2.50	0.93	5.88	4.72	0.89
3.73	0.84	10.79	3.28	3.04	1.40	10.40	10.12	1.84
58.16	17.80	60.19	12.34	18.82	9.78	90.56	71.52	15.85
9.14	1.76	4.61	0.13	1.52	0.78	11.60	11.40	1.77
11.92	3.01	15.67	4.60	5.64	3.08	24.71	14.88	5.33
1.31	0.20	1.69	0.20	0.28	0.04	2.27	0.74	0.22
35.77	12.84	38.21	7.41	11.38	5.89	51.98	44.50	8.54
43.27	16.29	87.89	40.37	18.48	3.88	110.04	92.93	47.80
37.62	14.83	85.96	40.08	18.11	3.68	101.34	86.45	46.46
5.65	1.47	1.93	0.29	0.37	0.20	8.69	6.47	1.34

2-1-7 续表 4

行　业	企业单位数(个)	工业总产值(当年价格)	工业销售产值(当年价格)	出口交货值	资产总计	固定资产合计
电气机械和器材制造业	70	145.18	135.79	1.88	199.85	51.67
电机制造	6	53.38	54.86	1.31	66.89	10.43
输配电及控制设备制造	34	69.62	61.18		89.34	24.57
电线、电缆、光缆及电工器材制造	19	14.68	13.84		19.18	3.64
电池制造	5	2.77	1.49		17.17	11.12
家用电力器具制造	1	0.06	0.06		0.19	0.10
非电力家用器具制造	2	2.00	2.00		1.51	0.67
照明器具制造	2	2.33	2.03	0.52	5.42	1.13
其他电气机械及器材制造	1	0.35	0.35	0.06	0.15	0.01
计算机、通信和其他电子设备制造业	29	512.40	489.24	371.67	397.04	120.65
计算机制造	1	3.53	3.56		10.69	3.83
通信设备制造	6	488.17	467.97	370.15	334.41	104.79
广播电视设备制造						
雷达及配套设备制造						
视听设备制造	1	2.60	2.41		2.31	0.15
电子器件制造	5	4.77	3.83		6.19	1.58
电子元件制造	13	11.31	9.44	1.52	18.65	3.79
其他电子设备制造	3	2.03	2.03		24.80	6.52
仪器仪表制造业	17	23.38	22.84	0.51	29.82	2.61
通用仪器仪表制造	13	21.60	21.35		27.02	1.47
专用仪器仪表制造	2	0.84	0.59		0.63	0.05
钟表与计时仪器制造						
光学仪器及眼镜制造	2	0.94	0.90	0.51	2.18	1.09
其他仪器仪表制造业						
其他制造业	6	7.12	6.98		9.97	3.04
日用杂品制造	1	2.10	2.13		2.10	0.76
煤制品制造	2	2.37	2.29		1.43	0.68
核辐射加工						
其他未列明制造业	3	2.65	2.56		6.44	1.59
废弃资源综合利用业	4	0.93	0.93		1.67	0.32
金属废料和碎屑加工处理	4	0.93	0.93		1.67	0.32
非金属废料和碎屑加工处理						
金属制品、机械和设备修理业	11	8.68	8.61		7.00	2.30
金属制品修理						
通用设备修理	3	2.61	2.61		1.95	0.34
专用设备修理	3	2.20	2.20		1.44	0.08
铁路、船舶、航空航天等运输设备修理	2	0.96	0.90		0.67	0.04
电气设备修理	3	2.90	2.89		2.94	1.85
仪器仪表修理						
其他机械和设备修理业						
电力、热力、燃气及水生产和供应业	**155**	**1731.05**	**1693.60**		**2854.72**	**2018.99**
电力、热力生产和供应业	123	1618.83	1588.98		2586.86	1884.90
电力生产	93	708.53	678.64		1791.41	1388.65
电力供应	6	875.97	875.97		656.63	425.77
热力生产和供应	24	34.33	34.37		138.82	70.48
燃气生产和供应业	18	95.30	88.12		198.01	96.72
水的生产和供应业	14	16.91	16.50		69.85	37.37
自来水生产和供应	13	16.70	16.29		68.36	36.46
污水处理及其再生利用						
其他水的处理、利用与分配	1	0.21	0.21		1.49	0.91

单位：亿元

固定资产原价	累计折旧	流动资产合计	应收账款	存货	产成品	负债合计	流动负债合计	应付账款
58.28	19.00	114.26	59.41	27.61	14.08	136.46	108.46	31.47
17.08	8.33	46.73	26.96	11.70	5.88	44.68	41.25	15.83
27.37	7.46	44.07	24.03	8.90	3.84	65.94	45.20	11.00
5.33	1.87	13.89	5.59	3.79	2.47	11.81	10.05	2.20
6.18	0.66	5.12	1.06	2.06	1.36	10.44	8.83	1.31
0.29	0.19	0.09	0.02	0.06	0.03	0.14	0.04	0.04
0.52	0.13	0.81	0.51	0.17	0.05	0.58	0.38	0.27
1.42	0.28	3.41	1.12	0.95	0.45	2.79	2.61	0.76
0.09	0.08	0.14	0.12			0.10	0.10	0.05
193.57	76.86	240.01	57.82	39.87	20.16	235.39	231.23	123.73
5.91	2.08	6.23	1.81	0.51	0.16	10.23	9.95	4.89
166.80	62.64	208.72	49.84	33.04	18.07	200.68	199.12	113.72
0.23	0.08	2.15	1.36	0.24	0.19	0.82	0.82	0.27
4.05	**2.65**	**2.52**	**0.42**	**0.73**	**0.51**	**3.36**	**3.26**	**0.62**
12.34	8.68	10.74	3.40	4.05	0.84	10.50	10.39	2.81
4.24	0.72	9.66	0.98	1.30	0.39	9.80	7.70	1.42
3.67	1.66	22.61	9.82	4.56	1.01	14.56	12.67	3.24
2.69	1.22	21.09	9.19	4.19	0.88	13.42	11.53	2.88
0.07	0.02	0.58	0.40	0.06		0.38	0.38	0.27
0.90	0.42	0.94	0.23	0.32	0.13	0.76	0.76	0.10
5.16	2.52	6.34	0.48	0.89	0	4.39	3.39	0.60
0.82	0.06	0.97	0.10	0.33	0	0.84	0.84	0.01
2.10	1.46	0.75	0.15	0.17	0	0.75	0.71	0.09
2.24	1.00	4.63	0.23	0.38	0	2.80	1.83	0.49
0.38	0.10	1.07	0.21	0.14		1.56	1.35	0.25
0.38	0.10	1.07	0.21	0.14		1.56	1.35	0.25
4.34	2.04	4.35	2.10	0.58	0	6.72	6.67	2.74
0.52	0.17	1.52	0.63	0.21	0	0.95	0.95	0.79
0.09	0.02	1.30	0.76	0.11	0	0.97	0.97	0.89
0.11	0.07	0.61	0.40	0.06		0.47	0.47	0.31
3.63	1.78	0.91	0.32	0.20	0	4.32	4.27	0.77
3058.48	**1200.94**	**487.78**	**123.80**	**47.65**	**2.11**	**2236.48**	**770.26**	**238.22**
2890.63	1162.23	416.16	112.96	44.50	2	2052.12	691.40	220.54
2018.58	734.01	287.65	94.72	41.59	2	1449.20	591.38	192.31
772.68	395.43	71.05	16.56	0.53		482.50	24.20	12.19
99.37	32.79	57.46	1.68	2.39		120.42	75.82	16.05
108.34	14.47	50.07	8.75	1.60	0	153.31	58.87	9.99
59.51	24.24	21.56	2.09	1.55		31.05	19.99	7.69
58.35	24.00	21.04	2.08	1.55		30.57	19.51	7.53
1.16	0.25	0.52	0.01			0.48	0.48	0.16

2-1-7 续表 5

行业	所有者权益合计	实收资本	国家资本	集体资本	法人资本	个人资本
总 计	**7778.86**	**4384.46**	**1376.38**	**127.00**	**1589.32**	**1008.30**
采矿业	**4215.31**	**1799.83**	**634.36**	**55.58**	**802.09**	**211.46**
煤炭开采和洗选业	3957.86	1609.67	567.83	51.73	724.18	177.57
烟煤和无烟煤开采洗选	3957.86	1609.67	567.83	51.73	724.18	177.57
褐煤开采洗选						
其他煤炭采选						
石油和天然气开采业	93.44	86.07	25.32		52.77	
石油开采						
天然气开采	93.44	86.07	25.32		52.77	
黑色金属矿采选业	157.92	98.56	40.95	3.65	21.64	32.32
铁矿采选	153.57	96.31	40.95	3.65	21.61	30.10
锰矿、铬矿采选	4.34	2.25			0.03	2.22
其他黑色金属矿采选						
有色金属矿采选业	5.30	3.86	0.27	0.20	3.22	0.17
常用有色金属矿采选	2.63	1.99	0.27		1.63	0.09
贵金属矿采选	2.66	1.87		0.20	1.59	0.08
稀有稀土金属矿采选						
非金属矿采选业	0.80	1.68		0.01	0.27	1.40
土砂石开采	0.78	1.18		0.01	0.27	0.90
化学矿开采	0.02	0.50				0.50
采盐						
石棉及其他非金属矿采选						
开采辅助活动						
煤炭开采和洗选辅助活动						
石油和天然气开采辅助活动						
其他开采辅助活动						
其他采矿业						
制造业	**2948.56**	**2036.84**	**399.10**	**70.68**	**613.89**	**783.74**
农副食品加工业	104.41	33.48	1.87	0.38	11.64	19.54
谷物磨制	6.09	3.00	0.41		0.76	1.84
饲料加工	12.87	5.19			1.07	4.13
植物油加工	21.51	4.30			2.16	2.14
制糖业	-0.99	0.85			0.85	
屠宰及肉类加工	37.78	11.74	1.41	0.37	5.37	4.56
水产品加工						
蔬菜、水果和坚果加工	11.18	3.38			0.54	2.83
其他农副食品加工	15.96	5.03	0.05	0.01	0.91	4.05
食品制造业	50.47	19.42	0.35	1.44	10.58	5.89
焙烤食品制造	4.92	2.21			1.51	0.41
糖果、巧克力及蜜饯制造	5.21	1.67	0.01	0.01	1.44	0.21
方便食品制造	2.68	1.13	0.20		0.88	0.05
乳制品制造	15.09	7.31	0.02	0.82	5.32	0.83
罐头食品制造	3.83	1.35	0.08		0.11	1.16
调味品、发酵制品制造	11.18	3.69	0.05	0.62	0.92	1.95
其他食品制造	7.58	2.07			0.40	1.29
酒、饮料和精制茶制造业	109.99	41.82	12.23	2.32	12.17	9.59
酒的制造	74.62	23.89	11.72		5.80	3.78
饮料制造	29.88	17.14	0.51	2.32	6.10	5.30
精制茶加工	5.50	0.79			0.28	0.51

单位：亿元

港澳台资本	外商资本	主营业务收　入	主营业务成　本	主营业务税金及附加	销售费用	管理费用	税金	财务费用
64.09	**153.70**	**18164.34**	**15344.94**	**160.22**	**543.84**	**1016.30**	**40.24**	**548.66**
1.53	**34.33**	**7642.92**	**5977.39**	**97.75**	**318.97**	**620.56**	**21.84**	**268.33**
0.20	27.68	7232.00	5648.46	92.00	315.73	596.72	19.96	253.85
0.20	27.68	7232.00	5648.46	92.00	315.73	596.72	19.96	253.85
1.33	6.65	46.52	33.32	0.33	0.52	5.37	0.23	3.46
1.33	6.65	46.52	33.32	0.33	0.52	5.37	0.23	3.46
		341.25	276.07	5.14	2.04	17.00	1.28	10.66
		332.82	268.33	5.06	2.02	16.68	1.28	10.42
		8.44	7.74	0.07	0.01	0.32		0.24
		17.81	15.22	0.20	0.52	1.26	0.36	0.02
		12.29	10.72	0.17	0.50	0.83	0.34	0.05
		5.52	4.50	0.03	0.02	0.43	0.02	-0.03
		5.33	4.32	0.07	0.16	0.21	0.01	0.35
		4.46	3.57	0.04	0.16	0.19	0.01	0.13
		0.87	0.75	0.03		0.01		0.22
61.18	**105.17**	**8802.88**	**7887.10**	**53.92**	**218.55**	**328.98**	**15.95**	**202.80**
0.04		349.63	312.07	0.22	4.32	5.80	0.21	4.33
		14.10	12.57	0.03	0.31	0.46	0.02	0.22
		99.23	87.30		1.02	1.38	0.02	0.84
		48.63	41.82	0.01	0.18	0.52	0.01	0.73
		2.51	2.60	0.01	0.04	0.24	0.05	0.11
0.04		85.89	77.53	0.07	1.05	1.89	0.04	1.09
		23.61	20.53	0.04	0.42	0.45	0.01	0.40
		75.68	69.72	0.06	1.30	0.86	0.05	0.94
0.75	0.33	121.51	99.68	0.36	6.79	4.62	0.18	1.90
0.30		15.07	12.31	0.08	0.75	0.61	0.04	0.10
		7.35	5.67	0.05	0.52	0.22	0.02	0.31
		7.02	5.99	0.03	0.39	0.29	0.02	0.08
	0.32	42.88	36.87	0.09	1.82	1.52	0.06	0.36
		12.94	10.85	0.03	0.67	0.63	0.01	0.38
0.09		19.31	13.93	0.07	1.80	1.04	0.02	0.46
0.36		16.95	14.06	0.02	0.84	0.31	0.01	0.23
1.75	3.60	199.53	131.90	14.45	23.27	11.28	1.02	1.31
1.55	0.89	147.00	89.32	14.31	19.64	9.81	0.93	0.50
0.20	2.71	51.26	41.86	0.14	3.54	1.39	0.09	0.79
		1.28	0.73		0.08	0.09		0.02

2-1-7 续表 6

行业	所有者权益合计	实收资本				
			国家资本	集体资本	法人资本	个人资本
烟草制品业	25.43	6.13			6.13	
烟叶复烤						
卷烟制造	25.43	6.13			6.13	
其他烟草制品制造						
纺织业	15.62	11.18	0.77	0.12	2.94	7.28
棉纺织及印染精加工	9.80	8.18	0.10		1.48	6.60
毛纺织及染整精加工	1.23	1.28			1.19	0.02
麻纺织及染整精加工	2.12	1.20	0.67	0.12		0.41
丝绢纺织及印染精加工	0.57	0.20			0.20	
化纤织造及印染精加工	0.21	0.05			0.05	
针织或钩针编织物及其制品制造	0.23	0.02				0.02
家用纺织制成品制造	1.01	0.11			0.03	0.08
非家用纺织制成品制造	0.44	0.15				0.15
纺织服装、服饰业	8.91	3.22	0.42	0.21	1.33	1.26
机织服装制造	8.82	2.95	0.42	0.21	1.06	1.26
针织或钩针编织服装制造	0.10	0.27			0.27	
服饰制造						
皮革、毛皮、羽毛及其制品和制鞋业	1.26	0.36				0.36
皮革鞣制加工	1.26	0.36				0.36
皮革制品制造						
毛皮鞣制及制品加工						
羽毛(绒)加工及制品制造						
制鞋业						
木材加工和木、竹、藤、棕、草制品业	19.85	3.75		0.02	3.16	0.56
木材加工	0.47	0.15			0.15	
人造板制造	7.98	2.71			2.51	0.20
木制品制造	10.80	0.58		0.02	0.50	0.06
竹、藤、棕、草等制品制造	0.60	0.30				0.30
家具制造业	3.15	2.44			0.31	2.13
木质家具制造	3.15	2.44			0.31	2.13
竹、藤家具制造						
金属家具制造						
塑料家具制造						
其他家具制造						
造纸和纸制品业	7.43	5.49	0.04	0.14	2.00	3.31
纸浆制造						
造纸	3.92	2.60			1.16	1.45
纸制品制造	3.51	2.89	0.04	0.14	0.85	1.87
印刷和记录媒介复制业	12.85	5.05	1.18	0.04	2.79	0.80
印刷	12.85	5.05	1.18	0.04	2.79	0.80
装订及印刷相关服务						
记录媒介复制						
文教、工美、体育和娱乐用品制造业	4.89	3.14		0.01	1.71	1.42
文教办公用品制造						
乐器制造						
工艺美术品制造	3.60	2.21			1.71	0.51
体育用品制造	1.29	0.92		0.01		0.91
玩具制造						
游艺器材及娱乐用品制造						

单位：亿元

港澳台资本	外商资本	主营业务收入	主营业务成本	主营业务税金及附加	销售费用	管理费用	税金	财务费用
		40.41	13.08	17.57	0.42	2.51	0.08	-0.22
		40.41	13.08	17.57	0.42	2.51	0.08	-0.22
0.06		41.69	37.74	0.07	0.61	1.19	0.08	1.35
		29.77	26.89	0.04	0.40	0.72	0.08	1.18
0.06		7.36	7.16		0.03	0.10		0.13
		2.24	1.90	0.01	0.08	0.24		0.01
		0.22	0.19			0.01		0.01
		0.20	0.09		0.05	0.06		
		0.34	0.29					
		0.94	0.72	0.01	0.02	0.03		0.02
		0.63	0.50		0.03	0.03		
		15.91	13.15	0.05	0.35	1.15	0.03	0.21
		15.44	12.76	0.04	0.32	1.06	0.02	0.21
		0.47	0.39		0.02	0.09	0.01	0.01
		6.97	6.76	0.06	0.02	0.03		0.01
		6.97	6.76	0.06	0.02	0.03		0.01
		16.97	15.10	0.06	0.17	0.64	0.02	1.05
		0.60	0.55	0.01		0.02		0.02
		5.11	4.42	0.04	0.12	0.43	0.01	0.83
		10.72	9.69	0.01	0.04	0.16	0.01	0.20
		0.54	0.43		0.01	0.03		
		5.88	5.16	0.02	0.23	0.15	0.01	0.15
		5.88	5.16	0.02	0.23	0.15	0.01	0.15
		20.12	17.83	0.06	0.28	0.46	0.06	0.56
		5.50	5.19	0.01	0.09	0.10	0.01	0.15
		14.62	12.65	0.05	0.19	0.37	0.05	0.41
	0.26	18.51	14.91	0.10	0.72	1.65	0.08	0.44
	0.26	18.51	14.91	0.10	0.72	1.65	0.08	0.44
		8.06	6.99	0.03	0.46	0.69	0.05	0.06
		3.19	2.65	0.02	0.28	0.31	0.01	0.02
		4.87	4.34	0.02	0.17	0.38	0.04	0.04

2-1-7 续表 7

行业	所有者权益合计	实收资本				
			国家资本	集体资本	法人资本	个人资本
石油加工、炼焦和核燃料加工业	335.86	636.08	30.65	18.59	171.35	401.18
精炼石油产品制造	10.14	3.45	0.07		2.09	0.66
炼焦	325.72	632.63	30.58	18.59	169.25	400.52
核燃料加工						
化学原料和化学制品制造业	330.82	219.90	62.42	13.92	78.87	42.89
基础化学原料制造	121.72	83.00	18.23	7.12	20.64	17.88
肥料制造	100.24	81.85	32.62	4.31	40.64	3.06
农药制造	3.32	1.26				1.26
涂料、油墨、颜料及类似产品制造	7.39	3.40	0.57		0.32	2.17
合成材料制造	31.76	17.63	7.69	0.88	6.20	1.73
专用化学产品制造	28.91	15.79	0.28	1.27	6.98	7.26
炸药、火工及焰火产品制造	31.56	11.48	3.03	0.33	2.63	5.49
日用化学产品制造	5.92	5.49			1.45	4.04
医药制造业	105.21	50.13	8.80	0.91	24.88	11.39
化学药品原料药制造	20.90	14.24	7.11		1.11	2.51
化学药品制剂制造	48.90	21.45	0.48	0.72	16.39	3.79
中药饮片加工	0.22	0.14			0.14	
中成药生产	23.21	8.44	0.25	0.08	4.15	3.38
兽用药品制造	1.04	2.04	0.77		0.36	0.92
生物药品制造	7.85	1.90	0.17	0.10	1.31	0.31
卫生材料及医药用品制造	3.09	1.92	0.03		1.41	0.48
化学纤维制造业	0.12	0.12				0.12
纤维素纤维原料及纤维制造						
合成纤维制造	0.12	0.12				0.12
橡胶和塑料制品业	35.36	19.53	0.73	0.37	8.70	6.58
橡胶制品业	17.68	10.36	0.27		7.30	2.04
塑料制品业	17.68	9.17	0.46	0.37	1.40	4.54
非金属矿物制品业	184.42	168.48	29.43	6.93	66.58	55.61
水泥、石灰和石膏制造	87.27	96.79	24.84	2.28	35.57	26.22
石膏、水泥制品及类似制品制造	19.27	15.31	1.48	2.45	7.76	3.39
砖瓦、石材等建筑材料制造	15.86	9.53	1.60	0.50	3.26	4.17
玻璃制造	4.40	5.53			1.50	4.03
玻璃制品制造	7.13	4.58			1.48	2.82
玻璃纤维和玻璃纤维增强塑料制品制造	0.20	0.05				0.05
陶瓷制品制造	5.50	3.56	0.24	0.15	0.77	2.36
耐火材料制品制造	16.60	14.79	1.25	0.57	5.90	6.49
石墨及其他非金属矿物制品制造	28.20	18.35	0.01	0.99	10.33	6.09
黑色金属冶炼和压延加工业	847.44	305.75	92.77	2.81	70.95	134.47
炼铁	54.38	41.70	0.62	0.20	7.99	32.89
炼钢	35.96	41.67	3.92	0.21	20.06	17.49
黑色金属铸造	29.97	26.31	2.58	0.43	11.45	8.34
钢压延加工	693.57	173.52	85.00	0.52	20.21	67.55
铁合金冶炼	33.57	22.54	0.64	1.45	11.24	8.21
有色金属冶炼和压延加工业	163.88	114.98	52.43	4.89	41.38	15.17
常用有色金属冶炼	136.81	98.72	51.80	4.50	32.22	9.69
贵金属冶炼	3.91	2.73			1.83	0.89
稀有稀土金属冶炼	4.80	2.76	0.09	0.39	1.99	0.30
有色金属合金制造	4.59	3.56	0.01		2.57	0.36
有色金属铸造						
有色金属压延加工	13.76	7.21	0.53		2.77	3.92

单位：亿元

港澳台资本	外商资本	主营业务收入	主营业务成本	主营业务税金及附加	销售费用	管理费用	税金	财务费用
5.36	8.95	1322.77	1223.78	4.01	54.62	39.52	2.55	58.75
	0.63	40.70	33.76	0.95	1.04	1.52	0.08	0.31
5.36	8.32	1282.07	1190.01	3.06	53.58	38.01	2.47	58.44
15.86	5.94	778.07	706.47	2.01	18.33	40.27	2.08	28.49
15.75	3.38	266.69	247.03	1.05	4.60	10.22	0.58	9.65
	1.22	255.72	232.42	0.22	6.09	15.66	0.72	9.20
		3.14	2.41		0.08	0.08		0.04
0.12	0.22	25.63	20.43	0.07	1.66	1.65	0.05	0.73
	1.12	108.71	105.27	0.24	1.41	4.95	0.28	4.55
		70.79	62.28	0.11	1.98	1.76	0.07	2.58
		37.76	28.22	0.25	1.98	4.88	0.23	0.95
		9.63	8.41	0.06	0.52	1.07	0.14	0.79
0.33	3.52	148.56	99.50	1.10	19.98	14.88	0.46	3.35
	3.50	44.59	39.32	0.07	0.72	2.59	0.12	1.44
0.05	0.02	55.46	34.41	0.57	7.77	6.04	0.18	0.81
		3.53	3.05	0.02		0.03		0.03
0.28		21.48	9.67	0.24	7.24	3.38	0.08	0.52
		2.35	1.78	0.01	0.34	0.26	0.01	0.22
		16.56	8.26	0.16	3.63	1.92	0.05	0.10
		4.58	3.01	0.03	0.28	0.66	0.02	0.23
		0.22	0.20			0.01		0.01
		0.22	0.20			0.01		0.01
0.02	3.14	87.03	76.29	0.27	2.25	2.54	0.11	1.81
	0.76	50.50	44.45	0.17	1.09	1.16	0.06	1.23
0.02	2.39	36.53	31.85	0.10	1.16	1.38	0.05	0.58
2.02	7.92	372.10	316.44	2.16	14.42	22.02	0.96	13.11
1.46	6.43	134.61	116.09	0.84	3.45	10.07	0.58	7.44
0.22		43.00	36.91	0.25	1.67	2.69	0.06	0.89
		34.32	28.91	0.25	1.86	1.57	0.07	0.62
		11.19	9.76	0.05	0.21	0.45	0.03	0.70
0.28		23.61	20.62	0.04	0.35	0.71	0.05	0.48
		0.59	0.48		0.02	0.02		0.01
	0.04	21.75	17.99	0.20	0.58	0.83	0.03	0.24
0.06	0.53	38.28	31.57	0.29	1.72	2.85	0.06	1.19
	0.93	64.75	54.12	0.24	4.57	2.82	0.08	1.55
0.20	3.51	3270.97	3085.82	4.73	33.12	79.68	4.24	47.84
		255.74	243.39	0.56	1.11	3.54	0.20	2.49
		323.52	312.85	0.28	2.06	4.39	0.21	5.38
0.01	3.46	72.15	63.67	0.22	2.75	2.77	0.14	1.96
0.19	0.05	2485.05	2342.32	3.45	24.96	65.45	3.52	35.49
		134.51	123.59	0.22	2.23	3.53	0.17	2.53
0.25	0.86	497.80	464.10	1.91	7.22	12.38	1.13	17.52
0.25	0.25	412.40	387.33	1.75	6.14	10.27	1.03	15.94
		4.46	3.25	0.01	0.12	0.39	0.01	0.02
		6.86	6.29	0.01	0.17	0.46	0.03	0.15
	0.61	11.25	10.67	0.03	0.20	0.48	0.02	0.13
		62.83	56.56	0.11	0.59	0.78	0.05	1.27

2-1-7 续表 8

行业	所有者权益合计	实收资本	国家资本	集体资本	法人资本	个人资本
金属制品业	38.54	21.98	2.20	1.19	4.08	13.91
结构性金属制品制造	8.85	6.27	0.14	0.59	1.57	3.47
金属工具制造	1.87	0.20	0.15			0.05
集装箱及金属包装容器制造	-0.07	0.38		0.05	0.15	0.18
金属丝绳及其制品制造	1.81	1.87		0.34		1.53
建筑、安全用金属制品制造	4.35	2.28		0.05	0.26	1.97
金属表面处理及热处理加工	0.70	0.07			0.01	0.06
搪瓷制品制造	0.06	0.05				0.05
金属制日用品制造	0.19	0.05				0.05
其他金属制品制造	20.78	10.80	1.91	0.16	2.09	6.55
通用设备制造业	59.59	33.63	5.88	1.46	13.86	11.84
锅炉及原动设备制造	22.37	4.99	2.63	0.09	1.33	0.94
金属加工机械制造	7.05	3.67	0.74	0.20	0.93	1.80
物料搬运设备制造	2.37	2.25		0.08	0.94	1.23
泵、阀门、压缩机及类似机械制造	10.68	9.11	0.37	0.02	5.71	2.82
轴承、齿轮和传动部件制造	1.59	1.41	0.26	0.29		0.86
烘炉、风机、衡器、包装等设备制造	9.16	6.51	0.03	0.08	3.22	3.19
文化、办公用机械制造						
通用零部件制造	5.45	5.18	1.86	0.70	1.43	0.79
其他通用设备制造业	0.93	0.52			0.30	0.22
专用设备制造业	166.77	105.06	57.85	3.95	24.57	16.78
采矿、冶金、建筑专用设备制造	128.44	82.77	56.20	2.11	10.21	12.35
化工、木材、非金属加工专用设备制造	16.18	11.07	0.30	0.70	8.87	1.20
食品、饮料、烟草及饲料生产专用设备制造	1.63	0.15			0.15	
印刷、制药、日化及日用品生产专用设备制造	0.35	0.28		0.05	0.22	0.01
纺织、服装和皮革加工专用设备制造	3.69	2.94		1.09	1.38	0.47
电子和电工机械专用设备制造	4.47	2.32	0.03		1.31	0.98
农、林、牧、渔专用机械制造	5.96	1.42	0.52		0.30	0.60
医疗仪器设备及器械制造						
环保、社会公共服务及其他专用设备制造	6.04	4.11	0.80		2.13	1.17
汽车制造业	38.23	30.53	4.26	7.36	14.54	4.27
汽车整车制造	6.94	11.52		6.79	4.72	0.01
改装汽车制造	10.70	3.59	0.09		3.41	0.09
低速载货汽车制造						
电车制造						
汽车车身、挂车制造	1.05	1.26			0.43	0.83
汽车零部件及配件制造	19.54	14.17	4.17	0.57	5.99	3.34
铁路、船舶、航空航天和其他运输设备制造业	31.68	22.14	12.64	0.91	5.09	2.10
铁路运输设备制造	32.95	19.29	12.64	0.91	2.24	2.10
城市轨道交通设备制造						
船舶及相关装置制造						
航空、航天器及设备制造						
摩托车制造						
自行车制造						
非公路休闲车及零配件制造						
潜水救捞及其他未列明运输设备制造	-1.27	2.85			2.85	

单位：亿元

港澳台资本	外商资本	主营业务收入	主营业务成本	主营业务税金及附加	销售费用	管理费用	税金	财务费用
	0.10	103.67	91.48	0.42	2.62	5.82	0.17	2.08
		18.64	16.68	0.06	0.31	1.13	0.04	0.73
		0.72	0.48	0.01	0.03	0.18		
		1.78	1.69	0.01	0.02	0.15		0.05
		3.63	3.51	0.02	0.14	0.28	0.03	0.07
		17.49	15.72	0.07	0.19	0.64	0.02	0.18
		1.49	1.32		0.02	0.05		0.02
		0.49	0.48			0.01		
		0.91	0.87		0.01	0.02		0.01
	0.10	58.52	50.73	0.25	1.89	3.36	0.08	1.02
0.02	0.57	184.98	156.24	0.47	5.23	11.04	0.26	2.00
		55.57	41.39	0.11	2.48	4.05	0.04	0.24
		10.17	8.70	0.03	0.16	0.50	0.04	0.19
		6.98	5.94	0.03	0.27	0.65	0.02	0.11
	0.19	43.59	38.57	0.07	1.10	1.99	0.07	0.61
		3.14	2.76	0.01	0.21	0.36	0.01	0.15
		17.53	13.54	0.07	0.72	1.47	0.03	0.46
0.02	0.38	45.95	43.69	0.15	0.22	1.84	0.04	0.23
		2.06	1.65		0.08	0.17	0.01	0.01
	1.80	364.18	313.37	1.12	10.59	25.84	0.48	7.37
	1.80	294.97	254.59	0.88	9.00	20.29	0.22	6.49
		19.09	16.56	0.04	0.14	0.53	0.02	0.21
		0.31	0.26		0.01	0.02		
		0.63	0.47		0.05	0.11		
		28.96	25.97	0.12	0.67	3.20	0.18	0.13
		5.23	3.20	0.03	0.26	0.69	0.01	0.03
		7.36	6.24	0.01	0.27	0.32	0.01	0.31
		7.62	6.08	0.04	0.20	0.68	0.04	0.20
	0.02	76.52	68.83	0.15	3.54	6.05	0.26	1.46
		2.15	2.29	0.02	0.23	1.57	0.06	0.25
		34.52	32.24	0.01	1.44	1.29	0.03	-0.23
		3.52	2.87	0.01	0.05	0.10		0.13
	0.02	36.34	31.44	0.12	1.82	3.09	0.17	1.30
	1.40	108.53	90.02	0.55	2.39	9.31	0.25	2.28
	1.40	107.37	89.00	0.55	2.29	9.06	0.25	2.28
		1.16	1.02		0.09	0.25		

2-1-7 续表 9

行 业	所有者权益合计	实收资本				
			国家资本	集体资本	法人资本	个人资本
电气机械和器材制造业	63.23	41.99	19.07	1.27	10.76	10.39
电机制造	22.21	7.75	7.45	0.06	0.14	0.04
输配电及控制设备制造	23.34	21.54	11.10	0.02	4.78	5.36
电线、电缆、光缆及电工器材制造	7.28	7.07	0.52	1.09	2.35	3.11
电池制造	6.73	3.58		0.10	3.08	0.40
家用电力器具制造	0.05	0.17				
非电力家用器具制造	0.92	0.74				0.74
照明器具制造	2.63	1.09			0.40	0.69
其他电气机械及器材制造	0.06	0.05				0.05
计算机、通信和其他电子设备制造业	161.65	121.72	1.99	1.15	17.65	3.17
计算机制造	0.46	0.84				
通信设备制造	133.73	96.41	0.49			0.20
广播电视设备制造						
雷达及配套设备制造						
视听设备制造	1.49	0.50				0.50
电子器件制造	**2.83**	**2.06**			**1.30**	**0.76**
电子元件制造	8.15	4.41		0.47	2.83	1.12
其他电子设备制造	15.00	17.50	1.50	0.69	13.52	0.59
仪器仪表制造业	15.26	5.41	0.14		3.70	1.26
通用仪器仪表制造	13.60	4.99	0.06		3.52	1.21
专用仪器仪表制造	0.25	0.10			0.05	0.05
钟表与计时仪器制造						
光学仪器及眼镜制造	1.42	0.32	0.08		0.13	
其他仪器仪表制造业						
其他制造业	5.59	0.89	0.39		0.39	0.11
日用杂品制造	1.26	0.10			0.09	0.01
煤制品制造	0.68	0.20			0.20	
核辐射加工						
其他未列明制造业	3.64	0.59	0.39		0.10	0.10
废弃资源综合利用业	0.37	0.43		0.10		0.33
金属废料和碎屑加工处理	0.37	0.43		0.10		0.33
非金属废料和碎屑加工处理						
金属制品、机械和设备修理业	0.29	2.62	0.60	0.19	1.77	0.01
金属制品修理						
通用设备修理	1.00	0.45	0.25		0.15	
专用设备修理	0.47	0.30	0.30			
铁路、船舶、航空航天等运输设备修理	0.19	0.06	0.05			0.01
电气设备修理	-1.38	1.81		0.19	1.63	
仪器仪表修理						
其他机械和设备修理业						
电力、热力、燃气及水生产和供应业	**615.00**	**547.80**	**342.92**	**0.74**	**173.34**	**13.10**
电力、热力生产和供应业	531.50	510.01	319.29	0.74	161.45	11.36
电力生产	340.71	418.57	238.08	0.74	154.65	9.25
电力供应	174.13	84.55	78.52		6.00	0.03
热力生产和供应	16.66	6.89	2.69		0.80	2.08
燃气生产和供应业	44.70	18.85	5.57		11.17	1.59
水的生产和供应业	38.80	18.94	18.06		0.72	0.15
自来水生产和供应	37.79	18.89	18.03		0.70	0.15
污水处理及其再生利用						
其他水的处理、利用与分配	1.01	0.05	0.03		0.02	

单位：亿元

港澳台资本	外商资本	主营业务收入	主营业务成本	主营业务税金及附加	销售费用	管理费用	税金	财务费用
	0.49	106.78	94.69	0.43	3.26	8.78	0.30	4.33
	0.05	56.57	47.80	0.25	1.54	4.79	0.16	1.41
	0.27	31.06	30.63	0.11	0.93	2.53	0.09	2.22
		13.06	11.56	0.04	0.40	0.63	0.04	0.46
		1.58	1.39		0.12	0.39		0.22
	0.17	0.08	0.11			0.02		
		1.99	1.70	0.01	0.03	0.02		
		2.08	1.18	0.02	0.23	0.34	0.02	0.02
		0.34	0.31			0.06		
34.22	62.69	493.24	394.90	1.25	1.40	16.95	0.82	1.07
		3.69	3.34	0.01	0.01	0.59	0.05	-0.01
33.02	62.69	469.04	374.05	1.16	0.87	13.86	0.74	0.43
		2.60	2.00	0.01	0.09	0.09		0.06
		3.88	**3.15**	**0.01**	**0.12**	**0.39**		**0.12**
		11.75	10.81	0.04	0.24	0.80	0.01	0.42
1.20		2.29	1.54	0.02	0.06	1.22	0.01	0.05
0.31		25.81	16.66	0.21	1.37	2.42	0.02	0.09
0.20		24.29	15.57	0.20	1.27	2.18	0.01	0.07
		0.53	0.41		0.04	0.03		0.01
0.11		1.00	0.67	0.01	0.06	0.21		0.02
		7.13	5.94	0.01	0.25	0.41	0.03	0.05
		2.64	2.13		0.10	0.11		0.06
		2.32	1.94		0.11	0.06		0.03
		2.17	1.86	0.01	0.04	0.24	0.02	-0.04
		0.93	0.84	0.01	0.04	0.08		0.03
		0.93	0.84	0.01	0.04	0.08		0.03
	0	8.40	7.17	0.05	0.29	0.83	0.02	0.01
	0	2.61	2.20	0.01		0.16		
		2.06	1.80	0.01		0.15		
		0.90	0.72	0.01	0.06	0.07		0.01
		2.82	2.45	0.02	0.23	0.46	0.01	
1.38	**14.20**	**1718.53**	**1480.45**	**8.55**	**6.33**	**66.76**	**2.46**	**77.53**
1.23	14	1608.53	1398.77	7.89	0.99	56.72	2.13	74.14
1.23	14	702.13	543.29	4.74	0.11	16.55	1.24	58.79
		875.52	823.90	3.06	0.05	36.90	0.84	12.94
		30.88	31.59	0.08	0.83	3.27	0.05	2.41
0.15	0	93.54	67.61	0.50	4.40	6.41	0.17	3.08
		16.46	14.08	0.16	0.94	3.63	0.17	0.31
		16.26	13.84	0.16	0.94	3.62	0.17	0.28
		0.20	0.24			0.01		0.03

2-1-7 续表 10

行业	利息收入	利息支出	投资收益(损失以“-”号记)	营业利润	利润总额
总 计	**41.76**	**553.45**	**17.57**	**609.63**	**606.04**
采矿业	**26.51**	**276.85**	**54.63**	**419.61**	**395.81**
煤炭开采和洗选业	26.25	262.87	62.08	389.42	364.91
烟煤和无烟煤开采洗选	26.25	262.87	62.08	389.42	364.91
褐煤开采洗选					
其他煤炭采选					
石油和天然气开采业	0.06	3.34	0.62	4.31	7.35
石油开采					
天然气开采	0.06	3.34	0.62	4.31	7.35
黑色金属矿采选业	0.16	10.37	-8.08	23.45	21.48
铁矿采选	0.16	10.14	-8.08	23.34	21.35
锰矿、铬矿采选		0.23		0.11	0.13
其他黑色金属矿采选					
有色金属矿采选业	0.04	0.05		2.24	1.87
常用有色金属矿采选	0.01	0.05		1.64	1.40
贵金属矿采选	0.03			0.60	0.47
稀有稀土金属矿采选					
非金属矿采选业		0.22		0.20	0.20
土砂石开采		0.12		0.34	0.33
化学矿开采		0.10		-0.14	-0.14
采盐					
石棉及其他非金属矿采选					
开采辅助活动					
煤炭开采和洗选辅助活动					
石油和天然气开采辅助活动					
其他开采辅助活动					
其他采矿业					
制造业	**14.29**	**196.49**	**-40.16**	**78.58**	**98.23**
农副食品加工业	0.15	4.06	0.03	24.32	25.60
谷物磨制		0.20		0.49	0.55
饲料加工	-0.02	0.63		10.41	10.73
植物油加工	0.02	0.73		5.34	5.55
制糖业		0.11		-0.67	-0.69
屠宰及肉类加工	0.03	1.07		4.33	4.99
水产品加工					
蔬菜、水果和坚果加工		0.39		1.74	1.68
其他农副食品加工	0.11	0.92	0.03	2.68	2.79
食品制造业	0.04	1.70		8.69	9.11
焙烤食品制造		0.07		1.28	1.40
糖果、巧克力及蜜饯制造		0.27		0.57	0.56
方便食品制造		0.08		0.22	0.31
乳制品制造	0.01	0.36		2.68	2.70
罐头食品制造		0.37		0.43	0.49
调味品、发酵制品制造	0.02	0.40		2.01	2.14
其他食品制造		0.15		1.48	1.50
酒、饮料和精制茶制造业	0.76	1.84	0.06	17.63	17.32
酒的制造	0.75	1.13	0.06	13.43	12.99
饮料制造	0.01	0.70		3.86	3.99
精制茶加工		0.02		0.34	0.34

单位：亿元

亏损企业亏损额	应交增值税	应交所得税	从业人员平均人数（万人）	总资产贡献率（%）	资产负债率（%）	产品销售率（%）	成本费用利润率（%）	流动资本周转率（%）
372.36	**751.06**	**164.99**	**214.19**	**7.27**	**72.10**	**95.14**	**3.28**	**1.73**
170.06	**488.71**	**119.76**	**108.42**	**8.63**	**70.54**	**93.84**	**4.97**	**1.54**
165.32	470.53	114.93	104.15	8.54	71.02	93.99	4.81	1.53
165.32	470.53	114.93	104.15	8.54	71.02	93.99	4.81	1.53
0.68	2.44	1.23	0.44	5.86	59.36	99.22	16.90	0.77
0.68	2.44	1.23	0.44	5.86	59.36	99.22	16.90	0.77
3.69	14.40	3.44	3.4	13.44	58.49	90.77	7.00	2.31
3.29	14.11	3.32	3.19	13.94	57.51	90.84	7.15	2.44
0.40	0.30	0.12	0.2	3.80	77.20	87.46	1.51	0.74
0.15	1.16	0.12	0.35	10.77	82.19	93.98	10.93	1.35
0.15	1.02		0.21	9.93	89.85	91.99	11.58	1.04
	0.13	0.12	0.14	17.14	24.46	99.16	9.37	4.77
0.22	0.17	0.04	0.08	6.49	92.23	98.67	3.76	0.67
0.09	0.09	0.04	0.07	9.38	87.67	99.07	8.22	0.96
0.14	0.08		0.01	1.92	99.44	96.68	-11.27	0.30
177.62	**180.25**	**25.79**	**99.05**	**4.78**	**72.51**	**95.70**	**1.11**	**1.76**
1.56	2.81	0.32	2.94	14.31	53.73	96.62	7.82	3.14
0.02	0.09		0.17	6.63	53.44	97.99	3.93	1.79
0.06	1.28	0.04	0.69	41.69	57.15	97.75	11.83	6.84
0.06	0.02		0.28	16.76	42.63	95.49	12.82	2.58
0.69	0.03		0.06	-12.00	122.17	123.67	-22.50	1.33
0.53	0.84	0.16	1.03	9.31	49.30	93.48	6.11	2.59
	0.21	0.08	0.29	10.91	47.22	97.20	7.66	2.08
0.19	0.34	0.03	0.42	8.67	64.13	98.71	3.83	3.18
0.44	2.76	0.94	1.89	14.02	47.66	93.84	7.81	2.55
0.10	0.66	0.26	0.48	21.83	50.90	99.59	10.02	4.12
0.24	0.13	0.01	0.17	10.92	43.80	82.54	8.32	1.40
0.04	0.21	0.02	0.15	12.06	47.52	95.50	4.54	3.43
	0.74	0.28	0.41	13.97	45.76	98.58	6.16	2.87
0.05	0.25	0.04	0.22	13.38	55.21	85.13	3.90	2.89
	0.70	0.31	0.36	13.40	52.77	94.03	12.43	2.11
0.01	0.08	0.02	0.1	12.73	37.94	88.33	9.72	2.07
1.24	10.88	0.97	2.37	20.65	48.05	93.58	10.20	1.68
1.14	9.67	0.67	1.76	25.72	48.61	99.65	10.76	1.59
0.10	1.20	0.30	0.59	10.35	48.54	83.61	8.29	2.21
	0.01	0.01	0.01	4.40	34.97	98.23	36.99	0.42

2-1-7 续表 11

行业			投资收益（损失以“-”号记）	营业利润	利润总额
	利息收入	利息支出			
烟草制品业	0.22			7.06	7.01
烟叶复烤					
卷烟制造	0.22			7.06	7.01
其他烟草制品制造					
纺织业	0.05	1.03	-0.63	0.58	0.59
棉纺织及印染精加工	0.05	0.87	-0.63	0.38	0.35
毛纺织及染整精加工		0.12		-0.06	-0.06
麻纺织及染整精加工		0.01		0.01	
丝绢纺织及印染精加工		0.01		0.01	0.04
化纤织造及印染精加工					
针织或钩针编织物及其制品制造				0.04	0.04
家用纺织制成品制造		0.02		0.14	0.14
非家用纺织制成品制造				0.07	0.07
纺织服装、服饰业	0.01	0.22		1.05	1.77
机织服装制造	0.01	0.22		1.09	1.76
针织或钩针编织服装制造		0.01		-0.04	
服饰制造					
皮革、毛皮、羽毛及其制品和制鞋业		0.01		0.10	0.10
皮革鞣制加工		0.01		0.10	0.10
皮革制品制造					
毛皮鞣制及制品加工					
羽毛(绒)加工及制品制造					
制鞋业					
木材加工和木、竹、藤、棕、草制品业	0.03	0.85		0.34	0.46
木材加工					
人造板制造	0.03	0.69		-0.69	-0.62
木制品制造		0.16		0.96	1.00
竹、藤、棕、草等制品制造				0.07	0.07
家具制造业		0.14		0.17	0.20
木质家具制造		0.14		0.17	0.20
竹、藤家具制造					
金属家具制造					
塑料家具制造					
其他家具制造					
造纸和纸制品业	0.02	0.53		0.92	0.94
纸浆制造					
造纸		0.14		-0.03	-0.03
纸制品制造	0.02	0.39		0.95	0.98
印刷和记录媒介复制业	0.02	0.41		0.77	1.25
印刷	0.02	0.41		0.77	1.25
装订及印刷相关服务					
记录媒介复制					
文教、工美、体育和娱乐用品制造业		0.05	-0.31	0.41	0.51
文教办公用品制造					
乐器制造					
工艺美术品制造		0.01	0.01	-0.09	0.02
体育用品制造		0.04	-0.32	0.50	0.49
玩具制造					
游艺器材及娱乐用品制造					

单位：亿元

亏损企业亏损额	应交增值税	应交所得税	从业人员平均人数（万人）	总资产贡献率（%）	资产负债率（%）	产品销售率（%）	成本费用利润率（%）	流动资本周转率（%）
	4.84	1.75	0.1	101.62	11.50	99.47	42.71	2.03
	4.84	1.75	0.1	101.62	11.50	99.47	42.71	2.03
0.69	1.17	0.25	0.97	4.40	75.25	93.10	1.40	1.07
0.61	0.29	0.21	0.72	2.88	81.06	90.69	1.16	0.93
0.08	0.74		0.03	18.17	72.03	99.71	-0.76	2.20
	0.08		0.15	2.85	39.89	98.45	0.18	1.06
			0.02	7.05	28.93	101.89	16.84	0.79
			0.01	2.22	54.57	124.12	1.72	0.53
			0.01	13.57	22.11	94.89	13.34	1.52
	0.05	0.02	0.02	17.26	17.45	99.82	17.75	3.14
	0.01	0.01	0.01	15.60	6.92	100.07	11.79	7.09
	0.39	0.32	0.49	14.07	48.43	99.60	11.78	1.72
	0.38	0.32	0.45	14.43	47.17	99.97	12.17	1.74
	0.01		0.04	4.25	83.46	86.75	0.72	1.33
	0.04	0.02	0.03	15.77	3.09	86.02	1.40	8.10
	0.04	0.02	0.03	15.77	3.09	86.02	1.40	8.10
0.92	0.14		0.2	2.82	62.24	87.33	2.68	0.76
	0.01		0.01	1.28	51.13	101.22	0.02	1.34
0.91	0.13		0.11	0.71	74.51	81.25	-10.48	0.43
0.01			0.06	6.04	44.57	90.25	9.94	1.14
			0.01	9.25	23.61	100.46	14.53	1.04
	0.04	0.03	0.07	5.31	56.74	84.50	3.45	1.18
	0.04	0.03	0.07	5.31	56.74	84.50	3.45	1.18
0.14	0.34	0.08	0.38	8.53	65.48	89.82	4.92	2.08
0.13	0.10	0.01	0.17	2.87	48.05	96.93	-0.61	1.78
0.01	0.24	0.07	0.21	11.55	74.78	87.48	7.16	2.23
0.07	0.36	0.08	0.53	7.86	52.12	98.46	6.60	1.55
0.07	0.36	0.08	0.53	7.86	52.12	98.46	6.60	1.55
0.11	0.39	0.01	0.32	4.92	75.64	62.69	6.18	0.68
0.02	0.24		0.22	2.15	74.13	35.02	0.63	0.37
0.09	0.15	0.01	0.1	11.19	79.06	97.41	9.87	1.26

2-1-7 续表 12

行业	利息收入	利息支出	投资收益（损失以“-”号记）	营业利润	利润总额
石油加工、炼焦和核燃料加工业	2.54	51.57	4.79	-41.77	-40.33
精炼石油产品制造		0.34		3.21	1.53
炼焦	2.54	51.23	4.79	-44.98	-41.86
核燃料加工					
化学原料和化学制品制造业	1.94	28.32	0.71	-14.92	-12.26
基础化学原料制造	0.40	8.64	0.08	-6.12	-7.05
肥料制造	1.09	9.86	0.36	-5.48	-3.53
农药制造		0.04		0.56	0.54
涂料、油墨、颜料及类似产品制造	0.11	0.71	0.01	1.22	1.24
合成材料制造	0.23	4.68	0.02	-7.91	-7.42
专用化学产品制造	0.04	2.37	0.03	2.20	2.54
炸药、火工及焰火产品制造	0.06	0.97	0.42	2.15	2.71
日用化学产品制造	0.01	1.05	-0.21	-1.55	-1.29
医药制造业	0.29	3.18	0.17	10.17	10.84
化学药品原料药制造	0.08	1.17	0.01	0.67	0.88
化学药品制剂制造	0.18	0.98	0.10	5.86	6.47
中药饮片加工		0.03		0.44	0.45
中成药生产	0.01	0.47		0.53	0.05
兽用药品制造		0.19		-0.19	-0.18
生物药品制造	0.01	0.12		2.42	2.65
卫生材料及医药用品制造		0.23	0.06	0.43	0.51
化学纤维制造业		0.01			
纤维素纤维原料及纤维制造					
合成纤维制造		0.01			
橡胶和塑料制品业	0.07	1.68	0.08	4.14	4.44
橡胶制品业	0.03	1.24	0.01	2.57	2.77
塑料制品业	0.04	0.43	0.07	1.56	1.67
非金属矿物制品业	0.19	11.81	0.28	5.20	8.19
水泥、石灰和石膏制造	-0.01	7.38	0.02	-3.48	-1.98
石膏、水泥制品及类似制品制造	0.01	0.72	0.04	0.94	1.43
砖瓦、石材等建筑材料制造		0.40		1.14	1.41
玻璃制造	0.03	0.64	0.13	0.19	0.27
玻璃制品制造		0.45		1.42	1.47
玻璃纤维和玻璃纤维增强塑料制品制造		0.01		0.05	0.05
陶瓷制品制造	0.01	0.24	-0.01	1.91	1.92
耐火材料制品制造	0.05	0.59	0.10	0.86	1.04
石墨及其他非金属矿物制品制造	0.09	1.37	-0.01	2.18	2.57
黑色金属冶炼和压延加工业	6.15	51.70	2.07	20.01	23.04
炼铁	0.10	2.21	-0.16	3.80	3.98
炼钢	0.17	5.17	0.41	-0.73	-0.52
黑色金属铸造	0.03	1.84	0.26	1.03	1.28
钢压延加工	5.83	40.40	1.51	12.34	14.29
铁合金冶炼	0.02	2.07	0.06	3.57	4.01
有色金属冶炼和压延加工业	0.25	16.48	0.14	-0.50	-0.98
常用有色金属冶炼	0.22	15.07	0.12	-4.45	-4.60
贵金属冶炼		0.01		0.64	0.64
稀有稀土金属冶炼		0.13		-0.17	-0.28
有色金属合金制造		0.12		-0.11	-0.10
有色金属铸造					
有色金属压延加工	0.03	1.15	0.02	3.60	3.35

单位：亿元

亏损企业亏损额	应交增值税	应交所得税	从业人员平均人数（万人）	总资产贡献率（%）	资产负债率（%）	产品销售率（%）	成本费用利润率（%）	流动资本周转率（%）
62.32	27.52	1.31	12.28	1.71	85.52	94.89	-2.87	1.11
	0.62	0.36	0.23	11.98	64.58	106.79	4.14	1.99
62.32	26.90	0.95	12.05	1.58	85.78	94.52	-3.06	1.09
38.46	12.26	3.71	10.09	2.33	72.73	95.68	-1.53	1.75
16.27	4.63	1.29	2.78	1.39	75.28	95.62	-2.57	1.47
11.71	2.03	1.65	3.15	1.98	73.38	97.99	-1.33	1.96
	0.02	0.05	0.02	14.56	15.97	98.43	20.88	1.40
0.09	0.64	0.16	0.33	9.48	72.45	82.96	4.99	1.30
8.13	1.73	0.28	0.92	-0.67	78.57	95.98	-6.35	3.05
0.86	0.91	-0.23	0.98	7.58	62.19	93.37	3.63	2.04
0.11	1.91	0.51	1.38	9.40	48.61	97.61	7.30	1.50
1.29	0.40		0.52	0.74	78.77	93.98	-11.49	0.67
1.80	7.62	1.65	3.19	8.47	60.02	92.33	7.80	1.41
0.21	0.29	0.13	0.87	2.60	76.34	99.57	1.96	1.89
0.21	3.37	0.86	1.23	12.80	44.18	96.92	13.18	1.58
	0.16		0.03	21.36	92.86	97.95	14.56	2.22
1.05	2.14	0.17	0.68	5.64	54.15	82.90	0.26	0.76
0.33	0.04		0.07	1.11	82.61	91.64	-6.99	1.07
0.01	1.35	0.38	0.14	21.33	59.73	78.39	18.98	1.50
	0.27	0.11	0.16	13.28	60.49	83.71	11.16	1.35
			0.01	2.43	79.17	95.22	-1.52	0.63
			0.01	2.43	79.17	95.22	-1.52	0.63
0.16	0.88	0.72	1.15	7.85	60.49	91.22	5.30	1.68
0.04	0.48	0.20	0.48	9.40	64.14	88.88	5.74	1.86
0.12	0.40	0.52	0.67	6.05	56.27	94.40	4.71	1.49
12.81	15.25	2.63	9.28	5.67	71.67	94.34	2.22	1.33
9.06	5.67	0.96	2.66	3.46	74.60	96.66	-1.44	1.21
0.82	1.53	0.22	0.77	6.78	65.98	95.77	3.33	1.26
0.47	1.50	0.09	0.8	8.77	60.74	92.94	4.21	1.67
0.18	0.47		0.3	4.55	85.77	84.26	2.42	0.74
0.04	0.71	0.32	1.41	14.28	59.20	94.77	6.65	2.37
	0.02		0.01	25.60	41.18	86.06	10.07	2.64
0.19	0.85	0.26	1.17	17.62	69.32	90.78	9.80	3.00
1.05	2.07	0.09	0.95	7.36	68.75	92.74	2.77	1.29
1.01	2.43	0.68	1.21	7.07	69.18	93.62	3.99	1.26
30.60	53.39	4.61	19.41	4.54	69.83	97.93	0.70	2.97
1.55	3.05	0.49	2.51	5.60	66.80	94.39	1.58	2.73
10.17	8.96	0.02	1.96	4.66	87.78	95.91	-0.16	2.43
0.85	1.76	0.23	2.03	5.18	69.15	115.19	1.76	1.23
14.65	37.47	3.75	11.48	4.27	67.02	98.28	0.57	3.36
3.38	2.14	0.13	1.43	6.53	78.17	94.61	2.98	1.74
10.94	12.26	0.80	5.91	4.07	77.19	89.72	-0.19	1.83
9.23	11.50	0.53	5.24	3.66	78.51	89.33	-1.08	1.85
0.16	0.15	0.20	0.08	5.90	71.58	89.66	16.90	0.47
0.58	0.09		0.16	-0.42	58.68	93.48	-3.76	1.04
0.27	0.31		0.14	3.22	59.56	74.82	-0.84	1.91
0.69	0.22	0.06	0.29	10.64	69.41	95.62	5.40	2.28

2-1-7 续表 13

行　业	利息收入	利息支出	投资收益(损失以“-”号记)	营业利润	利润总额
金属制品业	0.08	1.81	0.34	2.61	3.45
结构性金属制品制造	0.04	0.63		-0.22	-0.09
金属工具制造				0.02	0.02
集装箱及金属包装容器制造		0.05		-0.14	-0.11
金属丝绳及其制品制造		0.05	0.34	-0.03	0.33
建筑、安全用金属制品制造		0.18		1.09	1.10
金属表面处理及热处理加工		0.02		0.07	0.07
搪瓷制品制造				0.01	0.01
金属制日用品制造		0.01		-0.01	-0.01
其他金属制品制造	0.03	0.87		1.82	2.14
通用设备制造业	0.08	1.75	0.17	10.04	10.71
锅炉及原动设备制造	0.03	0.24	-0.02	7.35	7.43
金属加工机械制造		0.13		0.55	0.57
物料搬运设备制造		0.10		-0.09	-0.10
泵、阀门、压缩机及类似机械制造	0.03	0.54		1.68	1.83
轴承、齿轮和传动部件制造		0.15		-0.32	-0.20
烘炉、风机、衡器、包装等设备制造	0.02	0.39		0.59	0.67
文化、办公用机械制造					
通用零部件制造		0.18	0.18	0.09	0.34
其他通用设备制造业		0.01		0.17	0.17
专用设备制造业	0.29	6.70	0.49	7.03	8.99
采矿、冶金、建筑专用设备制造	0.12	5.73	0.41	4.54	5.77
化工、木材、非金属加工专用设备制造	0.01	0.21		1.75	1.83
食品、饮料、烟草及饲料生产专用设备制造				0.01	0.01
印刷、制药、日化及日用品生产专用设备制造					-0.02
纺织、服装和皮革加工专用设备制造	0.09	0.19	-0.01	-0.92	-0.13
电子和电工机械专用设备制造	0.02	0.04		1.01	0.73
农、林、牧、渔专用机械制造	0.04	0.35		0.23	0.31
医疗仪器设备及器械制造					
环保、社会公共服务及其他专用设备制造	0.01	0.18	0.09	0.43	0.49
汽车制造业	0.28	1.45	0.05	-2.81	-0.55
汽车整车制造	0.01	0.24		-2.05	-1.29
改装汽车制造	0.21	-0.02	0.01	0.07	0.26
低速载货汽车制造					
电车制造					
汽车车身、挂车制造		0.01		0.35	0.36
汽车零部件及配件制造	0.06	1.23	0.05	-1.18	0.12
铁路、船舶、航空航天和其他运输设备制造业	0.07	2.32	1.22	5.02	5.06
铁路运输设备制造	0.07	2.31	1.22	5.23	5.26
城市轨道交通设备制造					
船舶及相关装置制造					
航空、航天器及设备制造					
摩托车制造					
自行车制造					
非公路休闲车及零配件制造					
潜水救捞及其他未列明运输设备制造				-0.21	-0.20

单位：亿元

亏损企业亏损额	应交增值税	应交所得税	从业人员平均人数（万人）	总资产贡献率（%）	资产负债率（%）	产品销售率（%）	成本费用利润率（%）	流动资本周转率（%）
1.28	2.43	0.73	2.62	7.03	66.21	93.10	3.35	1.40
0.46	0.41	0.03	0.5	3.03	72.09	92.74	-0.46	0.74
0.02	0.03	0.01	0.06	1.91	41.23	112.69	3.32	0.37
0.12	0.04		0.05	-0.45	103.28	89.55	-5.82	1.49
0.39	0.11	0.15	0.14	8.70	68.82	93.64	8.26	1.46
0.06	0.47	0.24	0.62	16.12	60.79	99.69	6.50	2.46
0.01	0.02		0.04	6.11	60.14	100.00	4.72	1.30
			0.01	12.65	8.18	95.24	1.44	13.25
0.01			0.02	0.99	73.30	89.47	-1.17	1.58
0.22	1.36	0.30	1.19	7.95	63.92	91.42	3.70	1.69
1.39	3.12	0.71	3.11	8.16	69.50	101.95	5.41	1.62
	0.89	0.29	0.63	17.99	53.25	99.22	15.49	1.93
0.02	0.34	0.07	0.24	6.78	55.56	91.29	5.34	1.07
0.21	0.16	0.01	0.21	1.57	80.87	94.01	-1.35	0.82
0.21	0.49	0.09	0.79	5.20	80.82	94.80	4.30	1.12
0.25	0.09		0.16	0.68	76.51	92.36	-5.43	0.80
0.22	0.37	0.07	0.33	5.59	65.37	89.52	4.11	1.13
0.47	0.75	0.15	0.74	4.96	80.96	121.93	0.50	3.38
0.01	0.03	0.02	0.03	11.81	49.04	90.72	8.97	1.36
2.78	6.38	1.51	5.9	3.52	74.33	94.74	2.46	0.81
2.02	4.97	1.30	4.47	3.16	76.38	95.63	1.95	0.77
0.02	0.23	0.05	0.19	7.16	49.55	91.28	10.16	1.07
	0.01		0.01	0.87	7.40	59.15	1.83	0.22
0.03	0.02		0.05	-0.04	63.10	105.05	-3.25	0.90
0.67	0.64	0.02	0.72	2.05	89.55	88.61	-0.40	1.26
	0.19	0.07	0.1	13.79	36.42	100.65	17.49	1.09
	0.11		0.15	6.24	49.66	92.01	4.24	1.05
0.05	0.22	0.06	0.22	5.55	63.22	95.42	6.69	0.72
2.48	1.06	0.24	1.81	1.44	70.31	96.48	-0.67	1.33
1.29			0.17	-5.66	62.58	96.07	-28.51	0.51
	0.01		0.27	0.12	69.79	95.73	0.71	2.30
0.02	0.17		0.07	16.38	68.18	103.54	11.38	2.08
1.17	0.88	0.24	1.3	3.24	72.67	96.56	0.32	0.99
0.34	3.96	0.46	1.63	8.35	77.65	98.94	4.72	1.27
0.13	3.92	0.46	1.59	8.93	75.47	98.92	4.97	1.29
0.20	0.04		0.04	-2.14	117.10	100.00	-14.96	0.60

2-1-7 续表 14

行业			投资收益(损失以"–"号记)	营业利润	利润总额
	利息收入	利息支出			
电气机械和器材制造业	0.03	4.21	1.46	0.78	1.27
电机制造	0.01	1.35	1.17	1.93	2.19
输配电及控制设备制造	0.01	2.20		-1.46	-1.33
电线、电缆、光缆及电工器材制造	0.01	0.44	0.29	0.28	0.31
电池制造		0.20		-0.47	-0.43
家用电力器具制造				-0.05	-0.04
非电力家用器具制造				0.24	0.24
照明器具制造		0.02		0.27	0.33
其他电气机械及器材制造				0.02	0.02
计算机、通信和其他电子设备制造业	0.67	2.46	-51.47	6.00	8.06
计算机制造	0.02	0.01		-0.25	-0.08
通信设备制造	0.67	1.95	-51.47	7.04	8.66
广播电视设备制造					
雷达及配套设备制造					
视听设备制造		0.06		0.34	0.48
电子器件制造		**0.10**		**0.24**	**0.16**
电子元件制造	-0.03	0.31		-0.76	-0.63
其他电子设备制造		0.02		-0.61	-0.53
仪器仪表制造业		0.08	-0.01	5.01	2.57
通用仪器仪表制造		0.06	-0.01	4.94	2.45
专用仪器仪表制造		0.01		0.04	0.04
钟表与计时仪器制造					
光学仪器及眼镜制造		0.01		0.03	0.07
其他仪器仪表制造业					
其他制造业	0.04	0.08	0.16	0	0.47
日用杂品制造		0.06		0	0.24
煤制品制造		0.02		0	0.17
核辐射加工					
其他未列明制造业	0.04		0.16	0	0.06
废弃资源综合利用业		0.03		0	0.17
金属废料和碎屑加工处理		0.03		0	0.17
非金属废料和碎屑加工处理					
金属制品、机械和设备修理业		0.01	0.03	0	0.28
金属制品修理					
通用设备修理			0.03	0	0.27
专用设备修理				0	0.13
铁路、船舶、航空航天等运输设备修理		0.01		0	0.03
电气设备修理				0	-0.15
仪器仪表修理					
其他机械和设备修理业					
电力、热力、燃气及水生产和供应业	**0.97**	**80.11**	**3.10**	**111.43**	**112.00**
电力、热力生产和供应业	0.78	76.79	2.65	101	104.54
电力生产	0.58	62.42	2.61	76	76.14
电力供应	0.16	11.92	0.04	31	30.87
热力生产和供应	0.05	2.44		-6	-2.47
燃气生产和供应业	0.16	2.99	0.30	13	9.29
水的生产和供应业	0.03	0.33	0.15	-2	-1.83
自来水生产和供应	0.03	0.30	0.15	-2	-1.75
污水处理及其再生利用					
其他水的处理、利用与分配		0.03		0	-0.08

单位：亿元

亏损企业亏损额	应交增值税	应交所得税	从业人员平均人数（万人）	总资产贡献率（%）	资产负债率（%）	产品销售率（%）	成本费用利润率（%）	流动资本周转率（%）
4.49	3.00	0.61	1.61	4.45	68.28	93.54	0.79	1.39
0.40	1.89	0.05	0.67	8.46	66.79	102.78	3.26	1.46
3.35	0.72	0.42	0.53	1.90	73.80	87.87	-1.82	1.63
0.12	0.26	0.02	0.2	5.41	61.59	94.28	2.25	0.96
0.56	0.02	0.01	0.1	-1.19	60.80	53.83	-20.31	0.31
0.04			0.01	-22.58	73.55	95.73	-34.27	0.98
	0.07	0.06	0.01	21.58	38.11	100.00	13.75	2.45
0.02	0.02	0.05	0.08	7.14	51.42	87.00	18.44	0.61
				16.54	63.07	100.00	5.43	2.39
2.43	5.51	0.86	10.01	4.18	59.29	95.48	1.92	2.07
0.08	0.04		0.2	-0.36	95.73	100.84	-1.72	0.59
0.51	4.87	0.76	9.41	4.78	60.01	95.86	2.20	2.27
			0.01	23.90	35.31	92.90	21.38	1.21
0.04	**0.05**	**0.02**	**0**	**5.21**	**54.35**	**80.28**	**4.12**	**1.63**
1.07	0.43	0.05	0.22	1.00	56.31	83.48	-5.06	1.11
0.73	0.10	0.03	0.11	-1.56	39.52	100.00	-18.43	0.24
0.01	0.85	0.33	0.29	12.40	48.82	97.70	12.43	1.15
0.01	0.82	0.31	0.20	13.05	49.66	98.84	12.76	1.16
	0.01	0.01	0.01	10.22	60.42	70.35	9.18	0.92
	0.02	0.01	0.08	4.93	34.98	96.02	7.34	1.06
	0.09	0.03	0.19	6.07	43.98	97.94	6.83	1.12
		0.01	0.08	13.93	40.11	101.29	9.87	2.73
	0.05	0.02	0.01	17.14	52.21	96.64	7.90	3.11
	0.04		0.10	1.05	43.42	96.45	2.59	0.47
0.02	0.06		0.03	16.21	93.27	100.00	17.29	0.87
0.02	0.06		0.03	16.21	93.27	100.00	17.29	0.87
0.15	0.44	0.10	0.24	11.27	95.91	99.23	3.31	1.99
	0.12	0.07	0.03	20.37	48.85	99.99	11.26	1.72
	0.11	0.03	0.04	18.04	67.38	100.00	6.17	1.75
	0.09	0.01	0.08	20.22	70.97	93.87	3.27	1.47
0.15	0.11		0.09	-0.11	146.78	99.74	-4.64	3.14
24.68	**82.10**	**19.45**	**7**	**9.89**	**78.34**	**97.84**	**6.77**	**3.56**
22.10	78.96	16.93	5.14	10.35	79.33	98.16	6.74	3.90
18.78	50.74	14.35	3.80	10.81	80.90	95.78	12.04	2.48
	27.42	2.60	0.49	11.16	73.48	100.00	3.52	12.37
3.32	0.80	-0.02	0.85	0.59	86.74	100.10	-5.97	0.57
0.68	2.20	2.50	0.66	7.51	77.43	92.46	11.15	1.94
1.89	0.94	0.01	0.93	-0.59	44.45	97.55	-9.55	0.79
1.81	0.93	0.01	0.93	-0.55	44.72	97.52	-9.27	0.80
0.08	0.01			-2.39	32.18	100.00	-28.80	0.38

2-1-8 按地区分组的规模以上

地　区	企　业 单位数 （个）	工业总产值 （当年价格）	工业销售 产　　值 （当年价格）	出口交货值	资产总计	固定资产 合　　计	固定资产 原　　价
全　省	**3963**	**17196.62**	**16360.73**	**615.24**	**27977.44**	**10887.40**	**15173.97**
直　报	**2**	**865.21**	**865.21**		**629.46**	**402.72**	**746.93**
太原市	435	2503.97	2431.51	429.76	3956.71	1356.30	2118.36
大同市	176	1051.91	905.68	17.75	2169.94	1084.94	1121.57
阳泉市	163	715.99	675.76	9.93	1272.65	564.07	870.49
长治市	356	2017.09	1905.99	39.61	2927.72	1050.45	1462.45
晋城市	249	1013.17	989.79	45.61	2793.15	955.74	1342.13
朔州市	268	1324.13	1292.83	0.39	2169.84	1046.07	1332.74
晋中市	516	1332.83	1289.08	26.57	2436.73	913.96	1092.26
运城市	496	1676.20	1593.91	18.90	2020.59	826.42	1665.79
忻州市	331	801.61	724.72	8.16	1372.62	684.11	728.34
临汾市	370	1890.04	1820.93	9.02	2211.11	816.40	1201.07
吕梁市	601	2004.47	1865.32	9.54	4016.92	1186.21	1491.84

2-1-8 续表 1

地　区	所 有 者 权益合计	实收资本	国家资本	集体资本	法人资本	个人资本	港澳台资本
全　省	**7778.86**	**4384.46**	**1376.38**	**127.00**	**1589.32**	**1008.30**	**64.09**
直　报	**166.79**	**78.25**	**72.25**		**6.00**		
太原市	1130.27	518.30	169.18	4.81	207.45	63.91	0.65
大同市	525.07	260.90	174.20	6.32	49.08	20.47	2.79
阳泉市	434.12	205.46	84.04	6.16	84.65	28.63	0.40
长治市	846.22	416.14	165.23	30.97	133.92	75.14	3.76
晋城市	1033.30	465.24	222.23	22.43	115.52	44.03	34.35
朔州市	731.93	417.49	113.62	4.43	280.59	20.43	
晋中市	467.37	348.82	44.22	9.69	215.47	71.59	1.66
运城市	576.30	307.37	70.41	11.76	114.43	103.32	0.45
忻州市	438.86	218.25	83.04	11.39	76.46	46.07	
临汾市	499.72	590.03	89.07	4.51	83.45	404.60	2.00
吕梁市	928.91	558.23	88.91	14.54	222.28	130.11	18.03

工业企业主要经济指标

单位：亿元

累计折旧	流动资产合计	应收账款	存货	产成品	负债合计	流动负债合计	应付账款
6153.55	**11102.06**	**1885.90**	**1998.56**	**777.97**	**20171.22**	**13438.82**	**3188.10**
392.73	**67.98**	**14.99**	**0.30**		**462.67**	**16.33**	**5.84**
927.15	1713.27	405.09	408.60	159.06	2825.32	1928.29	536.02
476.96	1012.61	140.28	129.86	53.30	1643.82	765.26	157.60
404.98	381.88	67.09	47.26	23.01	838.35	512.10	143.52
610.94	1262.51	204.99	172.53	71.95	2070.64	1414.05	394.43
563.37	1040.71	107.43	94.96	34.55	1759.78	1128.03	203.23
406.82	562.97	141.33	108.22	24.28	1432.13	842.71	262.59
304.91	962.67	181.47	169.68	76.56	1969.33	1525.54	320.31
918.72	958.94	180.10	315.53	110.32	1441.33	1176.99	233.89
213.62	444.29	98.66	87.52	38.81	925.37	517.98	114.43
446.34	964.04	122.08	175.05	65.04	1716.49	1249.37	287.10
487.02	1730.19	222.39	289.07	121.10	3086.00	2362.18	529.14

单位：亿元

外商资本	主营业务收入	主营业务成本	主营业务税金及附加	销售费用	管理费用	税金	财务费用
153.70	**18164.34**	**15344.94**	**160.22**	**543.84**	**1016.30**	**40.24**	**548.66**
	865.21	**815.70**	**3.06**	**0.04**	**36.64**	**0.80**	**12.07**
70.66	3324.25	2928.76	30.39	60.66	174.92	6.35	57.26
8.04	1714.74	1492.98	8.99	66.39	82.97	2.90	41.71
1.58	619.95	505.79	8.98	13.41	60.79	1.57	29.55
7.12	1761.83	1426.01	12.83	32.77	130.92	4.56	49.92
26.68	1198.68	945.04	10.16	17.11	116.86	3.73	54.92
0.04	1161.91	801.24	19.87	130.58	64.03	1.39	27.28
6.19	1390.94	1210.03	10.95	42.53	72.12	3.70	52.31
6.99	1650.08	1462.40	4.93	35.64	47.32	2.89	49.01
0.10	685.81	522.59	8.09	15.93	45.80	1.79	27.39
0.88	1897.16	1709.18	11.02	33.24	75.86	4.55	47.02
25.43	1893.79	1525.22	30.95	95.53	108.08	6.01	100.24

2-1-8 续表 2

地 区	利息收入	利息支出	投资收益(损失以“-”号记)	营业利润	利润总额	亏损企业亏损额	应交增值税
全 省	**41.76**	**553.45**	**17.57**	**609.63**	**606.04**	**372.36**	**751.06**
直 报	**0.15**	**11.05**	**0.04**	**30.05**	**29.88**		**27.38**
太原市	7.94	64.96	-51.18	2.39	9.49	50.80	66.70
大同市	1.69	42.11	2.78	17.02	18.33	21.70	50.36
阳泉市	9.16	37.64	8.22	3.48	4.93	10.23	38.56
长治市	8.43	56.91	11.58	125.64	126.27	50.15	83.37
晋城市	3.27	57.74	37.39	97.87	104.20	28.21	71.25
朔州市	0.72	27.42	1.81	108.42	83.72	20.04	94.08
晋中市	1.15	50.76	3.01	11.11	13.73	42.69	63.38
运城市	1.92	45.91	2.98	64.66	69.89	25.05	39.77
忻州市	1.47	29.68	1.58	71.48	69.47	9.07	46.25
临汾市	2.80	42.08	-4.06	20.95	25.69	40.30	67.68
吕梁市	3.07	87.19	3.41	56.56	50.44	74.12	102.29

2-1-9 按地区分组的国有及

地 区	企 业 单位数(个)	工业总产值(当年价格)	工业销售产 值(当年价格)	出口交货值	资产总计	固定资产合 计	固定资产原 价
全 省	**748**	**8443.75**	**8041.33**	**168.51**	**17342.28**	**7570.32**	**10392.25**
直 报	**2**	**865.21**	**865.21**		**629.46**	**402.72**	**746.93**
太原市	83	1575.55	1546.91	99.27	3004.87	1112.54	1763.43
大同市	40	880.22	741.89	17.13	1918.94	994.62	1005.94
阳泉市	37	496.16	467.15	4.03	1036.22	482.42	768.40
长治市	86	932.89	883.57	38.86	1755.72	717.28	976.06
晋城市	117	634.18	630.39	0.31	2213.46	725.79	1048.39
朔州市	73	839.38	821.76	0.01	1649.27	808.21	1057.54
晋中市	89	382.77	365.75	2.85	1083.57	517.66	597.84
运城市	45	403.98	381.26	1.59	719.90	380.52	614.06
忻州市	50	358.36	322.76	0.27	958.34	527.76	547.41
临汾市	72	618.14	575.47	2.99	1212.79	491.62	739.06
吕梁市	54	456.91	439.19	1.21	1159.74	409.17	527.18

单位：亿元

应交所得税	从业人员平均人数（万人）	总资产贡献率（%）	资产负债率（%）	产品销售率（%）	成本费用利润率（%）	流动资本周转率（%）
164.99	**216.25**	**7.27**	**72.10**	**95.14**	**3.28**	**1.73**
2.59	**0.46**	**11.34**	**73.50**	**100.00**	**3.44**	**12.78**
9.05	32.33	4.15	71.41	97.11	0.29	1.97
17.72	20.65	5.49	75.75	86.10	0.90	2.04
4.59	15.74	6.39	65.87	94.38	0.55	2.37
33.04	24.21	9.26	70.73	94.49	7.39	1.46
24.68	21.52	8.60	63.00	97.69	9.05	1.17
17.19	9.74	10.35	66.00	97.64	8.03	2.09
9.56	21.13	5.67	80.82	96.72	0.97	1.49
4.77	19.70	7.85	71.33	95.09	4.25	1.78
13.00	9.18	11.20	67.42	90.41	10.68	1.62
8.48	17.41	6.55	77.63	96.34	1.35	2.02
20.32	24.18	6.67	76.83	93.06	2.71	1.12

国有控股工业企业主要经济指标

单位：亿元

累计折旧	流动资产合计	应收账款	存货	产成品	负债合计	流动负债合计	应付账款
4304.01	**5706.28**	**963.72**	**949.11**	**331.74**	**12491.07**	**7216.30**	**1765.09**
392.73	**67.98**	**14.99**	**0.30**		**462.67**	**16.33**	**5.84**
795.65	1117.15	270.84	294.78	109.11	2138.19	1345.66	339.45
439.53	889.02	109.73	90.10	31.93	1476.97	638.70	126.02
372.38	256.99	40.10	25.43	12.53	656.45	365.00	109.54
410.53	656.42	99.78	85.30	34.30	1268.87	789.95	254.30
463.85	785.44	73.17	48.32	13.00	1443.81	861.43	159.97
349.00	375.03	107.53	75.74	12.74	1091.57	634.41	216.57
162.22	259.35	43.74	48.45	20.76	894.83	643.33	160.92
265.43	256.22	46.68	107.21	27.27	577.36	414.93	69.04
159.12	254.57	59.73	30.58	8.77	689.85	338.23	72.00
281.73	448.75	61.32	73.56	25.62	959.69	599.23	129.86
211.82	339.34	36.09	69.34	35.70	830.80	569.11	121.58

2-1-9 续表 1

地 区	所有者权益合计	实收资本	国家资本	集体资本	法人资本	个人资本	港澳台资本
全 省	**4843.99**	**2440.44**	**1306.59**	**42.71**	**979.04**	**78.03**	**0.43**
直 报	**166.79**	**78.25**	**72.25**		**6.00**		
太原市	866.68	340.68	168.34	1.59	160.65	6.74	0.11
大同市	441.61	203.84	168.69	0.26	27.45	1.90	
阳泉市	379.67	169.65	79.32	1.30	71.14	17.89	
长治市	482.22	252.77	160.25	7.58	72.21	6.91	
晋城市	769.65	344.85	215.52	17.53	87.32	13.27	
朔州市	552.89	323.64	92.59	0.07	230.86	2.07	
晋中市	188.74	140.29	40.45	3.89	85.40	7.10	
运城市	142.53	116.13	66.78	1.80	40.76	4.88	0.20
忻州市	261.78	117.62	80.25	4.46	29.52	3.39	
临汾市	262.40	148.87	86.90	2.79	50.47	4.49	0.12
吕梁市	329.04	203.85	75.24	1.43	117.28	9.40	

2-1-9 续表 2

地 区	利息收入	利息支出	投资收益(损失以“-”号记)	营业利润	利润总额	亏损企业亏损额	应交增值税
全 省	**31.31**	**347.13**	**59.23**	**331.09**	**348.56**	**207.07**	**482.65**
直 报	**0.15**	**11.05**	**0.04**	**30.05**	**29.88**		**27.38**
太原市	7.13	52.55	0.43	-5.95	1.38	34.86	49.41
大同市	1.51	38.30	2.72	10.65	11.55	17.07	44.20
阳泉市	9.04	31.72	8.06	1.59	2.93	5.90	32.20
长治市	5.40	34.38	4.27	71.29	71.87	32.39	60.19
晋城市	1.83	49.25	35.81	74.49	78.91	23.23	53.29
朔州市	0.35	19.26	1.76	59.09	56.69	8.99	63.73
晋中市	0.90	20.61	1.79	-2.86	-2.13	24.39	25.93
运城市	0.56	20.28	0.15	12.09	15.12	11.32	16.96
忻州市	1.33	22.84	1.07	47.11	46.80	5.59	32.23
临汾市	1.76	23.74	1.17	-1.49	1.41	28.12	31.94
吕梁市	1.35	23.15	1.97	35.03	34.15	15.22	45.20

单位：亿元

外商资本	主营业务收入	主营业务成本	主营业务税金及附加	销售费用	管理费用	税金	财务费用
30.65	**10056.82**	**8343.43**	**112.21**	**337.82**	**705.91**	**23.65**	**317.48**
	865.21	**815.70**	**3.06**	**0.04**	**36.64**	**0.80**	**12.07**
2.41	2415.79	2171.62	26.64	38.77	139.86	5.05	44.20
5.54	1547.83	1357.66	7.66	56.79	70.85	2.46	37.42
	431.84	346.10	5.98	5.54	50.52	1.37	23.39
5.82	823.12	626.89	8.58	9.58	88.48	2.92	27.07
11.22	835.63	635.98	8.53	11.50	97.96	2.67	47.56
	716.35	449.12	16.61	123.41	46.17	0.88	18.83
3.46	407.11	340.55	4.76	12.31	34.84	1.20	19.96
1.71	439.02	384.47	2.19	7.13	17.41	0.91	19.57
	309.96	207.71	4.09	7.07	27.65	0.86	19.59
	732.30	646.06	5.53	12.62	49.01	2.09	26.15
0.50	532.66	361.58	18.59	53.04	46.51	2.44	21.67

单位：亿元

应交所得税	从业人员平均人数（万人）	总资产贡献率（%）	资产负债率（%）	产品销售率（%）	成本费用利润率（%）	流动资本周转率（%）
113.41	**121.04**	**7.29**	**72.03**	**95.23**	**3.29**	**1.92**
2.59	**0.46**	**11.34**	**73.50**	**100.00**	**3.44**	**12.78**
6.28	20.07	4.10	71.16	98.18	0.06	2.20
16.08	16.70	5.27	76.97	84.29	0.62	2.13
3.61	12.39	6.19	63.35	94.15	0.41	2.78
21.96	14.45	9.67	72.27	94.71	9.01	1.33
18.51	13.54	8.51	65.23	99.40	9.75	1.09
15.23	5.54	9.47	66.18	97.90	8.76	1.94
4.22	9.88	4.48	82.58	95.56	-0.51	1.61
0.18	6.31	7.50	80.20	94.38	3.38	1.80
10.11	4.45	10.97	71.98	90.07	15.67	1.35
5.47	9.44	5.12	79.13	93.10	0.18	1.74
9.17	7.81	10.33	71.64	96.12	6.80	1.61

2-1-10 按地区分组的集体

地 区	企 业 单位数 (个)	工业总产值 (当年价格)	工业销售 产 值 (当年价格)	出口交货值	资产总计	固定资产 合 计	固定资产 原 价
全 省	**72**	**158.64**	**163.53**	**0.47**	**100.25**	**31.23**	**58.58**
直 报							
太原市	21	12.49	12.48		7.62	1.05	2.27
大同市	7	5.79	5.71		17.58	4.28	4.30
阳泉市	3	15.02	14.55	0.09	4.67	0.73	1.17
长治市	4	17.69	27.33		8.71	1.90	2.07
晋城市	2	1.00	0.99	0.38	2.09	1.15	1.70
朔州市	1	4.25	3.83		2.45	1.24	1.56
晋中市	4	6.56	8.87		8.23	1.66	2.21
运城市	3	2.36	2.32		2.86	0.76	1.69
忻州市	1	0.40	0.40		0.31	0.04	0.02
临汾市	12	49.71	49.55		3.83	0.98	4.10
吕梁市	14	43.37	37.48		41.89	17.45	37.48

2-1-10 续表 1

地 区	所 有 者 权益合计	实收资本	国家资本	集体资本	法人资本	个人资本	港澳台资本
全 省	**7.59**	**7.78**	**0.74**	**5.69**	**0.66**	**0.69**	
直 报							
太原市	2.81	1.18	0.01	1.14		0.02	
大同市	-4.80	1.55		1.45		0.11	
阳泉市	0.86	0.29		0.26		0.03	
长治市	0.94	0.47		0.41		0.06	
晋城市	0.19	0.33		0.20	0.13		
朔州市	0.74	0.60	0.60				
晋中市	1.41	0.85	0.13	0.72			
运城市	0.85	0.33		0.33			
忻州市	0.07	0.05			0.05		
临汾市	1.69	0.92		0.86		0.06	
吕梁市	2.82	1.21		0.31	0.48	0.42	

工业企业主要经济指标

单位：亿元

累计折旧	流动资产合计	应收账款	存货	产成品	负债合计	流动负债合计	应付账款
31.68	**56.68**	**16.05**	**13.89**	**7.07**	**91.83**	**88.00**	**26.26**
1.27	6.36	2.49	0.99	0.34	4.81	4.67	2.23
1.69	13.36	4.23	2.68	0.65	22.38	22.25	3.77
0.51	1.75	0.12	0.45	0.37	3.80	3.64	0.79
0.60	6.11	3.07	0.82	0.33	7.75	6.58	4.43
0.56	0.94	0.32	0.57	0.51	1.90	1.90	0.34
0.33	1.22	0.01	0.91	0.42	1.71		
1.12	6.42	2.57	1.25	0.65	6.77	6.28	3.49
0.97	2.04	0.85	0.75	0.22	2.01	1.99	1.29
0.01	0.27	0.12	0.14	0.09	0.23	0.23	0.16
3.21	2.82	0.62	0.79	0.38	1.39	1.94	0.54
21.42	15.40	1.65	4.52	3.10	39.07	38.52	9.23

单位：亿元

外商资本	主营业务收入	主营业务成本	主营业务税金及附加	销售费用	管理费用	税金	财务费用
	154.41	**127.88**	**1.74**	**5.86**	**10.45**	**0.22**	**2.65**
	13.06	11.96	0.12	0.06	1.23	0.01	-0.01
	10.53	9.11	0.15	0.18	2.16	0.01	0.39
	14.76	14.06	0.05	0.03	0.37		0.05
	15.41	11.26	0.11	0.12	0.79	0.02	0.07
	0.80	0.67		0.05	0.03		0.02
	3.36	3.32	0.01	0.11	0.06	0.01	0.03
	6.49	5.76	0.02	0.15	1.01	0.02	0.10
	3.94	3.70	0.04	0.06	0.20	0.01	0.01
	0.40	0.37		0.04	0.01		
	49.03	43.62	0.41	1.16	0.43	0.05	0.10
	36.63	24.04	0.82	3.90	4.15	0.09	1.89

2-1-10 续表 2

地 区			投资收益(损失以"-"号记)	营业利润	利润总额	亏损企业亏损额	应交增值税
	利息收入	利息支出					
全 省	**0.02**	**1.92**	**-0.47**	**5.74**	**6.01**	**2.31**	**9.71**
直 报							
太原市	0.01			-0.24	0.12	0.05	0.71
大同市		0.36	0.05	-0.81	-0.82	0.83	0.35
阳泉市		0.05		-0.35	-0.36	0.37	0.06
长治市		0.03	0.18	3.26	3.21		0.20
晋城市		0.01		-0.07	-0.07	0.07	
朔州市		0.03		-0.23	-0.23	0.23	0.03
晋中市		0.10	0.01	-0.19	-0.06	0.18	0.32
运城市		0.01		-0.03	-0.03	0.04	0.12
忻州市							
临汾市		0.09	-0.71	2.53	2.32		3.37
吕梁市	0.01	1.24		1.87	1.92	0.53	4.54

2-1-11 按地区分组的有限责任

地 区	企业单位数(个)	工业总产值(当年价格)	工业销售产值(当年价格)		资产总计	固定资产合计	
				出口交货值			固定资产原价
全 省	**1173**	**7643.16**	**7173.23**	**160.12**	**16257.92**	**6355.85**	**8154.95**
直 报	**1**	**39.63**	**39.63**		**45.10**	**26.93**	**42.71**
太原市	89	1522.39	1478.10	98.56	2829.52	993.36	1596.38
大同市	70	877.41	735.33	2.10	1911.76	963.78	989.45
阳泉市	81	563.99	530.40	7.10	1085.43	498.24	783.22
长治市	189	1267.13	1196.56	39.40	2038.94	701.01	956.83
晋城市	123	403.37	398.74	0.31	1803.39	541.42	624.89
朔州市	77	402.93	394.23		912.77	425.37	444.79
晋中市	127	382.89	360.54	0.89	1107.02	469.11	514.19
运城市	117	483.26	452.50	3.83	714.48	328.62	478.01
忻州市	78	374.40	333.97	0.80	970.55	554.30	561.42
临汾市	78	539.17	523.34	1.73	959.50	314.07	498.75
吕梁市	143	786.58	729.90	5.42	1879.45	539.65	664.31

单位：亿元

应交所得税	从业人员平均人数(万人)	总资产贡献率(%)	资产负债率(%)	产品销售率(%)	成本费用利润率(%)	流动资本周转率(%)
0.44	**3.50**	**19.43**	**91.61**	**103.08**	**3.07**	**3.60**
0.01	0.59	12.45	63.16	99.93	0.87	2.10
	1.34	0.20	127.30	98.70	-6.28	0.92
	0.04	-4.30	81.36	96.89	-2.33	8.71
0.02	0.09	40.86	89.02	154.55	9.61	6.00
	0.04	-2.78	90.70	98.38	-9.05	0.85
	0.03	-6.75	69.87	90.09	-6.54	2.77
0.04	0.25	5.75	82.29	135.32	-0.18	4.77
	0.11	5.26	70.45	98.60	-0.63	2.03
	0.01	1.68	74.39	100.00	0.61	1.52
0.34	0.09	161.70	36.26	99.68	5.11	17.40
0.02	0.92	20.38	93.27	86.41	5.45	2.46

公司工业企业主要经济指标

单位：亿元

累计折旧	流动资产合计	应收账款	存货	产成品	负债合计	流动负债合计	应付账款
3181.01	**6058.74**	**967.20**	**1003.50**	**376.07**	**12014.01**	**7539.59**	**1710.57**
15.78	**10.35**	**0.94**	**0.30**		**23.78**	**16.33**	**5.84**
722.79	1078.84	255.28	299.31	112.14	1972.31	1320.26	330.32
446.25	903.19	108.86	102.25	41.31	1473.17	646.56	134.27
364.83	284.82	47.25	33.32	15.98	713.71	413.68	122.95
397.75	913.14	162.06	105.87	43.95	1483.13	946.75	277.84
228.38	671.38	48.02	41.67	13.56	1310.16	802.51	117.04
107.13	252.18	58.50	50.97	9.59	675.41	388.68	110.55
134.06	297.65	42.49	44.46	19.76	879.68	667.90	149.41
179.73	303.14	65.45	107.43	38.71	546.94	434.28	65.21
153.33	250.55	52.27	36.28	13.55	727.18	366.56	78.74
211.73	394.86	55.72	62.54	21.53	766.10	508.81	118.36
219.26	698.65	70.36	119.12	46.00	1442.45	1027.26	200.04

2-1-11 续表 1

地 区	所有者权益合计						
		实收资本					
			国家资本	集体资本	法人资本	个人资本	港澳台资本
全 省	**4223.83**	**2114.75**	**1045.39**	**73.37**	**739.29**	**197.83**	
直 报	**21.32**	**6.00**			**6.00**		
太原市	857.16	345.61	155.95	2.88	168.95	16.28	
大同市	438.24	206.28	162.75	2.50	31.15	8.77	
阳泉市	371.61	167.68	65.90	4.01	73.77	24.01	
长治市	549.34	271.91	129.67	15.10	85.18	41.90	
晋城市	493.23	220.22	166.90	19.84	24.62	8.86	
朔州市	232.61	133.00	68.97	3.07	58.28	2.68	
晋中市	226.75	142.73	33.19	5.20	83.96	20.37	
运城市	166.61	103.69	35.19	2.63	51.16	14.71	
忻州市	236.71	129.06	78.01	7.12	32.85	10.08	
临汾市	193.18	116.32	68.13	2.98	32.58	8.53	
吕梁市	437.06	272.26	80.72	8.05	90.80	41.63	

2-1-11 续表 2

地 区			投资收益(损失以“-”号记)	营业利润	利润总额	亏损企业亏损额	应交增值税
	利息收入	利息支出					
全 省	**31.77**	**351.10**	**53.12**	**200.89**	**223.94**	**232.56**	**391.97**
直 报	**0.03**	**1.06**		**6.86**	**6.77**		**2.40**
太原市	6.90	48.90	0.19	-15.50	-4.17	33.52	47.32
大同市	1.44	38.68	2.55	10.09	10.99	18.85	44.93
阳泉市	9.26	34.11	8.16	5.81	7.53	5.29	33.99
长治市	7.73	43.55	5.32	75.19	75.71	40.83	56.06
晋城市	1.37	44.86	29.71	29.33	33.45	21.90	34.00
朔州市	0.06	14.56	0.70	19.24	18.40	6.04	21.48
晋中市	0.72	17.16	2.14	-5.50	-4.65	29.92	29.94
运城市	0.76	18.30	0.41	20.09	22.92	10.60	14.12
忻州市	1.33	23.47	1.04	30.58	30.79	5.98	30.68
临汾市	0.94	18.18	1.18	-7.78	-4.78	24.21	24.57
吕梁市	1.22	48.24	1.73	32.48	30.98	35.42	52.47

单位：亿元

外商资本	主营业务收入	主营业务成本	主营业务税金及附加	销售费用	管理费用	税金	财务费用
2.08	**9153.84**	**7701.76**	**99.99**	**242.63**	**629.72**	**22.46**	**325.85**
	39.63	**30.29**	**0.24**		**1.13**		**1.06**
0.41	2350.33	2121.63	26.28	39.72	134.86	4.88	40.79
1.12	1541.65	1352.05	7.87	57.29	71.63	2.50	37.57
	488.36	396.26	6.34	8.89	46.82	1.33	26.10
0.05	1095.56	880.10	8.59	16.10	89.35	2.65	34.82
	590.07	463.04	5.32	8.62	73.53	2.17	44.30
	360.23	256.68	8.05	30.44	22.90	1.06	15.09
	408.97	340.82	6.18	13.51	38.85	1.10	17.51
	511.97	444.27	2.14	10.94	19.32	0.89	18.83
	324.44	234.99	3.62	9.63	28.36	0.97	20.52
	627.87	566.17	4.90	9.78	42.11	1.84	18.01
0.50	814.76	615.46	20.45	37.70	60.86	3.06	51.26

单位：亿元

应交所得税	从业人员平均人数（万人）	总资产贡献率（%）	资产负债率（%）	产品销售率（%）	成本费用利润率（%）	流动资本周转率（%）
85.45	**120.15**	**6.40**	**73.90**	**93.85**	**2.30**	**1.65**
1.37	**0.42**	**23.15**	**52.73**	**100.00**	**20.82**	**3.84**
5.39	18.86	3.95	69.70	97.09	-0.18	2.21
16.28	16.71	5.34	77.06	83.81	0.59	2.09
4.09	12.78	6.73	65.75	94.04	0.99	2.71
21.43	16.33	8.65	72.74	94.43	7.12	1.25
8.34	9.93	6.46	72.65	98.85	5.56	0.90
2.54	3.52	6.84	74.00	97.84	5.58	1.45
5.33	10.30	4.36	79.46	94.16	-1.11	1.40
0.65	6.49	7.94	76.55	93.63	4.47	1.76
7.59	4.56	9.16	74.92	89.20	9.32	1.42
3.85	7.98	4.49	79.84	97.06	-0.71	1.70
8.60	12.26	8.03	76.75	92.79	3.96	1.18

2-1-12　按地区分组的股份有限

地　区	企　业单位数(个)	工业总产值(当年价格)	工业销售产值(当年价格)		资产总计		
				出口交货值		固定资产合　　计	
							固定资产原　　价
全　省	**123**	**1389.39**	**1346.89**	**3.78**	**2500.24**	**1075.54**	**1684.16**
直　报							
太原市	10	91.54	88.23	0.51	189.23	84.03	78.56
大同市	4	7.50	8.26		24.51	13.40	14.78
阳泉市	7	21.25	19.34	0.17	45.54	9.09	10.62
长治市	21	209.20	178.43	0.08	313.19	109.77	152.73
晋城市	10	195.87	195.68		395.24	142.38	257.07
朔州市	8	371.14	370.82		653.28	304.12	499.24
晋中市	15	90.81	85.87		76.21	36.20	53.82
运城市	16	168.34	173.97	1.48	303.16	135.22	280.13
忻州市	3	8.04	7.70	0.09	28.84	17.70	7.57
临汾市	9	73.55	71.89	1.27	164.41	91.49	137.20
吕梁市	20	152.15	146.70	0.18	306.63	132.13	192.42

2-1-12　续表 1

地　区	所有者权益合计						
		实收资本					
			国家资本	集体资本	法人资本	个人资本	港澳台资本
全　省	**1042.99**	**506.22**	**67.31**	**15.44**	**383.62**	**39.19**	**0.15**
直　报							
太原市	39.77	13.47	3.71		7.67	1.43	0.15
大同市	14.92	4.05			2.64	1.41	
阳泉市	3.14	3.36	0.22	1.88	1.05	0.22	
长治市	119.01	42.33	9.16	3.15	20.92	9.11	
晋城市	247.58	86.52	8.05	2.04	68.63	7.80	
朔州市	315.94	186.15	4.33	0.91	178.09	2.81	
晋中市	20.59	12.33	1.43	0.96	5.48	4.45	
运城市	87.53	51.98	29.58	6.10	9.79	6.52	
忻州市	14.80	10.17			8.18	1.99	
临汾市	52.95	14.45	8.77		3.89	1.79	
吕梁市	126.76	81.41	2.07	0.40	77.27	1.67	

公司工业企业主要经济指标

单位：亿元

累计折旧	流动资产合计	应收账款	存货	产成品	负债合计	流动负债合计	应付账款
689.89	**798.54**	**115.94**	**156.93**	**54.38**	**1453.18**	**936.98**	**274.12**
13.63	60.60	20.60	5.51	1.83	149.46	62.90	17.74
2.07	3.91	0.56	0.91	0.32	9.60	4.80	0.87
4.77	32.23	1.93	3.50	1.94	42.40	31.27	3.84
59.31	126.98	12.68	21.76	10.13	190.13	136.54	32.09
121.05	129.97	20.42	6.86	2.67	147.66	91.97	40.64
197.18	120.65	16.19	26.65	4.01	337.34	192.28	84.78
18.56	33.65	6.45	12.17	5.81	55.61	48.85	13.14
151.08	131.30	19.49	47.08	12.95	215.63	132.82	29.55
2.38	6.50	0.66	0.77	0.30	14.04	9.30	2.21
51.01	52.03	3.67	9.85	5.69	111.45	74.21	12.02
68.85	100.72	13.29	21.87	8.71	179.86	152.04	37.23

单位：亿元

外商资本	主营业务收入	主营业务成本	主营业务税金及附加	销售费用	管理费用	税金	财务费用
	1358.03	**942.00**	**19.92**	**152.04**	**96.13**	**3.31**	**35.13**
	88.52	68.52	0.21	3.62	5.23	0.12	2.44
	8.27	3.20	0.10	0.81	1.40	0.04	0.30
	15.88	9.96	1.65	0.80	2.24	0.01	1.73
	169.02	118.91	1.65	8.72	16.43	1.22	6.44
	209.39	142.95	2.97	3.55	26.56	0.52	2.72
	360.11	203.21	8.22	92.02	18.96		4.99
	82.46	69.16	0.85	2.58	3.09	0.22	2.28
	178.21	153.94	1.18	10.17	6.77	0.48	6.84
	7.93	6.37	0.02	0.46	0.33	0.03	0.17
	99.61	84.70	0.82	3.28	7.26	0.19	3.39
	138.62	81.09	2.25	26.04	7.87	0.47	3.82

2-1-12 续表 2

地　区	利息收入	利息支出	投资收益(损失以"-"号记)	营业利润	利润总额	亏损企业亏损额	应交增值税
全　省	**2.81**	**37.82**	**13.17**	**131.53**	**129.12**	**13.85**	**97.89**
直　报							
太原市	0.12	2.46	0.24	9.30	5.38	1.15	1.35
大同市	0.04	0.35	0.01	2.07	2.23		0.75
阳泉市	0.03	1.72	0.02	-0.48	-0.48	0.72	0.48
长治市	0.38	6.36	4.18	21.79	21.00	1.58	11.04
晋城市	0.47	3.74	6.07	36.08	36.74	0.49	16.68
朔州市	0.24	5.87	1.11	33.55	33.25	1.60	36.29
晋中市	0.05	2.29	0.34	5.02	5.30	0.04	2.85
运城市	0.42	6.82	0.45	3.23	4.48	1.71	8.45
忻州市	0.01	0.13	0.40	1.00	0.95	0.14	0.32
临汾市	0.78	4.07	0.01	0.24	0.47	5.21	6.10
吕梁市	0.26	4.01	0.32	19.73	19.81	1.22	13.58

2-1-13 按地区分组的私营

地　区	企业单位数(个)	工业总产值(当年价格)	工业销售产值(当年价格)		资产总计		
				出口交货值		固定资产合计	
							固定资产原价
全　省	**2332**	**5496.83**	**5260.71**	**55.19**	**5817.72**	**1750.44**	**2723.22**
直　报							
太原市	268	335.64	324.83	1.74	442.20	97.12	132.58
大同市	78	77.63	72.62	0.04	96.99	24.13	34.55
阳泉市	58	74.49	72.15	1.42	47.90	10.00	14.56
长治市	117	363.80	353.26	0.13	223.02	79.28	124.78
晋城市	92	201.55	196.96	2.82	206.95	87.58	119.61
朔州市	153	365.47	356.48	0.37	281.31	113.71	139.96
晋中市	337	735.24	720.74	21.97	995.82	271.88	341.52
运城市	336	971.27	918.49	12.41	939.01	334.75	843.63
忻州市	241	367.54	332.00	7.27	286.42	95.87	124.29
临汾市	249	1146.25	1121.67	3.87	919.37	289.61	408.86
吕梁市	403	857.95	791.51	3.14	1378.74	346.53	438.87

单位：亿元

应交所得税	从业人员平均人数(万人)	总资产贡献率(%)	资产负债率(%)	产品销售率(%)	成本费用利润率(%)	流动资本周转率(%)
33.41	**17.06**	**11.28**	**58.12**	**96.94**	**10.30**	**1.75**
1.10	1.00	4.90	78.99	96.39	6.59	1.51
0.31	0.18	13.76	39.14	110.11	38.65	2.13
0.18	0.89	7.33	93.10	91.03	-3.24	0.50
5.40	2.53	12.67	60.71	85.29	13.89	1.34
8.32	3.94	15.09	37.36	99.90	20.62	1.63
10.66	1.71	12.79	51.64	99.91	10.30	3.02
0.63	1.05	14.75	72.98	94.56	6.76	2.49
0.28	2.98	6.76	71.13	103.34	2.34	1.49
0.09	0.22	4.92	48.69	95.74	13.03	1.22
1.53	1.35	6.49	67.79	97.76	0.47	1.96
4.90	1.20	12.85	58.66	96.41	16.22	1.43

工业企业主要经济指标

单位：亿元

累计折旧	流动资产合计	应收账款	存货	产成品	负债合计	流动负债合计	应付账款
1151.18	**3092.22**	**559.47**	**662.86**	**282.31**	**4336.15**	**3562.54**	**828.78**
47.70	289.07	64.86	55.90	21.73	347.89	258.71	54.20
14.11	57.94	15.94	17.64	9.91	56.21	43.71	9.89
5.31	34.03	15.08	6.46	3.82	34.91	31.73	10.20
56.85	108.45	16.55	26.21	9.63	161.55	137.57	38.99
37.64	97.74	18.70	27.56	11.99	111.15	88.71	12.35
28.55	110.14	26.25	23.89	8.62	177.01	125.84	32.19
97.78	542.94	111.03	94.33	43.63	816.03	673.79	124.95
550.37	491.54	89.57	149.61	53.33	637.93	575.42	131.66
39.26	145.52	33.16	45.43	23.99	155.67	124.87	26.17
143.88	480.64	53.93	94.38	36.10	700.16	598.09	145.04
129.74	734.22	114.40	121.45	59.55	1137.63	904.09	243.15

2-1-13 续表 1

地 区	所有者权益合计	实收资本	国家资本	集体资本	法人资本	个人资本	港澳台资本
全 省	**1472.84**	**1159.59**	**7.90**	**18.02**	**367.41**	**754.28**	**1.30**
直 报							
太原市	94.07	67.30	0.01	0.78	20.49	45.82	
大同市	40.08	23.44	0.12	2.38	11.69	9.25	
阳泉市	12.93	7.15		0.02	3.15	3.98	
长治市	61.15	50.27	1.51	1.11	22.45	24.00	1.20
晋城市	95.74	47.23	0.23	0.34	19.87	26.78	
朔州市	105.21	45.15		0.31	29.95	14.53	
晋中市	180.41	147.25	3.04	0.89	96.87	46.34	0.10
运城市	299.16	130.39	0.27	1.69	49.44	78.98	
忻州市	129.20	73.65		4.07	35.30	33.99	
临汾市	215.85	424.95	0.31	0.66	29.07	393.48	
吕梁市	239.03	142.81	2.41	5.77	49.12	77.13	

2-1-13 续表 2

地 区	利息收入	利息支出	投资收益(损失以"-"号记)	营业利润	利润总额	亏损企业亏损额	应交增值税
全 省	**3.52**	**111.23**	**-1.52**	**146.32**	**124.58**	**87.69**	**154.05**
直 报							
太原市	0.09	6.18	-0.14	3.01	2.44	10.73	7.53
大同市	0.04	1.25		1.97	2.11	1.06	2.33
阳泉市		0.90	0.02	0.39	0.60	0.67	1.35
长治市	0.07	3.66	0.15	9.84	10.49	4.89	3.21
晋城市	0.17	4.09	0.02	0.48	1.50	2.44	8.62
朔州市	0.30	3.08		51.78	29.25	4.29	27.33
晋中市	0.15	24.20	0.47	7.11	8.00	11.49	24.67
运城市	0.63	19.40	2.11	39.37	40.68	12.02	15.97
忻州市	0.11	6.00	0.07	23.07	20.97	1.99	10.50
临汾市	0.99	16.83	-4.55	19.70	21.52	10.01	29.72
吕梁市	0.96	25.64	0.33	-10.41	-12.99	28.10	22.82

单位：亿元

外商资本	主营业务收入	主营业务成本	主营业务税金及附加	销售费用	管理费用	税金	财务费用
0.34	**5122.23**	**4587.45**	**23.93**	**109.51**	**149.88**	**9.42**	**127.47**
0.20	335.86	301.36	1.98	11.23	13.12	0.41	7.69
	73.44	62.62	0.54	2.83	3.89	0.11	1.59
	63.47	58.29	0.19	2.00	1.51	0.03	1.02
	330.17	302.43	0.54	4.49	8.36	0.25	4.46
	199.50	188.28	0.26	2.65	4.65	0.28	3.54
0.04	330.42	254.34	1.71	5.12	12.92	0.22	3.23
	775.17	699.19	3.03	21.42	22.85	1.92	25.60
	913.00	822.18	1.49	13.34	18.43	1.45	21.98
0.10	307.13	256.00	3.55	5.67	13.97	0.77	6.56
	1043.59	955.27	4.39	17.65	22.82	2.36	19.22
	750.49	687.49	6.25	23.11	27.36	1.61	32.57

单位：亿元

应交所得税	从业人员平均人数（万人）	总资产贡献率（%）	资产负债率（%）	产品销售率（%）	成本费用利润率（%）	流动资本周转率（%）
18.82	**49.81**	**7.06**	**74.53**	**95.70**	**2.48**	**1.68**
1.03	3.56	4.11	78.67	96.78	0.72	1.18
0.57	1.18	6.38	57.95	93.55	2.96	1.27
0.10	0.72	6.34	72.88	96.86	0.95	1.87
1.92	2.75	8.00	72.44	97.10	3.27	3.06
0.79	2.85	6.92	53.71	97.72	0.75	2.05
1.25	2.72	21.74	62.92	97.54	10.59	3.00
2.56	8.00	6.00	81.95	98.03	1.03	1.45
3.39	9.21	8.19	67.94	94.57	4.56	1.89
2.50	3.79	14.29	54.35	90.33	7.39	2.12
2.36	6.92	7.77	76.16	97.86	2.11	2.18
2.35	8.11	2.96	82.51	92.26	-1.66	1.05

2-1-14　按地区分组的港澳台商

地　区	企　业 单位数 （个）	工业总产值 （当年价格）	工业销售 产　　值 （当年价格）	出口交货值	资产总计	固定资产 合　　计	固定资产 原　　价
全　省	**50**	**676.89**	**623.87**	**365.46**	**704.50**	**310.27**	**444.34**
直　报							
太原市	4	356.14	347.05	319.30	178.23	35.13	42.09
大同市	4	2.69	2.69		17.36	12.40	12.67
阳泉市	3	6.99	5.46	1.08	3.25	1.36	2.03
长治市	5	5.88	5.83		19.71	12.16	12.24
晋城市	4	102.55	90.95	41.46	116.37	65.97	108.08
朔州市	1	11.33	11.33		26.64	24.03	32.93
晋中市	14	53.55	50.75	3.19	70.54	33.40	59.53
运城市	1	8.42	7.16		10.73	4.47	5.43
忻州市							
临汾市	10	44.93	18.67	0.44	85.15	63.26	87.94
吕梁市	4	84.41	83.99		176.52	58.08	81.40

2-1-14　续表 1

地　区	所 有 者 权益合计	实收资本	国家资本	集体资本	法人资本	个人资本	港澳台资本
全　省	**200.65**	**160.55**	**11.58**		**43.32**	**8.44**	**60.35**
直　报							
太原市	46.81	32.96			1.50		0.27
大同市	6.38	4.30			1.92		1.23
阳泉市	2.34	1.00			0.61		0.40
长治市	7.06	6.74	1.53		2.65		2.56
晋城市	58.04	46.75	7.38		0.60		34.35
朔州市	10.30	7.14			7.14		
晋中市	7.35	13.65			11.67	0.32	1.56
运城市	3.86	1.00	0.25			0.50	0.25
忻州市							
临汾市	6.08	19.83	0.40		16.98	0.75	1.70
吕梁市	52.43	27.17	2.02		0.25	6.87	18.03

投资工业企业主要经济指标

单位：亿元

累计折旧	流动资产合计	应收账款	存货	产成品	负债合计	流动负债合计	应付账款
140.13	**348.66**	**63.68**	**60.69**	**23.98**	**503.83**	**386.86**	**143.01**
6.96	133.98	25.20	21.06	13.38	131.42	130.73	90.30
0.35	2.40	0.90	0.02	0.02	10.98	1.96	0.10
0.67	1.67	0.45	0.23	0.07	0.92	0.85	0.30
2.02	4.04	1.21	0.60	0.28	12.65	12.65	0.56
42.27	37.59	13.01	9.34	4.17	58.33	43.14	15.77
9.92	2.61	1.38	0.07		16.34	6.77	0.82
26.61	34.29	7.86	8.70	2.91	63.17	45.43	12.14
1.30	5.72	0.11	0.94	0.43	6.86	6.37	0.17
24.96	18.28	4.61	4.97	0.80	79.07	35.40	7.48
25.06	108.07	8.94	14.76	1.93	124.09	103.56	15.37

单位：亿元

外商资本	主营业务收入	主营业务成本	主营业务税金及附加	销售费用	管理费用	税金	财务费用
36.86	**643.51**	**512.11**	**1.60**	**7.82**	**15.68**	**1.12**	**13.20**
31.20	347.83	264.20	0.26	0.92	5.25	0.34	0.43
1.15	2.56	0.99			0.16		0.35
	5.09	4.18	0.01	0.44	0.24	0.01	0.04
	5.83	4.88	0.03	0.41	0.57	0.06	0.07
4.42	91.84	80.52	0.34	0.49	3.15	0.20	1.78
	11.33	7.80	0.15		0.21	0.06	0.89
0.10	55.55	44.94	0.31	3.69	3.15	0.21	2.04
	6.71	6.14	0.01	0.03	0.18		0.44
	42.39	33.14	0.26	0.97	1.08	0.05	4.12
	74.37	65.31	0.24	0.86	1.70	0.18	3.06

2-1-14 续表 2

地 区	利息收入	利息支出	投资收益(损失以"-"号记)	营业利润	利润总额	亏损企业亏损额	应交增值税
全 省	**0.97**	**10.04**	**-51.40**	**23.09**	**22.77**	**2.40**	**10.42**
直 报							
太原市	0.60	1.15	-51.53	4.51	3.50	0.08	0.16
大同市	0.08	0.19		1.06	1.06	0.02	0.02
阳泉市	0.01	0.03		0.17	0.17	0.03	0.07
长治市		0.01		-0.11	-0.10	0.51	0.11
晋城市	0.03	1.76	0.04	6.15	6.25	0.22	1.79
朔州市	0.02	0.91		2.29	2.41		1.10
晋中市	0.09	2.11	0.06	1.62	1.92	0.65	2.52
运城市	0.01	0.42		1.06	1.03		0.38
忻州市							
临汾市	0.04	0.69		3.00	2.90	0.76	1.81
吕梁市	0.10	2.78	0.02	3.34	3.64	0.13	2.46

2-1-15 按地区分组的外商

地 区	企业单位数(个)	工业总产值(当年价格)	工业销售产值(当年价格)	出口交货值	资产总计	固定资产合计	固定资产原价
全 省	**95**	**543.79**	**524.11**	**29.81**	**1018.23**	**507.27**	**760.04**
直 报							
太原市	20	117.84	113.62	9.44	159.37	74.25	128.78
大同市	9	68.82	69.16	15.61	97.11	65.03	62.66
阳泉市	5	13.05	12.52	0.07	21.11	12.63	17.60
长治市	5	79.31	75.46		151.27	54.75	106.83
晋城市	13	98.40	96.23	0.64	232.41	96.07	203.70
朔州市	5	17.49	16.54	0.01	65.26	53.39	57.48
晋中市	13	45.81	44.42	0.33	107.70	73.04	91.42
运城市	14	28.84	25.85	1.18	31.93	15.22	25.69
忻州市							
临汾市	3	4.22	4.58	1.71	4.55	3.14	4.51
吕梁市	8	70.02	65.74	0.81	147.52	59.75	61.37

单位：亿元

应交所得税	从业人员平均人数（万人）	总资产贡献率（%）	资产负债率（%）	产品销售率（%）	成本费用利润率（%）	流动资本周转率（%）
2.31	**8.66**	**6.23**	**71.52**	**92.17**	**4.12**	**1.86**
0.42	3.89	2.51	73.74	97.45	1.28	2.61
	0.01	6.88	63.23	100.00	70.75	1.07
0.05	0.06	8.79	28.16	78.11	3.54	3.05
0.02	0.13	0.23	64.19	99.04	-1.76	1.45
0.35	3.12	8.69	50.12	88.69	7.27	2.46
0.38	0.01	17.04	61.35	100.00	27.05	4.34
0.20	0.67	9.63	89.55	94.78	3.49	1.66
0.11	0.05	16.92	64.00	85.04	15.10	1.17
0.04	0.31	6.59	92.86	41.55	7.37	2.33
0.74	0.41	5.11	70.30	99.50	5.12	0.69

投资工业企业主要经济指标

单位：亿元

累计折旧	流动资产合计	应收账款	存货	产成品	负债合计	流动负债合计	应付账款
314.83	**363.62**	**73.15**	**60.76**	**21.47**	**632.71**	**469.95**	**107.88**
57.03	75.82	25.92	13.74	5.29	88.26	85.13	17.55
11.24	29.48	9.67	6.21	1.03	69.28	44.10	8.55
9.09	6.05	1.52	1.80	0.25	13.01	10.24	2.38
52.08	55.10	7.18	12.42	5.96	96.30	82.14	20.91
127.17	89.64	6.92	8.21	1.53	104.08	85.29	15.24
7.19	11.53	2.05	0.82	0.04	53.52	16.62	8.13
19.06	25.06	4.94	5.93	2.80	85.46	47.45	9.67
11.42	15.28	2.17	4.83	3.07	17.01	14.77	2.33
1.37	1.25	0.43	0.46	0.15	2.85	1.65	0.42
19.17	54.41	12.35	6.33	1.34	102.94	82.56	22.70

2-1-15 续表 1

地　区	所有者权益合计						
		实收资本					
			国家资本	集体资本	法人资本	个人资本	港澳台资本
全　省	**384.57**	**242.03**	**71.55**	**13.51**	**35.64**	**4.71**	**2.29**
直　报							
太原市	70.27	49.95	2.70		8.01	0.15	0.23
大同市	27.83	19.19	10.24		1.48	0.15	1.56
阳泉市	8.10	8.12	0.07		6.08	0.40	
长治市	54.98	25.40	7.05	10.58	0.71		
晋城市	128.32	55.22	30.68		1.67	0.60	
朔州市	11.74	16.05	14.02		1.63	0.41	
晋中市	22.24	22.65	6.04	1.91	8.63	0.07	
运城市	14.83	12.92	0.76	1.02	3.40	0.55	0.20
忻州市							
临汾市	1.69	1.41			0.23		0.30
吕梁市	44.58	31.12			3.80	2.39	

2-1-15 续表 2

地　区			投资收益（损失以"–"号记）	营业利润	利润总额	亏损企业亏损额	应交增值税
	利息收入	利息支出					
全　省	**2.06**	**18.95**	**4.28**	**52.92**	**52.07**	**15.54**	**31.85**
直　报							
太原市	-0.02	1.86	0.06	2.86	3.03	1.90	7.15
大同市	0.08	1.16	0.18	2.64	2.76	0.48	1.17
阳泉市		0.69		-0.24	-0.37	0.99	0.77
长治市	0.18	2.09	1.48	8.07	8.49		4.95
晋城市	1.19	2.46	1.55	27.68	28.29	1.11	9.32
朔州市	0.01	1.30		-3.84	-3.88	3.99	0.24
晋中市	0.02	3.70		2.88	2.95	0.33	2.17
运城市	0.06	0.61		1.50	1.37	0.06	0.41
忻州市							
临汾市		0.11		0.28	0.30		0.11
吕梁市	0.52	4.98	1.01	11.10	9.13	6.67	5.56

单位：亿元

外商资本	主营业务收入	主营业务成本	主营业务税金及附加	销售费用	管理费用	税金	财务费用
114.33	**532.52**	**408.75**	**4.76**	**18.70**	**32.26**	**2.15**	**19.42**
38.85	122.48	103.42	1.11	4.31	9.69	0.34	1.72
5.77	68.30	56.35	0.24	4.62	3.25	0.23	1.39
1.58	12.92	10.55	0.46	0.77	0.75	0.10	0.65
7.07	76.79	60.33	0.48	2.22	4.33	0.16	2.83
22.27	96.85	61.74	1.15	1.44	5.73	0.50	1.77
	13.48	13.95	0.04	0.07	0.09	0.01	1.33
6.00	43.94	33.89	0.52	0.76	2.29	0.18	3.68
6.99	24.39	20.23	0.04	0.80	1.32	0.05	0.57
0.88	4.53	3.53	0.01	0.21	0.40	0.01	0.11
24.93	68.84	44.77	0.71	3.50	4.40	0.58	5.37

单位：亿元

应交所得税	从业人员平均人数（万人）	总资产贡献率（%）	资产负债率（%）	产品销售率（%）	成本费用利润率（%）	流动资本周转率（%）
15.46	**8.29**	**10.37**	**62.14**	**96.38**	**10.58**	**1.49**
1.06	2.84	8.26	55.38	96.41	2.48	1.66
0.57	0.85	5.40	71.34	100.50	4.14	2.35
0.16	0.25	7.36	61.63	95.94	-2.91	2.15
1.90	0.77	10.46	63.66	95.15	12.17	1.39
6.88	1.19	17.22	44.78	97.79	39.97	1.08
0.02	0.35	-3.54	82.01	94.57	-17.72	1.46
0.77	0.57	8.65	79.35	96.98	7.15	1.78
0.33	0.40	7.42	53.28	89.66	5.70	1.67
0.06	0.12	11.75	62.81	108.64	7.14	3.65
3.70	0.96	13.46	69.78	93.88	15.58	1.27

2-1-16 按地区分组的大型

地 区	企 业 单位数 (个)	工业总产值 (当年价格)	工业销售 产 值 (当年价格)	出口交货值	资产总计	固定资产 合 计	固定资产 原 价
全 省	**269**	**8945.50**	**8493.79**	**555.03**	**15641.90**	**5902.08**	**8711.10**
直 报	**1**	**39.63**	**39.63**		**45.10**	**26.93**	**42.71**
太原市	27	1957.26	1910.09	426.05	3184.00	1126.88	1804.12
大同市	10	776.57	657.91	16.18	1700.30	845.46	820.51
阳泉市	14	484.41	458.12	3.72	941.17	419.74	706.43
长治市	38	1098.42	1028.72	38.86	1687.80	524.00	780.62
晋城市	24	666.40	647.82	42.10	1798.92	533.98	837.61
朔州市	12	547.73	529.50		1070.69	484.99	712.91
晋中市	28	481.24	456.31	14.69	782.68	350.30	459.90
运城市	31	848.11	823.69	8.97	1073.04	424.20	897.43
忻州市	13	301.98	275.54		467.45	236.43	253.35
临汾市	26	832.51	809.07	2.09	1080.34	375.13	635.67
吕梁市	45	911.22	857.39	2.38	1810.41	554.04	759.84

2-1-16 续表 1

地 区	所 有 者 权益合计	实收资本	国家资本	集体资本	法人资本	个人资本	港澳台资本
全 省	**4763.50**	**1945.89**	**824.25**	**26.49**	**769.91**	**179.55**	**37.24**
直 报	**21.32**	**6.00**			**6.00**		
太原市	904.49	355.65	140.26		150.15	3.57	
大同市	385.09	156.22	146.17	1.07	3.94	1.53	
阳泉市	354.69	143.02	67.67	2.62	56.85	15.88	
长治市	578.38	185.11	96.43	13.82	42.31	26.79	
晋城市	714.27	213.72	132.18	1.56	15.13	16.60	33.02
朔州市	419.13	236.85	37.53		199.30	0.02	
晋中市	157.66	106.36	11.06	1.51	81.24	9.53	
运城市	324.45	133.99	33.17	5.91	54.44	39.45	
忻州市	162.31	61.73	38.30		21.39	2.04	
临汾市	291.38	110.30	60.51		25.14	24.65	
吕梁市	450.31	236.96	60.99		114.02	39.48	4.21

工业企业主要经济指标

单位：亿元

累计折旧	流动资产合计	应收账款	存货	产成品	负债合计	流动负债合计	应付账款
4018.40	**6404.04**	**945.00**	**1110.80**	**403.44**	**10867.77**	**7021.80**	**1771.83**
15.78	**10.35**	**0.94**	**0.30**		**23.78**	**16.33**	**5.84**
811.14	1271.00	291.93	302.79	117.95	2279.50	1476.73	407.93
396.91	844.70	96.58	79.23	28.05	1315.21	558.27	105.65
349.19	255.68	35.17	23.63	11.26	586.48	315.73	92.45
398.14	771.21	104.08	93.57	40.27	1104.92	784.35	222.45
431.11	728.40	67.60	49.66	13.77	1084.65	671.19	114.69
265.14	246.36	52.46	62.65	9.45	651.56	347.96	128.65
163.12	331.02	55.38	58.36	26.74	625.01	495.46	104.20
518.61	507.24	76.26	177.99	48.56	748.58	621.27	126.02
89.63	157.33	37.98	28.23	10.24	299.01	162.00	38.96
271.65	498.57	52.50	93.77	35.78	788.96	547.84	138.14
307.98	782.18	74.12	140.61	61.38	1360.11	1024.66	286.85

单位：亿元

外商资本	主营业务收入	主营业务成本	主营业务税金及附加	销售费用	管理费用	税金	财务费用
108.46	**10577.06**	**8814.63**	**102.63**	**370.53**	**618.50**	**24.60**	**298.35**
	39.63	**30.29**	**0.24**		**1.13**		**1.06**
61.66	2780.31	2454.07	26.99	41.15	140.90	5.34	48.46
3.50	1468.93	1297.14	6.92	55.79	63.73	2.18	32.42
	420.43	329.57	7.56	5.91	47.37	1.26	23.28
5.76	942.57	727.82	8.15	16.04	84.90	2.62	25.66
15.23	850.88	662.15	8.03	9.30	75.37	2.73	38.26
	522.13	310.11	11.68	114.71	32.68	0.77	10.17
3.02	546.28	469.17	4.66	15.94	32.18	2.03	18.55
1.02	890.56	806.17	1.79	18.49	24.50	1.46	24.64
	262.15	187.51	2.50	8.48	18.34	0.73	9.28
	921.21	850.00	3.46	16.24	37.95	2.13	23.01
18.25	931.99	690.62	20.66	68.49	59.45	3.34	43.56

2-1-16 续表 2

地 区	利息收入	利息支出	投资收益(损失以"-"号记)	营业利润	利润总额	亏损企业亏损额	应交增值税
全 省	**34.32**	**317.81**	**16.75**	**382.93**	**396.05**	**137.05**	**453.19**
直 报	**0.03**	**1.06**		**6.86**	**6.77**		**2.40**
太原市	7.36	57.20	-51.08	-5.26	3.03	32.35	53.19
大同市	1.35	33.38	2.52	7.78	8.16	12.76	38.47
阳泉市	9.03	31.63	8.06	7.90	8.80	1.26	31.47
长治市	6.25	29.16	8.00	95.16	94.56	17.03	61.55
晋城市	2.42	41.21	36.82	99.31	103.29	4.82	54.97
朔州市	0.23	10.75	1.04	45.58	44.55		49.47
晋中市	0.87	18.70	2.28	8.13	8.73	10.73	32.39
运城市	1.30	23.01	2.83	23.61	26.55	10.07	19.96
忻州市	0.99	9.88	0.72	36.33	36.20	0.14	18.67
临汾市	1.81	22.48	2.73	-1.59	0.37	17.74	27.58
吕梁市	2.70	39.35	2.83	59.13	55.04	30.15	63.07

2-1-17 按地区分组的中型

地 区	企业单位数(个)	工业总产值(当年价格)	工业销售产值(当年价格)	出口交货值	资产总计	固定资产合计	固定资产原价
全 省	**906**	**4435.67**	**4201.05**	**31.07**	**7984.62**	**3279.54**	**4395.49**
直 报	**1**	**825.58**	**825.58**		**584.36**	**375.79**	**704.22**
太原市	85	285.96	271.42	0.99	427.82	134.66	189.63
大同市	38	151.08	136.53	1.55	266.93	139.26	184.81
阳泉市	31	71.88	65.02	2.33	195.29	89.34	108.26
长治市	104	525.31	502.14	0.33	969.27	444.26	570.57
晋城市	87	239.34	237.06	2.56	597.15	271.49	343.35
朔州市	66	317.38	309.86	0.16	563.97	248.55	274.46
晋中市	118	365.42	363.02	7.48	971.59	329.28	364.79
运城市	103	377.53	358.06	6.72	509.35	226.20	454.90
忻州市	50	223.59	197.16	1.62	516.86	273.50	286.64
临汾市	102	514.42	460.92	2.94	801.86	322.34	425.08
吕梁市	121	538.19	474.29	4.39	1580.18	424.86	488.78

单位：亿元

应交所得税	从业人员平均人数（万人）	总资产贡献率（%）	资　产负债率（%）	产　品销售率（%）	成本费用利润率（%）	流动资本周转率（%）
109.61	**128.97**	**7.92**	**69.48**	**94.95**	**3.60**	**1.79**
1.37	**0.42**	**23.15**	**52.73**	**100.00**	**20.82**	**3.84**
6.10	24.36	4.20	71.59	97.59	0.11	2.22
13.81	16.35	5.09	77.35	84.72	0.45	2.15
3.83	11.83	7.52	62.31	94.57	1.28	2.75
25.39	15.41	11.10	65.47	93.65	10.52	1.29
19.96	13.03	11.41	60.29	97.21	12.95	1.19
12.54	4.03	10.87	60.85	96.67	9.38	2.16
3.04	8.74	8.16	79.86	94.82	1.59	1.69
2.71	10.13	6.53	69.76	97.12	2.93	1.83
5.09	3.30	14.23	63.97	91.24	13.96	1.87
2.62	8.67	4.92	73.03	97.18	0.04	1.94
13.15	12.70	9.69	75.13	94.09	6.19	1.23

工业企业主要经济指标

单位：亿元

累计折旧	流动资产合　　计	应收账款	存　货	产成品	负债合计	流动负债合　　计	应付账款
1560.20	**2815.13**	**480.87**	**470.59**	**188.50**	**6114.98**	**4208.41**	**840.23**
376.95	**57.63**	**14.05**			**438.89**		
75.91	234.57	47.63	55.65	25.02	324.45	258.93	70.21
57.10	84.18	21.58	21.84	8.24	192.45	119.96	29.89
40.32	65.53	11.25	10.34	5.48	134.19	101.70	18.37
176.88	348.70	61.97	52.54	18.54	756.48	481.48	126.74
105.87	197.54	19.09	25.25	11.02	377.27	274.81	43.18
58.53	176.86	52.00	25.89	7.66	403.75	273.12	59.88
86.16	331.23	43.82	56.45	26.88	802.71	618.02	125.74
244.34	235.97	50.70	69.66	27.97	398.54	345.94	56.49
86.68	145.47	36.60	21.29	7.66	360.40	202.42	46.07
132.57	335.51	40.02	49.58	17.93	677.09	526.91	107.46
118.88	601.94	82.18	82.09	32.09	1248.76	1005.14	156.21

2-1-17 续表 1

地 区	所有者权益合计						
		实收资本					
			国家资本	集体资本	法人资本	个人资本	港澳台资本
全 省	**1869.63**	**1248.97**	**396.84**	**67.61**	**468.44**	**261.57**	**19.39**
直 报	**145.47**	**72.25**	**72.25**				
太原市	102.47	83.79	23.87	3.74	23.87	24.76	0.35
大同市	74.19	56.06	18.53	1.71	24.51	9.04	
阳泉市	61.10	36.41	8.58	1.77	21.34	4.70	
长治市	208.77	170.11	63.73	13.30	60.87	28.79	2.66
晋城市	219.87	166.37	55.05	12.75	80.34	15.21	
朔州市	157.74	90.97	30.26	3.31	46.62	9.10	
晋中市	168.67	123.15	15.03	5.34	73.55	26.90	0.84
运城市	109.61	87.34	25.46	3.13	23.76	31.16	0.25
忻州市	156.27	83.62	39.91	8.31	15.30	20.10	
临汾市	134.07	116.83	23.16	3.48	39.42	49.22	1.48
吕梁市	331.41	162.06	21.02	10.76	58.84	42.60	13.82

2-1-17 续表 2

地 区	利息收入	利息支出	投资收益（损失以"－"号记）	营业利润	利润总额	亏损企业亏损额	应交增值税
全 省	**5.36**	**164.41**	**7.87**	**81.59**	**84.00**	**166.48**	**182.77**
直 报	**0.13**	**9.99**	**0.04**	**23.19**	**23.11**		**24.98**
太原市	0.48	5.23	0.04	0.07	-0.25	13.36	7.15
大同市	0.25	5.68	0.26	5.82	6.55	6.21	8.63
阳泉市	0.11	4.03	0.13	-3.40	-3.15	5.54	4.14
长治市	2.19	22.00	3.47	0.50	1.14	28.36	16.97
晋城市	0.65	10.13	0.26	4.09	5.07	13.90	13.27
朔州市	0.05	7.43	0.71	9.73	9.09	9.45	14.32
晋中市	-0.11	18.90	0.01	-1.61	-1.25	21.74	19.21
运城市	0.43	12.49	0.28	27.32	28.72	9.42	12.89
忻州市	0.33	14.24	0.77	23.17	21.37	5.86	19.56
临汾市	0.78	14.84	1.35	4.54	7.27	17.82	20.11
吕梁市	0.08	39.45	0.56	-11.84	-13.66	34.83	21.55

单位：亿元

外商资本	主营业务收入	主营业务成本	主营业务税金及附加	销售费用	管理费用	税金	财务费用
24.79	**4098.35**	**3499.74**	**36.11**	**78.94**	**286.96**	**10.60**	**173.19**
	825.58	**785.42**	**2.82**	**0.04**	**35.51**	**0.80**	**11.01**
6.37	283.08	247.26	1.87	10.16	19.81	0.56	5.23
2.27	134.13	105.58	1.39	3.97	13.60	0.50	5.59
0.02	58.85	46.05	0.54	3.75	9.51	0.23	3.99
0.76	451.70	386.69	3.25	8.84	35.34	1.70	17.99
3.02	239.85	189.28	1.75	4.86	31.08	0.67	10.25
0.04	262.94	206.08	4.93	5.58	21.65	0.23	7.74
1.50	359.58	302.78	4.47	10.72	25.73	1.00	19.96
3.58	361.36	304.05	1.77	8.06	12.39	0.61	13.22
	207.28	149.83	3.16	3.31	17.94	0.54	14.61
0.08	475.07	410.17	4.61	8.95	29.12	2.08	18.97
7.18	438.94	366.55	5.54	10.68	35.28	1.68	44.63

单位：亿元

应交所得税	从业人员平均人数（万人）	总资产贡献率（%）	资产负债率（%）	产品销售率（%）	成本费用利润率（%）	流动资本周转率（%）
33.50	**57.40**	**5.80**	**76.58**	**94.71**	**2.03**	**1.49**
1.23	**0.04**	**10.43**	**75.11**	**100.00**	**2.77**	**14.39**
2.06	4.82	3.17	75.84	94.92	-0.09	1.23
3.06	2.79	8.25	72.10	90.37	5.05	1.65
0.33	2.61	2.79	68.71	90.47	-4.91	0.91
3.15	6.64	4.25	78.05	95.59	0.24	1.36
3.52	6.15	4.96	63.18	99.05	2.12	1.23
2.82	3.53	6.33	71.59	97.63	3.74	1.49
4.03	7.97	4.29	82.62	99.34	-0.32	1.17
0.86	5.64	10.89	78.24	94.84	8.20	1.59
5.72	3.16	11.28	69.73	88.18	11.42	1.44
3.01	6.18	5.76	84.44	89.60	1.54	1.43
3.72	7.86	3.34	79.03	88.13	-2.95	0.74

2-1-18 按地区分组的小型

地区	企业单位数（个）	工业总产值（当年价格）	工业销售产值（当年价格）	出口交货值	资产总计	固定资产合计	固定资产原价
全省	**2541**	**3689.57**	**3528.00**	**28.95**	**3819.72**	**1526.79**	**1896.51**
直报							
太原市	294	255.99	245.47	2.66	323.79	89.76	117.38
大同市	119	123.35	110.33	0.02	192.88	95.76	111.20
阳泉市	98	154.41	147.19	3.87	98.19	36.87	48.19
长治市	194	382.53	364.63	0.35	247.34	78.61	104.16
晋城市	120	106.39	104.30	0.95	316.44	129.33	142.11
朔州市	178	445.61	440.06	0.23	478.60	266.71	312.11
晋中市	354	482.82	466.39	4.40	584.39	219.58	254.49
运城市	340	438.02	400.86	3.22	427.50	172.47	299.57
忻州市	248	269.82	245.88	6.54	347.48	152.36	163.31
临汾市	217	506.81	499.45	3.99	241.26	94.25	123.16
吕梁市	379	523.82	503.43	2.73	561.84	191.09	220.83

2-1-18 续表 1

地区	所有者权益合计	实收资本	国家资本	集体资本	法人资本	个人资本	港澳台资本
全省	**1054.68**	**1100.61**	**129.61**	**27.94**	**322.42**	**542.74**	**7.34**
直报							
太原市	116.90	73.30	4.68	1.06	31.82	32.00	0.31
大同市	64.06	46.66	9.50	3.54	20.56	9.15	2.79
阳泉市	16.47	21.94	6.09	1.15	5.32	7.43	0.40
长治市	55.26	56.39	3.33	3.16	29.48	18.86	0.97
晋城市	81.97	66.76	25.01	5.24	17.28	9.48	1.33
朔州市	143.74	79.71	39.03	0.98	32.08	10.87	
晋中市	129.58	110.77	15.87	2.50	57.72	32.18	0.82
运城市	140.33	83.94	11.60	2.72	34.64	32.38	0.20
忻州市	111.49	65.20	4.57	3.07	35.02	21.24	
临汾市	59.08	347.58	5.03	1.02	13.27	325.50	0.52
吕梁市	135.79	148.37	4.91	3.49	45.23	43.65	

工业企业主要经济指标

单位：亿元

累计折旧	流动资产合计	应收账款	存货	产成品	负债合计	流动负债合计	应付账款
527.28	**1740.30**	**439.53**	**392.46**	**175.79**	**2755.50**	**1934.09**	**523.32**
37.70	193.97	62.88	46.62	14.33	206.76	178.82	54.88
22.36	80.35	21.46	27.14	15.99	128.05	82.65	21.50
12.37	52.56	18.32	11.57	5.20	81.54	67.93	27.20
32.29	136.81	37.71	25.34	12.87	191.54	139.39	41.33
21.66	93.67	19.68	18.71	9.44	234.41	142.18	41.88
75.40	129.87	35.22	19.20	7.08	331.56	195.78	66.22
53.27	283.00	81.43	53.47	22.58	455.37	354.45	79.70
145.22	210.90	51.62	66.34	33.24	284.56	204.14	49.71
33.83	131.77	22.72	36.03	19.95	234.45	134.17	27.28
39.83	111.20	28.33	26.37	9.58	180.86	135.71	35.51
53.33	316.20	60.15	61.66	25.52	426.41	298.86	78.09

单位：亿元

外商资本	主营业务收入	主营业务成本	主营业务税金及附加	销售费用	管理费用	税金	财务费用
19.30	**3383.03**	**2935.61**	**20.86**	**92.32**	**99.66**	**4.85**	**73.00**
2.63	256.44	223.42	1.52	9.24	13.73	0.45	3.41
1.11	110.72	89.63	0.67	6.63	5.51	0.21	3.61
1.56	136.25	126.05	0.88	3.49	3.55	0.08	2.06
0.59	357.56	301.64	1.40	7.82	9.76	0.23	5.92
8.43	107.49	93.18	0.38	2.74	8.02	0.32	6.06
	368.23	277.94	3.25	10.27	8.99	0.36	8.38
1.68	481.78	434.75	1.82	15.83	12.41	0.67	13.20
2.39	387.66	341.96	1.30	8.96	10.24	0.80	10.95
0.10	210.21	181.10	2.40	4.05	8.82	0.51	2.87
0.81	472.16	424.36	2.65	7.77	6.67	0.32	4.79
	494.53	441.56	4.60	15.53	11.97	0.91	11.75

2-1-18 续表 2

地 区			投资收益(损失以"-"号记)	营业利润	利润总额	亏损企业亏损额	应交增值税
	利息收入	利息支出					
全 省	**1.99**	**67.59**	**-7.10**	**154.39**	**135.13**	**54.33**	**112.68**
直 报							
太原市	0.11	2.44	-0.15	7.69	6.89	4.79	6.27
大同市	0.10	3.03		3.32	3.51	2.58	3.25
阳泉市	0.02	1.81	0.03	-0.43	-0.13	2.82	2.93
长治市	-0.01	5.45	0.11	31.25	31.87	3.34	4.73
晋城市	0.18	6.06	0.30	-2.62	-1.16	6.48	2.93
朔州市	0.43	8.26	0.06	56.51	33.50	5.98	30.07
晋中市	0.39	12.57	0.72	6.44	7.56	8.89	11.73
运城市	0.20	10.23	-0.12	14.00	14.89	5.17	6.37
忻州市	0.08	4.99	0.07	11.34	11.42	2.30	7.92
临汾市	0.21	4.54	-8.14	16.86	16.94	3.93	19.41
吕梁市	0.29	8.21	0.03	10.05	9.85	8.06	17.06

2-1-19 按地区分组的

地 区	企业单位数(个)	工业总产值(当年价格)	工业销售产值(当年价格)		资产总计		
				出口交货值		固定资产合计	
							固定资产原价
全 省	**1497**	**7153.94**	**6713.24**	**46.79**	**14331.00**	**4999.27**	**6122.74**
直 报							
太原市	65	351.76	342.22		684.30	316.42	456.40
大同市	48	705.56	570.03		1560.04	733.30	666.17
阳泉市	62	600.62	565.88	3.72	1077.51	461.22	693.19
长治市	168	1039.38	959.62	38.74	1725.43	510.72	618.20
晋城市	107	498.81	494.65		2099.17	598.14	751.56
朔州市	107	1031.16	1008.52		1683.16	741.74	931.47
晋中市	240	630.45	607.28	0.97	1433.86	481.21	540.51
运城市	24	106.63	103.35		103.34	62.30	124.60
忻州市	184	402.01	364.89		673.69	262.48	264.58
临汾市	177	720.30	710.14	2.35	1019.68	284.84	398.60
吕梁市	315	1067.27	986.67	1.01	2270.82	546.90	677.46

单位：亿元

应交所得税	从业人员平均人数(万人)	总资产贡献率(%)	资产负债率(%)	产品销售率(%)	成本费用利润率(%)	流动资本周转率(%)
21.66	**27.65**	**8.79**	**72.14**	**95.62**	**4.19**	**1.96**
0.88	3.03	5.27	63.85	95.89	2.73	1.35
0.85	1.50	5.37	66.39	89.45	3.31	1.39
0.43	1.10	5.57	83.05	95.33	-0.10	2.63
4.45	2.04	17.58	77.44	95.32	9.78	2.62
1.17	1.81	2.55	74.08	98.04	-1.04	1.16
1.80	2.08	15.62	69.28	98.75	10.79	2.87
2.59	4.08	5.70	77.92	96.60	1.58	1.72
1.18	3.89	7.63	66.56	91.52	3.95	1.86
2.18	2.41	8.00	67.47	91.13	5.76	1.60
2.68	2.25	17.96	74.96	98.55	3.80	4.26
3.44	3.46	7.02	75.89	96.11	2.04	1.57

采掘业主要经济指标

单位：亿元

累计折旧	流动资产合计	应收账款	存货	产成品	负债合计	流动负债合计	应付账款
2473.13	**5475.77**	**762.36**	**537.48**	**215.46**	**10109.45**	**6479.32**	**1359.38**
236.94	243.95	55.69	53.02	16.77	527.58	314.55	86.49
340.16	805.11	80.03	74.12	33.92	1201.51	472.48	71.58
317.22	304.86	40.39	28.30	13.94	707.24	403.75	105.69
259.42	777.02	118.53	51.03	22.58	1104.46	724.39	200.76
316.70	793.17	55.82	34.48	9.12	1339.24	803.83	130.41
294.35	418.07	91.75	73.10	11.96	1091.78	660.93	182.99
153.44	500.21	98.64	50.79	19.97	1144.16	900.19	188.31
66.49	29.95	5.43	2.90	0.72	87.82	83.99	4.45
89.64	250.50	52.01	44.69	24.82	446.97	309.32	55.79
153.78	454.11	54.27	32.62	16.91	758.50	497.75	81.97
244.97	898.82	109.81	92.43	44.75	1700.18	1308.13	250.94

2-1-19 续表 1

地 区	所有者权益合计	实收资本	国家资本	集体资本	法人资本	个人资本	港澳台资本
全 省	**4215.31**	**1799.83**	**634.36**	**55.58**	**802.09**	**211.46**	**1.53**
直 报							
太原市	156.61	103.42	16.86	0.21	79.09	7.07	
大同市	357.77	133.20	118.30	0.48	7.93	5.38	
阳泉市	370.15	154.02	58.86	5.15	72.04	17.98	
长治市	617.51	156.52	86.75	5.26	35.81	22.93	
晋城市	759.90	247.19	134.34	14.10	71.68	13.65	1.33
朔州市	588.15	318.43	69.62	0.31	240.33	11.11	
晋中市	290.79	165.12	24.22	6.46	91.86	39.46	0.10
运城市	15.35	7.41	1.87		3.59	1.95	
忻州市	220.02	73.66	16.15	8.80	26.14	22.46	
临汾市	269.56	112.22	44.26	3.86	30.44	29.17	0.10
吕梁市	569.51	328.65	63.12	10.95	143.20	40.30	

2-1-19 续表 2

地 区	利息收入	利息支出	投资收益(损失以"-"号记)	营业利润	利润总额	亏损企业亏损额	应交增值税
全 省	**26.51**	**276.85**	**54.63**	**419.61**	**986.38**	**170.06**	**488.71**
直 报							
太原市	0.71	14.49	0.42	-27.29	16.85	17.90	27.37
大同市	1.35	29.82	1.53	-8.28	32.56	14.60	34.42
阳泉市	9.12	34.00	8.11	5.77	49.44	5.25	34.76
长治市	7.05	26.35	9.42	145.73	216.73	11.80	65.09
晋城市	2.56	44.07	34.70	83.54	152.41	15.12	54.74
朔州市	0.63	16.43	1.77	92.47	169.29	13.21	83.71
晋中市	1.17	24.25	1.85	0.77	46.42	29.14	38.47
运城市	0.02	2.88		18.79	25.94	0.50	6.10
忻州市	1.34	11.02	0.11	34.59	66.35	7.24	26.64
临汾市	1.65	17.64	-5.94	31.77	84.73	13.37	43.56
吕梁市	0.91	55.89	2.66	41.77	125.65	41.93	73.86

单位：亿元

外商资本	主营业务收　入	主营业务成　本	主营业务税金及附加	销售费用	管理费用	税金	财务费用
34.33	**7642.92**	**5977.39**	**97.75**	**318.97**	**620.56**	**21.84**	**268.33**
0.20	553.65	494.13	5.64	9.87	58.38	1.85	14.25
1.11	1370.48	1216.55	6.61	58.49	62.05	2.12	28.62
	512.10	412.14	8.17	8.15	52.83	1.34	25.63
5.76	910.17	636.64	10.38	14.21	93.76	2.83	21.66
12.09	692.24	490.92	8.85	9.18	96.50	2.67	42.14
	878.54	564.01	18.12	126.02	54.73	0.83	16.00
3.02	663.96	567.97	8.01	17.28	47.88	2.35	25.83
	101.90	75.42	1.11	1.08	2.93	0.51	2.91
	324.57	236.61	6.56	7.28	31.93	1.10	10.61
	657.40	537.61	7.84	12.46	47.17	2.82	17.48
12.15	977.91	745.38	16.46	54.94	72.40	3.41	63.20

单位：亿元

应交所得税	从业人员平均人数（万人）	总资产贡献率（%）	资　产负债率（%）	产　品销售率（%）	成本费用利 润 率（%）	流动资本周 转 率（%）
119.76	**110.26**	**8.63**	**70.54**	**93.84**	**4.97**	**1.54**
1.65	10.41	4.48	77.10	97.29	-2.79	2.34
13.28	14.71	3.91	77.02	80.79	-0.55	2.12
3.87	13.48	6.90	65.64	94.22	0.79	2.61
30.87	13.88	13.68	64.01	92.33	18.34	1.18
19.64	12.76	9.24	63.80	99.17	13.55	0.89
14.40	6.16	11.00	64.86	97.80	8.76	2.12
6.14	11.81	4.85	79.80	96.32	-0.07	1.39
0.19	0.55	27.87	84.99	96.92	22.51	3.44
7.14	5.66	11.29	66.35	90.77	10.12	1.43
7.46	7.97	9.88	74.39	98.59	5.11	1.50
15.13	12.88	7.95	74.87	92.45	3.70	1.11

2-1-20 按地区分组的煤炭开采

地区	企业单位数(个)	工业总产值(当年价格)	工业销售产值(当年价格)	出口交货值	资产总计	固定资产合计	固定资产原价
全省	**1256**	**6693.69**	**6291.28**	**46.79**	**13679.49**	**4793.51**	**5868.98**
直报							
太原市	56	329.00	324.78		658.35	303.82	440.48
大同市	21	683.65	548.93		1523.45	721.20	649.01
阳泉市	61	600.17	565.44	3.72	1075.73	461.08	693.01
长治市	154	999.37	923.48	38.74	1701.32	504.58	611.60
晋城市	97	463.31	459.44		1885.86	510.77	655.13
朔州市	106	1030.59	1008.02		1682.74	741.55	931.23
晋中市	233	626.51	602.78	0.97	1413.49	471.06	528.26
运城市	21	97.46	96.20		86.66	53.20	116.92
忻州市	55	236.77	220.20		515.34	211.04	201.74
临汾市	146	598.54	592.99	2.35	1001.97	277.66	380.47
吕梁市	306	1028.31	949.03	1.01	2134.57	537.54	661.12

2-1-20 续表 1

地区	所有者权益合计	实收资本	国家资本	集体资本	法人资本	个人资本	港澳台资本
全省	**3957.86**	**1609.67**	**567.83**	**51.73**	**724.18**	**177.57**	**0.20**
直报							
太原市	149.51	99.19	16.86	0.21	76.54	5.38	
大同市	343.70	128.09	118.30	0.47	6.98	1.22	
阳泉市	370.27	153.91	58.86	5.15	72.04	17.87	
长治市	607.99	153.73	86.75	5.26	35.70	20.25	
晋城市	669.45	165.52	113.02	14.10	19.31	13.65	
朔州市	587.91	318.40	69.62	0.31	240.33	11.08	
晋中市	281.39	157.55	19.82	6.46	89.47	38.68	0.10
运城市	10.07	6.85	1.87		3.08	1.90	
忻州市	149.64	34.20	16.15	4.97	8.36	4.61	
临汾市	259.95	105.53	43.71	3.84	29.95	23.53	0.10
吕梁市	527.97	286.71	22.85	10.95	142.43	39.40	

和洗选业主要经济指标

单位：亿元

累计折旧	流动资产合计	应收账款	存货	产成品	负债合计	流动负债合计	应付账款
2395.18	**5243.67**	**720.71**	**475.17**	**181.08**	**9715.77**	**6209.44**	**1276.16**
232.78	238.12	53.63	50.99	15.45	508.74	295.71	75.34
331.89	784.55	77.04	64.12	26.63	1179.04	456.33	66.15
317.18	303.29	40.35	28.21	13.91	705.34	401.88	105.62
256.66	760.51	116.82	49.75	21.85	1089.86	710.69	197.76
296.79	732.40	36.58	26.28	8.99	1216.38	713.44	98.11
294.29	417.87	91.75	73.10	11.95	1091.61	660.79	182.99
150.72	495.85	97.59	50.19	19.70	1133.19	892.17	183.46
63.74	24.08	5.18	2.20	0.55	76.44	75.63	2.38
71.01	170.41	40.94	19.01	7.50	359.30	238.37	41.23
142.84	443.81	53.16	31.38	16.38	750.41	489.68	80.61
237.29	872.79	107.68	79.95	38.17	1605.46	1274.76	242.51

单位：亿元

外商资本	主营业务收入	主营业务成本	主营业务税金及附加	销售费用	管理费用	税金	财务费用
27.68	**7232.00**	**5648.46**	**92.00**	**315.73**	**596.72**	**19.96**	**253.85**
0.20	544.62	487.28	5.19	9.67	57.25	1.72	14.04
1.11	1348.98	1198.45	6.23	57.97	60.59	2.11	28.05
	511.67	411.82	8.17	8.15	52.82	1.34	25.58
5.76	873.09	605.56	10.02	13.57	90.54	2.81	21.27
5.44	647.16	458.93	8.54	8.66	91.48	2.44	38.68
	878.01	563.50	18.11	126.01	54.73	0.83	16.00
3.02	659.45	564.31	7.90	17.24	47.27	2.35	25.67
	94.77	70.18	0.91	0.99	2.12	0.20	2.64
	180.32	120.56	3.32	6.67	23.40	0.43	5.92
	552.04	454.06	7.53	12.36	45.85	2.67	16.91
12.15	941.90	713.81	16.08	54.44	70.67	3.05	59.09

2-1-20 续表 2

地　区	利息收入	利息支出	投资收益（损失以“–”号记）	营业利润	利润总额	亏损企业亏损额	应交增值税
全　省	**26.25**	**262.87**	**62.08**	**389.42**	**364.91**	**165.32**	**470.53**
直　报							
太原市	0.71	14.48	0.42	-27.43	-16.74	17.64	26.55
大同市	1.35	29.27	1.53	-8.82	-9.90	13.73	33.06
阳泉市	9.12	33.95	8.11	5.72	6.12	5.25	34.75
长治市	7.09	26.01	9.41	144.34	139.88	11.77	64.39
晋城市	2.50	40.73	34.08	78.99	81.06	14.76	52.44
朔州市	0.63	16.43	1.77	92.47	67.26	13.21	83.71
晋中市	1.17	24.09	1.84	0.81	-0.39	28.81	38.03
运城市		2.60		18.15	18.30	0.50	5.56
忻州市	1.26	6.46	0.07	22.15	21.82	6.69	19.57
临汾市	1.51	16.94	2.20	20.55	21.45	13.31	40.71
吕梁市	0.91	51.91	2.66	42.49	36.05	39.64	71.76

2-1-21　按地区分组的石油和

地　区	企　业单位数（个）	工业总产值（当年价格）	工业销售产值（当年价格）	出口交货值	资产总计	固定资产合计	固定资产原价
全　省	**12**	**36.93**	**36.64**		**229.89**	**100.92**	**111.78**
直　报							
太原市	1	0.70	0.70		9.75	7.48	7.61
大同市							
阳泉市							
长治市							
晋城市	10	35.50	35.21		213.31	87.38	96.43
朔州市							
晋中市	1	0.74	0.74		6.83	6.07	7.74
运城市							
忻州市							
临汾市							
吕梁市							

单位：亿元

应交所得税	从业人员平均人数（万人）	总资产贡献率（%）	资产负债率（%）	产品销售率（%）	成本费用利润率（%）	流动资本周转率（%）
114.93	**106.00**	**8.54**	**71.02**	**93.99**	**4.81**	**1.53**
1.63	10.28	4.43	77.27	98.72	-2.86	2.36
12.95	14.23	3.82	77.39	80.29	-0.59	2.15
3.87	13.47	6.90	65.57	94.21	0.78	2.62
30.75	13.41	13.71	64.06	92.41	19.04	1.16
18.41	12.34	9.56	64.50	99.16	13.23	0.90
14.40	6.15	11.00	64.87	97.81	8.77	2.12
6.09	11.69	4.87	80.17	96.21	-0.06	1.40
0.08	0.33	31.58	88.21	98.71	24.10	3.94
5.16	3.87	9.77	69.72	93.00	11.29	1.25
6.47	7.67	8.61	74.89	99.07	3.94	1.29
15.12	12.56	8.19	75.21	92.29	3.93	1.10

天然气开采业主要经济指标

单位：亿元

累计折旧	流动资产合计	应收账款	存货	产成品	负债合计	流动负债合计	应付账款
21.71	**61.27**	**19.65**	**8.21**	**0.12**	**136.45**	**103.98**	**44.87**
0.13	0.42	0.40			9.41	9.41	8.67
19.91	60.77	19.24	8.21	0.12	122.86	90.39	32.29
1.67	0.08	0.01	0.01		4.18	4.18	3.91

2-1-21 续表 1

地 区	所有者权益合计	实收资本	国家资本	集体资本	法人资本	个人资本	港澳台资本
全 省	**93.44**	**86.07**	**25.32**		**52.77**		**1.33**
直 报							
太原市	0.33	0.40			0.40		
大同市							
阳泉市							
长治市							
晋城市	90.45	81.67	21.32		52.37		1.33
朔州市							
晋中市	2.65	4.00	4.00				
运城市							
忻州市							
临汾市							
吕梁市							

2-1-21 续表 2

地 区	利息收入	利息支出	投资收益(损失以"–"号记)	营业利润	利润总额	亏损企业亏损额	应交增值税
全 省	**0.06**	**3.34**	**0.62**	**4.31**	**7.35**	**0.68**	**2.44**
直 报							
太原市				0.06	0.06		0.08
大同市							
阳泉市							
长治市							
晋城市	0.06	3.34	0.62	4.54	7.62	0.36	2.30
朔州市							
晋中市				-0.30	-0.32	0.32	0.07
运城市							
忻州市							
临汾市							
吕梁市							

单位：亿元

外商资本	主营业务收入	主营业务成本	主营业务税金及附加	销售费用	管理费用	税金	财务费用
6.65	**46.52**	**33.32**	**0.33**	**0.52**	**5.37**	**0.23**	**3.46**
	0.70	0.44	0.01		0.20		
6.65	45.08	31.99	0.32	0.51	5.02	0.23	3.46
	0.75	0.90	0.01		0.14		

单位：亿元

应交所得税	从业人员平均人数（万人）	总资产贡献率（%）	资产负债率（%）	产品销售率（%）	成本费用利润率（%）	流动资本周转率（%）
1.23	**0.44**	**5.86**	**59.36**	**99.22**	**16.90**	**0.77**
	0.01	1.46	96.58	100.00	8.66	1.79
1.23	0.42	6.37	57.60	99.19	18.23	0.76
	0.01	-3.60	61.15	100.00	-30.87	9.46

2-1-22 按地区分组的黑色金属

地 区	企 业 单位数 (个)	工业总产值 (当年价格)	工业销售产值 (当年价格)	出口交货值	资产总计	固定资产合计	固定资产原价
全 省	**208**	**397.39**	**360.69**		**381.25**	**89.20**	**120.41**
直 报							
太原市	8	22.05	16.75		16.20	5.12	8.31
大同市	23	21.21	20.19		35.08	10.88	15.44
阳泉市							
长治市	12	38.36	34.59		23.07	5.86	6.21
晋城市							
朔州市	1	0.56	0.51		0.42	0.19	0.24
晋中市	5	2.82	3.27		13.03	4.04	4.42
运城市	2	7.09	5.52		9.77	4.43	6.36
忻州市	123	155.80	136.08		153.74	49.03	59.05
临汾市	30	121.47	116.88		16.32	7.02	17.82
吕梁市	4	28.02	26.90		113.63	2.63	2.56

2-1-22 续表 1

地 区	所有者权益合计	实收资本	国家资本	集体资本	法人资本	个人资本	港澳台资本
全 省	**157.92**	**98.56**	**40.95**	**3.65**	**21.64**	**32.32**	
直 报							
太原市	6.77	3.83			2.14	1.69	
大同市	13.26	4.18			0.02	4.15	
阳泉市							
长治市	9.07	2.51				2.51	
晋城市							
朔州市	0.23	0.03				0.03	
晋中市	6.69	3.51	0.40		2.39	0.72	
运城市	3.98	0.06			0.01	0.05	
忻州市	67.63	37.50		3.63	16.13	17.73	
临汾市	9.46	6.19	0.55	0.02	0.49	5.13	
吕梁市	40.82	40.75	40.00		0.45	0.30	

矿采选业主要经济指标

单位：亿元

累计折旧	流动资产合计	应收账款	存货	产成品	负债合计	流动负债合计	应付账款
45.24	**147.95**	**19.63**	**44.54**	**28.99**	**223.01**	**135.16**	**33.48**
4.03	5.41	1.67	2.03	1.32	9.43	9.43	2.48
7.43	20.31	2.91	9.94	7.28	21.82	15.52	5.32
2.66	15.88	1.33	1.17	0.63	13.99	13.24	2.97
0.06	0.20		0.01		0.17	0.14	
1.00	3.81	0.76	0.42	0.20	6.34	3.39	0.70
1.93	3.64	0.24	0.50	0.14	5.79	5.27	1.25
16.70	77.90	10.66	25.13	16.94	85.81	69.44	14.50
10.80	9.08	1.01	1.01	0.47	6.86	6.84	1.29
0.62	11.72	1.07	4.32	2.02	72.81	11.89	4.96

单位：亿元

外商资本	主营业务收入	主营业务成本	主营业务税金及附加	销售费用	管理费用	税金	财务费用
	341.25	**276.07**	**5.14**	**2.04**	**17.00**	**1.28**	**10.66**
	8.34	6.41	0.44	0.20	0.93	0.12	0.22
	20.59	17.30	0.37	0.48	1.27	0.01	0.56
	35.53	30.03	0.33	0.62	3.12	0.02	0.35
	0.52	0.51					
	3.27	2.32	0.11	0.01	0.46		0.16
	5.52	4.41	0.20	0.09	0.27		0.24
	135.60	108.61	3.19	0.56	8.04	0.65	4.71
	105.04	83.23	0.30	0.08	1.30	0.15	0.54
	26.84	23.25	0.20		1.61	0.32	3.87

2-1-22 续表 2

地 区	利息收入	利息支出	投资收益(损失以“-”号记)	营业利润	利润总额	亏损企业亏损额	应交增值税
全 省	**0.16**	**10.37**	**-8.08**	**23.45**	**21.48**	**3.69**	**14.40**
直 报							
太原市		0.02		0.07	0.09	0.25	0.74
大同市		0.55		0.68	0.63	0.73	1.30
阳泉市							
长治市	-0.04	0.30	0.01	1.10	1.06	0.03	0.66
晋城市							
朔州市							
晋中市		0.16		0.26	0.23	0.01	0.35
运城市		0.24		0.40	0.44		0.54
忻州市	0.05	4.55	0.05	11.76	10.36	0.54	6.67
临汾市	0.14	0.68	-8.14	11.28	10.79		2.84
吕梁市		3.86		-2.11	-2.13	2.13	1.31

2-1-23 按地区分组的有色金属

地 区	企业单位数(个)	工业总产值(当年价格)	工业销售产值(当年价格)	出口交货值	资产总计	固定资产合计	固定资产原价
全 省	**9**	**20.53**	**19.29**		**30.09**	**13.98**	**19.47**
直 报							
太原市							
大同市	1	0.24	0.45		1.12	0.92	1.50
阳泉市							
长治市							
晋城市							
朔州市							
晋中市							
运城市	1	2.09	1.63		6.90	4.67	1.32
忻州市	4	8.31	7.49		4.39	2.34	3.65
临汾市							
吕梁市	3	9.89	9.73		17.68	6.04	13.01

单位：亿元

应交所得税	从业人员平均人数（万人）	总资产贡献率（%）	资产负债率（%）	产品销售率（%）	成本费用利润率（%）	流动资本周转率（%）
3.44	**3.40**	**13.44**	**58.49**	**90.77**	**7.00**	**2.31**
0.02	0.12	7.97	58.22	75.94	1.22	1.54
0.33	0.44	8.11	62.20	95.19	3.22	1.01
0.09	0.45	10.36	60.66	90.17	3.11	2.24
	0.01	1.65	39.80	89.47	0.83	2.60
0.05	0.11	6.49	48.64	115.86	7.91	0.86
0.11	0.19	14.45	59.23	77.95	7.42	1.78
1.87	1.63	16.08	55.81	87.34	8.49	1.74
0.99	0.29	88.64	42.04	96.22	12.64	11.57
	0.18	2.86	64.08	96.01	-7.39	2.29

矿采选业主要经济指标

单位：亿元

累计折旧	流动资产合计	应收账款	存货	产成品	负债合计	流动负债合计	应付账款
10.47	**14.53**	**0.66**	**8.70**	**4.88**	**24.73**	**21.59**	**3.16**
0.84	0.20	0.07	0.05		0.30	0.30	0.11
0.82	2.23	0.01	0.20	0.04	5.60	3.09	0.82
1.85	2.05	0.33	0.53	0.36	1.74	1.48	0.04
6.97	10.05	0.25	7.93	4.48	17.10	16.71	2.19

2-1-23 续表 1

地 区	所有者权益合计	实收资本	国家资本	集体资本	法人资本	个人资本	港澳台资本
全 省	**5.30**	**3.86**	**0.27**	**0.20**	**3.22**	**0.17**	
直 报							
太原市							
大同市	0.76	0.76			0.76		
阳泉市							
长治市							
晋城市							
朔州市							
晋中市							
运城市	1.31	0.50			0.50		
忻州市	2.65	1.92		0.20	1.64	0.08	
临汾市							
吕梁市	0.58	0.68	0.27		0.32	0.09	

2-1-23 续表 2

地 区	利息收入	利息支出	投资收益(损失以"-"号记)	营业利润	利润总额	亏损企业亏损额	应交增值税
全 省	**0.04**	**0.05**		**2.24**	**1.87**	**0.15**	**1.16**
直 报							
太原市							
大同市				-0.12	-0.12	0.12	0.06
阳泉市							
长治市							
晋城市							
朔州市							
晋中市							
运城市	0.01	0.03		0.23			
忻州市	0.03			0.62	0.49		0.39
临汾市							
吕梁市		0.02		1.50	1.50	0.03	0.72

单位：亿元

外商资本	主营业务收入	主营业务成本	主营业务税金及附加	销售费用	管理费用	税金	财务费用
	17.81	**15.22**	**0.20**	**0.52**	**1.26**	**0.36**	**0.02**
	0.45	0.40	0.01		0.16		
	1.61	0.83			0.54	0.30	0.03
	7.61	6.51	0.05	0.02	0.47	0.02	-0.03
	8.14	7.47	0.14	0.50	0.09	0.04	0.02

单位：亿元

应交所得税	从业人员平均人数（万人）	总资产贡献率（%）	资产负债率（%）	产品销售率（%）	成本费用利润率（%）	流动资本周转率（%）
0.12	**0.33**	**10.77**	**82.19**	**93.98**	**10.93**	**1.35**
	0.03	-4.85	26.46	186.21	-21.16	2.24
	0.03	0.27	81.08	77.95	-0.15	0.73
0.12	0.15	20.45	39.69	90.09	6.93	3.79
	0.12	13.46	96.70	98.37	18.56	0.97

2-1-24 按地区分组的非金属

地　区	企　业单位数(个)	工业总产值(当年价格)	工业销售产值(当年价格)	出口交货值	资产总计	固定资产合　计	固定资产原　价
全　省	**12**	**5.40**	**5.33**		**10.27**	**1.66**	**2.11**
直　报							
太原市							
大同市	3	0.46	0.46		0.39	0.30	0.22
阳泉市	1	0.45	0.44		1.78	0.14	0.18
长治市	2	1.65	1.55		1.04	0.29	0.40
晋城市							
朔州市							
晋中市	1	0.38	0.49		0.51	0.04	0.09
运城市							
忻州市	2	1.12	1.12		0.22	0.06	0.15
临汾市	1	0.29	0.27		1.39	0.16	0.31
吕梁市	2	1.05	1.01		4.95	0.68	0.77

2-1-24　续表 1

地　区	所有者权益合计	实收资本	国家资本	集体资本	法人资本	个人资本	港澳台资本
全　省	**0.80**	**1.68**		**0.01**	**0.27**	**1.40**	
直　报							
太原市							
大同市	0.04	0.18		0.01	0.16	0.01	
阳泉市	-0.13	0.11				0.11	
长治市	0.44	0.28			0.11	0.17	
晋城市							
朔州市							
晋中市	0.06	0.06				0.06	
运城市							
忻州市	0.10	0.04				0.04	
临汾市	0.15	0.50				0.50	
吕梁市	0.13	0.51				0.51	

矿采选业主要经济指标

单位：亿元

累计折旧	流动资产合计	应收账款	存　货	产成品	负债合计	流动负债合计	应付账款
0.53	**8.34**	**1.70**	**0.87**	**0.39**	**9.47**	**9.15**	**1.72**
	0.05		0.02	0.02	0.35	0.35	
0.05	1.57	0.04	0.09	0.03	1.91	1.86	0.07
0.11	0.62	0.38	0.11	0.11	0.60	0.46	0.03
0.05	0.47	0.28	0.17	0.08	0.45	0.45	0.23
0.08	0.15	0.08	0.02	0.02	0.12	0.02	0.02
0.15	1.23	0.10	0.22	0.06	1.23	1.23	0.08
0.09	4.25	0.81	0.24	0.08	4.81	4.77	1.28

单位：亿元

外商资本	主营业务收入	主营业务成本	主营业务税金及附加	销售费用	管理费用	税金	财务费用
	5.33	**4.32**	**0.07**	**0.16**	**0.21**	**0.01**	**0.35**
	0.46	0.41		0.04	0.03		
	0.44	0.32			0.01		0.05
	1.55	1.05	0.03	0.03	0.10		0.04
	0.49	0.44		0.04	0.01		
	1.04	0.93		0.03	0.02	0.01	0.01
	0.32	0.32		0.02	0.02		0.03
	1.03	0.85	0.03		0.02		0.22

2-1-24 续表 2

地 区			投资收益(损失以"–"号记)	营业利润	利润总额	亏损企业亏损额	应交增值税
	利息收入	利息支出					
全 省		**0.22**		**0.20**	**0.20**	**0.22**	**0.17**
直 报							
太原市							
大同市				-0.03	-0.03	0.03	
阳泉市		0.05		0.05	0.05		0.01
长治市		0.04		0.29	0.29		0.05
晋城市							
朔州市							
晋中市							0.02
运城市							
忻州市				0.06	0.06		0.01
临汾市		0.03		-0.06	-0.06	0.06	0.01
吕梁市		0.10		-0.11	-0.11	0.14	0.08

2-1-25 按地区分组的开采

地 区	企业单位数(个)	工业总产值(当年价格)	工业销售产值(当年价格)		资产总计	固定资产合计	
				出口交货值			固定资产原价
全 省							
直 报							
太原市							
大同市							
阳泉市							
长治市							
晋城市							
朔州市							
晋中市							
运城市							
忻州市							
临汾市							
吕梁市							

单位：亿元

应交所得税	从业人员平均人数（万人）	总资产贡献率（%）	资产负债率（%）	产品销售率（%）	成本费用利润率（%）	流动资本周转率（%）
0.04	**0.09**	**6.49**	**92.23**	**98.67**	**3.76**	**0.67**
	0.01	-4.59	89.23	100.00	-5.24	9.69
	0.01	6.13	107.11	97.53	12.31	0.28
0.03	0.02	39.51	57.71	93.77	24.00	2.49
	0.00	4.20	88.95	128.90	-0.12	1.05
	0.02	29.63	55.36	100.00	5.76	6.78
	0.01	-1.83	88.89	92.72	-15.89	0.26
	0.02	2.06	97.29	95.58	-8.62	0.30

辅助活动主要经济指标

单位：亿元

累计折旧	流动资产合计	应收账款	存货	产成品	负债合计	流动负债合计	应付账款

2-1-25 续表 1

地 区	所有者权益合计						
		实收资本					
			国家资本	集体资本	法人资本	个人资本	港澳台资本
全 省							
直 报							
太原市							
大同市							
阳泉市							
长治市							
晋城市							
朔州市							
晋中市							
运城市							
忻州市							
临汾市							
吕梁市							

2-1-25 续表 2

地 区			投资收益(损失以“-”号记)	营业利润	利润总额	亏损企业亏损额	应交增值税
	利息收入	利息支出					
全 省							
直 报							
太原市							
大同市							
阳泉市							
长治市							
晋城市							
朔州市							
晋中市							
运城市							
忻州市							
临汾市							
吕梁市							

单位：亿元

外商资本	主营业务收入	主营业务成本	主营业务税金及附加	销售费用	管理费用	税金	财务费用

单位：亿元

应交所得税	从业人员平均人数（万人）	总资产贡献率（%）	资产负债率（%）	产品销售率（%）	成本费用利润率（%）	流动资本周转率（%）

2-1-26　按地区分组的其他

地　区	企　业 单位数 (个)	工业总产值 (当年价格)	工业销售 产　　值 (当年价格)		资产总计	固定资产 合　　计	
				出口交货值			固定资产 原　　价
全　省							
直　报							
太原市							
大同市							
阳泉市							
长治市							
晋城市							
朔州市							
晋中市							
运城市							
忻州市							
临汾市							
吕梁市							

2-1-26　续表 1

地　区	所 有 者 权益合计	实收资本					
			国家资本	集体资本	法人资本	个人资本	港澳台资本
全　省							
直　报							
太原市							
大同市							
阳泉市							
长治市							
晋城市							
朔州市							
晋中市							
运城市							
忻州市							
临汾市							
吕梁市							

采矿业主要经济指标

单位：亿元

累计折旧	流动资产合计	应收账款	存货	产成品	负债合计	流动负债合计	应付账款

单位：亿元

外商资本	主营业务收入	主营业务成本	主营业务税金及附加	销售费用	管理费用	税金	财务费用

2-1-26 续表 2

地 区	利息收入	利息支出	投资收益(损失以"-"号记)	营业利润	利润总额	亏损企业亏损额	应交增值税
全 省							
直 报							
太原市							
大同市							
阳泉市							
长治市							
晋城市							
朔州市							
晋中市							
运城市							
忻州市							
临汾市							
吕梁市							

2-1-27 按地区分组的

地 区	企业单位数(个)	工业总产值(当年价格)	工业销售产值(当年价格)	出口交货值	资产总计	固定资产合计	固定资产原价
全 省	**2311**	**8311.63**	**7953.90**	**568.45**	**10791.72**	**3869.14**	**5992.75**
直 报							
太原市	359	2033.50	1972.25	429.76	2971.51	882.43	1397.83
大同市	111	242.22	231.52	17.75	394.03	174.06	191.42
阳泉市	92	79.63	74.13	6.21	121.23	46.78	56.06
长治市	174	872.99	841.62	0.86	966.34	362.38	587.56
晋城市	126	420.82	401.56	45.61	511.88	228.46	326.40
朔州市	135	191.06	182.50	0.39	194.02	74.71	94.10
晋中市	265	641.08	620.74	25.60	839.92	299.45	386.88
运城市	463	1522.30	1443.39	18.90	1808.42	677.42	1393.32
忻州市	126	298.57	262.92	8.16	339.70	167.95	207.99
临汾市	182	1110.30	1077.13	6.68	1004.84	394.01	635.00
吕梁市	278	899.17	846.13	8.53	1639.85	561.49	716.19

单位：亿元

应交所得税	从业人员平均人数（万人）	总资产贡献率（%）	资　产负债率（%）	产　品销售率（%）	成本费用利润率（%）	流动资本周转率（%）

制造业主要经济指标

单位：亿元

累计折旧	流动资产合　计	应收账款	存　货	产成品	负债合计	流动负债合　计	应付账款
2479.48	**5138.50**	**999.74**	**1413.43**	**560.40**	**7825.29**	**6189.25**	**1590.49**
573.09	1383.40	336.79	351.92	142.08	2034.81	1515.14	418.95
47.25	175.43	47.07	49.72	19.38	282.90	207.97	56.94
16.60	60.11	21.95	16.35	9.04	84.97	73.58	23.37
264.51	436.53	72.97	113.92	49.37	746.32	591.64	170.36
110.30	212.16	42.16	54.27	25.23	319.20	276.12	56.99
22.48	101.47	34.74	31.89	11.94	126.82	103.26	37.10
117.48	434.96	75.85	114.54	55.33	678.11	529.97	117.19
791.03	914.06	169.87	308.87	109.60	1235.89	1045.16	208.15
59.81	127.77	33.03	39.22	13.99	219.30	139.94	36.42
262.27	485.53	60.19	137.47	48.12	790.97	683.54	194.04
214.66	807.09	105.13	195.24	76.33	1306.00	1022.94	270.99

2-1-27 续表 1

地 区	所有者权益合计						
		实收资本					
			国家资本	集体资本	法人资本	个人资本	港澳台资本
全 省	**2948.56**	**2036.84**	**399.10**	**70.68**	**613.89**	**783.74**	**61.18**
直 报							
太原市	935.68	391.69	140.27	4.60	117.59	56.48	0.65
大同市	110.84	78.64	16.74	5.84	34.38	14.34	1.56
阳泉市	36.20	28.01	7.21	1.02	7.15	10.66	0.40
长治市	212.64	189.59	46.22	25.26	65.70	47.30	3.76
晋城市	192.64	152.35	43.98	8.23	36.06	29.16	33.02
朔州市	67.35	36.55	4.06	4.12	19.82	8.51	
晋中市	160.68	149.94	10.15	3.23	100.42	31.77	1.56
运城市	569.73	279.42	51.17	11.76	107.78	101.27	0.45
忻州市	119.25	79.44	28.81	2.39	25.86	21.18	
临汾市	210.59	443.07	30.13	0.65	35.08	374.26	1.74
吕梁市	332.98	208.13	20.35	3.59	64.06	88.82	18.03

2-1-27 续表 2

地 区			投资收益(损失以"-"号记)	营业利润	利润总额	亏损企业亏损额	应交增值税
	利息收入	利息支出					
全 省	**14.29**	**196.49**	**-40.16**	**78.58**	**98.23**	**177.62**	**180.25**
直 报							
太原市	7.07	42.88	-51.98	27.80	27.10	26.44	36.51
大同市	0.24	6.83	1.25	5.67	7.63	6.66	7.86
阳泉市	0.01	2.34	0.11	-0.51	0.06	2.67	2.69
长治市	1.31	21.05	1.81	-25.60	-20.78	37.09	12.14
晋城市	0.51	9.74	1.03	1.04	2.20	11.29	10.74
朔州市	0.01	2.52	-0.02	6.67	6.96	2.69	5.11
晋中市	-0.10	19.41	1.16	7.16	10.66	11.58	21.70
运城市	1.89	36.25	2.98	47.70	52.31	21.38	30.49
忻州市	0.09	7.35	1.11	12.89	12.42	1.70	7.77
临汾市	1.14	19.79	1.88	-13.05	-9.24	25.07	20.25
吕梁市	2.13	28.34	0.49	8.82	8.92	31.05	25.00

单位：亿元

外商资本	主营业务收入	主营业务成本	主营业务税金及附加	销售费用	管理费用	税金	财务费用
105.17	**8802.88**	**7887.10**	**53.92**	**218.55**	**328.98**	**15.95**	**202.80**
70.46	2656.30	2336.11	24.27	47.45	110.97	4.15	35.53
5.78	239.74	200.82	1.33	7.73	19.46	0.70	7.24
1.58	73.09	62.34	0.67	4.66	4.23	0.10	2.63
1.35	746.81	703.08	1.72	18.24	33.33	1.51	22.51
1.90	413.27	380.28	0.65	7.16	17.32	0.92	9.06
0.04	188.24	166.33	1.21	4.37	6.80	0.37	2.71
2.82	665.52	592.22	2.83	25.25	22.87	1.14	19.45
6.99	1501.56	1345.30	3.52	34.50	44.14	2.38	39.89
0.10	260.89	222.78	0.85	8.55	9.66	0.60	8.02
0.88	1181.48	1124.64	2.88	20.48	27.66	1.67	21.50
13.28	876.00	753.19	13.99	40.16	32.54	2.41	34.27

单位：亿元

应交所得税	从业人员平均人数（万人）	总资产贡献率（%）	资产负债率（%）	产品销售率（%）	成本费用利润率（%）	流动资本周转率（%）
25.79	**98.92**	**4.78**	**72.51**	**95.7**	**1.11**	**1.76**
6.43	20.43	4.17	68.48	96.99	1.06	1.94
1.95	5.33	5.94	71.8	95.58	3.16	1.42
0.46	1.67	4.74	70.09	93.09	0.08	1.24
2.15	9.68	1.34	77.23	96.41	-2.47	1.87
2.2	8.02	4.46	62.36	95.42	0.53	1.96
1.29	2.77	8.14	65.37	95.52	3.78	1.89
2.13	8.96	6.52	80.74	96.83	1.59	1.56
4.57	18.93	6.68	68.34	94.82	3.46	1.71
0.85	3.02	8.67	64.56	88.06	4.96	2.04
0.76	9.05	3.24	78.72	97.01	-0.76	2.49
3.02	11.07	4.52	79.64	94.1	1.02	1.11

2-1-28 按地区分组的农副

地 区	企业单位数（个）	工业总产值（当年价格）	工业销售产值（当年价格）	出口交货值	资产总计	固定资产合计	固定资产原价
全 省	**134**	**366.7**	**354.3**	**2.2**	**227.5**	**91.5**	**112.0**
直 报							
太原市	15	40.5	40.2	0.5	36.3	10.1	12.4
大同市	4	2.3	2.3	0.0	3.8	0.9	2.3
阳泉市	2	1.2	1.3		1.1	0.4	0.5
长治市	17	65.4	65.4	0.1	28.4	12.4	15.3
晋城市	5	4.6	4.5		3.9	1.9	2.2
朔州市	7	7.4	7.7		8.5	4.8	5.5
晋中市	15	27.4	26.4		12.5	4.0	4.7
运城市	32	106.6	99.6		74.8	32.2	42.7
忻州市	13	7.4	6.1		10.0	2.8	3.1
临汾市	7	11.2	10.6		8.9	4.3	3.5
吕梁市	17	92.8	90.3	1.7	39.5	17.6	20.0

2-1-28 续表 1

地 区	所有者权益合计	实收资本	国家资本	集体资本	法人资本	个人资本	港澳台资本
全 省	**104.4**	**33.5**	**1.9**	**0.4**	**11.6**	**19.5**	**0.0**
直 报							
太原市	16.7	4.6	1.4	0.4	0.3	2.5	0.0
大同市	0.9	0.8			0.7	0.2	
阳泉市	0.6	0.2	0.0	0.0	0.0	0.1	
长治市	12.9	4.0	0.0		1.0	3.0	
晋城市	2.4	2.1			1.8	0.3	
朔州市	0.8	1.5			1.2	0.3	
晋中市	5.0	2.7	0.4		1.0	1.4	
运城市	42.0	7.3	0.0		4.1	3.2	
忻州市	2.5	1.6	0.0		0.4	1.2	
临汾市	4.0	2.0			0.0	2.0	
吕梁市	16.7	6.8			1.3	5.5	

食品加工业主要经济指标

单位：亿元、%

累计折旧	流动资产合计	应收账款	存货	产成品	负债合计	流动负债合计	应付账款
34.9	**111.9**	**16.6**	**43.3**	**22.3**	**122.3**	**104.4**	**12.6**
3.6	19.1	2.4	4.0	1.7	19.6	15.5	1.6
1.6	2.4	0.3	1.7	1.2	2.9	2.9	0.9
0.2	0.7	0.1	0.1	0.1	0.5	0.5	0.0
3.1	13.5	3.1	5.7	4.1	15.4	13.1	0.8
0.5	1.6	0.2	0.8	0.7	1.5	1.3	0.1
1.1	3.3	0.7	1.9	0.6	7.6	5.7	0.3
1.0	7.5	1.8	2.6	1.0	7.5	6.2	1.3
18.7	35.2	2.9	15.1	7.9	32.1	29.0	2.8
0.4	5.7	1.4	2.1	1.0	7.5	7.0	1.7
0.4	3.8	0.5	2.0	0.4	4.9	3.4	0.3
4.3	19.3	3.4	7.2	3.7	22.8	19.9	2.7

单位：亿元、%

外商资本	主营业务收入	主营业务成本	主营业务税金及附加	销售费用	管理费用	税金	财务费用
	349.6	**312.1**	**0.2**	**4.3**	**5.8**	**0.2**	**4.3**
	41.6	37.6	0.1	0.8	0.9	0.0	0.3
	3.1	3.0	0.0	0.1	0.2	0.0	0.1
	0.8	0.6		0.0	0.0		0.0
	65.6	61.0	0.1	1.2	0.7	0.1	0.8
	4.6	4.5	0.0	0.1	0.1	0.0	0.1
	7.6	7.0		0.1	0.3	0.0	0.2
	27.6	26.5	0.0	0.3	0.4	0.0	0.3
	88.5	75.1	0.0	0.8	1.5	0.0	1.5
	6.9	6.3	0.0	0.2	0.2	0.0	0.1
	12.0	11.2		0.1	0.2		0.1
	91.5	79.3	0.0	0.7	1.3	0.0	0.8

2-1-28 续表 2

地　区	利息收入	利息支出	投资收益（损失以“-”号记）	营业利润	利润总额	亏损企业亏损额	应交增值税
全　省	**0.2**	**4.1**	**0.0**	**24.3**	**25.6**	**1.6**	**2.8**
直　报							
太原市	0.1	0.3	0.0	2.0	2.4		0.4
大同市		0.0		-0.3	-0.3	0.3	0.0
阳泉市		0.0		0.1	0.1		0.0
长治市	0.1	0.9		1.7	1.9	0.2	0.5
晋城市		0.1		-0.2	-0.1	0.2	0.0
朔州市		0.2		-0.2	-0.1	0.4	0.1
晋中市		0.3		0.2	0.4	0.2	0.1
运城市	0.0	1.3		9.7	9.8	0.1	0.1
忻州市		0.1		0.0	0.1	0.2	0.1
临汾市	0.0	0.2		0.3	0.4		0.0
吕梁市	0.1	0.8		10.8	11.3	0.1	1.5

2-1-29 按地区分组的食品

地　区	企业单位数（个）	工业总产值（当年价格）	工业销售产值（当年价格）		资产总计	固定资产合计	
				出口交货值			固定资产原价
全　省	**79**	**124.79**	**117.10**	**2.05**	**99.13**	**38.45**	**49.41**
直　报							
太原市	13	19.52	18.24	0.01	24.08	8.87	9.18
大同市	2	0.59	0.59		0.78	0.54	1.03
阳泉市	2	3.79	2.23	1.08	1.45	0.65	1.00
长治市	6	21.12	19.67		10.53	5.10	5.99
晋城市	3	1.34	1.30		1.34	0.71	0.75
朔州市	8	27.86	27.34		18.19	4.24	9.19
晋中市	13	21.53	19.69	0.19	12.17	5.73	7.56
运城市	20	16.13	15.47	0.77	17.65	7.33	8.67
忻州市	3	1.17	1.06		1.72	0.87	1.07
临汾市	3	3.52	3.48		2.35	0.95	1.21
吕梁市	6	8.22	8.04		8.88	3.47	3.77

单位：亿元、%

应交所得税	从业人员平均人数(万人)	总资产贡献率(%)	资产负债率(%)	产品销售率(%)	成本费用利润率(%)	流动资本周转率(%)
0.3	**3.0**	**14.3**	**53.7**	**96.6**	**7.8**	**3.1**
0.1	0.3	8.4	54.0	99.5	6.0	2.2
	0.1	-5.5	76.6	99.5	-8.1	1.3
	0.0	9.3	47.2	102.4	11.6	1.2
0.0	0.4	11.2	54.3	100.0	2.9	4.9
	0.1	-0.4	39.6	97.2	-2.9	2.9
0.1	0.1	2.4	90.0	103.7	-1.9	2.4
0.0	0.2	6.3	60.3	96.5	1.3	3.8
0.1	0.8	14.9	42.9	93.4	12.4	2.5
0.0	0.1	1.8	74.9	82.8	0.8	1.2
	0.1	7.0	54.7	94.7	3.4	3.2
0.1	0.9	34.2	57.6	97.4	13.7	4.8

制造业主要经济指标

单位：亿元

累计折旧	流动资产合计	应收账款	存货	产成品	负债合计	流动负债合计	应付账款
15.95	**49.07**	**11.25**	**17.93**	**7.09**	**47.25**	**38.14**	**8.09**
2.90	10.55	1.95	3.06	1.24	13.88	9.52	2.19
0.49	0.20	0.03	0.04		0.14	0.11	0.01
0.35	0.76	0.30	0.24	0.06	0.36	0.32	0.07
1.56	4.24	0.84	1.81	0.71	4.19	3.51	0.63
0.10	0.43	0.08	0.21	0.13	0.49	0.29	0.05
5.02	12.22	3.49	3.78	1.20	9.48	8.51	1.40
2.33	5.80	0.86	2.61	0.32	6.06	5.70	1.99
1.66	8.94	2.09	3.87	2.55	8.02	6.11	0.57
0.43	0.81	0.17	0.41	0.16	0.68	0.60	0.09
0.38	0.85	0.22	0.24	0.02	0.60	0.60	0.13
0.72	4.29	1.22	1.66	0.70	3.34	2.87	0.96

2-1-29 续表 1

地 区	所有者权益合计						
		实收资本					
			国家资本	集体资本	法人资本	个人资本	港澳台资本
全 省	**50.47**	**19.42**	**0.35**	**1.44**	**10.58**	**5.89**	**0.75**
直 报							
太原市	10.17	4.57		0.52	2.69	1.32	0.04
大同市	0.63	0.53		0.48		0.05	
阳泉市	1.09	0.56			0.01	0.19	0.36
长治市	6.33	1.48		0.10	1.10	0.28	
晋城市	0.85	0.48			0.06	0.42	
朔州市	8.65	4.80			4.32	0.49	
晋中市	6.11	2.58	0.05	0.34	0.64	1.19	0.05
运城市	8.74	1.85	0.10	0.01	0.83	0.89	
忻州市	1.04	0.26			0.19	0.07	
临汾市	1.39	0.56			0.20		0.30
吕梁市	5.47	1.74	0.20		0.55	1.00	

2-1-29 续表 2

地 区			投资收益（损失以“-”号记）	营业利润	利润总额	亏损企业亏损额	应交增值税
	利息收入	利息支出					
全 省	**0.04**	**1.70**		**8.69**	**9.11**	**0.44**	**2.76**
直 报							
太原市	0.01	0.44		1.30	1.38	0.34	0.76
大同市				0.08	0.08		0.04
阳泉市		0.03		0.02	0.03		
长治市	0.02	0.31		1.73	1.73		0.45
晋城市		0.02		0.07	0.07	0.01	0.04
朔州市	0.01	0.18		1.48	1.52		0.47
晋中市		0.24		0.70	0.94		0.69
运城市		0.38		1.81	1.82	0.09	0.14
忻州市		0.02		0.13	0.13		0.02
临汾市		0.02		0.34	0.36		0.15
吕梁市		0.06		1.04	1.04		0.01

单位：亿元

外商资本	主营业务收　　入	主营业务成　　本	主营业务税金及附加	销售费用	管理费用	税金	财务费用
0.33	**121.51**	**99.68**	**0.36**	**6.79**	**4.62**	**0.18**	**1.90**
	18.76	13.97	0.09	2.16	1.09	0.03	0.49
	0.59	0.43	0.01	0.01	0.07		
	2.23	1.94		0.12	0.10	0.01	0.04
	18.96	14.53	0.05	1.31	1.03	0.02	0.34
	1.36	1.20		0.03	0.04		0.02
	27.09	23.77	0.05	0.92	0.80	0.04	0.18
0.32	19.54	16.87	0.07	1.02	0.67	0.04	0.25
	18.86	15.80	0.06	0.44	0.40	0.02	0.41
	1.13	0.90		0.03	0.05		0.02
	3.46	2.76	0.02	0.12	0.21		0.02
	9.53	7.51		0.66	0.17		0.14

单位：亿元

应交所得税	从业人员平均人数（万人）	总资产贡献率（%）	资　产负债率（%）	产　品销售率（%）	成本费用利润率（%）	流动资本周转率（%）
0.94	**1.84**	**14.02**	**47.66**	**93.84**	**7.81**	**2.55**
0.24	0.37	11.03	57.66	93.44	7.75	1.79
	0.04	16.41	18.42	100	15.66	3.17
	0.03	3.97	24.94	58.75	1.26	2.95
0.23	0.33	24.07	39.83	93.13	10.07	4.48
0.01	0.03	9.8	36.89	97.5	5.55	3.17
0.24	0.23	12.22	52.11	98.14	5.26	2.49
0.1	0.34	15.91	49.77	91.45	4.93	3.42
0.04	0.26	13.55	45.41	95.89	10.65	2.12
0.03	0.02	9.99	39.59	90.5	13.06	1.39
0.04	0.10	23.77	25.52	98.83	11.7	4.11
	0.10	12.49	37.64	97.76	12.24	2.22

2-1-30 按地区分组的酒、饮料和

地 区	企 业 单位数 (个)	工业总产值 (当年价格)	工业销售 产 值 (当年价格)	出口交货值	资产总计	固定资产 合 计	固定资产 原 价
全 省	**59**	**152.99**	**143.16**	**0.34**	**211.76**	**58.67**	**77.81**
直 报							
太原市	7	9.58	9.12		9.73	5.42	7.90
大同市	3	14.14	14.07		12.70	7.33	5.06
阳泉市							
长治市	3	3.58	3.12		3.24	1.56	1.74
晋城市	3	6.80	6.47		6.63	3.94	4.08
朔州市	4	8.60	8.69		13.29	2.63	3.87
晋中市	8	12.54	12.08		16.79	9.56	13.46
运城市	15	27.01	16.93	0.14	34.62	12.12	16.62
忻州市	1	1.69	1.60		0.28	0.23	0.23
临汾市	2	1.55	0.37		4.57	1.91	1.81
吕梁市	13	67.48	70.71	0.20	109.91	13.98	23.04

2-1-30 续表 1

地 区	所 有 者 权益合计	实收资本	国家资本	集体资本	法人资本	个人资本	港澳台资本
全 省	**109.99**	**41.82**	**12.23**	**2.32**	**12.17**	**9.59**	**1.75**
直 报							
太原市	4.50	4.12	0.19		0.21	2.91	
大同市	9.99	5.00			0.47	3.03	1.50
阳泉市							
长治市	1.13	1.62			0.01	1.10	
晋城市	3.98	1.02	0.02		0.83	0.16	
朔州市	7.97	3.76			3.76		
晋中市	3.73	5.46		0.57	3.40		0.05
运城市	15.74	9.30	2.89	1.75	2.66	0.96	0.20
忻州市	0.17	0.09				0.09	
临汾市	1.80	0.59				0.44	
吕梁市	60.99	10.87	9.14		0.84	0.89	

精制茶制造业主要经济指标

单位：亿元

累计折旧	流动资产合计	应收账款	存货	产成品	负债合计	流动负债合计	应付账款
25.55	**119.80**	**7.66**	**52.49**	**25.92**	**101.75**	**89.71**	**13.36**
3.22	3.99	0.20	2.38	0.53	5.23	5.14	1.25
0.69	2.53	0.27	0.99	0.49	2.71	2.33	0.25
0.18	1.56	0.25	0.25	0.14	2.11	2.09	0.13
0.58	2.02	0.39	0.82	0.23	2.66	1.40	0.20
1.35	5.25	0.63	1.89	0.30	5.31	2.63	0.55
3.91	5.68	0.39	4.44	1.92	13.06	11.87	1.24
5.36	16.77	1.10	10.50	6.88	18.86	15.79	2.29
0.02	0.04	0.01	0.01	0.01	0.11	0.03	
0.29	2.30	0.21	1.66		2.76	1.30	
9.96	79.65	4.23	29.55	15.41	48.92	47.15	7.45

单位：亿元

外商资本	主营业务收入	主营业务成本	主营业务税金及附加	销售费用	管理费用	税金	财务费用
3.60	**199.53**	**131.90**	**14.45**	**23.27**	**11.28**	**1.02**	**1.31**
0.81	11.68	8.86	0.37	1.43	0.59	0.05	0.06
	14.03	10.87	0.08	0.79	0.35	0.02	0.14
0.51	2.99	2.12	0.03	0.14	0.26	0.01	0.25
	6.47	5.55	0.07	0.19	0.17		0.11
	6.77	4.74	0.44	0.64	0.55	0.04	0.11
1.44	11.46	8.51	1.16	0.76	0.75	0.07	0.19
0.83	18.05	14.40	0.44	1.02	0.81	0.23	0.39
	1.42	1.31	0.01	0.01	0.01		
	0.42	0.22	0.05	0.05	0.09		0.06
	126.24	75.32	11.80	18.23	7.70	0.60	-0.01

2-1-30 续表 2

地 区			投资收益(损失以“-”号记)	营业利润	利润总额	亏损企业亏损额	应交增值税
	利息收入	利息支出					
全 省	**0.76**	**1.84**	**0.06**	**17.63**	**17.32**	**1.24**	**10.88**
直 报							
太原市		0.06		0.37	0.40	0.08	0.47
大同市		0.14		1.57	1.57	0.24	0.20
阳泉市							
长治市		0.24		0.18	0.18		0.07
晋城市	0.01	0.11		0.41	0.44		0.14
朔州市		0.08		0.27	0.27	0.06	0.19
晋中市	0.01	0.22		0.11	0.23	0.66	0.48
运城市	0.01	0.33		1.34	1.30	0.19	0.54
忻州市				0.08	0.08		0.07
临汾市				0.02	0.02		0.02
吕梁市	0.73	0.65	0.06	13.29	12.82	0.01	8.71

2-1-31 按地区分组的烟草

地 区	企业单位数(个)	工业总产值(当年价格)	工业销售产值(当年价格)		资产总计	固定资产合计	
				出口交货值			固定资产原价
全 省	**1**	**41.57**	**41.35**		**28.73**	**8.27**	**13.58**
直 报							
太原市	1	41.57	41.35		28.73	8.27	13.58
大同市							
阳泉市							
长治市							
晋城市							
朔州市							
晋中市							
运城市							
忻州市							
临汾市							
吕梁市							

单位：亿元

应交所得税	从业人员平均人数（万人）	总资产贡献率（%）	资产负债率（%）	产品销售率（%）	成本费用利润率（%）	流动资本周转率（%）
0.97	**2.37**	**20.65**	**48.05**	**93.58**	**10.2**	**1.68**
0.01	0.21	13.34	53.79	95.17	3.66	2.93
0.12	0.08	15.66	21.33	99.53	12.52	5.61
0.03	0.04	15.94	65.21	87.09	6.61	1.92
0.01	0.08	11.32	40.08	95.09	7.2	3.24
0.01	0.1	7.38	39.98	100.96	4.43	1.3
0.16	0.22	12.34	77.79	96.33	2.17	2.12
0.13	0.23	7.52	54.48	62.67	7.6	1.13
0.01	0.02	61.98	40.77	94.89	6.35	32.54
	0.03	2.02	60.5	24.09	5.6	0.18
0.49	1.36	30.26	44.51	104.78	12.6	1.59

制品业主要经济指标

单位：亿元

累计折旧	流动资产合计				负债合计	流动负债合计	
		应收账款	存货				应付账款
				产成品			
5.66	**20.18**	**1.98**	**3.70**	**0.97**	**3.30**	**3.30**	**2.49**
5.66	20.18	1.98	3.70	0.97	3.30	3.30	2.49

2-1-31 续表 1

地 区	所有者权益合计	实收资本					
			国家资本	集体资本	法人资本	个人资本	港澳台资本
全 省	**25.43**	**6.13**			**6.13**		
直 报							
太原市	25.43	6.13			6.13		
大同市							
阳泉市							
长治市							
晋城市							
朔州市							
晋中市							
运城市							
忻州市							
临汾市							
吕梁市							

2-1-31 续表 2

地 区			投资收益(损失以"–"号记)	营业利润	利润总额	亏损企业亏损额	应交增值税
	利息收入	利息支出					
全 省	**0.22**			**7.06**	**7.01**		**4.84**
直 报							
太原市	0.22			7.06	7.01		4.84
大同市							
阳泉市							
长治市							
晋城市							
朔州市							
晋中市							
运城市							
忻州市							
临汾市							
吕梁市							

单位：亿元

外商资本	主营业务收入	主营业务成本	主营业务税金及附加	销售费用	管理费用	税金	财务费用
	40.41	**13.08**	**17.57**	**0.42**	**2.51**	**0.08**	**-0.22**
	40.41	13.08	17.57	0.42	2.51	0.08	-0.22

单位：亿元

应交所得税	从业人员平均人数（万人）	总资产贡献率（%）	资产负债率（%）	产品销售率（%）	成本费用利润率（%）	流动资本周转率（%）
1.75	**0.1**	**101.62**	**11.5**	**99.47**	**42.71**	**2.03**
1.75	0.1	101.62	11.5	99.47	42.71	2.03

2-1-32　按地区分组的

地　区	企　业 单位数 (个)	工业总产值 (当年价格)	工业销售 产　　值 (当年价格)		资产总计		
				出口交货值		固定资产 合　　计	
							固定资产 原　　价
全　省	**38**	**45.09**	**41.98**	**7.39**	**63.63**	**15.66**	**24.97**
直　报							
太原市	4	2.52	2.50	0.33	9.72	1.02	1.48
大同市							
阳泉市							
长治市							
晋城市	1	1.90	1.89	0.17	2.26	0.51	1.63
朔州市	6	6.63	6.59	0.01	3.31	0.79	1.43
晋中市	2	1.26	1.11		3.42	1.37	2.89
运城市	19	30.10	27.10	6.88	41.57	10.61	15.84
忻州市	1	1.10	1.10		1.23	0.76	0.82
临汾市	5	1.59	1.69		2.12	0.59	0.89
吕梁市							

2-1-32　续表 1

地　区	所 有 者 权益合计						
		实收资本					
			国家资本	集体资本	法人资本	个人资本	港澳台资本
全　省	**15.62**	**11.18**	**0.77**	**0.12**	**2.94**	**7.28**	**0.06**
直　报							
太原市	5.23	2.32			2.14	0.12	0.06
大同市							
阳泉市							
长治市							
晋城市	1.26	0.79	0.67	0.12			
朔州市	1.02	0.43				0.43	
晋中市	-0.04	0.58	0.10			0.48	
运城市	6.99	6.82			0.77	6.05	
忻州市	1.01	0.11			0.03	0.08	
临汾市	0.15	0.13			0.01	0.13	
吕梁市							

纺织业主要经济指标

单位：亿元

累计折旧	流动资产合计	应收账款	存货	产成品	负债合计	流动负债合计	应付账款
10.51	**40.20**	**5.99**	**9.56**	**3.68**	**47.88**	**44.60**	**3.98**
0.65	5.51	1.10	0.76	0.50	4.49	4.45	0.86
1.13	1.67	0.08	0.69	0.37	1.00	0.53	0.04
0.66	2.36	1.47	0.71		2.29	2.27	0.02
1.53	2.01	0.05	1.30	0.64	3.46	2.91	0.34
6.16	26.85	2.79	5.12	1.92	34.45	32.27	1.97
0.06	0.30	0.01	0.08	0.05	0.21	0.21	
0.32	1.50	0.50	0.90	0.20	1.97	1.96	0.76

单位：亿元

外商资本	主营业务收入	主营业务成本	主营业务税金及附加	销售费用	管理费用	税金	财务费用
	41.69	**37.74**	**0.07**	**0.61**	**1.19**	**0.08**	**1.35**
	2.16	1.87	0.01	0.09	0.20	0.02	0.13
	2.04	1.72	0.01	0.07	0.22		0.01
	6.75	6.64		0.03	0.05		
	1.10	1.17		0.01	0.06	0.01	0.06
	27.00	23.87	0.04	0.38	0.60	0.04	1.12
	0.94	0.72	0.01	0.02	0.03		0.02
	1.70	1.75			0.01		0.02

2-1-32 续表 2

地　区	利息收入	利息支出	投资收益（损失以“-”号记）	营业利润	利润总额	亏损企业亏损额	应交增值税
全　省	**0.05**	**1.03**	**-0.63**	**0.58**	**0.59**	**0.69**	**1.17**
直　报							
太原市		0.12		-0.14	-0.14	0.19	0.03
大同市							
阳泉市							
长治市							
晋城市		0.01		0.01			0.08
朔州市				0.02	0.02		0.72
晋中市		0.06	0.01	-0.21	-0.20	0.20	0.02
运城市	0.05	0.81	-0.63	0.83	0.84	0.19	0.25
忻州市		0.02		0.14	0.14		0.05
临汾市		0.02		-0.08	-0.08	0.10	0.02
吕梁市							

2-1-33　按地区分组的纺织

地　区	企　业单位数（个）	工业总产值（当年价格）	工业销售产值（当年价格）	出口交货值	资产总计	固定资产合计	固定资产原价
全　省	**9**	**19.14**	**19.06**		**17.29**	**4.62**	**7.37**
直　报							
太原市	1	0.18	0.22		0.84	0.24	0.39
大同市							
阳泉市							
长治市	1	1.35	1.38		1.25	0.17	0.26
晋城市	1	0.53	0.46		0.60	0.24	0.45
朔州市							
晋中市	1	0.64	0.61		0.72	0.22	0.31
运城市	4	16.12	16.07		13.75	3.74	5.96
忻州市							
临汾市	1	0.33	0.33		0.12		0.01
吕梁市							

单位：亿元

应交所得税	从业人员平均人数（万人）	总资产贡献率（%）	资产负债率（%）	产品销售率（%）	成本费用利润率（%）	流动资本周转率（%）
0.25	**0.99**	**4.4**	**75.25**	**93.1**	**1.4**	**1.07**
0.01	0.05	0.14	46.23	99.43	-5.9	0.39
	0.14	4.4	44.45	99.44	0.15	1.23
	0.04	22.48	69.08	99.5	0.37	2.86
	0.06	-3.47	101.13	87.7	-15.57	0.55
0.2	0.62	4.54	82.87	90.05	3.1	1.06
0.02	0.02	17.26	17.45	99.82	17.75	3.14
0.01	0.08	-1.65	93.13	106.37	-4.33	1.14

服装、服饰业主要经济指标

单位：亿元

累计折旧	流动资产合计	应收账款	存货	产成品	负债合计	流动负债合计	应付账款
2.77	**9.35**	**2.32**	**3.33**	**1.87**	**8.37**	**7.97**	**2.17**
0.15	0.50	0.11	0.13	0.12	0.32	0.32	0.18
0.08	1.08	0.35	0.36	0.29	0.96	0.96	0.67
0.22	0.35	0.01	0.23	0.13	0.50	0.47	0.01
0.09	0.50	0.05	0.16	0.07	0.23	0.20	0.01
2.22	6.80	1.75	2.39	1.23	6.28	5.94	1.16
0.01	0.12	0.06	0.06	0.05	0.08	0.08	0.14

2-1-33 续表 1

地 区	所有者权益合计	实收资本	国家资本	集体资本	法人资本	个人资本	港澳台资本
全 省	**8.91**	**3.22**	**0.42**	**0.21**	**1.33**	**1.26**	
直 报							
太原市	0.52	0.21		0.21			
大同市							
阳泉市							
长治市	0.29	0.12	0.12				
晋城市	0.10	0.27			0.27		
朔州市							
晋中市	0.49	0.30	0.30				
运城市	7.47	2.26			1.00	1.26	
忻州市							
临汾市	0.05	0.06			0.06		
吕梁市							

2-1-33 续表 2

地 区	利息收入	利息支出	投资收益（损失以"–"号记）	营业利润	利润总额	亏损企业亏损额	应交增值税
全 省	**0.01**	**0.22**		**1.05**	**1.77**		**0.39**
直 报							
太原市				-0.11			0.02
大同市							
阳泉市							
长治市		0.01		-0.07			0.10
晋城市		0.01		-0.04			0.01
朔州市							
晋中市				-0.01	0.02		0.05
运城市	0.01	0.20		1.27	1.73		0.18
忻州市							
临汾市				0.01	0.01		0.03
吕梁市							

单位：亿元

外商资本	主营业务收　　入	主营业务成　　本	主营业务税金及附加	销售费用	管理费用	税金	财务费用
	15.91	**13.15**	**0.05**	**0.35**	**1.15**	**0.03**	**0.21**
	0.37	0.35			0.12		
	1.38	1.15	0.01		0.27		0.01
	0.47	0.39		0.02	0.09	0.01	0.01
	0.60	0.38	0.01	0.03	0.19		
	12.76	10.58	0.02	0.28	0.46	0.02	0.19
	0.33	0.29			0.02		

单位：亿元

应交所得税	从业人员平均人数（万人）	总资产贡献率（%）	资　产负债率（%）	产　品销售率（%）	成本费用利 润 率（%）	流动资本周 转 率（%）
0.32	**0.49**	**14.07**	**48.43**	**99.6**	**11.78**	**1.72**
	0.04	3.29	38.12	122.14	0.12	0.73
	0.07	10.22	76.87	101.99	0.32	1.28
	0.04	4.25	83.46	86.75	0.72	1.33
	0.05	10.53	32.4	95.94	2.93	1.22
0.32	0.29	15.58	45.67	99.72	14.93	1.91
	0.01	27.5	61.01	100	1.51	2.74

2-1-34 按地区分组的皮革、毛皮、羽毛及其

地区	企业单位数(个)	工业总产值(当年价格)	工业销售产值(当年价格)	出口交货值	资产总计	固定资产合计	固定资产原价
全 省	**1**	**8.10**	**6.97**		**1.30**	**0.22**	**0.33**
直 报							
太原市							
大同市							
阳泉市							
长治市							
晋城市							
朔州市	1	8.10	6.97		1.30	0.22	0.33
晋中市							
运城市							
忻州市							
临汾市							
吕梁市							

2-1-34 续表 1

地区	所有者权益合计	实收资本					
			国家资本	集体资本	法人资本	个人资本	港澳台资本
全 省	**1.26**	**0.36**				**0.36**	
直 报							
太原市							
大同市							
阳泉市							
长治市							
晋城市							
朔州市	1.26	0.36				0.36	
晋中市							
运城市							
忻州市							
临汾市							
吕梁市							

制品和制鞋业主要经济指标

单位：亿元

累计折旧	流动资产合计	应收账款	存货	产成品	负债合计	流动负债合计	应付账款
0.10	**0.86**	**0.26**	**0.29**	**0.16**	**0.04**	**0.04**	**0.04**
0.10	0.86	0.26	0.29	0.16	0.04	0.04	0.04

单位：亿元

外商资本	主营业务收入	主营业务成本	主营业务税金及附加	销售费用	管理费用	税金	财务费用
	6.97	**6.76**	**0.06**	**0.02**	**0.03**		**0.01**
	6.97	6.76	0.06	0.02	0.03		0.01

2-1-34 续表 2

地 区			投资收益(损失以"-"号记)	营业利润	利润总额	亏损企业亏损额	应交增值税
	利息收入	利息支出					
全 省		**0.01**		**0.10**	**0.10**		**0.04**
直 报							
太原市							
大同市							
阳泉市							
长治市							
晋城市							
朔州市		0.01		0.10	0.10		0.04
晋中市							
运城市							
忻州市							
临汾市							
吕梁市							

2-1-35 按地区分组的木材加工和木、竹、藤、

地 区	企 业单位数(个)	工业总产值(当年价格)	工业销售产 值(当年价格)		资产总计		
				出口交货值		固定资产合 计	
							固定资产原 价
全 省	**12**	**14.68**	**12.82**		**52.66**	**14.09**	**14.24**
直 报							
太原市	3	0.69	0.70		2.82	1.29	1.37
大同市							
阳泉市							
长治市							
晋城市							
朔州市	1	1.79	1.26		0.70	0.39	0.52
晋中市	1	0.16	0.13		1.03	0.71	0.80
运城市	6	11.72	10.40		47.50	11.51	11.28
忻州市							
临汾市							
吕梁市	1	0.32	0.32		0.62	0.19	0.29

单位：亿元

应交所得税	从业人员平均人数(万人)	总资产贡献率(%)	资　产负债率(%)	产　品销售率(%)	成本费用利润率(%)	流动资本周转率(%)
0.02	**0.03**	**15.77**	**3.09**	**86.02**	**1.4**	**8.1**
0.02	0.03	15.77	3.09	86.02	1.4	8.1

棕、草制品业主要经济指标

单位：亿元

累计折旧	流动资产合　　计	应收账款	存　货	产成品	负债合计	流动负债合　　计	应付账款
2.13	**22.48**	**2.23**	**4.45**	**0.74**	**32.78**	**27.65**	**0.44**
0.10	1.33	0.16	0.19	0.14	1.21	1.21	0.01
0.14	0.30	0.13	0.16	0.13	0.25	0.25	0.05
0.08	0.31	0.07	0.17	0.15	0.66	0.22	0.17
1.71	20.26	1.60	3.92	0.32	30.04	25.35	0.16
0.10	0.27	0.27	0.01		0.62	0.62	0.04

2-1-35 续表 1

地区	所有者权益合计	实收资本	国家资本	集体资本	法人资本	个人资本	港澳台资本
全省	**19.85**	**3.75**		**0.02**	**3.16**	**0.56**	
直报							
太原市	1.57	1.30			0.90	0.40	
大同市							
阳泉市							
长治市							
晋城市							
朔州市	0.45	0.10			0.10		
晋中市	0.37	0.50			0.50		
运城市	17.46	1.82			1.66	0.16	
忻州市							
临汾市							
吕梁市		0.02		0.02			

2-1-35 续表 2

地区	利息收入	利息支出	投资收益（损失以"−"号记）	营业利润	利润总额	亏损企业亏损额	应交增值税
全省	**0.03**	**0.85**		**0.34**	**0.46**	**0.92**	**0.14**
直报							
太原市		0.01				0.08	
大同市							
阳泉市							
长治市							
晋城市							
朔州市		0.01		0.01	0.01		
晋中市				-0.02	-0.01	0.01	
运城市	0.03	0.83		0.35	0.46	0.83	0.14
忻州市							
临汾市							
吕梁市							

单位：亿元

外商资本	主营业务收　　入	主营业务成　　本	主营业务税金及附加	销售费用	管理费用	税金	财务费用
	16.97	**15.10**	**0.06**	**0.17**	**0.64**	**0.02**	**1.05**
	0.69	0.56		0.01	0.05		0.08
	1.26	1.12		0.04	0.08		0.01
	2.93	2.91		0.01	0.03		
	11.57	10.08	0.05	0.10	0.40	0.02	0.97
	0.51	0.42	0.01		0.08		

单位：亿元

应交所得税	从业人员平均人数(万人)	总资产贡献率(%)	资　产负债率(%)	产　品销售率(%)	成本费用利 润 率(%)	流动资本周 转 率(%)
	0.2	**2.82**	**62.24**	**87.33**	**2.68**	**0.76**
	0.03	0.33	42.88	101.21	-0.53	0.52
	0.02	2.92	35.99	70.71	0.78	4.23
	0.01	-1.3	64.03	78.7	-0.41	9.36
	0.11	3.05	63.25	88.78	3.97	0.58
	0.02	2.89	100.37	101.24	0.11	1.87

2-1-36 按地区分组的家具

地区	企业单位数(个)	工业总产值(当年价格)	工业销售产值(当年价格)	出口交货值	资产总计	固定资产合计	固定资产原价
全省	**5**	**6.80**	**5.75**		**7.44**	**1.22**	**1.37**
直报							
太原市	2	1.00	1.00		1.22	0.52	0.65
大同市							
阳泉市	1	2.87	2.88		0.23	0.07	0.07
长治市							
晋城市							
朔州市							
晋中市	1	2.51	1.56		0.74	0.25	0.24
运城市	1	0.42	0.30		5.26	0.39	0.41
忻州市							
临汾市							
吕梁市							

2-1-36 续表 1

地区	所有者权益合计	实收资本	国家资本	集体资本	法人资本	个人资本	港澳台资本
全省	**3.15**	**2.44**			**0.31**	**2.13**	
直报							
太原市	0.94	0.27			0.21	0.07	
大同市							
阳泉市	0.18	0.07				0.07	
长治市							
晋城市							
朔州市							
晋中市	0.03	0.10			0.10		
运城市	2.00	2.00				2.00	
忻州市							
临汾市							
吕梁市							

制造业主要经济指标

单位：亿元

累计折旧	流动资产合计	应收账款	存货	产成品	负债合计	流动负债合计	应付账款
0.25	**5.00**	**0.13**	**3.08**	**0.35**	**4.22**	**4.22**	**0.02**
0.14	0.68	0.11			0.27	0.27	
	0.16		0.15		0.05	0.05	
0.09	0.31	0.01	0.21	0.16	0.70	0.70	
0.02	3.86	0.01	2.72	0.19	3.19	3.19	0.01

单位：亿元

外商资本	主营业务收入	主营业务成本	主营业务税金及附加	销售费用	管理费用	税金	财务费用
	5.88	**5.16**	**0.02**	**0.23**	**0.15**	**0.01**	**0.15**
	0.88	0.57		0.13	0.09		
	2.88	2.70	0.01	0.02	0.02		0.02
	1.56	1.48		0.04	0.02	0.01	0.05
	0.56	0.40		0.04	0.03		0.08

2-1-36 续表 2

地 区	利息收入	利息支出	投资收益(损失以“-”号记)	营业利润	利润总额	亏损企业亏损额	应交增值税
全 省		**0.14**		**0.17**	**0.20**		**0.04**
直 报							
太原市				0.07	0.07		0.01
大同市							
阳泉市		0.02		0.12	0.12		
长治市							
晋城市							
朔州市							
晋中市		0.05		-0.03			0.02
运城市		0.08		0.01	0.01		
忻州市							
临汾市							
吕梁市							

2-1-37 按地区分组的造纸和

地 区	企 业单位数(个)	工业总产值(当年价格)	工业销售产值(当年价格)	出口交货值	资产总计	固定资产合计	固定资产原价
全 省	**24**	**21.99**	**19.75**		**21.70**	**8.98**	**12.19**
直 报							
太原市	5	4.11	3.91		3.98	1.60	3.02
大同市							
阳泉市							
长治市	1	0.42	0.41		1.13	0.33	0.39
晋城市							
朔州市	2	1.70	1.64		0.45	0.19	0.20
晋中市	3	5.07	4.77		8.14	3.38	4.26
运城市	11	10.37	8.77		7.69	3.36	4.14
忻州市	1	0.25	0.20		0.29	0.09	0.14
临汾市							
吕梁市	1	0.07	0.04			0.02	0.05

单位：亿元

应交所得税	从业人员平均人数（万人）	总资产贡献率（%）	资　产负债率（%）	产　品销售率（%）	成本费用利润率（%）	流动资本周转率（%）
0.03	**0.07**	**5.31**	**56.74**	**84.5**	**3.45**	**1.18**
	0.02	7.46	22.62	100	9.21	1.3
0.03	0.01	63.85	21.6	100.25	4.19	18.11
	0.01	9.63	95.58	62.32	0.01	5.1
	0.02	1.66	60.71	72.14	1.24	0.14

纸制品业主要经济指标

单位：亿元

累计折旧	流动资产合计	应收账款	存货	产成品	负债合计	流动负债合计	应付账款
3.67	**9.66**	**2.35**	**2.22**	**0.97**	**14.21**	**8.56**	**2.65**
1.42	1.76	0.71	0.40	0.11	2.76	2.54	0.78
0.06	0.13	0.07	0.03	0.03	0.50	0.46	0.15
0.04	0.27	0.15	0.07	0.05	0.23	0.21	0.09
0.88	3.29	0.69	0.60	0.25	7.14	2.10	0.99
1.19	4.04	0.67	1.01	0.50	3.45	3.13	0.53
0.05	0.20	0.07	0.09	0.03	0.08	0.08	0.07
0.02	-0.02	-0.01	0.01		0.04	0.04	0.04

2-1-37 续表 1

地 区	所有者权益合计	实收资本	国家资本	集体资本	法人资本	个人资本	港澳台资本
全 省	**7.43**	**5.49**	**0.04**	**0.14**	**2.00**	**3.31**	
直 报							
太原市	1.22	1.37			0.03	1.34	
大同市							
阳泉市							
长治市	0.63	0.45			0.45		
晋城市							
朔州市	0.23	0.18	0.04	0.14		0.01	
晋中市	0.94	1.13			0.40	0.73	
运城市	4.24	2.27			1.03	1.24	
忻州市	0.21	0.10			0.10		
临汾市							
吕梁市	-0.04						

2-1-37 续表 2

地 区	利息收入	利息支出	投资收益(损失以“–”号记)	营业利润	利润总额	亏损企业亏损额	应交增值税
全 省	**0.02**	**0.53**		**0.92**	**0.94**	**0.14**	**0.34**
直 报							
太原市		0.10		-0.09	-0.09	0.11	0.11
大同市							
阳泉市							
长治市		0.03		0.01	0.01		0.01
晋城市							
朔州市		0.05		0.12	0.12		0.04
晋中市		0.20		0.41	0.42	0.01	0.01
运城市	0.02	0.15		0.46	0.46	0.01	0.14
忻州市							
临汾市							
吕梁市				0.01	0.01		0.02

单位：亿元

外商资本	主营业务收　入	主营业务成　本	主营业务税金及附加	销售费用	管理费用	税金	财务费用
	20.12	**17.83**	**0.06**	**0.28**	**0.46**	**0.06**	**0.56**
	4.02	3.87	0.02	0.03	0.09	0.02	0.11
	0.41	0.35		0.01	0.01		0.03
	1.63	1.40	0.01	0.02	0.02		0.05
	5.85	5.00		0.07	0.18	0.03	0.20
	7.83	6.89	0.02	0.15	0.13	0.01	0.17
	0.16	0.15			0.01		
	0.22	0.17	0.01		0.02		

单位：亿元

应交所得税	从业人员平均人数（万人）	总资产贡献率（%）	资　产负债率（%）	产　品销售率（%）	成本费用利 润 率（%）	流动资本周 转 率（%）
0.08	**0.38**	**8.53**	**65.48**	**89.82**	**4.92**	**2.08**
	0.07	3.65	69.33	94.99	-2.09	2.29
	0.01	4.24	44.31	99.28	2.43	3.28
0.03	0.02	50.58	50.33	96.76	8.06	6.13
0.03	0.08	7.8	87.73	94.04	7.81	1.78
0.01	0.18	9.8	44.88	84.62	6.29	1.94
	0.01	1.03	26.59	80.88	1.11	0.78
	0.01	2423.61	2832.64	59.61	4.17	-9.3

2-1-38 按地区分组的印刷和

地　区	企　业 单位数 (个)	工业总产值 (当年价格)	工业销售 产　　值 (当年价格)	出口交货值	资产总计	固定资产 合　　计	固定资产 原　　价
全　省	**23**	**17.03**	**16.77**	**0.17**	**26.88**	**9.74**	**15.26**
直　报							
太原市	12	7.01	7.26		14.63	4.39	7.06
大同市							
阳泉市							
长治市							
晋城市	2	0.59	0.57		1.05	0.50	0.75
朔州市							
晋中市	1	0.23	0.26		0.57	0.33	0.53
运城市	7	7.93	7.53	0.17	9.40	4.14	5.65
忻州市							
临汾市							
吕梁市	1	1.27	1.15		1.23	0.38	1.27

2-1-38　续表 1

地　区	所 有 者 权益合计	实收资本	国家资本	集体资本	法人资本	个人资本	港澳台资本
全　省	**12.85**	**5.05**	**1.18**	**0.04**	**2.79**	**0.80**	
直　报							
太原市	5.84	2.32	0.87		1.06	0.38	
大同市							
阳泉市							
长治市							
晋城市	0.14	0.12				0.12	
朔州市							
晋中市	0.39	0.50			0.25		
运城市	5.76	1.82		0.03	1.49	0.30	
忻州市							
临汾市							
吕梁市	0.72	0.30	0.30				

记录媒介复制业主要经济指标

单位：亿元

累计折旧	流动资产合计	应收账款	存货	产成品	负债合计	流动负债合计	应付账款
7.17	**12.65**	**3.40**	**2.89**	**0.80**	**14.01**	**11.97**	**3.29**
3.45	6.99	1.43	1.54	0.27	8.77	7.19	1.85
0.27	0.40	0.14	0.06		0.91	0.83	0.20
0.20	0.24	0.12	0.08	0.02	0.18	0.03	0.03
2.36	4.30	1.47	1.07	0.43	3.64	3.41	1.03
0.89	0.73	0.24	0.15	0.08	0.51	0.51	0.18

单位：亿元

外商资本	主营业务收入	主营业务成本	主营业务税金及附加	销售费用	管理费用	税金	财务费用
0.26	**18.51**	**14.91**	**0.10**	**0.72**	**1.65**	**0.08**	**0.44**
	8.45	6.64	0.07	0.41	0.97	0.03	0.29
	0.63	0.54		0.03	0.06	0.01	0.02
0.26	0.24	0.23		0.01	0.02		
	8.05	6.61	0.02	0.26	0.36	0.01	0.12
	1.15	0.89		0.01	0.25	0.01	

2-1-38 续表 2

地 区	利息收入	利息支出	投资收益（损失以"-"号记）	营业利润	利润总额	亏损企业亏损额	应交增值税
全 省	**0.02**	**0.41**		**0.77**	**1.25**	**0.07**	**0.36**
直 报							
太原市	0.01	0.27		0.09	0.56	0.03	0.18
大同市							
阳泉市							
长治市							
晋城市		0.02		-0.02	-0.02	0.02	
朔州市							
晋中市				-0.01	-0.02	0.02	0.01
运城市	0.01	0.11		0.70	0.71		0.13
忻州市							
临汾市							
吕梁市				0.02	0.01		0.04

2-1-39 按地区分组的文教、工美、体育和

地 区	企业单位数（个）	工业总产值（当年价格）	工业销售产值（当年价格）	出口交货值	资产总计	固定资产合计	固定资产原价
全 省	**12**	**17.30**	**10.84**	**0.27**	**20.06**	**5.18**	**5.67**
直 报							
太原市	1	4.47	4.47		2.56	0.06	0.10
大同市	1	5.52	0.85		7.30	2.48	2.56
阳泉市							
长治市	3	3.04	2.80	0.08	3.27	1.09	1.44
晋城市	1	0.58	0.38		1.49	0.30	0.06
朔州市							
晋中市							
运城市	5	3.52	2.14		5.12	1.24	1.42
忻州市							
临汾市	1	0.17	0.20	0.19	0.32	0.01	0.09
吕梁市							

单位：亿元

应交所得税	从业人员平均人数（万人）	总资产贡献率（%）	资产负债率（%）	产品销售率（%）	成本费用利润率（%）	流动资本周转率（%）
0.08	**0.53**	**7.86**	**52.12**	**98.46**	**6.6**	**1.55**
0.04	0.32	7.33	59.97	103.67	6.27	1.27
	0.02	0.62	86.49	96.52	-3.06	1.59
	0.01	-0.37	31.42	111.24	-5.9	1.02
0.03	0.12	10.42	38.72	95	9.69	1.88
	0.06	4.81	41.51	89.93	0.84	2.44

娱乐用品制造业主要经济指标

单位：亿元

累计折旧	流动资产合计	应收账款	存货	产成品	负债合计	流动负债合计	应付账款
0.84	**13.25**	**2.20**	**5.83**	**3.26**	**15.18**	**12.76**	**2.99**
0.04	2.49	1.14			2.41	1.22	1.21
0.09	4.31	0.09	4.01	2.37	6.52	6.52	0.46
0.38	1.88	0.56	0.48	0.39	2.17	1.82	0.90
0.02	0.86	0.07	0.29	0.19	1.19	0.31	0.03
0.24	3.45	0.29	0.87	0.24	2.61	2.61	0.21
0.07	0.26	0.05	0.19	0.08	0.28	0.28	0.17

2-1-39　续表 1

地　区	所有者权益合计	实收资本					
			国家资本	集体资本	法人资本	个人资本	港澳台资本
全　省	**4.89**	**3.14**		**0.01**	**1.71**	**1.42**	
直　报							
太原市	0.15	0.05				0.05	
大同市	0.78	1.33			1.17	0.16	
阳泉市							
长治市	1.10	0.72		0.01		0.71	
晋城市	0.31	0.30			0.30		
朔州市							
晋中市							
运城市	2.51	0.59			0.24	0.35	
忻州市							
临汾市	0.04	0.15				0.15	
吕梁市							

2-1-39　续表 2

地　区	利息收入	利息支出	投资收益（损失以“-”号记）	营业利润	利润总额	亏损企业亏损额	应交增值税
全　省		**0.05**	**-0.31**	**0.41**	**0.51**	**0.11**	**0.39**
直　报							
太原市			-0.30	0.56	0.56		0.06
大同市				-0.02	-0.02	0.02	0.13
阳泉市							
长治市		0.03	-0.02	-0.06	-0.07	0.09	0.10
晋城市		0.01	0.01	-0.09			0.05
朔州市							
晋中市							
运城市		0.01		0.02	0.04		0.06
忻州市							
临汾市		0.01		-0.01			
吕梁市							

单位：亿元

外商资本	主营业务收入	主营业务成本	主营业务税金及附加	销售费用	管理费用	税金	财务费用
	8.06	**6.99**	**0.03**	**0.46**	**0.69**	**0.05**	**0.06**
	1.91	1.83		0.04	0.06	0.03	
	0.77	0.77		0.01	0.02		
	2.66	2.24	0.02	0.12	0.30	0.01	0.02
	0.38	0.16	0.01	0.19	0.12		0.01
	2.03	1.73	0.01	0.08	0.17	0.01	0.01
	0.31	0.26		0.02	0.02		0.01

单位：亿元

应交所得税	从业人员平均人数（万人）	总资产贡献率（%）	资产负债率（%）	产品销售率（%）	成本费用利润率（%）	流动资本周转率（%）
0.01	**0.32**	**4.92**	**75.64**	**62.69**	**6.18**	**0.68**
	0.01	24.15	94.14	100	28.93	1.15
	0.03	1.4	89.28	15.39	-2.86	0.18
	0.08	1.85	66.41	92.3	-2.74	1.41
	0.03	4.76	79.51	66.47	0.72	0.45
	0.15	2.45	50.95	60.64	1.99	0.59
	0.01	3.14	87.89	120.81	0.04	1.19

2-1-40 按地区分组的石油加工、炼焦和

地 区	企 业 单位数 (个)	工业总产值 (当年价格)	工业销售 产 值 (当年价格)		资产总计		
				出口交货值		固定资产合 计	
							固定资产原 价
全 省	**160**	**1334.89**	**1266.62**	**0.16**	**2361.17**	**654.35**	**1133.15**
直 报							
太原市	16	162.43	140.06		369.84	57.97	81.73
大同市	1	0.80	0.80		0.40	0.02	0.08
阳泉市	3	9.51	9.29		6.11	2.27	3.94
长治市	24	215.83	203.26		282.40	88.90	195.11
晋城市	3	12.44	12.80		18.50	7.80	11.69
朔州市	1	17.85	20.70		20.64	3.61	4.68
晋中市	16	188.44	185.07	0.16	321.54	96.31	127.07
运城市	24	159.25	158.94		192.67	56.07	240.19
忻州市	3	31.59	29.45		23.91	8.47	12.45
临汾市	35	272.82	264.54		401.56	141.84	213.00
吕梁市	34	263.95	241.70		723.61	191.09	243.20

2-1-40 续表 1

地 区	所 有 者 权益合计						
		实收资本					
			国家资本	集体资本	法人资本	个人资本	港澳台资本
全 省	**335.86**	**636.08**	**30.65**	**18.59**	**171.35**	**401.18**	**5.36**
直 报							
太原市	71.90	63.49			52.39	9.89	
大同市	0.09	0.02				0.02	
阳泉市	2.51	3.53	0.07			2.84	
长治市	57.89	54.10	20.01	11.34	8.23	14.52	
晋城市	3.12	4.20			3.04	1.16	
朔州市	6.28	2.04			2.04		
晋中市	34.29	46.96	1.91	0.45	39.61	3.65	0.83
运城市	36.37	26.98	1.25	5.96	7.47	12.29	
忻州市	3.37	2.47			1.25	1.22	
临汾市	54.78	340.01	2.64	0.36	12.77	323.93	0.32
吕梁市	65.27	92.27	4.77	0.48	44.55	31.66	4.21

核燃料加工业主要经济指标

单位：亿元

累计折旧	流动资产合计	应收账款	存货	产成品	负债合计	流动负债合计	应付账款
560.84	**1230.86**	**175.62**	**234.77**	**104.83**	**2019.30**	**1676.09**	**399.04**
29.14	172.16	20.02	27.68	12.12	298.04	243.96	43.98
0.08	0.12	0.11	0.01	0.01	0.31	0.31	0.09
1.66	2.63	-0.89	1.94	0.78	3.61	3.35	1.03
109.21	131.70	12.09	30.86	15.36	217.39	182.88	59.45
4.67	9.06	0.54	2.27	1.60	15.38	15.21	1.12
1.50	16.00	9.41	6.00	2.47	14.36	14.36	9.33
47.61	169.72	24.39	36.18	19.94	287.26	228.43	35.91
196.10	118.68	22.56	28.87	15.12	157.29	135.05	23.39
3.98	13.26	1.22	3.82	1.74	20.53	19.76	6.06
81.74	199.20	24.75	45.58	16.91	346.79	298.70	79.93
85.15	398.32	61.41	51.56	18.79	658.34	534.08	138.74

单位：亿元

外商资本	主营业务收入	主营业务成本	主营业务税金及附加	销售费用	管理费用	税金	财务费用
8.95	**1322.77**	**1223.78**	**4.01**	**54.62**	**39.52**	**2.55**	**58.75**
1.21	146.21	128.63	0.78	8.21	4.58	0.22	7.05
	0.24	0.23			0.01		
0.63	9.75	7.97	0.36	0.81	0.40	0.02	0.14
	191.18	184.07	0.25	3.72	4.96	0.28	6.52
	12.81	13.43	0.02	0.07	0.50	0.04	0.43
	16.76	15.00	0.11	0.19	0.59	0.05	0.25
0.51	213.22	191.68	0.66	10.12	5.24	0.23	8.00
	155.76	145.00	0.38	6.69	4.65	0.32	7.32
	27.68	24.01	0.09	1.71	0.56	0.02	0.46
	329.19	309.59	0.83	9.24	9.08	0.48	10.73
6.60	219.98	204.17	0.54	13.86	8.95	0.89	17.86

2-1-40 续表 2

地 区			投资收益(损失以“-”号记)	营业利润	利润总额	亏损企业亏损额	应交增值税
	利息收入	利息支出					
全 省	**2.54**	**51.57**	**4.79**	**-41.77**	**-40.33**	**62.32**	**27.52**
直 报							
太原市	0.12	6.27	0.04	-2.52	-5.17	8.29	3.11
大同市							0.01
阳泉市		0.18		0.10	0.08	0.54	0.20
长治市	0.42	5.14	1.52	-7.08	-6.35	9.11	1.84
晋城市	0.12	0.54		-1.60	-1.52	1.52	0.14
朔州市		0.25		0.61	0.61		0.25
晋中市	-0.53	8.61	0.03	-0.80	-0.34	5.76	6.47
运城市	0.53	5.07	0.82	-4.50	-4.43	7.15	3.29
忻州市	0.01	0.23		0.83	0.83		0.75
临汾市	0.78	10.77	2.15	-6.58	-4.64	8.53	6.79
吕梁市	1.09	14.51	0.23	-20.23	-19.41	21.44	4.68

2-1-41 按地区分组的化学原料和

地 区	企 业 单位数(个)	工业总产值(当年价格)	工业销售产值(当年价格)		资产总计		
				出口交货值		固定资产合计	
							固定资产原价
全 省	**228**	**681.40**	**651.99**	**8.49**	**1220.11**	**620.02**	**820.01**
直 报							
太原市	16	38.22	37.42	0.82	159.76	47.06	65.17
大同市	10	12.00	12.20	0.62	42.90	25.10	29.39
阳泉市	6	8.94	8.51		17.71	4.02	6.44
长治市	28	91.05	88.17	0.07	185.81	88.39	134.74
晋城市	23	110.36	109.43	0.06	141.52	86.40	125.02
朔州市	12	15.03	12.80	0.14	12.37	6.73	10.47
晋中市	19	66.57	63.62	0.02	92.39	63.07	76.40
运城市	66	146.92	141.08	2.26	237.26	116.39	133.67
忻州市	7	13.88	11.78	0.32	46.53	28.75	18.63
临汾市	11	45.22	42.79	1.82	89.12	62.75	95.72
吕梁市	30	133.21	124.19	2.35	194.73	91.36	124.35

单位：亿元

应交所得税	从业人员平均人数（万人）	总资产贡献率（%）	资产负债率（%）	产品销售率（%）	成本费用利润率（%）	流动资本周转率（%）
1.31	**12.28**	**1.71**	**85.52**	**94.89**	**-2.87**	**1.11**
0.25	1.13	1.34	80.59	86.23	-3.45	0.86
		3.61	77.54	100	0.53	2.04
0.16	0.09	13.45	59.02	97.69	0.83	3.82
0.31	1.79	0.16	76.98	94.18	-3.17	1.46
	0.11	-5.11	83.15	102.91	-10.12	1.42
0.16	0.19	5.94	69.56	116.01	3.77	1.06
	1.9	4.96	89.34	98.22	-0.15	1.28
0.17	1.49	1.97	81.64	99.81	-2.51	1.44
	0.19	7.91	85.89	93.21	3.07	2.1
-0.12	2.75	3.23	86.36	96.97	-1.36	1.66
0.39	2.64	-0.11	90.98	91.57	-7.62	0.59

化学制品制造业主要经济指标

单位：亿元

累计折旧	流动资产合计				负债合计		
		应收账款	存货			流动负债合计	
				产成品			应付账款
266.94	**449.99**	**66.83**	**103.51**	**39.24**	**887.40**	**670.37**	**129.70**
19.23	74.46	20.49	10.68	2.99	108.13	96.29	24.41
4.34	9.16	2.18	3.13	0.86	37.03	13.69	2.78
2.97	12.01	3.92	1.60	1.42	9.98	7.29	1.20
59.54	65.87	9.97	15.62	5.59	123.12	84.76	22.93
43.52	41.21	2.55	8.25	3.09	110.27	96.27	12.91
3.48	4.22	1.12	1.36	0.22	6.65	5.18	1.26
13.65	24.07	2.68	6.07	2.85	69.96	38.71	8.61
44.71	105.85	16.15	19.40	8.59	170.80	150.43	18.45
5.14	12.16	0.48	2.65	1.85	26.34	14.67	3.75
34.87	22.86	2.41	9.05	4.84	69.39	59.70	10.65
35.49	78.12	4.88	25.71	6.94	155.74	103.37	22.75

2-1-41 续表 1

地区	所有者权益合计	实收资本	国家资本	集体资本	法人资本	个人资本	港澳台资本
全省	**330.82**	**219.90**	**62.42**	**13.92**	**78.87**	**42.89**	**15.86**
直报							
太原市	51.61	22.25	15.49	1.28	0.11	3.15	
大同市	5.86	5.48	0.29	0.05	3.15	0.86	
阳泉市	7.73	1.19		0.03	0.80	0.32	0.04
长治市	62.66	34.28	3.52	4.03	21.08	4.77	0.88
晋城市	31.25	47.94	29.66	5.65	11.72	0.91	
朔州市	5.72	2.83	0.12		2.15	0.57	
晋中市	22.06	16.74	3.25	0.50	9.45	3.46	
运城市	65.83	35.43	1.06		17.47	15.19	
忻州市	20.10	13.84	1.19	2.39	8.32	1.95	
临汾市	19.73	11.55	6.34		2.77	0.50	1.13
吕梁市	38.27	28.38	1.50		1.85	11.21	13.82

2-1-41 续表 2

地区	利息收入	利息支出	投资收益（损失以“-”号记）	营业利润	利润总额	亏损企业亏损额	应交增值税
全省	**1.94**	**28.32**	**0.71**	**-14.92**	**-12.26**	**38.46**	**12.26**
直报							
太原市	0.17	1.26	0.01	-3.98	-4.90	6.23	0.95
大同市	0.01	1.47	0.02	-3.32	-3.07	3.54	0.48
阳泉市		0.48		1.28	1.31	0.05	0.83
长治市	0.59	4.63	0.10	-9.07	-8.36	10.44	1.74
晋城市	0.24	4.53	0.59	-1.68	-1.33	6.51	0.53
朔州市		0.16		-0.24	-0.24	0.53	0.15
晋中市	0.05	2.58	0.05	-0.04	0.19	1.27	1.06
运城市	0.43	6.13	-0.49	4.37	5.74	2.30	2.07
忻州市	0.01	0.21	0.40	0.83	0.83	0.25	0.33
临汾市	0.20	2.88	0.01	-6.04	-5.40	5.54	1.04
吕梁市	0.25	3.99	0.02	2.96	2.98	1.80	3.08

单位：亿元

外商资本	主营业务收入	主营业务成本	主营业务税金及附加	销售费用	管理费用	税金	财务费用
5.94	**778.07**	**706.47**	**2.01**	**18.33**	**40.27**	**2.08**	**28.49**
2.22	81.49	76.86	0.53	1.19	4.55	0.14	1.39
1.12	18.75	17.92	0.05	0.47	2.09	0.10	1.51
	7.99	5.09	0.06	1.35	0.48		0.49
	83.62	75.63	0.22	2.45	10.52	0.36	4.19
	120.14	109.06	0.05	2.80	5.99	0.31	4.51
	12.54	11.42	0.03	0.22	0.94	0.04	0.19
0.08	63.17	56.29	0.15	1.98	2.63	0.14	2.62
1.71	185.65	165.30	0.31	4.08	6.10	0.36	6.00
	11.92	10.41	0.03	0.52	0.55	0.04	0.21
0.81	71.68	69.57	0.15	1.43	3.58	0.17	2.76
	121.12	108.92	0.44	1.86	2.84	0.41	4.62

单位：亿元

应交所得税	从业人员平均人数(万人)	总资产贡献率(%)	资产负债率(%)	产品销售率(%)	成本费用利润率(%)	流动资本周转率(%)
3.71	**10.09**	**2.33**	**72.73**	**95.68**	**-1.53**	**1.75**
0.41	1.19	-1.46	67.68	97.9	-5.7	1.11
0.11	0.43	-2.49	86.32	101.6	-13.85	2.06
0.18	0.2	15.12	56.35	95.22	17.68	0.67
0.55	1.66	-1.27	66.26	96.84	-8.93	1.29
1.09	1.26	2.5	77.92	99.16	-1.09	2.92
0.03	0.24	0.79	53.78	85.17	-1.87	2.97
0.32	0.9	4.25	75.72	95.57	0.3	2.66
0.02	2.34	5.82	71.99	96.02	3.09	1.8
0.09	0.32	2.98	56.6	84.89	6.95	0.98
0.17	0.6	-1.72	77.86	94.63	-6.92	3.18
0.74	0.96	5.26	79.97	93.22	2.5	1.57

2-1-42 按地区分组的医药

地区	企业单位数（个）	工业总产值（当年价格）	工业销售产值（当年价格）	出口交货值	资产总计	固定资产合计	固定资产原价
全省	**82**	**161.09**	**148.74**	**16.29**	**265.01**	**118.07**	**124.69**
直报							
太原市	8	5.94	5.83		11.10	3.20	3.89
大同市	12	51.97	52.81	15.27	105.06	65.77	58.41
阳泉市							
长治市	8	29.55	23.45		49.26	12.19	12.09
晋城市	4	4.03	3.65		5.31	1.63	2.03
朔州市	4	4.20	3.19	0.06	4.75	1.42	1.44
晋中市	14	17.96	16.23	0.65	22.98	6.65	9.05
运城市	20	37.84	34.24		56.85	24.23	33.12
忻州市	3	0.89	0.90		1.22	0.19	0.43
临汾市	6	6.36	6.28		4.99	1.62	2.35
吕梁市	3	2.35	2.17	0.31	3.49	1.16	1.88

2-1-42 续表 1

地区	所有者权益合计	实收资本	国家资本	集体资本	法人资本	个人资本	港澳台资本
全省	**105.21**	**50.13**	**8.80**	**0.91**	**24.88**	**11.39**	**0.33**
直报							
太原市	3.00	3.89			1.05	2.54	
大同市	38.03	18.77	7.11	0.15	5.69	2.30	
阳泉市							
长治市	24.82	6.17	1.02	0.10	2.50	2.54	
晋城市	1.94	1.47		0.57	0.57	0.33	
朔州市	0.81	1.26			0.95	0.30	
晋中市	8.67	5.13	0.03		3.90	0.85	0.33
运城市	25.98	11.22	0.48	0.08	9.99	0.67	
忻州市	-0.44	0.12				0.12	
临汾市	0.79	1.59			0.21	1.38	
吕梁市	1.61	0.51	0.16			0.35	

制造业主要经济指标

累计折旧	流动资产合计	应收账款	存货	产成品	负债合计	流动负债合计	应付账款
32.35	**106.08**	**20.82**	**31.46**	**14.96**	**159.05**	**112.88**	**18.62**
1.71	6.45	1.07	3.27	1.77	8.09	7.41	1.77
8.04	25.50	7.50	6.35	1.55	67.03	40.13	6.64
3.70	24.34	4.09	5.75	3.07	24.44	14.87	1.74
0.54	2.88	0.66	0.57	0.30	3.37	3.30	0.31
0.18	2.50	0.15	0.43	0.27	3.76	2.34	0.58
4.58	13.50	3.22	3.70	1.68	14.07	13.22	2.59
11.78	25.67	3.32	8.63	5.27	30.54	24.56	3.76
0.25	0.69	0.08	0.41	0.31	1.66	1.51	0.52
0.82	2.95	0.20	2.02	0.47	4.20	3.76	0.28
0.75	1.61	0.53	0.34	0.27	1.88	1.77	0.44

外商资本	主营业务收入	主营业务成本	主营业务税金及附加	销售费用	管理费用	税金	财务费用
3.52	**148.56**	**99.50**	**1.10**	**19.98**	**14.88**	**0.46**	**3.35**
	6.31	5.19	0.03	0.46	0.58	0.02	0.20
3.50	52.68	42.03	0.19	2.00	4.09	0.17	1.30
	22.10	9.39	0.26	6.88	2.99	0.06	0.48
	3.60	1.70	0.02	1.29	0.31	0.01	0.02
	3.19	2.83	0.03	0.05	0.20	0.01	0.09
0.02	15.68	7.37	0.15	3.93	2.30	0.05	0.37
	35.54	23.49	0.34	4.97	3.70	0.12	0.73
	1.02	0.79	0.01	0.03	0.15	0.01	
	6.26	5.14	0.05	0.22	0.29	0.01	0.09
	2.18	1.57	0.02	0.14	0.27	0.01	0.06

2-1-42 续表 2

地 区	利息收入	利息支出	投资收益(损失以"-"号记)	营业利润	利润总额	亏损企业亏损额	应交增值税
全 省	**0.29**	**3.18**	**0.17**	**10.17**	**10.84**	**1.80**	**7.62**
直 报							
太原市	0.02	0.21		-0.13	0.01	0.06	0.34
大同市	0.12	1.11	0.01	3.14	3.45	0.05	1.10
阳泉市							
长治市	0.01	0.45		2.24	2.61	0.69	2.19
晋城市		0.02		0.24	0.21		0.18
朔州市		0.09		-0.01	0.06		0.07
晋中市	0.01	0.35	0.07	1.65	1.71	0.12	1.25
运城市	0.12	0.84	0.09	2.43	2.95	0.07	1.96
忻州市				0.01	-0.78	0.79	0.06
临汾市		0.06		0.47	0.46	0.02	0.36
吕梁市	0.01	0.06		0.14	0.15		0.12

2-1-43 按地区分组的化学纤维

地 区	企业单位数(个)	工业总产值(当年价格)	工业销售产值(当年价格)	出口交货值	资产总计	固定资产合计	固定资产原价
全 省	**1**	**0.20**	**0.19**		**0.58**	**0.05**	**0.05**
直 报							
太原市	1	0.20	0.19		0.58	0.05	0.05
大同市							
阳泉市							
长治市							
晋城市							
朔州市							
晋中市							
运城市							
忻州市							
临汾市							
吕梁市							

应交所得税	从业人员平均人数(万人)	总资产贡献率(%)	资产负债率(%)	产品销售率(%)	成本费用利润率(%)	流动资本周转率(%)
1.65	**3.29**	**8.47**	**60.02**	**92.33**	**7.8**	**1.41**
0.01	0.14	5.15	72.9	98.12	0.11	0.98
0.51	1.05	5.46	63.81	101.61	6.87	2.1
0.46	0.41	11.16	49.61	79.35	13.22	0.91
0.06	0.08	8.09	63.43	90.62	6.15	1.27
	0.05	5.22	79.05	75.8	1.95	1.27
0.31	0.42	15.03	61.25	90.37	11.94	1.19
0.3	0.90	10.49	53.73	90.48	8.95	1.39
	0.06	-58.81	136.28	101.63	-80.39	1.49
	0.12	18.76	84.13	98.72	8.09	2.12
	0.05	9.84	53.9	92.14	7.48	1.35

制造业主要经济指标

单位：亿元

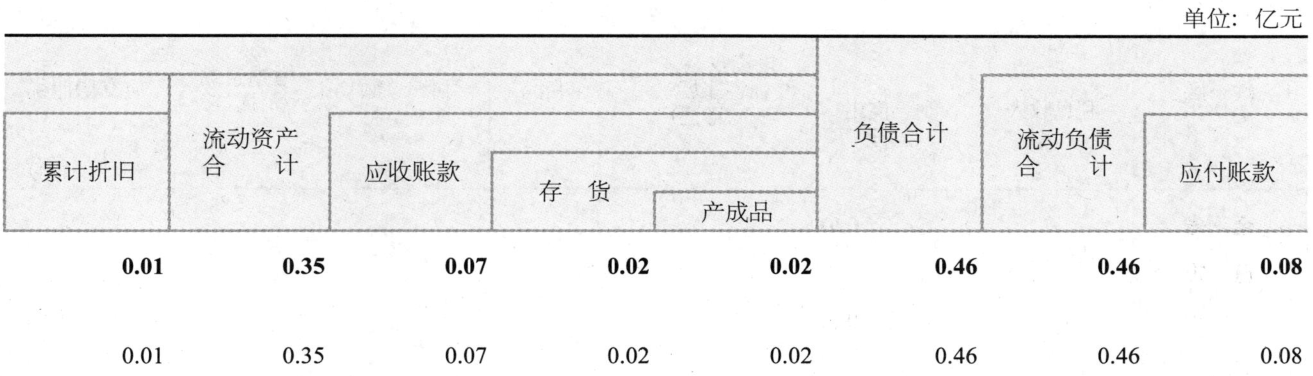

累计折旧	流动资产合计	应收账款	存货	产成品	负债合计	流动负债合计	应付账款
0.01	**0.35**	**0.07**	**0.02**	**0.02**	**0.46**	**0.46**	**0.08**
0.01	0.35	0.07	0.02	0.02	0.46	0.46	0.08

2-1-43 续表 1

地 区	所有者权益合计						
		实收资本					
			国家资本	集体资本	法人资本	个人资本	港澳台资本
全 省	**0.12**	**0.12**				**0.12**	
直 报							
太原市	0.12	0.12				0.12	
大同市							
阳泉市							
长治市							
晋城市							
朔州市							
晋中市							
运城市							
忻州市							
临汾市							
吕梁市							

2-1-43 续表 2

地 区			投资收益（损失以“-”号记）	营业利润	利润总额	亏损企业亏损额	应交增值税
	利息收入	利息支出					
全 省		**0.01**					
直 报							
太原市		0.01					
大同市							
阳泉市							
长治市							
晋城市							
朔州市							
晋中市							
运城市							
忻州市							
临汾市							
吕梁市							

单位：亿元

外商资本	主营业务收　　入	主营业务成　　本	主营业务税金及附加	销售费用	管理费用	税金	财务费用
	0.22	**0.20**			**0.01**		**0.01**
	0.22	0.20			0.01		0.01

单位：亿元

应交所得税	从业人员平均人数（万人）	总资产贡献率（%）	资　产负债率（%）	产　品销售率（%）	成本费用利 润 率（%）	流动资本周 转 率（%）
	0.01	**2.43**	**79.17**	**95.22**	**-1.52**	**0.63**
	0.01	2.43	79.17	95.22	-1.52	0.63

2-1-44 按地区分组的橡胶和

地区	企业单位数（个）	工业总产值（当年价格）	工业销售产值（当年价格）	出口交货值	资产总计	固定资产合计	固定资产原价
全省	**51**	**89.07**	**81.25**	**5.52**	**91.75**	**25.12**	**35.67**
直报							
太原市	9	38.18	32.99	5.25	43.02	14.61	19.84
大同市							
阳泉市							
长治市	6	14.82	14.23	0.13	12.45	3.80	4.75
晋城市	3	1.92	2.13		2.95	0.47	0.78
朔州市	2	3.72	3.46		2.45	0.20	0.21
晋中市	5	2.79	2.83		1.81	0.50	0.61
运城市	15	17.14	15.42	0.15	19.92	3.85	7.00
忻州市	2	2.45	2.44		4.48	0.49	0.71
临汾市	5	5.69	5.64		2.27	0.46	0.70
吕梁市	4	2.37	2.12		2.40	0.75	1.08

2-1-44 续表 1

地区	所有者权益合计	实收资本	国家资本	集体资本	法人资本	个人资本	港澳台资本
全省	**35.36**	**19.53**	**0.73**	**0.37**	**8.70**	**6.58**	**0.02**
直报							
太原市	11.70	8.85	0.16		6.73		0.02
大同市							
阳泉市							
长治市	7.03	3.53			1.09	1.68	
晋城市	1.52	0.48	0.36		0.11		
朔州市	0.46	0.26	0.21		0.05		
晋中市	0.34	0.26				0.26	
运城市	10.15	4.51		0.26	0.57	3.24	
忻州市	2.94	1.21				1.21	
临汾市	0.55	0.14			0.11	0.03	
吕梁市	0.67	0.30		0.10	0.03	0.17	

塑料制品业主要经济指标

单位：亿元

累计折旧	流动资产合计	应收账款	存货	产成品	负债合计	流动负债合计	应付账款
11.51	**52.45**	**15.96**	**16.34**	**9.90**	**55.50**	**40.46**	**8.96**
5.43	19.77	5.30	8.94	6.34	30.47	18.01	3.03
1.39	7.28	2.09	1.53	0.89	5.41	5.38	1.08
0.31	2.28	1.14	0.72	0.60	1.43	1.42	0.59
0.04	2.26	0.29	0.28	0.28	1.99	0.05	0.05
0.24	1.00	0.38	0.26	0.18	1.47	1.05	0.09
3.31	12.79	2.97	2.51	1.25	9.74	9.64	1.22
0.22	3.71	2.42	1.05	0.03	1.54	1.54	0.70
0.24	1.73	1.19	0.16	0.05	1.71	1.64	1.39
0.33	1.64	0.18	0.89	0.29	1.74	1.72	0.80

单位：亿元

外商资本	主营业务收入	主营业务成本	主营业务税金及附加	销售费用	管理费用	税金	财务费用
3.14	**87.03**	**76.29**	**0.27**	**2.25**	**2.54**	**0.11**	**1.81**
1.95	38.51	33.88	0.09	0.75	0.77	0.06	1.15
0.76	12.74	10.55	0.05	0.75	0.49	0.02	0.19
	2.29	1.90	0.01	0.10	0.26	0.01	0.02
	3.46	3.32	0.01	0.01	0.01		
	2.69	2.46	0.01	0.02	0.10		0.05
0.44	17.30	15.19	0.06	0.38	0.52	0.01	0.28
	2.43	1.93	0.01	0.15	0.21	0.01	
	5.64	5.39	0.04	0.03	0.12	0.01	0.01
	1.96	1.67		0.06	0.06		0.09

2-1-44 续表 2

地　区	利息收入	利息支出	投资收益（损失以“-”号记）	营业利润	利润总额	亏损企业亏损额	应交增值税
全　省	**0.07**	**1.68**	**0.08**	**4.14**	**4.44**	**0.16**	**0.88**
直　报							
太原市	0.06	1.15		2.01	1.98	0.01	0.05
大同市							
阳泉市							
长治市		0.12	0.04	0.76	0.91	0.07	0.33
晋城市		0.02		0.01			0.08
朔州市				0.10	0.10		0.04
晋中市		0.05		0.04	0.10		0.09
运城市	0.02	0.26		0.99	1.07	0.04	0.16
忻州市				0.13	0.18		0.06
临汾市		0.01	0.01	0.07	0.07	0.01	0.08
吕梁市		0.05	0.02	0.02	0.02	0.03	

2-1-45 按地区分组的非金属

地　区	企业单位数（个）	工业总产值（当年价格）	工业销售产值（当年价格）	出口交货值	资产总计	固定资产合计	固定资产原价
全　省	**441**	**406.05**	**383.05**	**20.55**	**657.63**	**302.62**	**397.90**
直　报							
太原市	40	43.77	41.62		66.80	26.52	33.04
大同市	31	41.29	38.95	0.39	67.15	29.38	37.12
阳泉市	53	29.69	28.19	4.82	61.77	25.90	34.26
长治市	22	23.69	22.87		54.83	26.61	41.01
晋城市	16	9.94	10.05	0.06	33.54	22.69	25.46
朔州市	70	47.57	44.22	0.16	74.39	38.13	34.85
晋中市	37	55.61	52.30	11.31	63.84	29.03	41.44
运城市	60	66.58	60.36	1.92	86.29	31.37	54.42
忻州市	15	8.82	8.33		19.35	9.96	13.21
临汾市	25	16.12	15.68		27.22	13.54	17.94
吕梁市	72	62.99	60.49	1.90	102.44	49.48	65.15

单位：亿元

应交所得税	从业人员平均人数（万人）	总资产贡献率（%）	资产负债率（%）	产品销售率（%）	成本费用利润率（%）	流动资本周转率（%）
0.72	**1.15**	**7.85**	**60.49**	**91.22**	**5.3**	**1.68**
0.05	0.33	7.48	70.83	86.4	5.38	1.97
0.18	0.26	11.3	43.5	96.04	7.4	1.81
	0.08	3.88	48.45	110.95	0.2	1.01
0.03	0.02	6.28	81.17	93.03	3.01	1.54
0.03	0.09	14.21	81.34	101.2	3.91	2.7
0.38	0.23	7.72	48.9	89.96	6.49	1.37
0.03	0.05	5.54	34.37	99.54	7.81	0.66
0.02	0.07	8.36	75.44	99.12	1.15	3.26
	0.02	3.14	72.25	89.38	1.09	1.2

矿制品业主要经济指标

单位：亿元

累计折旧	流动资产合计	应收账款	存货	产成品	负债合计	流动负债合计	应付账款
125.56	**283.55**	**88.41**	**82.07**	**34.56**	**471.32**	**366.57**	**90.77**
11.18	35.97	10.93	6.25	1.79	37.54	32.98	11.72
10.49	30.83	7.94	10.69	4.35	41.83	36.76	7.45
9.17	25.61	11.66	7.16	4.22	46.72	40.71	11.43
15.70	16.91	4.37	4.01	1.46	66.56	28.06	6.10
3.64	8.56	1.22	2.63	1.77	26.31	15.98	2.94
6.36	32.02	11.70	8.37	3.85	50.70	42.97	11.05
13.53	30.45	9.90	12.88	5.21	46.75	39.77	11.07
25.26	46.91	16.79	10.90	4.39	52.81	45.83	14.26
3.28	8.51	3.45	2.04	0.93	10.30	6.89	2.33
6.61	12.60	3.50	3.78	1.54	20.57	16.85	4.70
20.33	35.20	6.95	13.35	5.04	71.25	59.79	7.73

2-1-45 续表 1

地 区	所有者权益合计						
		实收资本					
			国家资本	集体资本	法人资本	个人资本	港澳台资本
全 省	**184.42**	**168.48**	**29.43**	**6.93**	**66.58**	**55.61**	**2.02**
直 报							
太原市	29.23	16.49	4.41	0.07	5.63	5.88	
大同市	25.07	21.39	0.89	2.15	16.26	2.03	0.06
阳泉市	14.99	16.01	5.99	0.37	3.51	5.20	
长治市	-11.78	17.26	0.28	0.43	11.50	3.39	1.68
晋城市	7.23	8.94	1.80	0.18	4.35	2.61	
朔州市	23.62	11.82	3.07	0.98	3.33	4.40	
晋中市	17.09	15.16	2.91	0.20	7.71	4.06	0.28
运城市	32.71	18.22	4.93	1.92	6.32	5.05	
忻州市	8.57	7.18	0.24		1.10	5.84	
临汾市	6.60	5.66	1.30		1.62	2.74	
吕梁市	31.09	30.33	3.62	0.63	5.25	14.41	

2-1-45 续表 2

地 区			投资收益(损失以"–"号记)	营业利润	利润总额	亏损企业亏损额	应交增值税
	利息收入	利息支出					
全 省	**0.19**	**11.81**	**0.28**	**5.20**	**8.19**	**12.81**	**15.25**
直 报							
太原市	0.05	0.66	0.01	-0.40	0.04	1.79	1.48
大同市	0.05	1.09		2.32	2.60	0.49	2.06
阳泉市		1.24	0.10	-1.41	-0.95	1.25	1.32
长治市		2.41	0.01	-1.87	-1.62	3.30	0.63
晋城市		0.70		-1.26	-1.11	1.21	0.41
朔州市		0.98		4.14	4.13	0.52	2.22
晋中市	0.03	0.96	-0.01	2.16	2.32	1.03	1.84
运城市	0.01	1.63		1.40	1.84	0.98	2.28
忻州市		0.26	0.02	0.36	0.50	0.31	0.35
临汾市		0.32	0.01	-0.77	-0.46	0.79	0.57
吕梁市	0.04	1.57	0.13	0.52	0.90	1.13	2.08

单位：亿元

外商资本	主营业务收入	主营业务成本	主营业务税金及附加	销售费用	管理费用	税金	财务费用
7.92	**372.10**	**316.44**	**2.16**	**14.42**	**22.02**	**0.96**	**13.11**
0.51	41.11	35.62	0.26	1.20	3.90	0.10	0.69
	37.32	29.31	0.35	1.82	2.41	0.08	1.12
0.95	27.55	23.76	0.11	1.81	1.95	0.04	1.48
	22.01	19.04	0.21	0.55	1.64	0.13	2.50
	9.79	9.14	0.02	0.27	0.82	0.04	0.70
0.04	43.11	34.58	0.36	1.10	2.03	0.10	1.01
	50.85	44.12	0.17	1.84	1.73	0.08	0.99
	56.32	48.12	0.23	2.54	2.74	0.15	1.71
	11.94	9.74	0.04	0.92	0.69	0.02	0.34
	15.16	14.42	0.06	0.39	0.73	0.04	0.32
6.43	56.94	48.58	0.34	1.98	3.38	0.19	2.25

单位：亿元

应交所得税	从业人员平均人数（万人）	总资产贡献率（%）	资产负债率（%）	产品销售率（%）	成本费用利润率（%）	流动资本周转率（%）
2.63	**9.28**	**5.67**	**71.67**	**94.34**	**2.22**	**1.33**
0.21	0.82	3.59	56.2	95.1	0.1	1.17
0.54	0.73	9.01	62.29	94.34	7.47	1.21
0.06	0.95	2.8	75.64	94.94	-3.26	1.08
0.06	0.56	2.98	121.4	96.56	-6.77	1.31
0.01	0.36	0.07	78.43	101.12	-10.14	1.14
0.43	1.34	10.33	68.15	92.95	10.67	1.35
0.75	1.49	8.23	73.22	94.05	4.72	1.69
0.3	1.38	6.93	61.2	90.66	3.25	1.24
0.03	0.23	5.96	53.22	94.5	4.28	1.4
0.06	0.35	1.89	75.56	97.3	-2.92	1.2
0.17	1.06	4.74	69.55	96.02	1.59	1.63

2-1-46 按地区分组的黑色金属冶炼和

地　区	企　业 单位数 （个）	工业总产值 （当年价格）	工业销售 产　　值 （当年价格）	出口交货值	资产总计	固定资产 合　　计	固定资产 原　　价
全　省	**262**	**2724.51**	**2668.21**	**96.52**	**2815.67**	**1080.29**	**2007.07**
直　报							
太原市	31	840.98	833.01	82.07	1265.31	474.74	859.73
大同市	11	11.39	10.88		12.34	4.15	7.00
阳泉市	3	3.56	3.10		1.59	0.08	0.13
长治市	10	281.53	273.83		186.32	79.97	130.50
晋城市	23	137.10	133.86	2.14	103.48	48.73	73.81
朔州市	3	10.88	8.47		9.60	1.79	10.83
晋中市	34	142.83	148.73	6.57	161.65	51.95	66.95
运城市	33	399.54	394.05	0.79	368.82	136.70	410.55
忻州市	18	48.09	46.86	0.47	33.51	10.31	17.75
临汾市	48	665.64	645.97	2.58	399.75	147.35	267.67
吕梁市	48	182.97	169.45	1.89	273.30	124.52	162.14

2-1-46 续表 1

地　区	所 有 者 权益合计	实收资本	国家资本	集体资本	法人资本	个人资本	港澳台资本
全　省	**847.44**	**305.75**	**92.77**	**2.81**	**70.95**	**134.47**	**0.20**
直　报							
太原市	411.45	83.36	66.83	0.74	5.98	9.57	0.19
大同市	2.16	2.12		1.09	0.15	0.88	
阳泉市	0.01	0.34			0.30	0.04	
长治市	6.75	20.47	7.22	0.37	1.30	11.59	
晋城市	65.81	26.19		0.20	5.38	20.61	
朔州市	0.92	0.88	0.60		0.04	0.24	
晋中市	30.84	25.57	0.39	0.01	20.44	4.73	0.01
运城市	111.14	46.36	2.40		13.27	27.31	
忻州市	16.02	13.86	0.62		9.65	2.59	
临汾市	104.34	63.32	14.70		9.06	39.45	
吕梁市	98.00	23.26		0.40	5.39	17.47	

压延加工业主要经济指标

单位：亿元

累计折旧	流动资产合计	应收账款	存货	产成品	负债合计	流动负债合计	应付账款
950.61	**1117.47**	**107.10**	**395.69**	**141.00**	**1966.29**	**1479.61**	**357.51**
389.01	361.22	28.84	138.23	55.47	853.80	494.91	54.49
2.85	7.68	0.42	3.40	2.82	10.18	10.08	3.07
0.06	1.51	0.36	0.57	0.38	1.58	1.58	1.01
58.23	94.96	4.73	30.36	8.53	179.57	171.46	50.60
27.56	47.88	7.69	16.48	5.48	37.67	36.62	5.38
0.85	7.62	2.17	2.74	0.43	10.20	8.49	8.04
15.02	92.00	8.23	24.66	14.37	130.57	114.59	28.93
281.39	183.82	28.72	64.33	13.05	257.67	244.66	74.51
8.20	13.24	1.46	4.36	2.43	17.34	12.74	3.34
123.92	204.34	16.15	63.89	20.58	292.42	261.50	87.30
43.51	103.20	8.32	46.66	17.46	175.28	122.97	40.85

单位：亿元

外商资本	主营业务收入	主营业务成本	主营业务税金及附加	销售费用	管理费用	税金	财务费用
3.51	**3270.97**	**3085.82**	**4.73**	**33.12**	**79.68**	**4.24**	**47.84**
0.05	1444.54	1351.04	1.88	16.62	49.38	2.30	16.89
	10.56	10.21	0.03	0.21	0.40	0.02	0.17
	2.68	2.46		0.10	0.10	0.01	0.01
	243.30	244.63	0.33	0.35	3.95	0.38	4.84
	133.27	126.86	0.15	0.96	2.15	0.17	0.80
	12.96	13.03	0.01	0.23	0.21	0.01	0.32
	164.54	151.98	0.14	3.01	2.41	0.07	5.06
3.38	395.65	365.16	0.22	3.30	4.88	0.32	7.82
	47.09	42.96	0.10	0.19	1.06	0.02	0.40
0.08	648.80	622.89	1.46	7.39	10.53	0.82	6.31
	167.58	154.59	0.41	0.75	4.61	0.14	5.21

2-1-46 续表 2

地 区			投资收益(损失以"–"号记)	营业利润	利润总额	亏损企业亏损额	应交增值税
	利息收入	利息支出					
全 省	**6.15**	**51.70**	**2.07**	**20.01**	**23.04**	**30.60**	**53.39**
直 报							
太原市	5.51	24.21	-0.39	5.58	5.89	5.80	11.41
大同市		0.17		-0.44	-0.33	0.36	0.29
阳泉市		0.01			0.01	0.01	0.03
长治市	0.18	4.62	-0.02	-10.42	-8.66	8.86	3.11
晋城市	0.08	1.33		2.45	2.54	0.12	7.72
朔州市		0.24		-0.90	-0.86	0.87	0.03
晋中市	0.18	4.48	0.41	2.35	2.69	0.82	7.79
运城市	0.10	7.62	2.50	18.20	18.25	1.70	8.80
忻州市	0.01	0.35	0.03	2.13	2.03	0.14	1.32
临汾市	0.12	4.46	-0.48	-0.95	-0.59	9.20	9.94
吕梁市	-0.02	4.20	0.02	2.01	2.06	2.73	2.94

2-1-47 按地区分组的有色金属冶炼和

地 区	企业单位数(个)	工业总产值(当年价格)	工业销售产值(当年价格)		资产总计		
						固定资产合计	
				出口交货值			固定资产原价
全 省	**94**	**522.93**	**469.15**	**2.20**	**723.37**	**339.61**	**526.52**
直 报							
太原市	10	36.10	35.74	0.52	16.19	5.91	10.17
大同市	6	12.79	8.08	0.19	22.17	6.21	9.72
阳泉市	5	2.40	2.10		3.04	0.28	0.77
长治市	5	3.40	2.74		4.83	1.99	2.47
晋城市							
朔州市	3	17.86	17.88		12.96	7.00	8.09
晋中市	4	3.76	3.57		2.89	1.03	1.27
运城市	43	270.50	246.87	1.49	388.63	173.12	318.12
忻州市	4	85.02	64.05		131.72	86.33	116.17
临汾市	3	30.37	30.29		8.80	4.23	7.28
吕梁市	11	60.72	57.84		132.15	53.52	52.48

单位：亿元

应交所得税	从业人员平均人数（万人）	总资产贡献率（%）	资产负债率（%）	产品销售率（%）	成本费用利润率（%）	流动资本周转率（%）
4.61	**19.35**	**4.54**	**69.83**	**97.93**	**0.70**	**2.97**
0.75	3.62	2.99	67.48	99.05	0.41	4.04
	0.12	1.33	82.47	95.49	-2.98	1.38
	0.04	3.57	99.55	87.08	0.29	1.78
0.06	2.75	-0.37	96.38	97.27	-3.37	2.60
0.62	1.58	11.27	36.40	97.64	1.94	2.79
	0.08	-5.94	106.22	77.86	-6.22	1.70
0.02	1.20	9.23	80.77	104.13	1.62	1.83
1.89	3.24	9.44	69.87	98.63	4.72	2.18
0.15	0.57	14.75	51.75	97.44	4.56	3.48
0.15	3.71	3.79	73.15	97.05	-0.09	3.29
0.96	2.44	3.52	64.14	92.61	1.24	1.63

压延加工业主要经济指标

单位：亿元

累计折旧	流动资产合计	应收账款	存货	产成品	负债合计	流动负债合计	应付账款
204.63	**282.83**	**25.58**	**117.31**	**33.87**	**558.38**	**367.56**	**77.58**
4.57	8.55	1.23	2.09	0.41	13.63	11.51	2.04
3.53	13.07	1.40	2.98	1.94	16.44	10.17	1.72
0.49	2.72	0.95	0.85	0.21	1.94	1.94	0.77
0.49	2.65	0.01	1.28	1.02	4.73	4.73	0.45
1.16	5.38	0.56	2.62	1.14	7.05	4.78	1.81
0.28	1.78	0.35	0.89	0.11	1.67	1.67	1.07
152.25	161.42	11.12	85.75	23.44	276.31	188.32	19.17
29.85	28.26	5.07	9.93	0.93	99.47	46.03	8.19
3.43	4.57	0.32	0.77	0.34	5.87	1.32	0.19
8.58	54.44	4.54	10.15	4.33	131.27	97.08	42.16

2-1-47 续表 1

地 区	所有者权益合计	实收资本					
			国家资本	集体资本	法人资本	个人资本	港澳台资本
全 省	**163.88**	**114.98**	**52.43**	**4.89**	**41.38**	**15.17**	**0.25**
直 报							
太原市	2.56	3.28	0.58		2.29	0.41	
大同市	5.72	5.79			3.85	1.94	
阳泉市	1.09	0.63	0.05	0.14		0.44	
长治市	0.09	0.54	0.10		0.09	0.35	
晋城市							
朔州市	4.99	3.60		3.00		0.60	
晋中市	1.22	0.99			0.33	0.66	
运城市	112.19	67.99	27.12		30.03	9.98	0.25
忻州市	32.25	26.15	24.58		1.52	0.05	
临汾市	2.88	2.98			2.64	0.34	
吕梁市	0.88	3.02		1.75	0.62	0.40	

2-1-47 续表 2

地 区			投资收益(损失以“-”号记)	营业利润	利润总额	亏损企业亏损额	应交增值税
	利息收入	利息支出					
全 省	**0.25**	**16.48**	**0.14**	**-0.50**	**-0.98**	**10.94**	**12.26**
直 报							
太原市	0.01	0.46		0.33	0.07	0.34	0.17
大同市		0.58	0.01	0.17	0.03	0.65	0.16
阳泉市		0.01		-0.03	-0.03	0.04	0.05
长治市		0.03		-0.06	-0.06	0.08	0.03
晋城市							
朔州市		0.15	-0.02	-0.35	-0.26	0.28	0.13
晋中市		0.04		0.44	0.44		0.14
运城市	0.30	7.82	-0.51	-0.02	0.97	6.43	6.44
忻州市	0.03	5.55	0.65	0.38	0.42	0.02	3.51
临汾市		0.19		-0.41	-0.41	0.45	0.14
吕梁市	-0.09	1.64	0.01	-0.97	-2.16	2.65	1.49

单位：亿元

外商资本	主营业务收　　入	主营业务成　　本	主营业务税金及附加	销售费用	管理费用	税金	财务费用
0.86	**497.80**	**464.10**	**1.91**	**7.22**	**12.38**	**1.13**	**17.52**
	34.70	33.66	0.25	0.17	0.72	0.03	0.47
	6.81	6.17	0.03	0.15	0.79	0.02	0.58
	1.96	1.85		0.02	0.08		0.01
	2.49	2.44			0.08		0.03
	25.89	25.33	0.02	0.25	0.29	0.06	0.15
	4.35	3.59		0.11	0.14	0.01	0.05
0.61	262.16	245.47	0.87	3.49	6.82	0.53	8.35
	63.87	54.91	0.37	1.52	1.88	0.41	5.57
	36.39	36.46	0.01	0.01	0.13	0.03	0.19
0.25	59.19	54.23	0.34	1.48	1.46	0.05	2.11

单位：亿元

应交所得税	从业人员平均人数（万人）	总资产贡献率（%）	资　产负债率（%）	产　品销售率（%）	成本费用利 润 率（%）	流动资本周 转 率（%）
0.80	**5.86**	**4.07**	**77.19**	**89.72**	**-0.19**	**1.83**
0.02	0.20	5.87	84.17	98.98	0.20	4.27
0.10	0.19	3.65	74.17	63.14	0.42	0.82
	0.03	1.11	63.98	87.41	-1.48	0.77
0.01	0.06	0.25	97.89	80.57	-2.22	0.94
	0.10	0.31	54.41	100.09	-1.00	4.82
0.11	0.05	21.54	57.76	95.14	11.38	2.44
0.25	4.02	4.07	71.10	91.26	0.36	1.70
0.09	0.31	7.45	75.52	75.34	0.66	2.28
0.18	0.12	-0.73	66.74	99.74	-1.12	7.97
0.03	0.79	1.05	99.34	95.26	-3.64	1.09

2-1-48 按地区分组的金属

地 区	企 业 单位数 (个)	工业总产值 (当年价格)	工业销售 产 值 (当年价格)	出口交货值	资产总计	固定资产 合 计	固定资产 原 价
全 省	**125**	**115.22**	**107.27**	**11.44**	**114.29**	**32.10**	**45.62**
直 报							
太原市	31	26.70	26.79	1.42	26.61	7.33	10.66
大同市	4	1.53	1.50		1.69	0.16	0.13
阳泉市	4	1.26	1.25	0.31	2.64	1.38	1.21
长治市	3	6.28	5.85		5.61	0.45	0.55
晋城市	3	8.40	8.66		6.82	0.86	1.05
朔州市							
晋中市	22	10.64	9.93	2.20	7.62	2.05	2.53
运城市	9	12.58	11.66	0.01	13.35	6.46	9.28
忻州市	36	39.98	34.42	7.32	28.57	7.93	12.52
临汾市	2	2.10	1.97		3.95	1.34	2.42
吕梁市	11	5.76	5.24	0.18	17.44	4.14	5.28

2-1-48 续表 1

地 区	所 有 者 权益合计	实收资本	国家资本	集体资本	法人资本	个人资本	港澳台资本
全 省	**38.54**	**21.98**	**2.20**	**1.19**	**4.08**	**13.91**	
直 报							
太原市	10.97	4.53	0.80	0.57	0.10	2.55	
大同市	0.33	0.47	0.04	0.01	0.07	0.35	
阳泉市	0.89	1.04	0.30	0.21		0.53	
长治市	1.60	0.87	0.10	0.20	0.57		
晋城市	2.14	0.80			0.80		
朔州市							
晋中市	2.06	1.21			0.24	0.97	
运城市	4.46	3.27	0.04		0.41	2.81	
忻州市	11.48	5.96	0.03		1.29	4.54	
临汾市	0.77	1.04	0.89		0.15		
吕梁市	3.86	2.81		0.20	0.44	2.17	

制品业主要经济指标

单位：亿元

累计折旧	流动资产合计	应收账款	存货	产成品	负债合计	流动负债合计	应付账款
16.98	**75.38**	**24.77**	**23.47**	**8.23**	**75.68**	**67.02**	**16.22**
4.77	18.19	4.72	5.90	1.85	15.63	14.00	2.96
	1.29	0.67	0.46	0.04	1.36	0.44	0.03
0.12	1.14	0.58	0.14	0.10	1.75	1.68	0.81
0.09	4.69	1.88	1.84	0.15	4.01	3.99	1.72
0.26	3.86	1.84	1.14	0.65	4.68	4.68	2.34
0.84	5.41	2.23	1.28	0.64	5.47	5.39	1.18
2.83	6.27	1.58	2.16	1.30	8.88	8.04	1.16
5.17	18.96	6.88	6.73	1.80	17.07	14.66	3.92
1.25	2.61	0.56	1.06	0.44	3.18	2.29	0.44
1.65	12.96	3.82	2.76	1.27	13.64	11.85	1.65

单位：亿元

外商资本	主营业务收入	主营业务成本	主营业务税金及附加	销售费用	管理费用	税金	财务费用
0.10	**103.67**	**91.48**	**0.42**	**2.62**	**5.82**	**0.17**	**2.08**
	27.77	23.45	0.11	0.68	2.51	0.03	0.29
	2.30	2.06	0.01	0.07	0.13		0.03
	2.54	2.39	0.08	0.05	0.15		0.04
	4.82	4.35	0.01	0.07	0.23	0.01	0.17
	8.64	7.56	0.02	0.16	0.37	0.01	0.12
	10.96	10.21	0.06	0.15	0.28	0.05	0.15
	11.64	9.90	0.02	0.26	0.47	0.01	0.28
0.10	27.57	25.13	0.07	0.94	0.93	0.02	0.61
	1.91	1.56	0.01	0.10	0.24	0.01	0.08
	5.52	4.87	0.03	0.14	0.52	0.02	0.31

2-1-48 续表 2

地 区	利息收入	利息支出	投资收益(损失以"-"号记)	营业利润	利润总额	亏损企业亏损额	应交增值税
全 省	**0.08**	**1.81**	**0.34**	**2.61**	**3.45**	**1.28**	**2.43**
直 报							
太原市	0.01	0.30		1.14	1.39	0.20	0.74
大同市		0.02		0.02	0.01		0.01
阳泉市		0.04		-0.17	-0.17	0.17	0.06
长治市		0.14		0.06	0.16		0.16
晋城市	0.01	0.12		0.42	0.45		0.20
朔州市							
晋中市		0.13	0.34	0.46	0.81	0.01	0.40
运城市		0.27		0.72	0.75	0.42	0.31
忻州市	0.02	0.44		0.41	0.49	0.02	0.42
临汾市		0.08		-0.10	-0.11	0.11	0.07
吕梁市	0.04	0.27		-0.35	-0.33	0.35	0.06

2-1-49 按地区分组的通用设备

地 区	企业单位数(个)	工业总产值(当年价格)	工业销售产值(当年价格)	出口交货值	资产总计	固定资产合计	
							固定资产原价
全 省	**119**	**190.23**	**193.94**	**1.36**	**195.83**	**46.23**	**53.10**
直 报							
太原市	27	27.81	27.29	0.37	49.22	7.73	10.81
大同市	5	6.58	6.53		7.65	1.00	1.32
阳泉市	4	2.99	2.62		4.59	1.49	1.81
长治市	9	34.66	45.02	0.12	17.25	3.75	5.22
晋城市	2	0.73	0.90		5.66	1.19	1.28
朔州市	5	6.54	6.68		5.08	1.63	1.46
晋中市	24	22.92	19.16	0.74	41.53	10.99	7.84
运城市	27	41.17	39.72	0.01	38.09	7.03	11.45
忻州市	5	42.52	41.96	0.05	20.13	8.73	8.58
临汾市							
吕梁市	11	4.31	4.07	0.05	6.62	2.69	3.32

单位：亿元

应交所得税	从业人员平均人数(万人)	总资产贡献率(%)	资产负债率(%)	产品销售率(%)	成本费用利润率(%)	流动资本周转率(%)
0.73	**2.64**	**7.03**	**66.21**	**93.10**	**3.35**	**1.40**
0.27	0.89	9.51	58.73	100.35	5.14	1.56
	0.04	2.84	80.54	98.12	0.62	1.78
	0.04	0.25	66.25	99.30	-6.49	2.23
0.01	0.09	8.57	71.46	93.11	3.33	1.05
0.11	0.08	11.37	68.67	103.09	5.42	2.25
0.17	0.45	18.45	71.87	93.34	7.49	2.03
0.14	0.20	10.05	66.57	92.68	6.86	1.86
0.09	0.53	4.92	59.73	86.10	1.74	1.48
-0.06	0.10	1.32	80.55	94.06	-5.03	0.79
0.01	0.23	-0.06	78.23	90.97	-5.33	0.46

制造业主要经济指标

单位：亿元

累计折旧	流动资产合计	应收账款	存货	产成品	负债合计	流动负债合计	应付账款
18.13	**128.60**	**42.62**	**41.79**	**14.11**	**136.10**	**109.94**	**40.89**
3.40	35.84	7.97	16.18	4.21	36.83	32.75	6.72
0.33	5.36	1.91	1.50	0.69	4.70	3.31	0.98
0.56	2.78	1.01	1.23	0.82	3.22	2.53	0.95
2.41	12.87	5.71	3.14	1.30	14.10	13.75	9.47
0.10	0.79	0.23	0.33	0.21	4.46	2.35	0.18
0.33	3.21	1.36	0.65	0.47	3.48	2.07	1.22
3.76	26.69	9.54	5.24	1.93	33.18	21.66	7.46
4.68	29.41	10.77	10.22	2.36	26.87	24.51	12.11
1.66	8.37	2.84	2.54	1.63	5.97	4.19	1.27
0.90	3.30	1.29	0.76	0.48	3.29	2.83	0.53

2-1-49 续表 1

地 区	所有者权益合计	实收资本	国家资本	集体资本	法人资本	个人资本	港澳台资本
全 省	**59.59**	**33.63**	**5.88**	**1.46**	**13.86**	**11.84**	**0.02**
直 报							
太原市	12.36	6.84	2.60	0.41	2.23	1.21	
大同市	2.94	1.44	0.26	0.38		0.80	
阳泉市	1.37	0.58	0.37	0.01	0.10	0.10	
长治市	3.15	2.67		0.60	1.09	0.98	
晋城市	1.20	1.24			0.82	0.42	
朔州市	1.51	1.09			0.28	0.81	
晋中市	8.36	8.04	0.67	0.01	4.34	2.81	0.02
运城市	11.22	8.65	1.99	0.04	2.98	3.64	
忻州市	14.15	1.87			1.23	0.64	
临汾市							
吕梁市	3.33	1.23			0.79	0.43	

2-1-49 续表 2

地 区	利息收入	利息支出	投资收益(损失以“-”号记)	营业利润	利润总额	亏损企业亏损额	应交增值税
全 省	**0.08**	**1.75**	**0.17**	**10.04**	**10.71**	**1.39**	**3.12**
直 报							
太原市	0.03	0.21	-0.02	-0.12	0.16	0.27	0.85
大同市		0.03		0.20	0.27		0.15
阳泉市		0.02		0.12	0.12	0.02	0.06
长治市		0.10	0.18	0.51	0.50	0.17	0.38
晋城市	0.01	0.08		-0.16	-0.06	0.06	
朔州市		0.08		0.30	0.30	0.01	0.23
晋中市	0.02	0.46	-0.02		0.16	0.41	0.40
运城市	0.01	0.52	0.02	2.22	2.23	0.29	0.52
忻州市		0.16		6.90	6.96		0.46
临汾市							
吕梁市		0.09		0.08	0.07	0.15	0.07

单位：亿元

外商资本	主营业务收　入	主营业务成　本	主营业务税金及附加	销售费用	管理费用	税金	财务费用
0.57	**184.98**	**156.24**	**0.47**	**5.23**	**11.04**	**0.26**	**2.00**
0.38	25.25	21.27	0.15	0.86	2.83	0.07	0.31
	6.01	5.14	0.02	0.19	0.45	0.01	0.03
	2.57	1.87	0.01	0.17	0.38		0.02
	32.57	30.57	0.09	0.19	1.34	0.05	0.12
	0.70	0.65		0.04	0.11		0.07
	6.87	5.82	0.03	0.20	0.43		0.10
0.19	17.64	15.27	0.06	0.82	1.41	0.06	0.47
	47.02	40.99	0.05	0.86	1.64	0.03	0.58
	42.05	30.74	0.06	1.86	2.29	0.01	0.19
	4.31	3.93	0.01	0.04	0.16	0.02	0.11

单位：亿元

应交所得税	从业人员平均人数（万人）	总资产贡献率（%）	资　产负债率（%）	产　品销售率（%）	成本费用利 润 率（%）	流动资本周 转 率（%）
0.71	**3.02**	**8.16**	**69.50**	**101.95**	**5.41**	**1.62**
0.05	0.82	2.70	74.82	98.13	0.61	0.71
0.02	0.12	6.13	61.50	99.16	4.53	1.16
	0.11	4.72	70.16	87.55	4.94	0.93
0.14	0.32	6.23	81.73	129.89	0.94	4.18
	0.05	0.25	78.71	122.05	-6.66	0.89
0.06	0.09	12.55	68.37	102.05	4.59	2.14
0.08	0.47	2.53	79.88	83.59	0.83	0.71
0.05	0.61	8.68	70.55	96.49	4.99	1.60
0.24	0.34	37.93	29.67	98.69	19.83	5.03
0.05	0.10	3.68	49.69	94.42	1.67	1.31

2-1-50 按地区分组的专用

地　区	企　业 单位数 (个)	工业总产值 (当年价格)	工业销售 产　值 (当年价格)		资产总计	固定资产 合　计	
				出口交货值			固定资产 原　价
全　省	**140**	**361.39**	**342.39**	**14.26**	**652.32**	**122.40**	**147.98**
直　报							
太原市	37	183.22	174.34	9.70	416.22	79.66	93.01
大同市	9	8.37	8.09		20.11	3.82	3.32
阳泉市	7	11.60	11.66		8.75	1.45	2.20
长治市	10	24.94	25.17		17.66	3.45	3.25
晋城市	11	19.95	18.22		60.00	7.34	8.04
朔州市	4	3.94	3.75		4.07	0.46	0.59
晋中市	28	42.78	38.91	3.41	49.68	9.10	14.53
运城市	8	18.20	15.68	0.15	21.88	5.18	7.27
忻州市	12	13.19	12.12		16.18	1.86	1.94
临汾市	6	29.90	30.04	0.99	22.53	4.71	7.41
吕梁市	8	5.29	4.42		15.24	5.38	6.42

2-1-50 续表 1

地　区	所有者 权益合计						
		实收资本					
			国家资本	集体资本	法人资本	个人资本	港澳台资本
全　省	**166.77**	**105.06**	**57.85**	**3.95**	**24.57**	**16.78**	
直　报							
太原市	121.18	63.30	40.75		14.84	5.90	
大同市	-2.54	2.62		1.08	0.14	1.41	
阳泉市	0.84	0.91	0.40	0.25	0.15	0.11	
长治市	4.52	2.16	0.10	0.59	0.63	0.84	
晋城市	14.18	13.92	10.10	0.20	2.71	0.91	
朔州市	1.44	0.47	0.03		0.40	0.05	
晋中市	9.57	7.17		1.09	3.41	2.67	
运城市	7.49	2.09	0.82	0.75	0.10	0.42	
忻州市	5.71	4.52	2.14		0.83	1.45	
临汾市	1.35	4.27	2.85		1.17	0.25	
吕梁市	3.03	3.64	0.67		0.20	2.77	

设备制造业主要经济指标

单位：亿元

累计折旧	流动资产合计	应收账款	存货	产成品	负债合计	流动负债合计	应付账款
46.15	**459.89**	**192.97**	**106.91**	**42.09**	**484.88**	**416.81**	**173.34**
27.17	305.69	141.17	73.58	30.08	295.03	253.11	119.46
1.34	15.96	6.31	2.85	0.61	22.62	22.47	2.79
0.75	6.74	2.89	1.13	0.14	7.91	7.66	4.86
1.30	10.26	4.98	1.88	0.98	13.06	13.03	4.18
1.72	34.68	8.28	4.18	2.65	45.82	36.48	12.39
0.16	3.44	1.10	0.38	0.18	2.61	2.61	1.28
6.38	34.55	7.55	8.17	2.26	40.06	30.07	12.36
2.27	16.14	4.99	6.65	2.79	14.40	13.41	4.17
0.98	13.14	7.45	2.96	1.01	10.09	9.59	4.32
2.88	10.35	5.37	2.49	0.94	21.08	16.79	4.21
1.20	8.95	2.88	2.65	0.43	12.20	11.58	3.32

单位：亿元

外商资本	主营业务收入	主营业务成本	主营业务税金及附加	销售费用	管理费用	税金	财务费用
1.80	**364.18**	**313.37**	**1.12**	**10.59**	**25.84**	**0.48**	**7.37**
1.80	185.12	153.61	0.49	7.36	13.09	0.07	4.20
	12.69	11.14	0.13	0.13	1.90		0.41
	10.99	10.54	0.01	0.12	0.26	0.01	0.13
	26.03	24.27	0.09	0.07	1.37	0.02	0.06
	18.95	16.04		0.35	2.02	0.06	0.85
	3.96	2.64	0.04	0.28	0.21		0.02
	39.57	35.22	0.14	0.78	3.65	0.21	0.41
	16.43	13.91	0.04	0.52	0.89	0.03	0.25
	14.30	12.30	0.04	0.44	1.06	0.02	0.06
	31.84	29.91	0.11	0.42	0.79	0.04	0.46
	4.30	3.79	0.02	0.12	0.59	0.02	0.52

2-1-50 续表 2

地 区	利息收入	利息支出	投资收益(损失以"-"号记)	营业利润	利润总额	亏损企业亏损额	应交增值税
全 省	**0.29**	**6.70**	**0.49**	**7.03**	**8.99**	**2.78**	**6.38**
直 报							
太原市	0.09	3.83	0.10	4.93	5.74	0.30	3.15
大同市		0.37		-0.52	-0.54	0.83	0.27
阳泉市		0.10		-0.05	0.02	0.04	0.12
长治市		0.05		0.36	0.39	0.02	0.37
晋城市	0.01	0.83	0.40	0.54	0.61	0.03	0.31
朔州市		0.02		0.84	0.87	0.01	0.24
晋中市	0.09	0.45	-0.01	-0.40	0.45	0.85	0.74
运城市	0.04	0.21		1.03	1.08		0.34
忻州市	0.01	0.05		0.49	0.53	0.02	0.31
临汾市	0.03	0.47		0.38	0.37		0.46
吕梁市	0.03	0.32		-0.56	-0.55	0.68	0.06

2-1-51 按地区分组的汽车

地 区	企 业单位数(个)	工业总产值(当年价格)	工业销售产 值(当年价格)	出口交货值	资产总计	固定资产合 计	固定资产原 价
全 省	**46**	**79.24**	**76.44**	**4.74**	**128.80**	**42.29**	**58.16**
直 报							
太原市	6	4.06	4.13		14.83	4.41	6.62
大同市	3	9.04	9.26	0.85	21.84	8.80	12.38
阳泉市							
长治市	7	4.61	4.34	0.35	16.64	6.03	6.94
晋城市	5	8.16	7.88	1.09	19.33	7.06	7.66
朔州市	1	1.18	1.18		0.37	0.28	0.28
晋中市	6	7.01	5.21	0.33	9.70	1.33	1.63
运城市	9	39.16	38.65	1.54	37.60	11.18	18.02
忻州市							
临汾市	8	5.71	5.48	0.58	8.30	3.13	4.52
吕梁市	1	0.31	0.31		0.20	0.07	0.09

单位：亿元

应交所得税	从业人员平均人数(万人)	总资产贡献率(%)	资　产负债率(%)	产　品销售率(%)	成本费用利润率(%)	流动资本周转率(%)
1.51	**5.88**	**3.52**	**74.33**	**94.74**	**2.46**	**0.81**
0.79	2.03	3.15	70.88	95.15	3.20	0.61
0.04	1.25	1.19	112.45	96.55	-3.62	0.91
0.02	0.12	2.92	90.41	100.49	0.17	1.78
0.04	0.21	5.04	73.97	100.92	1.46	2.65
0.08	0.36	2.94	76.36	91.34	3.14	0.57
0.22	0.08	28.76	64.06	95.34	27.31	1.19
0.02	0.79	3.44	80.65	90.96	1.09	1.20
0.01	0.28	7.48	65.79	86.14	6.54	1.09
0.06	0.23	5.70	62.33	91.87	3.81	1.09
0.15	0.37	6.11	93.60	100.46	1.17	3.10
0.07	0.16	-0.96	80.09	83.46	-10.03	0.55

制造业主要经济指标

单位：亿元

累计折旧	流动资产合　计	应收账款	存　货	产成品	负债合计	流动负债合　计	应付账款
17.80	**60.19**	**12.34**	**18.82**	**9.78**	**90.56**	**71.52**	**15.85**
2.29	6.35	1.24	1.96	1.25	11.97	11.83	1.78
4.39	10.44	0.74	2.22	1.55	15.69	10.24	1.64
0.91	6.46	0.22	3.47	1.72	8.51	8.04	2.09
1.27	9.63	1.86	1.86	0.75	15.31	15.14	1.06
	0.09		0.02	0.01	0.10	0.10	
0.42	4.03	0.66	1.38	0.48	5.57	2.46	1.21
6.96	18.61	6.16	6.54	3.45	29.30	20.04	7.18
1.52	4.45	1.45	1.33	0.53	4.03	3.59	0.89
0.03	0.13	0.01	0.05	0.05	0.08	0.08	0.01

2-1-51　续表 1

地　区	所有者权益合计	实收资本	国家资本	集体资本	法人资本	个人资本	港澳台资本
全　省	**38.23**	**30.53**	**4.26**	**7.36**	**14.54**	**4.27**	
直　报							
太原市	2.85	4.73	1.01		3.72		
大同市	6.15	2.76			2.55	0.21	
阳泉市							
长治市	8.13	7.98	0.10	6.80	1.05	0.03	
晋城市	4.02	1.72	0.20	0.56	0.06	0.87	
朔州市	0.27	0.22			0.22		
晋中市	4.13	4.85	0.20		4.12	0.52	
运城市	8.30	4.25	1.73		1.15	1.38	
忻州市							
临汾市	4.26	3.93	1.02		1.57	1.26	
吕梁市	0.12	0.10			0.10		

2-1-51　续表 2

地　区	利息收入	利息支出	投资收益（损失以“–”号记）	营业利润	利润总额	亏损企业亏损额	应交增值税
全　省	**0.28**	**1.45**	**0.05**	**-2.81**	**-0.55**	**2.48**	**1.06**
直　报							
太原市	0.02	0.28	0.02	-1.30	-0.67	0.76	0.06
大同市	0.03	0.27		-1.28	-0.17	0.20	0.23
阳泉市							
长治市		0.01		-0.69	-0.47	0.50	0.01
晋城市	0.01	0.43		0.20	0.25	0.37	0.12
朔州市				0.34	0.34		0.15
晋中市	0.03	0.05		-0.22	-0.06	0.18	0.04
运城市	0.19	0.18	0.01	0.21	0.25	0.33	0.19
忻州市							
临汾市		0.23	0.03	-0.08	-0.04	0.13	0.24
吕梁市				0.02	0.02		

单位：亿元

外商资本	主营业务收入	主营业务成本	主营业务税金及附加	销售费用	管理费用	税金	财务费用
0.02	**76.52**	**68.83**	**0.15**	**3.54**	**6.05**	**0.26**	**1.46**
	4.47	3.72	0.01	0.26	1.62	0.10	0.30
	9.26	8.38	0.03	0.64	1.16	0.06	0.38
	4.27	4.19	0.02	0.12	0.64		0.01
0.02	8.32	6.98	0.04	0.29	0.35	0.04	0.48
	1.18	0.83			0.01		
	5.04	4.65	0.01	0.16	0.43	0.03	0.03
	38.44	35.55	0.01	1.67	1.39	0.01	
	5.23	4.26	0.03	0.40	0.45	0.02	0.26
	0.31	0.28		0.01	0.01		

单位：亿元

应交所得税	从业人员平均人数(万人)	总资产贡献率(%)	资产负债率(%)	产品销售率(%)	成本费用利润率(%)	流动资本周转率(%)
0.24	**1.86**	**1.44**	**70.31**	**96.48**	**-0.67**	**1.33**
0.01	0.19	-2.10	80.74	101.74	-11.18	0.72
	0.27	1.55	71.85	102.48	-1.44	0.99
	0.24	-2.56	51.14	94.13	-9.25	0.68
0.10	0.23	4.33	79.18	96.53	3.14	0.87
	0.01	133.02	27.20	100.13	39.93	12.80
	0.13	0.03	57.42	74.35	-1.15	1.26
0.11	0.56	1.20	77.92	98.70	0.63	2.15
0.02	0.22	5.37	48.62	95.99	-0.78	1.24
	0.01	9.82	41.71	100.00	5.38	2.37

2-1-52 按地区分组的铁路、船舶、航空航天和

地区	企业单位数（个）	工业总产值（当年价格）	工业销售产值（当年价格）		资产总计		
				出口交货值		固定资产合计	
							固定资产原价
全省	**28**	**111.53**	**110.34**	**0.41**	**141.72**	**48.78**	**43.27**
直报							
太原市	12	45.12	44.10		62.17	23.62	12.81
大同市	7	58.16	58.75	0.41	62.36	18.15	20.99
阳泉市							
长治市							
晋城市							
朔州市							
晋中市	1	0.66	0.66		1.04	0.42	0.52
运城市	4	5.29	4.95		11.82	5.52	7.46
忻州市	1	0.33	0.31		0.41	0.10	0.16
临汾市							
吕梁市	3	1.97	1.56		3.92	0.97	1.33

2-1-52 续表 1

地区	所有者权益合计						
		实收资本					
			国家资本	集体资本	法人资本	个人资本	港澳台资本
全省	**31.68**	**22.14**	**12.64**	**0.91**	**5.09**	**2.10**	
直报							
太原市	16.65	7.17	4.50	0.43	1.18	0.58	
大同市	12.55	9.49	8.14	0.44			
阳泉市							
长治市							
晋城市							
朔州市							
晋中市	0.51	0.50				0.50	
运城市	0.65	3.62		0.05	2.85	0.72	
忻州市	0.10	0.11				0.11	
临汾市							
吕梁市	1.22	1.24			1.06	0.18	

其他运输设备制造业主要经济指标

单位：亿元

累计折旧	流动资产合计	应收账款	存货	产成品	负债合计	流动负债合计	应付账款
16.29	**87.89**	**40.37**	**18.48**	**3.88**	**110.04**	**92.93**	**47.80**
5.21	38.10	22.70	7.64	1.86	45.52	35.26	18.78
8.56	41.35	15.25	8.65	0.78	49.81	45.32	26.61
0.10	0.55	0.34	0.14	0.04	0.53	0.53	0.06
1.99	4.96	1.63	1.12	0.32	11.17	8.90	1.75
0.06	0.31	0.07	0.10	0.09	0.31	0.31	0.17
0.37	2.62	0.39	0.83	0.79	2.70	2.60	0.43

单位：亿元

外商资本	主营业务收入	主营业务成本	主营业务税金及附加	销售费用	管理费用	税金	财务费用
1.40	**108.53**	**90.02**	**0.55**	**2.39**	**9.31**	**0.25**	**2.28**
0.48	43.13	35.32	0.21	1.27	3.58	0.06	0.59
0.91	58.72	49.32	0.33	0.88	5.22	0.17	1.47
	0.49	0.44			0.02		0.02
	4.46	3.43	0.01	0.23	0.42	0.01	0.09
	0.31	0.28		0.01	0.01		
	1.42	1.23		0.01	0.06	0.01	0.11

2-1-52 续表 2

地 区			投资收益(损失以“-”号记)	营业利润	利润总额	亏损企业亏损额	应交增值税
	利息收入	利息支出					
全 省	**0.07**	**2.32**	**1.22**	**5.02**	**5.06**	**0.34**	**3.96**
直 报							
太原市	0.04	0.64		2.21	2.22	0.13	1.52
大同市	0.02	1.47	1.22	2.50	2.51		2.30
阳泉市							
长治市							
晋城市							
朔州市							
晋中市		0.02					0.01
运城市		0.08		0.28	0.29	0.20	0.08
忻州市				0.01	0.01		0.01
临汾市							
吕梁市		0.11		0.02	0.03		0.05

2-1-53 按地区分组的电气机械和

地 区	企 业 单位数(个)	工业总产值(当年价格)	工业销售产值(当年价格)		资产总计		
				出口交货值		固定资产合 计	
							固定资产原 价
全 省	**70**	**145.18**	**135.79**	**1.88**	**199.85**	**51.67**	**58.28**
直 报							
太原市	15	8.46	7.86	0.26	21.32	5.08	5.60
大同市	2	5.77	5.92		5.78	0.24	0.66
阳泉市	2	1.80	1.07		12.22	8.80	3.77
长治市	8	46.31	38.70		61.08	19.59	21.54
晋城市	9	4.52	4.02		19.13	3.98	4.60
朔州市							
晋中市	9	7.27	7.37		6.88	1.29	2.11
运城市	13	61.84	62.74	1.11	60.84	9.83	16.37
忻州市	1	0.19	0.19		0.20	0.06	0.10
临汾市	8	6.20	5.96	0.52	8.22	2.07	2.48
吕梁市	3	2.81	1.97		4.18	0.73	1.05

单位：亿元

应交所得税	从业人员平均人数（万人）	总资产贡献率（%）	资　产负债率（%）	产　品销售率（%）	成本费用利润率（%）	流动资本周转率（%）
0.46	**1.62**	**8.35**	**77.65**	**98.94**	**4.72**	**1.27**
0.34	0.61	7.31	73.22	97.75	5.31	1.17
0.12	0.86	10.57	79.87	101.02	4.25	1.47
	0.02	3.33	51.32	100.00	0.08	0.88
	0.07	3.78	94.52	93.62	6.87	0.90
	0.01	5.41	75.08	95.70	3.72	1.02
	0.06	4.88	68.87	79.14	2.10	0.54

器材设备制造业主要经济指标

单位：亿元

累计折旧	流动资产合　计	应收账款	存　货	产成品	负债合计	流动负债合　计	应付账款
19.00	**114.26**	**59.41**	**27.61**	**14.08**	**136.46**	**108.46**	**31.47**
2.02	13.74	6.38	2.77	1.15	11.11	8.72	3.70
0.42	5.28	1.99	0.70	0.10	3.61	3.24	1.48
0.31	3.42	1.06	1.21	0.87	7.31	5.99	1.24
5.43	27.11	17.07	4.25	3.21	50.21	30.91	5.77
0.89	9.24	2.66	3.03	1.90	14.33	12.72	2.13
0.83	5.50	2.38	1.42	1.04	2.40	2.40	0.52
7.94	42.40	24.99	11.64	4.92	41.42	39.08	14.99
0.04	0.12	0.01			0.14	0.14	0.01
0.76	5.04	2.24	1.60	0.58	3.54	3.17	1.49
0.36	2.41	0.63	0.99	0.31	2.39	2.09	0.14

2-1-53 续表 1

地　区	所有者权益合计	实收资本	国家资本	集体资本	法人资本	个人资本	港澳台资本
全　省	**63.23**	**41.99**	**19.07**	**1.27**	**10.76**	**10.39**	
直　报							
太原市	10.18	4.38	0.04		1.21	3.13	
大同市	2.17	0.62		0.02	0.24	0.11	
阳泉市	4.91	2.97		0.01	2.27	0.69	
长治市	10.87	13.72	12.11		0.42	1.11	
晋城市	4.77	4.94	0.62	0.74	3.05	0.35	
朔州市							
晋中市	4.39	3.43		0.06	0.60	2.77	
运城市	19.40	8.15	6.31	0.44	0.78	0.63	
忻州市	0.06	0.01				0.01	
临汾市	4.68	2.48			1.09	1.39	
吕梁市	1.80	1.30			1.10	0.20	

2-1-53 续表 2

地　区	利息收入	利息支出	投资收益（损失以“–”号记）	营业利润	利润总额	亏损企业亏损额	应交增值税
全　省	**0.03**	**4.21**	**1.46**	**0.78**	**1.27**	**4.49**	**3.00**
直　报							
太原市	0.01	0.06		-0.29	-0.21	0.27	0.11
大同市		0.05		1.49	1.49		0.43
阳泉市		0.20		-0.57	-0.56	0.56	
长治市		1.84		-2.95	-2.81	2.84	0.12
晋城市	0.01	0.61		-0.72	-0.64	0.75	0.09
朔州市							
晋中市		0.15	0.29	0.35	0.37		0.09
运城市	0.01	1.18	1.17	2.84	2.96		1.95
忻州市				0.01	0.01		
临汾市		0.07		0.62	0.68	0.07	0.14
吕梁市		0.06				0.01	0.07

单位：亿元

外商资本	主营业务收入	主营业务成本	主营业务税金及附加	销售费用	管理费用	税金	财务费用
0.49	**106.78**	**94.69**	**0.43**	**3.26**	**8.78**	**0.30**	**4.33**
	8.01	6.81	0.03	0.42	1.23	0.02	0.08
0.24	5.92	3.88	0.06	0.26	0.15	0.01	0.04
	1.15	1.13		0.07	0.29		0.22
0.08	8.46	11.46	0.02	0.29	1.51	0.09	1.85
0.17	4.56	4.24	0.01	0.12	0.37	0.02	0.60
	5.96	5.42	0.01	0.12	0.20	0.01	0.15
	64.49	55.39	0.26	1.52	4.41	0.12	1.25
	0.20	0.17		0.01	0.01		
	5.97	4.46	0.03	0.33	0.49	0.02	0.07
	2.07	1.73	0.01	0.14	0.12	0.01	0.06

单位：亿元

应交所得税	从业人员平均人数（万人）	总资产贡献率（%）	资产负债率（%）	产品销售率（%）	成本费用利润率（%）	流动资本周转率（%）
0.61	**1.57**	**4.45**	**68.28**	**93.54**	**0.79**	**1.39**
0.01	0.24	-0.12	52.14	92.92	-2.45	0.60
0.37	0.05	34.98	62.45	102.44	34.38	1.12
	0.06	-2.93	59.83	59.17	-32.46	0.34
0.01	0.26	-1.38	82.20	83.57	-5.45	1.79
	0.16	0.31	74.92	88.87	-11.72	0.52
0.01	0.07	8.99	34.90	101.35	6.04	1.09
0.06	0.59	10.42	68.08	101.45	3.99	1.79
		5.42	69.47	100.00	2.99	1.63
0.13	0.12	11.24	43.05	96.18	11.83	1.25
	0.03	3.36	57.08	70.27	-0.13	0.86

2-1-54 按地区分组的计算机、通讯和

地 区	企 业单位数(个)	工业总产值(当年价格)	工业销售产值(当年价格)		资产总计		
				出口交货值		固定资产合计	
							固定资产原 价
全 省	**29**	**512.40**	**489.24**	**371.67**	**397.04**	**120.65**	**193.57**
直 报							
太原市	18	417.52	408.68	328.06	283.79	79.80	124.01
大同市							
阳泉市							
长治市	2	1.09	1.01		23.89	6.53	4.23
晋城市	2	82.15	69.64	42.10	74.97	31.74	54.46
朔州市	1	0.24	0.02		1.61	0.21	0.21
晋中市	1	0.49	0.49		0.34	0.21	0.21
运城市	5	10.91	9.41	1.51	12.44	2.15	10.46
忻州市							
临汾市							
吕梁市							

2-1-54 续表 1

地 区	所有者权益合计						
		实收资本					
			国家资本	集体资本	法人资本	个人资本	港澳台资本
全 省	**161.65**	**121.72**	**1.99**	**1.15**	**17.65**	**3.17**	**34.22**
直 报							
太原市	92.44	66.32	0.49		2.82	1.13	
大同市							
阳泉市							
长治市	14.44	17.37	1.50	0.69	13.52	0.47	1.20
晋城市	45.01	34.67					33.02
朔州市	0.90	1.00			1.00		
晋中市	0.18	0.10				0.10	
运城市	8.68	2.25		0.47	0.31	1.48	
忻州市							
临汾市							
吕梁市							

其他电子设备制造业主要经济指标

单位：亿元

累计折旧	流动资产合计	应收账款	存货	产成品	负债合计	流动负债合计	应付账款
76.86	**240.01**	**57.82**	**39.87**	**20.16**	**235.39**	**231.23**	**123.73**
44.94	190.85	43.52	26.02	14.23	191.35	190.50	108.34
0.71	8.78	0.48	1.27	0.41	9.46	7.41	1.22
22.81	31.94	11.12	9.35	4.43	29.96	28.86	13.33
0.01	0.22		0.22	0.17	0.71	0.71	0.08
0.08	0.11	0.01	0.10	0.09	0.15	0.10	0.03
8.30	8.10	2.69	2.91	0.83	3.76	3.65	0.73

单位：亿元

外商资本	主营业务收入	主营业务成本	主营业务税金及附加	销售费用	管理费用	税金	财务费用
62.69	**493.24**	**394.90**	**1.25**	**1.40**	**16.95**	**0.82**	**1.07**
61.04	412.29	320.60	1.05	1.10	12.51	0.62	0.60
	1.02	0.90		0.01	0.97	0.01	0.06
1.65	69.64	64.70	0.17	0.12	2.97	0.18	0.20
	0.21	0.11		0.02	0.07		0.01
	0.49	0.44			0.01		
	9.60	8.15	0.03	0.14	0.42	0.01	0.21

2-1-54 续表 2

地区	利息收入	利息支出	投资收益（损失以"–"号记）	营业利润	利润总额	亏损企业亏损额	应交增值税
全省	**0.67**	**2.46**	**-51.47**	**6.00**	**8.06**	**2.43**	**5.51**
直报							
太原市	0.64	1.95	-51.47	4.20	5.88	1.14	4.81
大同市							
阳泉市							
长治市		0.03		-0.92	-0.74	0.74	
晋城市	0.03	0.28		2.04	2.04	0.51	0.36
朔州市		0.01					
晋中市				0.04	0.06		0.02
运城市	-0.01	0.18		0.64	0.82	0.03	0.32
忻州市							
临汾市							
吕梁市							

2-1-55 按地区分组的仪器仪表

地区	企业单位数（个）	工业总产值（当年价格）	工业销售产值（当年价格）	出口交货值	资产总计	固定资产合计	固定资产原价
全省	**17**	**23.38**	**22.84**	**0.51**	**29.82**	**2.61**	**3.67**
直报							
太原市	16	23.07	22.57	0.51	29.49	2.57	3.61
大同市							
阳泉市							
长治市							
晋城市							
朔州市							
晋中市							
运城市	1	0.31	0.27		0.34	0.05	0.06
忻州市							
临汾市							
吕梁市							

单位：亿元

应交所得税	从业人员平均人数（万人）	总资产贡献率（%）	资产负债率（%）	产品销售率（%）	成本费用利润率（%）	流动资本周转率（%）
0.86	**9.92**	**4.18**	**59.29**	**95.48**	**1.92**	**2.07**
0.82	6.52	4.60	67.43	97.88	1.73	2.18
	0.11	-2.98	39.57	92.32	-38.14	0.12
	3.18	3.77	39.96	84.77	3.00	2.18
	0.03	0.33	44.32	8.80	-1.11	0.93
	0.01	23.80	45.24	99.99	13.10	4.65
0.05	0.07	10.92	30.23	86.27	9.11	1.20

制造业主要经济指标

单位：亿元

累计折旧	流动资产合计	应收账款	存货	产成品	负债合计	流动负债合计	应付账款
1.66	**22.61**	**9.82**	**4.56**	**1.01**	**14.56**	**12.67**	**3.24**
1.65	22.32	9.67	4.51	1.01	14.41	12.52	3.18
0.01	0.29	0.15	0.06		0.14	0.14	0.06

2-1-55　续表 1

地　区	所有者权益合计	实收资本	国家资本	集体资本	法人资本	个人资本	港澳台资本
全　省	**15.26**	**5.41**	**0.14**		**3.70**	**1.26**	**0.31**
直　报							
太原市	15.07	5.36	0.14		3.65	1.26	0.31
大同市							
阳泉市							
长治市							
晋城市							
朔州市							
晋中市							
运城市	0.19	0.05			0.05		
忻州市							
临汾市							
吕梁市							

2-1-55　续表 2

地　区	利息收入	利息支出	投资收益（损失以“-”号记）	营业利润	利润总额	亏损企业亏损额	应交增值税
全　省		**0.08**	**-0.01**	**5.01**	**2.57**	**0.01**	**0.85**
直　报							
太原市		0.08	-0.01	4.98	2.53	0.01	0.85
大同市							
阳泉市							
长治市							
晋城市							
朔州市							
晋中市							
运城市		0.01		0.04	0.04		
忻州市							
临汾市							
吕梁市							

单位：亿元

外商资本	主营业务收入	主营业务成本	主营业务税金及附加	销售费用	管理费用	税金	财务费用
	25.81	**16.66**	**0.21**	**1.37**	**2.42**	**0.02**	**0.09**
	25.54	16.46	0.21	1.35	2.40	0.02	0.09
	0.27	0.19		0.03	0.01		0.01

单位：亿元

应交所得税	从业人员平均人数(万人)	总资产贡献率(%)	资产负债率(%)	产品销售率(%)	成本费用利润率(%)	流动资本周转率(%)
0.33	**0.29**	**12.40**	**48.82**	**97.70**	**12.43**	**1.15**
0.32	0.29	12.39	48.88	97.84	12.38	1.16
0.01		13.02	42.83	87.24	16.42	0.94

2-1-56 按地区分组的其他

地区	企业单位数（个）	工业总产值（当年价格）	工业销售产值（当年价格）	出口交货值	资产总计	固定资产合计	固定资产原价
全省	**6**	**7.12**	**6.98**		**9.97**	**3.04**	**5.16**
直报							
太原市	1	0.16	0.16		0.56	0.36	0.02
大同市							
阳泉市							
长治市	1	0.30	0.21		0.51	0.05	0.07
晋城市							
朔州市							
晋中市							
运城市	3	4.47	4.42		3.53	1.44	2.92
忻州市							
临汾市	1	2.19	2.19		5.37	1.18	2.15
吕梁市							

2-1-56 续表 1

地区	所有者权益合计	实收资本	国家资本	集体资本	法人资本	个人资本	港澳台资本
全省	**5.59**	**0.89**	**0.39**		**0.39**	**0.11**	
直报							
太原市	0.10	0.10				0.10	
大同市							
阳泉市							
长治市	0.10	0.10			0.10		
晋城市							
朔州市							
晋中市							
运城市	1.94	0.30			0.29	0.01	
忻州市							
临汾市	3.44	0.39	0.39				
吕梁市							

制造业主要经济指标

单位：亿元

累计折旧	流动资产合计	应收账款	存货	产成品	负债合计	流动负债合计	应付账款
2.52	**6.34**	**0.48**	**0.89**	**0.38**	**4.39**	**3.39**	**0.60**
0.01	0.14	0.09	0.01		0.46	0.22	0.06
0.02	0.30	0.14	0.02		0.41	0.41	0.24
1.52	1.71	0.25	0.50	0.36	1.59	1.56	0.10
0.97	4.19		0.35	0.02	1.93	1.20	0.19

单位：亿元

外商资本	主营业务收入	主营业务成本	主营业务税金及附加	销售费用	管理费用	税金	财务费用
	7.13	**5.94**	**0.01**	**0.25**	**0.41**	**0.03**	**0.05**
	0.20	0.18		0.01	0.01		
	0.27	0.20		0.02	0.05	0.01	
	4.96	4.07		0.22	0.17		0.09
	1.69	1.47		0.01	0.18	0.01	-0.04

2-1-56 续表 2

地 区	利息收入	利息支出	投资收益(损失以“-”号记)	营业利润	利润总额	亏损企业亏损额	应交增值税
全 省	**0.04**	**0.08**	**0.16**	**0.47**	**0.47**		**0.09**
直 报							
太原市							
大同市							
阳泉市							
长治市							0.01
晋城市							
朔州市							
晋中市							
运城市		0.08		0.41	0.41		0.05
忻州市							
临汾市	0.04		0.16	0.06	0.06		0.03
吕梁市							

2-1-57 按地区分组的废弃资源

地 区	企业单位数(个)	工业总产值(当年价格)	工业销售产值(当年价格)	出口交货值	资产总计	固定资产合计	固定资产原价
全 省	**4**	**0.93**	**0.93**		**1.67**	**0.32**	**0.38**
直 报							
太原市							
大同市							
阳泉市							
长治市							
晋城市							
朔州市							
晋中市							
运城市	1				0.24	0.13	0.11
忻州市							
临汾市	3	0.93	0.93		1.43	0.19	0.27
吕梁市							

单位：亿元

应交所得税	从业人员平均人数（万人）	总资产贡献率（%）	资产负债率（%）	产品销售率（%）	成本费用利润率（%）	流动资本周转率（%）
0.03	**0.19**	**6.07**	**43.98**	**97.94**	**6.83**	**1.12**
		0.77	82.05	100.00	0.46	1.46
	0.01	1.83	80.28	67.32	-0.19	0.92
0.03	0.09	15.23	45.00	98.82	8.94	2.89
	0.09	1.00	35.91	100.25	3.25	0.40

综合利用业主要经济指标

单位：亿元

累计折旧	流动资产合计	应收账款	存货	产成品	负债合计	流动负债合计	应付账款
0.10	**1.07**	**0.21**	**0.14**		**1.56**	**1.35**	**0.25**
0.01	0.11	0.01	0.02		0.19	0.19	0.17
0.09	0.95	0.20	0.12		1.37	1.16	0.08

2-1-57 续表 1

地 区	所有者权益合计	实收资本					
			国家资本	集体资本	法人资本	个人资本	港澳台资本
全 省	**0.37**	**0.43**		**0.10**		**0.33**	
直 报							
太原市							
大同市							
阳泉市							
长治市							
晋城市							
朔州市							
晋中市							
运城市	0.06						
忻州市							
临汾市	0.31	0.43		0.10		0.33	
吕梁市							

2-1-57 续表 2

地 区	利息收入	利息支出	投资收益（损失以“-”号记）	营业利润	利润总额	亏损企业亏损额	应交增值税
全 省		**0.03**		**-0.06**	**0.17**	**0.02**	**0.06**
直 报							
太原市							
大同市							
阳泉市							
长治市							
晋城市							
朔州市							
晋中市							
运城市							
忻州市							
临汾市		0.03		-0.06	0.17	0.02	0.06
吕梁市							

单位：亿元

外商资本	主营业务收　　入	主营业务成　　本	主营业务税金及附加	销售费用	管理费用	税金	财务费用
	0.93	**0.84**	**0.01**	**0.04**	**0.08**		**0.03**
	0.93	0.84	0.01	0.04	0.08		0.03

单位：亿元

应交所得税	从业人员平均人数（万人）	总资产贡献率（%）	资　产负债率（%）	产　品销售率（%）	成本费用利 润 率（%）	流动资本周 转 率（%）
	0.03	**16.21**	**93.27**	**100.00**	**17.29**	**0.87**
			77.39			
	0.03	18.99	96.00	100.00	17.29	0.98

2-1-58 按地区分组的金属制品、

地 区	企 业 单位数 (个)	工业总产值 (当年价格)	工业销售产值 (当年价格)	出口交货值	资产总计	固定资产合计	固定资产原价
全 省	**11**	**8.68**	**8.61**		**7.00**	**2.30**	**4.34**
直 报							
太原市	1	0.48	0.48		0.17		0.01
大同市							
阳泉市							
长治市							
晋城市	6	4.81	4.81		3.40	0.42	0.61
朔州市							
晋中市							
运城市	2	0.73	0.67		0.52	0.05	0.14
忻州市							
临汾市	2	2.66	2.65		2.92	1.83	3.59
吕梁市							

2-1-58 续表 1

地 区	所有者权益合计	实收资本	国家资本	集体资本	法人资本	个人资本	港澳台资本
全 省	**0.29**	**2.62**	**0.60**	**0.19**	**1.77**	**0.01**	
直 报							
太原市	0.08	0.01				0.01	
大同市							
阳泉市							
长治市							
晋城市	1.47	0.75	0.55		0.15		
朔州市							
晋中市							
运城市	0.12	0.05	0.05				
忻州市							
临汾市	-1.38	1.81		0.19	1.63		
吕梁市							

机械和设备修理业主要经济指标

单位：亿元

累计折旧	流动资产合计	应收账款	存货	产成品	负债合计	流动负债合计	应付账款
2.04	**4.35**	**2.10**	**0.58**	**0.23**	**6.72**	**6.67**	**2.74**
0.01	0.17	0.06			0.09	0.09	0.01
0.19	2.82	1.38	0.32	0.11	1.93	1.93	1.67
0.09	0.45	0.34	0.06		0.40	0.39	0.30
1.75	0.90	0.32	0.20	0.13	4.30	4.26	0.77

单位：亿元

外商资本	主营业务收入	主营业务成本	主营业务税金及附加	销售费用	管理费用	税金	财务费用
0.05	**8.40**	**7.17**	**0.05**	**0.29**	**0.83**	**0.02**	**0.01**
	0.48	0.43	0.01		0.02		
0.05	4.67	4.00	0.02	0.01	0.30		
	0.67	0.58	0.01	0.06	0.05		0.01
	2.58	2.16	0.01	0.23	0.46	0.01	

2-1-58 续表 2

地　区	利息收入	利息支出	投资收益(损失以“-”号记)	营业利润	利润总额	亏损企业亏损额	应交增值税
全　省		**0.01**	**0.03**	**0.12**	**0.28**	**0.15**	**0.44**
直　报							
太原市				0.02	0.02		0.07
大同市							
阳泉市							
长治市							
晋城市			0.03	0.40	0.40		0.24
朔州市							
晋中市							
运城市		0.01		-0.03	-0.03	0.05	0.05
忻州市							
临汾市				-0.26	-0.10	0.10	0.07
吕梁市							

2-1-59 按地区分组的电力、燃气和水的

地　区	企　业单位数(个)	工业总产值(当年价格)	工业销售产值(当年价格)	出口交货值	资产总计	固定资产合计	固定资产原价
全　省	**155**	**1731.05**	**1693.60**		**2854.72**	**2018.99**	**3058.48**
直　报	**2**	**865.21**	**865.21**		**629.46**	**402.72**	**746.93**
太原市	11	118.72	117.04		300.91	157.45	264.12
大同市	17	104.13	104.13		215.87	177.58	263.99
阳泉市	9	35.75	35.75		73.91	56.07	121.24
长治市	14	104.72	104.75		235.95	177.35	256.69
晋城市	16	93.54	93.58		182.10	129.13	264.16
朔州市	26	101.91	101.80		292.67	229.62	307.17
晋中市	11	61.30	61.07		162.95	133.30	164.87
运城市	9	47.27	47.17		108.83	86.70	147.88
忻州市	21	101.03	96.91		359.23	253.69	255.77
临汾市	11	59.45	33.66		186.59	137.55	167.47
吕梁市	8	38.03	32.53		106.25	77.83	98.19

单位：亿元

应交所得税	从业人员平均人数(万人)	总资产贡献率(%)	资产负债率(%)	产品销售率(%)	成本费用利润率(%)	流动资本周转率(%)
0.10	**0.24**	**11.27**	**95.91**	**99.23**	**3.31**	**1.99**
	0.08	58.51	55.55	100.00	3.37	2.80
0.10	0.06	19.38	56.72	99.99	8.84	1.73
	0.04	6.77	77.24	91.92	-4.61	1.48
	0.06	-0.11	147.12	99.72	-3.52	2.90

生产和供应业主要经济指标

单位：亿元

累计折旧	流动资产合计	应收账款	存货	产成品	负债合计	流动负债合计	应付账款
1200.94	**487.78**	**123.80**	**47.65**	**2.11**	**2236.48**	**770.26**	**238.22**
392.73	**67.98**	**14.99**	**0.30**		**462.67**	**16.33**	**5.84**
117.12	85.92	12.61	3.65	0.21	262.93	98.59	30.58
89.55	32.08	13.18	6.01		159.40	84.80	29.08
71.15	16.91	4.75	2.61	0.03	46.14	34.77	14.46
87.01	48.96	13.50	7.58		219.87	98.02	23.31
136.36	35.37	9.46	6.20	0.21	101.34	48.08	15.84
89.98	43.43	14.84	3.23	0.37	213.52	78.52	42.50
33.98	27.50	6.99	4.35	1.25	147.06	95.38	14.81
61.20	14.94	4.80	3.76		117.62	47.85	21.30
64.17	66.01	13.62	3.61		259.10	68.73	22.22
30.29	24.40	7.62	4.96	0.02	167.02	68.08	11.08
27.39	24.28	7.44	1.39	0.02	79.82	31.11	7.21

2-1-59 续表 1

地 区	所有者权益合计	实收资本	国家资本	集体资本	法人资本	个人资本	港澳台资本
全 省	**615.00**	**547.80**	**342.92**	**0.74**	**173.34**	**13.10**	**1.38**
直 报	**166.79**	**78.25**	**72.25**		**6.00**		
太原市	37.98	23.19	12.05		10.78	0.36	
大同市	56.47	49.06	39.16		6.77	0.74	1.23
阳泉市	27.77	23.42	17.96		5.46		
长治市	16.08	70.03	32.26	0.45	32.41	4.91	
晋城市	80.76	65.70	43.90	0.09	7.79	1.22	
朔州市	76.44	62.50	39.93		20.44	0.81	
晋中市	15.90	33.77	9.84		23.20	0.36	
运城市	-8.78	20.54	17.37		3.07	0.10	
忻州市	99.60	65.16	38.07	0.20	24.46	2.42	
临汾市	19.57	34.74	14.67		17.93	1.18	0.15
吕梁市	26.43	21.45	5.44		15.02	0.99	

2-1-59 续表 2

地 区	利息收入	利息支出	投资收益(损失以“-”号记)	营业利润	利润总额	亏损企业亏损额	应交增值税
全 省	**0.97**	**80.11**	**3.10**	**111.43**	**112.00**	**24.68**	**82.10**
直 报	**0.15**	**11.05**	**0.04**	**30.05**	**29.88**		**27.38**
太原市	0.15	7.58	0.39	1.88	-1.02	6.47	2.82
大同市	0.11	5.45		19.63	20.11	0.44	8.08
阳泉市	0.02	1.30		-1.78	-1.30	2.30	1.11
长治市	0.07	9.51	0.34	5.51	5.82	1.26	6.14
晋城市	0.20	3.94	1.65	13.29	13.33	1.80	5.77
朔州市	0.08	8.47	0.06	9.28	9.50	4.15	5.26
晋中市	0.08	7.10		3.19	3.55	1.97	3.22
运城市	0.02	6.79		-1.83	-1.15	3.16	3.18
忻州市	0.05	11.31	0.36	24.00	24.33	0.13	11.84
临汾市	0.01	4.65		2.23	2.75	1.87	3.87
吕梁市	0.03	2.95	0.26	5.97	6.20	1.14	3.43

单位：亿元

外商资本	主营业务收入	主营业务成本	主营业务税金及附加	销售费用	管理费用	税金	财务费用
14.20	**1718.53**	**1480.45**	**8.55**	**6.33**	**66.76**	**2.46**	**77.53**
	865.21	**815.70**	**3.06**	**0.04**	**36.64**	**0.80**	**12.07**
	114.31	98.52	0.48	3.34	5.57	0.35	7.47
1.15	104.52	75.61	1.05	0.17	1.46	0.07	5.85
	34.76	31.31	0.15	0.60	3.72	0.14	1.29
	104.85	86.29	0.73	0.33	3.83	0.21	5.75
12.69	93.17	73.83	0.66	0.77	3.04	0.14	3.73
	95.12	70.89	0.55	0.19	2.50	0.19	8.57
0.36	61.46	49.84	0.11		1.37	0.20	7.03
	46.62	41.68	0.29	0.06	0.24		6.21
	100.35	63.20	0.68	0.10	4.21	0.09	8.76
	58.27	46.93	0.30	0.29	1.03	0.07	8.04
	39.88	26.65	0.50	0.43	3.14	0.19	2.76

单位：亿元

应交所得税	从业人员平均人数（万人）	总资产贡献率（%）	资产负债率（%）	产品销售率（%）	成本费用利润率（%）	流动资本周转率（%）
19.45	**7.06**	**9.89**	**78.34**	**97.84**	**6.77**	**3.56**
2.59	**0.46**	**11.34**	**73.50**	**100.00**	**3.44**	**12.78**
0.97	1.49	3.23	87.38	98.58	-0.86	1.37
2.49	0.62	16.03	73.84	100.00	23.84	3.31
0.26	0.59	1.68	62.43	100.00	-3.44	2.10
0.02	0.65	9.38	93.18	100.03	6.04	2.15
2.84	0.74	12.91	55.65	100.05	16.29	2.68
1.51	0.81	8.12	72.96	99.90	10.43	2.30
1.29	0.36	8.53	90.25	99.62	6.08	2.25
0.01	0.22	8.35	108.07	99.79	-2.37	3.14
5.00	0.50	13.42	72.13	95.92	31.63	1.54
0.27	0.39	6.19	89.51	56.62	4.71	2.42
2.18	0.23	12.29	75.13	85.53	18.37	1.68

2-1-60 按地区分组的电力、热力生产和

地 区	企 业 单位数 (个)	工业总产值 (当年价格)	工业销售 产 值 (当年价格)	出口交货值	资产总计	固定资产 合 计	固定资产 原 价
全 省	**123**	**1618.83**	**1588.98**		**2586.86**	**1884.90**	**2890.63**
直 报	**2**	**865.21**	**865.21**		**629.46**	**402.72**	**746.93**
太原市	6	54.35	54.35		126.37	74.34	165.04
大同市	16	101.45	101.45		206.98	172.96	256.16
阳泉市	5	30.50	30.50		58.55	48.62	109.33
长治市	12	102.81	102.84		229.28	174.33	251.24
晋城市	12	83.40	83.51		162.06	117.32	250.70
朔州市	21	99.33	99.33		287.42	226.61	303.30
晋中市	10	60.69	60.60		162.22	132.86	163.94
运城市	7	46.48	46.40		106.67	85.29	145.22
忻州市	19	94.09	89.97		356.06	252.19	253.88
临汾市	8	57.71	31.99		181.96	136.08	165.51
吕梁市	5	22.82	22.82		79.84	61.58	79.37

2-1-60 续表 1

地 区	所 有 者 权益合计	实收资本	国家资本	集体资本	法人资本	个人资本	港澳台资本
全 省	**531.50**	**510.01**	**319.29**	**0.74**	**161.45**	**11.36**	**1.23**
直 报	**166.79**	**78.25**	**72.25**		**6.00**		
太原市	-10.56	7.15	0.67		6.48		
大同市	53.80	46.60	36.85		6.77	0.59	1.23
阳泉市	16.42	19.32	14.36		4.96		
长治市	11.66	66.49	30.37	0.45	30.76	4.91	
晋城市	73.62	59.32	42.02	0.09	4.27	0.62	
朔州市	73.81	61.80	39.77		19.94	0.78	
晋中市	16.00	33.54	9.62		23.20	0.36	
运城市	-9.88	19.44	16.27		3.07	0.10	
忻州市	99.14	64.76	38.07	0.20	24.08	2.40	
临汾市	18.25	33.44	14.37		17.21	1.07	
吕梁市	22.45	19.89	4.65		14.72	0.52	

供应业主要经济指标

单位：亿元

累计折旧	流动资产合计	应收账款	存货	产成品	负债合计	流动负债合计	应付账款
1162.23	**416.16**	**112.96**	**44.50**	**1.83**	**2052.12**	**691.40**	**220.54**
392.73	**67.98**	**14.99**	**0.30**		**462.67**	**16.33**	**5.84**
99.90	43.41	7.92	2.82		136.92	52.03	17.46
86.35	28.35	12.78	4.75		153.18	82.07	29.05
64.95	12.74	4.22	2.52		42.12	32.27	14.10
84.57	46.02	13.42	7.43		217.63	95.90	23.11
134.54	31.74	8.88	6.10	0.20	88.45	39.60	14.81
89.00	41.43	14.72	3.04	0.37	210.90	76.23	42.33
33.49	27.45	6.98	4.31	1.25	146.21	94.90	14.67
59.95	14.32	4.46	3.71		116.55	47.57	21.15
63.76	64.89	13.62	3.55		256.38	66.44	21.98
29.16	21.84	7.29	4.81		163.72	66.31	10.68
23.81	15.99	3.69	1.16		57.39	21.74	5.36

单位：亿元

外商资本	主营业务收入	主营业务成本	主营业务税金及附加	销售费用	管理费用	税金	财务费用
13.83	**1608.53**	**1398.77**	**7.89**	**0.99**	**56.72**	**2.13**	**74.14**
	865.21	**815.70**	**3.06**	**0.04**	**36.64**	**0.80**	**12.07**
	51.67	50.24	0.31	0.45	2.11	0.22	5.42
1.15	101.84	73.80	1.02		0.78	0.04	5.85
	29.42	27.01	0.10	0.26	2.81	0.11	1.28
	102.94	85.07	0.71	0.03	3.22	0.20	5.72
12.32	83.05	65.37	0.61	0.09	2.29	0.10	3.23
	92.57	68.82	0.54	0.01	2.21	0.18	8.54
0.36	60.99	49.46	0.11		1.25	0.20	7.03
	45.87	41.10	0.28		0.09		6.17
	93.41	57.41	0.64	0.06	3.95	0.09	8.69
	56.57	45.82	0.28	0.05	0.72	0.06	8.00
	24.98	18.98	0.23		0.64	0.13	2.14

2-1-60 续表 2

地 区	利息收入	利息支出	投资收益（损失以“-”号记）	营业利润	利润总额	亏损企业亏损额	应交增值税
全 省	**0.78**	**76.79**	**2.65**	**101.04**	**104.54**	**22.10**	**78.96**
直 报	**0.15**	**11.05**	**0.04**	**30.05**	**29.88**		**27.38**
太原市	0.04	5.44		-5.40	-4.68	5.10	1.84
大同市	0.11	5.45		19.64	20.11	0.44	7.90
阳泉市	0.02	1.28		-1.52	-1.23	2.03	0.96
长治市	0.07	9.51	0.34	5.67	5.94	1.13	6.07
晋城市	0.17	3.43	1.59	13.43	13.45	1.32	5.53
朔州市	0.07	8.44	0.06	8.97	9.19	4.05	5.20
晋中市	0.08	7.09		3.20	3.56	1.96	3.18
运城市	0.02	6.75		-1.77	-1.11	3.06	3.12
忻州市	0.04	11.23	0.36	23.25	23.58	0.05	11.72
临汾市	0.01	4.61		2.20	2.64	1.83	3.82
吕梁市		2.49	0.26	3.32	3.22	1.12	2.22

2-1-61 按地区分组的燃气生产和

地 区	企业单位数（个）	工业总产值（当年价格）	工业销售产值（当年价格）	出口交货值	资产总计	固定资产合计	固定资产原价
全 省	**18**	**95.30**	**88.12**		**198.01**	**96.72**	**108.34**
直 报							
太原市	3	56.38	54.70		135.87	61.14	68.97
大同市							
阳泉市	2	3.60	3.60		6.61	4.25	4.13
长治市	1	0.86	0.86		3.52	1.44	1.54
晋城市	3	9.35	9.35		18.11	10.53	11.43
朔州市	3	2.04	2.04		3.39	1.84	2.12
晋中市							
运城市							
忻州市	2	6.94	6.94		3.18	1.49	1.89
临汾市	2	1.18	1.18		1.77	0.27	0.30
吕梁市	2	14.94	9.44		25.56	15.77	17.95

单位：亿元

应交所得税	从业人员平均人数（万人）	总资产贡献率（%）	资产负债率（%）	产品销售率（%）	成本费用利润率（%）	流动资本周转率（%）
16.93	**5.41**	**10.35**	**79.33**	**98.16**	**6.74**	**3.90**
2.59	**0.46**	**11.34**	**73.50**	**100.00**	**3.44**	**12.78**
	0.92	2.28	108.35	100.00	-7.67	1.21
2.49	0.48	16.61	74.01	100.00	24.61	3.65
0.21	0.31	1.87	71.95	100.00	-3.85	2.36
0.02	0.51	9.67	94.92	100.03	6.31	2.24
2.71	0.57	14.10	54.57	100.14	18.84	2.66
1.41	0.75	8.12	73.38	100.00	10.42	2.34
1.29	0.30	8.55	90.13	99.85	6.16	2.23
	0.19	8.46	109.26	99.85	-2.32	3.22
4.80	0.48	13.27	72.01	95.62	33.33	1.46
0.24	0.31	6.24	89.97	55.44	4.66	2.62
1.16	0.12	10.22	71.88	100.00	14.49	1.59

供应业主要经济指标

累计折旧	流动资产合计	应收账款	存货	产成品	负债合计	流动负债合计	应付账款
14.47	**50.07**	**8.75**	**1.60**	**0.29**	**153.31**	**58.87**	**9.99**
7.83	31.65	3.88	0.78	0.21	110.31	34.88	6.22
1.57	2.21	0.30	0.05	0.03	2.47	1.34	0.24
0.10	1.53	0.06	0.13		0.72	0.72	0.19
0.94	3.16	0.57	0.04		11.87	7.76	1.01
0.41	1.37	0.12	0.19	0.01	2.06	1.73	
0.40	1.13		0.06		2.72	2.29	0.24
0.03	0.94	0.10	0.14	0.02	1.09	1.09	0.40
3.19	8.08	3.71	0.22	0.02	22.07	9.05	1.67

2-1-61 续表 1

地 区	所有者权益合计						
		实收资本					
			国家资本	集体资本	法人资本	个人资本	港澳台资本
全 省	**44.70**	**18.85**	**5.57**		**11.17**	**1.59**	**0.15**
直 报							
太原市	25.56	5.32	0.66		4.30	0.36	
大同市							
阳泉市	4.14	1.51	1.01		0.50		
长治市	2.80	3.00	1.35		1.65		
晋城市	6.24	5.97	1.49		3.52	0.60	
朔州市	1.33	0.57	0.06		0.48	0.03	
晋中市							
运城市							
忻州市	0.46	0.40			0.39	0.01	
临汾市	0.68	0.60	0.30		0.03	0.12	0.15
吕梁市	3.50	1.48	0.71		0.30	0.47	

2-1-61 续表 2

地 区			投资收益（损失以“–”号记）	营业利润	利润总额	亏损企业亏损额	应交增值税
	利息收入	利息支出					
全 省	**0.16**	**2.99**	**0.30**	**12.60**	**9.29**	**0.68**	**2.20**
直 报							
太原市	0.08	1.94	0.24	8.81	5.03		0.57
大同市							
阳泉市	0.01			-0.02	0.09	0.12	0.07
长治市				-0.11	-0.10	0.10	
晋城市	0.03	0.51	0.06	-0.01	-0.02	0.38	0.19
朔州市				0.40	0.40		0.03
晋中市							
运城市							
忻州市	0.01	0.08		0.75	0.75	0.08	0.12
临汾市				0.10	0.14		0.01
吕梁市	0.03	0.45		2.67	3.00	0.01	1.20

外商资本	主营业务收入	主营业务成本	主营业务税金及附加	销售费用	管理费用	税金	财务费用
0.37	**93.54**	**67.61**	**0.50**	**4.40**	**6.41**	**0.17**	**3.08**
	54.65	40.55	0.10	2.53	2.11	0.07	1.87
	3.70	2.99	0.01	0.33	0.40	0.01	-0.02
	0.86	0.46	0.02	0.24	0.23		0.04
0.37	9.44	7.96	0.05	0.47	0.60	0.02	0.50
	2.11	1.66	0.01	0.19	0.22		
	6.94	5.79	0.04	0.05	0.25		0.07
	1.18	0.76	0.01	0.16	0.15		0.01
	14.65	7.45	0.26	0.43	2.44	0.06	0.61

应交所得税	从业人员平均人数(万人)	总资产贡献率(%)	资产负债率(%)	产品销售率(%)	成本费用利润率(%)	流动资本周转率(%)
2.50	**0.72**	**7.51**	**77.43**	**92.46**	**11.15**	**1.94**
0.97	0.28	5.58	81.19	97.02	10.44	1.80
0.05	0.12	2.52	37.34	100.00	2.22	1.74
	0.05	-2.38	20.59	100.00	-10.09	0.57
0.13	0.10	3.94	65.54	100.00	-0.20	3.03
0.10	0.02	13.35	60.87	100.00	17.58	1.97
0.21	0.02	30.89	85.55	100.00	12.14	6.16
0.02	0.03	9.76	61.66	100.00	13.30	1.26
1.01	0.10	19.08	86.32	63.16	26.58	1.85

2-1-62　按地区分组的水的生产和

地　区	企　业单位数（个）	工业总产值（当年价格）	工业销售产值（当年价格）		资产总计		
				出口交货值		固定资产合　　计	
							固定资产原　　价
全　省	**14**	**16.91**	**16.50**		**69.85**	**37.37**	**59.51**
直　报							
太原市	2	7.99	7.98		38.67	21.97	30.11
大同市	1	2.68	2.68		8.89	4.62	7.82
阳泉市	2	1.64	1.64		8.75	3.20	7.77
长治市	1	1.05	1.05		3.14	1.59	3.91
晋城市	1	0.79	0.72		1.93	1.29	2.04
朔州市	2	0.53	0.43		1.85	1.17	1.75
晋中市	1	0.61	0.47		0.74	0.44	0.93
运城市	2	0.79	0.76		2.17	1.41	2.66
忻州市							
临汾市	1	0.56	0.48		2.86	1.20	1.66
吕梁市	1	0.27	0.27		0.85	0.48	0.87

2-1-62　续表 1

地　区	所有者权益合计						
		实收资本					
			国家资本	集体资本	法人资本	个人资本	港澳台资本
全　省	**38.80**	**18.94**	**18.06**		**0.72**	**0.15**	
直　报							
太原市	22.98	10.72	10.72				
大同市	2.67	2.46	2.31			0.15	
阳泉市	7.20	2.60	2.60				
长治市	1.63	0.54	0.54				
晋城市	0.91	0.40	0.40				
朔州市	1.30	0.13	0.11		0.02		
晋中市	-0.11	0.22	0.22				
运城市	1.10	1.09	1.09				
忻州市							
临汾市	0.64	0.70			0.70		
吕梁市	0.48	0.08	0.08				

供应业主要经济指标

累计折旧	流动资产合计	应收账款	存货	产成品	负债合计	流动负债合计	应付账款
24.24	**21.56**	**2.09**	**1.55**		**31.05**	**19.99**	**7.69**
9.39	10.86	0.82	0.05		15.69	11.68	6.90
3.20	3.72	0.40	1.26		6.22	2.72	0.03
4.63	1.96	0.23	0.04		1.55	1.16	0.11
2.33	1.40	0.02	0.02		1.52	1.39	
0.88	0.47		0.06		1.02	0.73	0.01
0.58	0.63	0.01			0.56	0.56	0.17
0.49	0.05		0.03		0.84	0.48	0.14
1.25	0.62	0.34	0.05		1.07	0.27	0.15
1.10	1.62	0.23	0.01		2.21	0.68	
0.39	0.21	0.04	0.02		0.36	0.32	0.18

外商资本	主营业务收入	主营业务成本	主营业务税金及附加	销售费用	管理费用	税金	财务费用
	16.46	**14.08**	**0.16**	**0.94**	**3.63**	**0.17**	**0.31**
	7.98	7.74	0.06	0.37	1.34	0.06	0.17
	2.68	1.81	0.03	0.17	0.69	0.04	
	1.64	1.31	0.04		0.51	0.02	0.02
	1.05	0.77	0.01	0.06	0.38	0.01	
	0.67	0.50	0.01	0.21	0.15	0.02	
	0.44	0.42			0.07	0.01	0.03
	0.47	0.38			0.13		
	0.75	0.57	0.01	0.06	0.15		0.04
	0.52	0.35		0.08	0.16	0.01	0.03
	0.26	0.22			0.06		0.01

2-1-62 续表 2

地 区			投资收益(损失以“-”号记)	营业利润	利润总额	亏损企业亏损额	应交增值税
	利息收入	利息支出					
全 省	**0.03**	**0.33**	**0.15**	**-2.20**	**-1.83**	**1.89**	**0.94**
直 报							
太原市	0.03	0.20	0.15	-1.53	-1.37	1.37	0.40
大同市				-0.01	0.01		0.17
阳泉市		0.02		-0.24	-0.15	0.15	0.07
长治市				-0.05	-0.03	0.03	0.07
晋城市				-0.13	-0.10	0.10	0.04
朔州市		0.03		-0.09	-0.09	0.09	0.03
晋中市				-0.01	-0.01	0.01	0.03
运城市		0.04		-0.06	-0.04	0.10	0.07
忻州市							
临汾市		0.03		-0.07	-0.04	0.04	0.03
吕梁市		0.01		-0.02	-0.01	0.01	0.02

应交所得税	从业人员平均人数(万人)	总资产贡献率(%)	资产负债率(%)	产品销售率(%)	成本费用利润率(%)	流动资本周转率(%)
0.01	**0.94**	**-0.59**	**44.45**	**97.55**	**-9.55**	**0.79**
	0.29	-1.90	40.58	99.96	-14.23	0.74
	0.14	2.37	69.99	100.00	0.22	0.72
	0.16	-0.23	17.70	100.00	-8.23	0.84
	0.09	1.75	48.23	100.00	-2.12	0.83
	0.07	-2.31	53.09	91.05	-10.73	1.68
	0.04	-1.67	30.00	81.15	-15.59	0.69
	0.05	4.75	114.72	76.76	-1.29	12.63
0.01	0.03	3.10	49.32	96.47	-5.31	1.23
	0.05	1.01	77.43	87.01	-6.50	0.34
	0.02	2.20	43.07	100.00	-3.28	1.30

第2篇

主要工业产品产量

资料整理校对：　刘香元　杨　健

2-2-1　工业产品产量

产品名称	计量单位	2013年
按《规模以上工业产品生产、销售、库存目录(2013普)》填报		
铁矿石原矿	吨	109408446.70
铁矿石成品矿	吨	13682052.30
铁精矿	吨	9118193.10
锰矿石原矿	吨	39915.00
锰矿石成品矿	吨	239085.50
铜金属含量	吨	38663.30
铅金属含量	吨	
锌金属含量	吨	
镍金属含量	吨	
锡金属含量	吨	
锑金属含量	吨	
铝土矿	吨	5773648.20
稀有稀土金属矿	吨	202.10
钨精矿折合量(折三氧化钨65%)	吨	
钼精矿折合量(折纯钼45%)	吨	
石灰石	吨	2236058.20
水泥用石灰石	吨	1756805.90
石膏	吨	180056.00
建筑用天然石料	立方米	1172768.20
天然大理石荒料	立方米	
天然花岗石荒料	立方米	60641.20
高岭土(瓷土)	吨	135954.80
膨润土	吨	
砂石	吨	80000.00
石英砂	吨	80000.00
化学矿	吨	
硫铁矿石(折含硫35%)	吨	
磷矿石(折含五氧化二磷30%)	吨	
钾矿	吨	
硼矿(折含三氧化二硼12%)	吨	
萤石	吨	
原盐	吨	
石棉	吨	
天然石墨	吨	
滑石粉	吨	
小麦粉	吨	273438.80
大米	吨	450.00
饲料	吨	2308410.70
配合饲料	吨	1045717.20
混合饲料	吨	1167485.10
宠物食品	吨	
饲料添加剂	吨	2072.00
食用植物油	吨	321902.30
精制食用植物油	吨	249159.30
成品糖	吨	27416.10
加工糖	吨	
鲜、冷藏肉	吨	458805.60
冻肉	吨	5335.00
熟肉制品	吨	13910.80
冷冻水产品	吨	

2-2-1 续表 1

产品名称	计量单位	2013年
冷冻蔬菜	吨	992.00
淀粉及淀粉制品	吨	743827.60
豆腐及豆制品	吨	13384.00
糕点	吨	3764.00
面包	吨	1300.50
饼干	吨	12087.00
膨化食品	吨	
焙烤松脆食品	吨	10950.00
糖果	吨	
速冻食品	吨	15984.50
速冻米面食品	吨	1379.50
方便面	吨	54227.60
乳制品	吨	498640.90
液体乳	吨	455446.90
灭菌乳	吨	195820.00
巴氏杀菌乳	吨	98717.00
酸牛乳	吨	82429.00
其他液体乳	吨	78480.90
固体及半固体乳制品	吨	5148.00
乳粉	吨	43194.00
婴幼儿配方乳粉	吨	
炼乳	吨	
奶油	吨	
干酪(奶酪)	吨	
罐头	吨	24370.50
味精(谷氨酸钠)	吨	
酱油	吨	
醋及醋代用品	吨	538139.90
食醋	吨	303240.90
复合调味品	吨	
鸡精	吨	
食品用氨基酸	吨	
营养、保健食品	吨	350.00
蜂蜜营养制品	吨	350.00
冷冻饮品	吨	
冰淇淋	吨	
食用盐	吨	
非食用盐	吨	
食品添加剂	吨	27209.00
发酵酒精(折96度，商品量)	千升	
变性燃料乙醇	千升	25100.00
饮料酒	千升	583965.70
白酒(折65度，商品量)	千升	110389.80
啤酒	千升	461576.10
黄酒	千升	
葡萄酒	千升	4709.60
果酒及配制酒	千升	235.00
白兰地	千升	
软饮料	吨	1479232.80
碳酸型饮料(汽水)	吨	155270.00
果汁和蔬菜汁类饮料	吨	549279.00

2-2-1　续表 2

产品名称	计量单位	2013年
蛋白饮料	吨	555.00
含乳饮料	吨	
植物蛋白饮料	吨	
包装饮用水	吨	341271.00
茶饮料	吨	
咖啡饮料	吨	
固体饮料	吨	
精制茶	吨	11614.40
复烤烟叶	吨	
卷烟	万支	1585000.00
一类烟	万支	14165.00
二类烟	万支	13085.00
三类烟	万支	1355185.00
四类烟	万支	202565.00
五类烟	万支	
雪茄烟	万支	
纱	吨	57859.90
棉纱	吨	55285.90
棉混纺纱	吨	2574.00
化学纤维纱	吨	
棉线	吨	
缝纫线	吨	
布	万米	4536.90
其中：棉布	万米	3805.90
棉混纺布	万米	731.00
化学纤维短纤布	万米	
其中：色织布(含牛仔布)	万米	
印染布	万米	14805.50
漂白布	万米	269.00
染色布	万米	10254.50
印花布	万米	4282.00
毛条	吨	
毛纱	吨	3198.00
绒线(俗称毛线)	吨	80.00
毛机织物(呢绒)	万米	
亚麻纱	吨	
苎麻纱	吨	
亚麻布(含亚麻≥55%)	万米	
苎麻布(含苎麻≥55%)	万米	
蚕丝	吨	65.30
绢纺丝	吨	
蚕丝及交织机织物	万米	
蚕丝及交织机织物(含蚕丝≥50%)	万米	
印染蚕丝及交织机织物	万米	
化纤长丝机织物	万米	
合成纤维长丝机织物	万米	
人造纤维长丝机织物	万米	
其他化纤长丝机织物	万米	
床褥单	万条	54.00
枕套	万件	
被罩	万个	

2-2-1 续表 3

产品名称	计量单位	2013年
床罩	万个	
毯子	条	
羽绒被	万条	
棉被	万条	60.00
蚕丝被	万条	1.40
毛巾被	万条	
毛巾	万条	910.00
毡呢	吨	
帐篷	万顶	
降落伞	万个	
纤维纺制线、绳、索、缆	吨	
帘子布	吨	
无纺布(无纺织物)	吨	2263.80
针织袜	万双	
针织手套	万双	
围巾	万条	
领带	万条	
服装	万件	1414.90
针织服装	万件	224.40
针织运动类服装	万件	
梭织服装	万件	1190.50
羽绒服装	万件	23.40
西服套装	万件	226.00
衬衫	万件	345.70
运动服类服装	万件	
皮革服装	万件	
毛皮服装	万件	
天然毛皮服装	万件	
鞋	万双	0.10
皮革鞋靴	万双	0.10
纺织面鞋	万双	
胶鞋	万双	
塑料鞋	万双	
帽子	万个	150.00
成品革	平方米	2733625.00
轻革	平方米	2733625.00
衣箱、提箱及类似容器	万个	
手提包(袋)、背包	万个	
人造板	立方米	277289.80
胶合板	立方米	
纤维板	立方米	163531.80
刨花板	立方米	113758.00
细木工板	立方米	
人造板表面装饰板	平方米	1220837.00
实木木地板	平方米	
复合木地板	平方米	
竹地板	平方米	
家具	件	37363.00
木质家具	件	35263.00
金属家具	件	2100.00
软体家具	件	

2-2-1　续表 4

产品名称	计量单位	2013年
纸浆(原生浆及废纸浆)	吨	18956.00
废纸纸浆	吨	
机制纸及纸板(外购原纸加工除外)	吨	326909.90
未涂布印刷书写用纸	吨	24655.00
新闻纸	吨	7352.00
涂布类印刷用纸	吨	
铜版纸	吨	
卫生用纸原纸	吨	34008.00
包装用纸及纸板	吨	10807.00
包装纸	吨	
箱纸板	吨	10807.00
宣纸	吨	
纸制品	吨	231888.60
瓦楞纸箱	吨	115238.00
卫生用纸制品	吨	
单色印刷品	令	1749430.50
多色印刷品	对开色令	9334591.00
本册	万本	
自来水笔	万支	
圆珠笔	万支	
记号笔	万支	
墨水	吨	
室内训练健身器材	台	14931.00
中乐器	把(件)	
西乐器	把	
电子乐器	台	
硫酸(折100%)	吨	184500.20
浓硝酸(折100%)	吨	
盐酸(氯化氢，含量31%)	吨	29904.50
磷酸(含量85%)	吨	
过氧化氢(双氧水)	吨	
烧碱(折100%)	吨	494595.70
离子膜法烧碱(折100%)	吨	464614.30
纯碱(碳酸钠)	吨	98171.00
碳酸氢钠(小苏打)	吨	
氢氧化钾(苛性钾)	吨	
氧化钨	吨	
磷酸一铵(实物量)	吨	
磷酸二铵(实物量)	吨	
碳化钙(电石，折300升/千克)	吨	536596.70
碳化硅	吨	
己烷	吨	470.00
乙烯	吨	
丙烯	吨	8631.60
纯苯	吨	186749.80
精甲醇	吨	1866203.70
冰乙酸(冰醋酸)	吨	75.10
己二酸	吨	
甲醚	吨	
甲醛	吨	205035.70
丙酮	吨	

2-2-1 续表 5

产品名称	计量单位	2013年
活性炭	吨	77468.70
硫磺	吨	4721.10
硅	吨	
稀土化合物	千克	
合成氨(无水氨)	吨	5279533.50
农用氮、磷、钾化学肥料(折纯)	吨	4642527.90
氮肥(折含氮100%)	吨	4572065.20
尿素(折含氮100%)	吨	4142863.80
磷肥(折五氧化二磷100%)	吨	63396.00
钾肥(折氯化钾100%)	吨	7066.60
复合肥、复混合肥	吨	102288.00
化学农药原药(折有效成分100%)	吨	505.00
杀虫剂(杀螨剂)原药	吨	505.00
杀菌剂原药	吨	
除草剂原药	吨	
涂料	吨	50025.50
建筑涂料	吨	20139.50
油墨	吨	51994.00
颜料	吨	
有机颜料	吨	
染料	吨	52147.60
初级形态塑料	吨	489451.10
低密度聚乙烯树脂(LDPE)	吨	
高密度聚乙烯树脂(HDPE)	吨	
线型低密度聚乙烯树脂(LLDPE)	吨	
中密度聚乙烯树脂(MDPE)	吨	
超高分子量聚乙烯(UHMW)	吨	
聚丙烯树脂	吨	
聚苯乙烯树脂	吨	
ABS树脂	吨	
聚氯乙烯树脂	吨	477146.20
合成橡胶	吨	21806.00
合成纤维单体	吨	
精对苯二甲酸(PTA)	吨	
丙烯腈	吨	
己内酰胺	吨	
乙二醇	吨	
合成纤维聚合物	吨	
聚酯	吨	
化学试剂	吨	346713.40
催化剂	吨	7510.50
橡胶助剂	吨	61468.00
塑料助剂	吨	
炸药	吨	48786.10
感光胶片	万平方米	
彩色照相胶卷	万平方米	
摄影感光纸	万平方米	
单晶硅	千克	109063.00
多晶硅	千克	185784.00
单晶硅片	千片	
多晶硅片	千片	1000.00

2-2-1　续表 6

产品名称	计量单位	2013年
肥(香)皂	吨	12105.50
合成洗涤剂	吨	108199.10
合成洗衣粉	吨	78182.70
液体洗涤剂	吨	26496.30
表面活性剂	吨	
牙膏(折65克标准支)	万支	
香料	吨	
香精	吨	
食品用香精	吨	
火柴(折50支标准盒)	万标准盒	
化学药品原药	吨	20723.50
抗菌素(抗感染药)	吨	19624.90
消化系统用药	吨	874.70
解热镇痛药	吨	
维生素类	吨	25.00
抗寄生虫病药	吨	
中枢神经系统用药	吨	
计划生育用药	吨	
激素类药	吨	
抗肿瘤药	吨	
心血管系统用药	吨	
呼吸系统用药	吨	
泌尿系统用药	吨	
血液系统用药	吨	
诊断用原药	吨	
调解水、电解质、酸碱平衡药	吨	
麻醉用药	吨	86.10
抗组织胺类药及解毒药	吨	
生化药(酶及辅酶)	吨	
消毒防腐及创伤外科用药	吨	
制剂用辅料及附加剂	吨	112.70
中成药	吨	24154.60
兽用药品	吨	11081.90
化学纤维用浆粕	吨	
化学纤维	吨	2396.40
人造纤维(纤维素纤维)	吨	
粘胶短纤维	吨	
粘胶纤维长丝	吨	
醋酸纤维长丝	吨	
合成纤维	吨	2396.40
锦纶纤维	吨	
涤纶纤维	吨	2396.40
涤纶短纤维	吨	2396.40
涤纶长丝	吨	
腈纶纤维	吨	
维纶纤维	吨	
丙纶纤维	吨	
氨纶纤维	吨	
橡胶轮胎外胎	条	1665679.00
其中：汽车橡胶轮胎外胎	条	1665679.00
专用车辆橡胶轮胎外胎	条	

2-2-1 续表 7

产品名称	计量单位	2013年
摩托车橡胶轮胎外胎	条	
非机动车橡胶轮胎外胎	条	
其中：子午线轮胎外胎	条	1536081.00
汽车子午线轮胎外胎	条	1536081.00
专用车辆子午线轮胎外胎	条	
塑料制品	吨	251360.80
塑料薄膜	吨	29710.00
农用薄膜	吨	23960.00
泡沫塑料	吨	
塑料人造革、合成革	吨	
日用塑料制品	吨	
硅酸盐水泥熟料	吨	26620366.90
窑外分解窑水泥熟料	吨	22737440.40
水泥	吨	50387673.20
强度等级42.5水泥(含R型)	吨	13296276.70
强度等级52.5水泥(含R型)	吨	310174.00
石灰	吨	878682.30
熟石膏	吨	
建筑熟石膏	吨	
商品混凝土	立方米	9863943.00
水泥混凝土排水管	千米	112.40
钢筋混凝土排水管	千米	
水泥混凝土压力管	千米	20.70
钢筋混凝土井管、烟道管，相关钢筋混凝土	千米	
水泥混凝土电杆	根	51692.00
预应力混凝土桩	米	2532348.00
遁构法施工用钢筋混凝土管片	米	
混凝土轨枕及铁道用混凝土制品	根	1464993.50
水泥混凝土预制构件	立方米	27868.00
石膏板	万平方米	3522.10
砖	万块	338404.30
烧结粘土砖	万块	126695.00
瓦	万片	8751.00
瓷质砖	平方米	2268759.00
炻瓷砖	平方米	3339595.70
细炻砖	平方米	
炻质砖	平方米	3900000.00
陶质砖	平方米	2818479.00
陶瓷马赛克	平方米	
天然大理石建筑板材	平方米	
天然花岗石建筑板材	平方米	2588125.60
建筑防水卷材及制品	平方米	2333000.00
沥青和改性沥青防水卷材	平方米	
玻纤胎沥青瓦	平方米	
高分子防水卷(片)材	平方米	
隔热、隔音人造矿物材料及其制品	吨	
平板玻璃	重量箱	20652835.10
钢化玻璃	平方米	1483045.10
夹层玻璃	平方米	1134756.60
中空玻璃	平方米	
玻璃包装容器	吨	74906.80

2-2-1 续表 8

产品名称	计量单位	2013年
日用玻璃制品	吨	352359.80
玻璃保温容器	万个	771.00
玻璃纤维纱	吨	4407.00
玻璃纤维布	米	
纤维增强塑料制品	吨	165.00
卫生陶瓷制品	件	
日用陶瓷制品	件	834850252.00
石棉制品	吨	
耐火材料制品	吨	2355699.50
石墨及炭素制品	吨	966976.30
生铁	吨	42281362.30
粗钢	吨	46702125.10
钢材	吨	44826388.30
铁道用钢材	吨	
轻轨	吨	
重轨	吨	
大型型钢	吨	768237.70
中小型型钢	吨	488092.00
棒材	吨	4875328.00
钢筋	吨	8099044.00
线材(盘条)	吨	18205589.30
特厚板	吨	118662.00
厚钢板	吨	794353.00
中板	吨	853813.00
热轧薄板	吨	1101.00
冷轧薄板	吨	94469.30
中厚宽钢带	吨	3482043.00
热轧薄宽钢带	吨	2029449.00
冷轧薄宽钢带	吨	1320626.00
热轧窄钢带	吨	1233739.00
冷轧窄钢带	吨	17001.00
镀层板(带)	吨	
涂层板(带)	吨	969.20
电工钢板(带)	吨	406546.00
无缝钢管	吨	181352.00
焊接钢管	吨	1419082.80
其他钢材	吨	436891.00
用外购钢材再加工生产钢材	吨	624158.30
用外购国产钢材再加工生产钢材	吨	624158.30
用进口钢材再加工生产钢材	吨	
铁合金	吨	1819814.80
锰硅合金(折合含锰硅量合计82%)	吨	342952.50
电炉硅铁(折合含硅75%)	吨	14464.80
矿产粗铜	吨	
矿产粗铅	吨	
氧化铝	吨	7845868.30
十种有色金属	吨	1373057.60
精炼铜(电解铜)	吨	88563.70
铅	吨	2345.00
锌	吨	
镍	吨	

2-2-1 续表 9

产品名称	计量单位	2013年
锡	吨	
锑品	吨	
原铝(电解铝)	吨	1041906.80
镁	吨	238887.10
海绵钛	吨	1355.00
汞(金属汞)	吨	
黄金	千克	1830.70
白银(银锭)	千克	169748.20
稀有金属	千克	
钨	千克	
钼	千克	
单一稀土金属	千克	175000.00
铜合金	吨	
铝合金	吨	58508.30
锌合金	吨	
铜材	吨	
铜盘条(电工用铜线坯)	吨	
铝材	吨	322820.00
铝盘条(电工用圆铝杆)	吨	
铅材	吨	
锌材	吨	
镍材	吨	
锡材	吨	
钢结构	吨	199411.00
金属门窗及类似制品	吨	19100.00
金属制门及其框架、门槛	吨	
金属制窗及窗框	吨	
金属切削工具	万件	363.20
通用手工具	万把	
日常用剪刀	万把	
日常用刀	万把	
金属集装箱	立方米	
金属压力容器	吨	268.00
金属包装容器	吨	3833469.00
金属丝	吨	42384.10
钢丝	吨	42384.10
钢丝绳	吨	
钢绞线	吨	4115.00
金属紧固件	吨	13231.30
弹簧	吨	
锁具	万把	
保险箱、柜、库门及钱箱	个	12550.00
搪瓷制品	吨	
不锈钢日用制品	吨	510.00
铸铁锅	万口	
焊条	吨	
钢铁铰接链(工业链条)	吨	
锚	吨	
船用推进器	吨	
船用螺旋桨桨叶	吨	
电站锅炉	蒸发量吨	

2-2-1 续表 10

产品名称	计量单位	2013年
工业锅炉	蒸发量吨	260794.00
船用蒸汽锅炉	蒸发量吨	
锅炉用辅助设备及装置	台	142086.00
发动机	千瓦	305505.00
汽车用发动机	千瓦	
汽车用汽油发动机	千瓦	
汽车用柴油发动机	千瓦	
其他汽车用发动机	千瓦	
航空器用发动机	千瓦	
船舶用发动机	千瓦	
摩托车用发动机	千瓦	
发动机	台	6789.00
汽车用发动机	台	
汽车用汽油发动机	台	
汽车用柴油发动机	台	
其他汽车用发动机	台	
航空器用发动机	台	
船舶用发动机	台	
摩托车用发动机	台	
汽轮机	千瓦	
船舶动力用汽轮机	千瓦	
电站用汽轮机	千瓦	
工业用汽轮机	千瓦	
燃气轮机	千瓦	
发电用燃气轮机	千瓦	
船舶用燃气轮机	千瓦	
机车用燃气轮机	千瓦	
水轮机	千瓦	
电站水轮机	千瓦	
风力发动机(风车)	千瓦	81450000.00
太阳能源原动机	千瓦	
金属切削机床	台	466.00
数控金属切削机床	台	108.00
金属成形机床	台	1451.00
数控金属成形机床(数控锻压设备)	台	10.00
金属非切削、成形加工机械	台	
机床数控装置	套	
电焊机	台	
轻小型起重设备	吨	
手动葫芦	吨	
电动葫芦	吨	
千斤顶	吨	
汽车举升机	吨	
轻小型起重设备	台	
手动葫芦	台	
电动葫芦	台	
千斤顶	台	
汽车举升机	台	
起重机	吨	60463.00
桥式起重机	吨	
门式起重机(龙门起重机)	吨	
轮胎式集装箱门式起重机	吨	

2-2-1 续表 11

产品名称	计量单位	2013年
装卸桥	吨	
塔式起重机	吨	17113.00
流动式起重机	吨	
悬臂起重机	吨	
起重机	台	778.00
桥式起重机	台	
门式起重机(龙门起重机)	台	
轮胎式集装箱门式起重机	台	
装卸桥	台	
塔式起重机	台	561.00
流动式起重机	台	
悬臂起重机	台	
工业车辆	台	265.00
电动车辆(电动叉车)	台	
内燃叉车	台	
越野叉车	台	
连续搬运设备	吨	54934.80
输送机械(输送机和提升机)	吨	54934.80
带式输送机	吨	33657.00
刮板输送机	吨	13832.80
装卸机械	吨	
给料机械	吨	
连续搬运设备	台	981.00
输送机械(输送机和提升机)	台	981.00
带式输送机	台	222.00
刮板输送机	台	759.00
装卸机械	台	
给料机械	台	
电梯、自动扶梯及升降机	台	
电梯	台	
乘客电梯	台	
载货电梯	台	
连续运载乘客输送机	台	
自动扶梯	台	
自动人行道	台	
升降机	台	
施工升降机	台	
立体(高架)仓库存储系统	台(套)	
机械式停车设备	台(套)	
机场专用搬运机械	台(套)	
泵	台	132175.00
真空泵	台	
气体压缩机	台	
制冷设备用压缩机	台	
空调压缩机	台	
冰箱压缩机	台	
车用空调压缩机	台	
非制冷设备用压缩机	台	
往复式压缩机	台	
空气压缩机	台	

2-2-1　续表 12

产品名称	计量单位	2013年
工艺压缩机	台	
离心式压缩机	台	
轴流式压缩机	台	
阀门	吨	4885.00
龙头	只(套)	
水龙头(水嘴)	只(套)	
液压元件	件	708573.00
气动元件	件	
真空应用设备	台	
真空镀膜设备	台	
真空浸渍设备	台	
真空干燥设备	台	
真空炉	台	
滚动轴承	万套	
球轴承	万套	
滚子轴承	万套	
齿轮传动轴	万套	6.80
齿轮	吨	0.30
齿轮传动装置(齿轮箱)	台(套)	56345.00
减速机	台	8467.00
变速器(机、箱)	台	
离合器	万件	
联轴器	万件	
金属密封件	万件	
机械密封件	万件	
工业电炉	台	
风机	台	6889.00
离心式通风机	台	
轴流式通风机	台	
鼓风机	台	
气体分离及液化设备	台	30.00
气体发生器	台	
制氮设备	台	
制氢设备	台	
制氧设备	台	30.00
天然气液化设备	台	
利用温度变化加工机械	台	
蒸馏或精馏设备	台	
发酵、提取设备	台	
浓缩设备	台	
干燥、分散、混合设备及类似设备	台	
热交换装置	台	
加热设备	台	
冷却设备	台	
气体冷凝器	台	
冷却塔	台	
液体过滤、净化机械	台	
压滤机	台	
气体过滤、净化机械及装置	台	
发动机燃油、进气过滤器	台	
离心机	台	

2-2-1 续表 13

产品名称	计量单位	2013年
工商用制冷、空调设备	台(套)	
工商用制冷设备	台(套)	
工商用冷藏、冷冻柜及类似设备	台(套)	
中央空调冷水/热泵机组	台(套)	
工商用空调设备	台(套)	
房间空调器，制冷量>14000W	台(套)	
车用空调设备	台(套)	
风动手提工具	台	
电动手提式工具	台	
喷枪	台	240.40
喷涂机	台	31.00
喷砂机	台	16556.00
包装专用设备	台	
衡器(秤)	台	10649.00
铸铁件	吨	1484586.70
铸钢件	吨	311735.20
锻件	吨	486234.60
粉末冶金零件	吨	21434.00
矿山专用设备	台	71260.70
钻井机	台	
凿岩机	台	
矿用挖掘机	台	
采煤机	台	
矿物破碎机械	台	
矿物筛分、洗选设备	台	12275.00
石油钻探、开采专用设备	台(套)	
石油钻井设备	台(套)	
采油设备	台(套)	
建筑工程用机械	台	
挖掘、铲土运输机械	台	
挖掘机	台	
推土机	台	
平地机	台	
铲运机	台	
装载机	台	
路面开凿机	台	
压实机械	台	
机动压路机	台	
捣固机(车)		
工程钻机	台	
桩工机械	台	
打桩机	台	
公共工程用机械	台	
摊铺机械	台	
沥青混凝土摊铺机	台	
混凝土摊铺整平机	台	
筑路机械	台	
沥青路面机械	台	
混凝土路面机械	台	
通用路面机械	台	

2-2-1　续表 14

产品名称	计量单位	2013年
线路铺装机械	台	
挖沟及管道吊装联合机	台	
扫雪设备	台	
管道疏通机械	台	
建筑工程用货运自卸车	台	
自卸车(翻斗车)	台	
混凝土机械	台	
混凝土泵	台	
混凝土泵车	台	
混凝土搅拌车	台	
建筑材料及制品专用生产机械	吨	
水泥专用设备	吨	
水泥回转窑	吨	
平板玻璃制造及深加工机械	吨	
烧结类制砖生产机械	吨	
建筑材料及制品专用生产机械	台	
水泥专用设备	台	
水泥回转窑	台	
平板玻璃制造及深加工机械	台	
烧结类制砖生产机械	台	
冶金专用设备	吨	76253.60
金属冶炼设备	吨	
造块设备	吨	
炼焦设备	吨	
炼铁设备	吨	
炼钢设备	吨	
铁合金冶炼设备	吨	
有色金属冶炼设备	吨	
铸造机械	吨	421.00
金属轧制设备	吨	75832.60
冶金专用设备	台	200.00
金属冶炼设备	台	
造块设备	台	
炼焦设备	台	
炼铁设备	台	
炼钢设备	台	
铁合金冶炼设备	台	
有色金属冶炼设备	台	
铸造机械	台	90.00
金属轧制设备	台	110.00
炼油、化工生产专用设备	台	3076.00
石油化工用加氢反应器	台	26.00
炼油、化工生产专用设备	吨	48296.50
石油化工用加氢反应器	吨	1173.50
橡胶加工专用设备	台	
炼胶机械	台	
橡胶挤出机	台	
橡胶压延机械	台	
橡胶成型压力机	台	
橡胶硫化设备	台	
塑料加工专用设备	台	
注塑机	台	
挤塑机	台	
吹塑机	台	

2-2-1 续表 15

产品名称	计量单位	2013年
塑料加工专用设备	吨	
注塑机	吨	
挤塑机	吨	
吹塑机	吨	
木材加工、处理机械	台	308.00
木工机床	台	
木工锯床	台	
木工刨床	台	
木工铣床	台	
木工抛光机	台	
模具	套	2020591.00
金属铸造用型箱、型模底板	套	
金属、硬质合金用模具	套	
金属冲压模具	套	
金属铸造模具	套	
玻璃制品用模具	套	
矿物材料用模具	套	
塑料用模具	套	
橡胶用模具	套	
食品制造机械	台	586.00
乳品加工机械	台	
酒及饮料加工机械	台	112.00
烟草加工机械	台	
采盐及盐加工机械	台	
农产品加工专用设备	台	
制糖机械	台	
屠宰及肉制品加工机械	台	
饲料生产专用设备	台	
制浆和造纸专用设备	台	
印刷专用设备	吨	174.10
印前设备	吨	
印刷机设备	吨	174.10
装订机械	吨	
印刷包装机械	吨	
印刷专用设备	台	28.00
印前设备	台	
印刷机设备	台	28.00
装订机械	台	
印刷包装机械	台	
信息化学品生产设备	台	
光盘复制生产设备	台	
感光胶片生产设备	台	
制药专用设备	台	
照明器具生产专用设备	台	
日用化工专用设备	台	
纺织专用设备	台	1949.00
纺织纤维梳理机	台	
细纱机	台	934.00
织机	台	

2-2-1　续表 16

产品名称	计量单位	2013年
皮革、毛皮及其制品加工专用设备	台	
服装、鞋帽加工机械	台	
缝纫机	台	
家用型缝纫机	台	
工业用缝纫机	台	
电工机械专用设备	台	
电线、电缆专用生产机械	台	
电子工业专用设备	台	101.00
空气净化设备	台	
电子整机装联设备	台	
金属处理机械	台	
航空、航天设备，相关专用设备	台	
拖拉机	台	18093.00
大型拖拉机	台	
中型拖拉机	台	
小型拖拉机	台	18093.00
机械化农业及园艺机具	台	2923.00
土壤耕整机械	台	
耕地机械	台	
整地机械	台	
种植施肥机械	台	
播种机械	台	
栽植机械	台	
水稻插秧机	台	
田间管理机械	台	
植保机械	台	
收获机械	台	
谷物收获机械	台	
自走轮式谷物联合收获机(全喂入)	台	
自走履带式谷物联合收获机(全喂入)	台	
背负式谷物联合收割机	台	
半喂入联合收割机	台	
玉米收获机械	台	
棉麻作物收获机械	台	
棉花收获机	台	
甘蔗收获机	台	
收获后处理机械	台	
营林及木竹采伐机械	台	
畜牧机械	台	
渔业捕捞养殖机械	台	
农产品初加工机械	台	
棉花加工机械	台	
医疗仪器设备及器械	台	
医用X射线设备	台	
医用α、β、γ射线应用设备	台	
医用超声诊断、治疗仪器及设备	台	
医用激光诊断、治疗仪器及设备	台	
医用高频仪器设备	台	
临床检验分析仪器及诊断系统	台	
一次性注射器	万支	
静脉采血针	万支	

2-2-1 续表 17

产品名称	计量单位	2013年
中医用针	万支	
环境污染防治专用设备	台(套)	8864.00
大气污染防治设备	台(套)	8864.00
水质污染防治设备	台(套)	
固体废弃物处理设备	台(套)	
噪音与振动控制设备	台(套)	
放射性污染防治和处理设备	台(套)	
地质勘查专用设备	台	
邮政专用机械及器材	台	
自动售货机、售票机	台	
洗衣店用洗衣机械	台	
灭火器	台	
工业机器人	套	
铁路机车	辆	166.00
动车组	辆	
城市轨道车辆	辆	
铁路客车	辆	
铁路货车	辆	3148.00
汽车	辆	4038.00
基本型乘用车(轿车)	辆	
轿车，排量≤1升	辆	
轿车，1升＜排量≤1.6升	辆	
轿车，1.6升＜排量≤2.0升	辆	
轿车，2.0升＜排量≤2.5升	辆	
轿车，2.5升＜排量≤3.0升	辆	
轿车，排量＞3.0升	辆	
多功能乘用车(MPV)	辆	
运动型多用途乘用车(SUV)	辆	
交叉型乘用车	辆	
客车	辆	3860.00
大型客车(车长＞10米)	辆	
中型客车(7米＜车长≤10米)	辆	
轻型客车(车长≤7米)	辆	3860.00
载货汽车	辆	178.00
重型载货车	辆	178.00
中型载货车	辆	
轻型载货车	辆	
微型载货车	辆	
半挂牵引车	辆	
汽车底盘	辆	
公路机动车底盘	辆	
乘用车底盘	辆	
客运机动车底盘	辆	
货车底盘	辆	
改装汽车	辆	16913.00
改装载货汽车	辆	
低速载货汽车	辆	
三轮载货汽车	辆	
摩托车整车	辆	
两轮摩托车	辆	
三轮摩托车	辆	

2-2-1　续表 18

产品名称	计量单位	2013年
两轮脚踏自行车	辆	
折叠自行车	辆	
山地自行车	辆	
残疾人座车	辆	
电动自行车	辆	
民用钢质船舶	载重吨	
钢质机动货船	载重吨	
散货船	载重吨	
全集装箱船	载重吨	
滚装船	载重吨	
钢质机动非货船	载重吨	
客船	载重吨	
渔船	载重吨	
工程(工作)船	载重吨	
钢质非机动船	载重吨	
非金属捕鱼船	载重吨	
民用钢质船舶	艘	
钢质机动货船	艘	
散货船	艘	
全集装箱船	艘	
滚装船	艘	
钢质机动非货船	艘	
客船	艘	
渔船	艘	
工程(工作)船	艘	
钢质非机动船	艘	
非金属捕鱼船	艘	
民用飞机	架	
民用直升机	架	
船舶修理	载重吨	
发电机组(发电设备)	千瓦	225500.00
水轮发电机组	千瓦	
汽轮发电机组	千瓦	
风力发电机组	千瓦	225500.00
核发电机组	千瓦	
内燃发电机组	千瓦	
发电机组(发电设备)	台(套)	127.00
水轮发电机组	台(套)	
汽轮发电机组	台(套)	
风力发电机组	台(套)	127.00
核发电机组	台(套)	
内燃发电机组	台(套)	
电动机	千瓦	9893814.00
直流电动机	千瓦	
交流电动机	千瓦	9844880.00
交直流两用电动机	千瓦	
小功率电动机	千瓦	
微电机	千瓦	
微电机	万台	
变压器	千伏安	5714306.00
电力变压器	千伏安	147000.00

2-2-1 续表 19

产品名称	计量单位	2013年
电力变压器，额定容量≥8000kVA	千伏安	83400.00
电力变压器，额定容量≥8000kVA，电压≥500kV	千伏安	
电力变压器，额定容量≥8000kVA，220kVA≤电压<500kVA	千伏安	83400.00
电力变压器，额定容量≥8000kVA，110kVA≤电压<220kVA	千伏安	
电力变压器，5000kVA<额定容量<8000kV	千伏安	6300.00
电力变压器，额定容量≤5000kVA	千伏安	57300.00
换流变压器	千伏安	
干式变压器	千伏安	
变压器	台	5925.00
电力变压器	台	50.00
电力变压器，额定容量≥8000kVA	台	7.00
电力变压器，额定容量≥8000kVA，电压≥500kV	台	
电力变压器，额定容量≥8000kVA，220kVA≤电压<500kVA	台	7.00
电力变压器，额定容量≥8000kVA，110kVA≤电压<220kVA	台	
电力变压器，5000kVA<额定容量<8000kV	台	1.00
电力变压器，额定容量≤5000kVA	台	42.00
换流变压器	台	
干式变压器	台	
互感器	台	
电力电容器	千乏	8.80
高压开关设备(11万伏以上)	台	319.00
全封闭组合电器(GIS)	台	
全封闭组合电器(GIS)，550kV(含330kV)及以上	台	
全封闭组合电器(GIS)，252kV	台	
全封闭组合电器(GIS)，126kV	台	
六氟化硫断路器	台	
六氟化硫断路器，550kV(含330kV)及以上	台	
六氟化硫断路器，252kV	台	
六氟化硫断路器，126kV	台	
敞开式组合电器	台	
隔离开关	台	319.00
接地开关	台	
配电或电器控制设备	台(套、面)	7564.00
高压电路开关、保护电器装置	台(套、面)	506.00
低压开关、保护控制装置	台(套、面)	470.00
电路连接装置	台(套、面)	
电力控制或电力分配装置	台(套、面)	6588.00
高压开关板	面	1995.00
低压开关板	面	4017.00
安全、自动化监控设备	台(套)	576.00
裸电线	吨	
裸铜线	吨	
裸铝线	吨	
绝缘电线	吨	
通信及电子网络用电缆	对千米	
电力电缆	千米	111517.40
光纤	千米	
光缆	芯千米	383613.00
绝缘制品	吨	2795.00
原电池及原电池组(非扣式)	万只	
碱性锌锰原电池(组)	万只	
锂原电池(组)	万只	

2-2-1　续表 20

产品名称	计量单位	2013年
蓄电池	千伏安时	275209.10
铅酸蓄电池	千伏安时	274989.10
用于启动活塞发动机铅酸蓄电池	千伏安时	
电动自行车用铅酸蓄电池	千伏安时	
碱性蓄电池	千伏安时	
锂离子电池	千伏安时	220.00
蓄电池	只(自然只)	228344.00
铅酸蓄电池	只(自然只)	173459.00
用于启动活塞发动机铅酸蓄电池	只(自然只)	
电动自行车用铅酸蓄电池	只(自然只)	
碱性蓄电池	只(自然只)	
锂离子电池	只(自然只)	54885.00
燃料电池	千瓦	
燃料电池	只(自然只)	
物理电池	千瓦	11212.00
太阳能电池(光伏电池)	千瓦	11212.00
物理电池	只(自然只)	2678790.00
太阳能电池(光伏电池)	只(自然只)	2678790.00
家用电冰箱(家用冷冻冷藏箱)	台	
家用冷藏箱	台	
家用冷柜(家用冷冻箱)	台	
房间空气调节器	台	
家用空气湿度调节装置	台	
家用房间空气清洁装置	台	
家用电风扇	台	
家用吸排油烟机	台	
电饭锅	个	
家用电热烘烤器具	个	
家用水及饮料加热器具	台	
电冷热饮水机	台	
微波炉	台	
家用食品加工电动器具	台	
家用洗衣机	台	
家用电热水器	台	
家用吸尘器	台	
家用电热取暖器具	台	
电暖气	台	
家用电熨烫器具	台	
电熨斗	台	
家用燃气用具	台	128797.00
家用燃气灶具	台	126630.00
家用燃气热水器	台	2167.00
太阳能热水器	平方米	91390.00
电光源	万只	
白炽灯泡	万只	
荧光灯	万只	
灯具及照明装置	套(台、个)	1501157.00
室内照明灯具	套(台、个)	36091.00
户外照明用灯具及装置	套(台、个)	7871.00
街灯及照明装置	套(台、个)	7871.00

2-2-1 续表 21

产品名称	计量单位	2013年
车辆专用照明、信号及其装置	套(台、个)	
卫星导航定位接收机	部	
微波通信设备	部	
微波终端机	部	
地面通信导航定向设备	部	
程控交换机	线	
数字程控交换机	线	
电话单机	部	
传真机	部	
移动通信基站设备	信道	
移动通信手持机(手机)	台	23875987.00
电子计算机整机	台	
计算机工作站	台	
微型计算机设备	台	
台式微型计算机	台	
笔记本计算机	台	
服务器	台	
路由器	台	
显示器	台	
平板显示器	台	
打印机	台	
硬盘存储器	台	
半导体存储盘	个	
彩色显像管	只	
彩色显像管玻壳	万只	
半导体分立器件	万只	
光电子器件	万只(片、套)	121796.00
液晶显示屏	万片	
等离子显示器件PDP	万只	
液晶显示模组	万套	
发光二极管(LED管)	万只	
集成电路	万块	170000.00
集成电路圆片	万片	
12英寸集成电路圆片	万片	
电子元件	万只	
电声器件	万只	
射频元器件	万只	
传感器	万只	
印制电路板	平方米	
彩色电视机	台	
显像管彩色(CRT)电视机	台	
液晶(LCD)电视机	台	
等离子(PDP)电视机	台	
家用摄录像机	台	
数字激光音、视盘机	台	
组合音响	台	
半导体存储器播放器(含MP3、MP4)	个	
电视接收机顶盒	台	

2-2-1　续表 22

产品名称	计量单位	2013年
遥控器	万只	
工业自动调节仪表与控制系统	台(套)	14578.00
工业自动控制系统	台(套)	
分散型控制系统(DCS系统)	台(套)	
可编程控制系统(PLC系统)	台(套)	
工业仪表	台(套)	
温度测量仪表	台	
压力测量仪表	台	
流量测量仪表	台(个)	
水表	个	
物位、液位测量仪表	台	
显示仪表、记录仪	台	
执行器	台	
电工仪器仪表	台	1025.00
电能表	台	
量具	台	
量仪	台	
分析仪器及装置	台(套)	
色谱仪器	台(套)	
试验机	台	147.00
环境监测专用仪器仪表	台	
汽车仪器仪表	台	
经纬仪	台	
钟	只	
表	只	
光学仪器	台(个)	
显微镜	台	
眼镜成镜	副	
电影放映机	台	
数字电影放映机	台	
照相机	台	
数码照相机	台	
影像投影仪	台	
幻灯机	台	
投影仪	台	
复印和胶版印制设备	台	
静电复印设备	台	
多功能一体机	台	
银行专用机器	台	
自动柜员机(ATM机)	台	
碎纸机	台	
机制地毯、挂毯	平方米	
人发制假发	个	
伞类制品	把	
拉链	万米	
打火机	万个	
熔炼用废钢	吨	
熔炼用废铁	吨	
自来水生产量	万立方米	59911.30
自来水供应量	万立方米	

2-2-2 分地区

产品名称	计量单位	产品代码	全 省	太原市	大同市	阳泉市
铁矿石原矿	吨	0810010	109408447	20675983	3805565	
铁矿石成品矿	吨	0810020	13682052	360899	45996	
铁精矿	吨	0810030	9118193			
锰矿石原矿	吨	0820010	39915		39915	
锰矿石成品矿	吨	0820020	239085		239085	
铜金属含量	吨	0911010	38663		408	
铅金属含量	吨	0912010				
锌金属含量	吨	0912020				
镍金属含量	吨	0913010				
锡金属含量	吨	0914010				
锑金属含量	吨	0915010				
铝土矿	吨	0916010	5773648			
稀有稀土金属矿	吨	0930010	202			
钨精矿折合量(折三氧化钨65%)	吨	0931010				
钼精矿折合量(折纯钼45%)	吨	0931020				
石灰石	吨	1011010	2236058	1209402		
水泥用石灰石	吨	1011020	1756806	1209402		
石膏	吨	1011030	180056	180056		
建筑用天然石料	立方米	1012010	1172768		32201	
天然大理石荒料	立方米	1012020				
天然花岗石荒料	立方米	1012030	60641		32201	
高岭土(瓷土)	吨	1019010	135955			4300
膨润土	吨	1019020				
砂石	吨	1019030	80000			
石英砂	吨	1019040	80000			
化学矿	吨	1020000				
硫铁矿石(折含硫35%)	吨	1020010				
磷矿石(折含五氧化二磷30%)	吨	1020020				
钾矿	吨	1020030				
硼矿(折含三氧化二硼12%)	吨	1020040				
萤石	吨	1013010				
原盐	吨	1030010				
石棉	吨	1091010				
天然石墨	吨	1092010				
滑石粉	吨	1092020				
小麦粉	吨	1310010	273439	17653	7768	
大米	吨	1310030	450			
饲料	吨	1320010	2308411	267567	19583	
配合饲料	吨	1320020	1045717	202939	19583	
混合饲料	吨	1320030	1167485	28628		
宠物食品	吨	1320040				
饲料添加剂	吨	1495020	2072			
食用植物油	吨	1331010	321902	82334		10240
精制食用植物油	吨	1331020	249159	82334		10240
成品糖	吨	1340010	27416		13646	
加工糖	吨	1340020				
鲜、冷藏肉	吨	1350010	458806	27015		
冻肉	吨	1350020	5335			
熟肉制品	吨	1353010	13911	9115		
冷冻水产品	吨	1361010				
冷冻蔬菜	吨	1371010	992			
淀粉及淀粉制品	吨	1391010	743828			2554
豆腐及豆制品	吨	1392010	13384	13384		
糕点	吨	1411010	3764	2112		

产品产量

长治市	晋城市	朔州市	晋中市	运城市	忻州市	临汾市	吕梁市
3100130		61678	322410	636365	57671074	8583177	14552065
263500					3557802	5038721	4415135
159418					1156689	5038721	2763366
				38255			
				9000	1994881		3769767
202							
					444000		582656
							547404
1112127					28440		
					28440		
		40726			90929		
							80000
							80000
35021	15584		87795	62253	4470	42895	
						450	
24894		14000	316706	931658	54120	155713	524169
24894		14000	316115	305663		155713	6810
			591	608815	12092		517359
	2072						
801		69390	6692	152245			200
			4140	152245			200
		13770					
	14433		90924	218201	6703	34606	66924
							5335
1510				2501			785
992							
591586	53332			31482	7814	28756	28304
			1652				

2-2-2 续表 1

产品名称	计量单位	产品代码	全 省	太原市	大同市	阳泉市
面包	吨	1411020	1301	1091	210	
饼干	吨	1419010	12087			
膨化食品	吨	1419020				
焙烤松脆食品	吨	1419030	10950			
糖果	吨	1421010				
速冻食品	吨	1432000	15984	8348		
速冻米面食品	吨	1432010	1380	52		
方便面	吨	1439010	54228			
乳制品	吨	1440010	498641	109006		6116
液体乳	吨	1440020	455447	109006		6116
灭菌乳	吨	1440021	195820	104530		6116
巴氏杀菌乳	吨	1440022	98717	2238		
酸牛乳	吨	1440023	82429	2238		
其他液体乳	吨	1440024	78481			
固体及半固体乳制品	吨	1440030	5148			
乳粉	吨	1440070	43194			
婴幼儿配方乳粉	吨	1440040				
炼乳	吨	1440050				
奶油	吨	1440060				
干酪(奶酪)	吨	1440080				
罐头	吨	1450010	24371			
味精(谷氨酸钠)	吨	1461010				
酱油	吨	1462010				
醋及醋代用品	吨	1462020	538140	362481		
食醋	吨	1462030	303241	192482		
复合调味品	吨	1469010				
鸡精	吨	1469020				
食品用氨基酸	吨	1469030				
营养、保健食品	吨	1490010	350			
蜂蜜营养制品	吨	1492020	350			
冷冻饮品	吨	1493010				
冰淇淋	吨	1493020				
食用盐	吨	1494010				
非食用盐	吨	1494020				
食品添加剂	吨	1495010	27209			17850
发酵酒精(折96度，商品量)	千升	1510010				
变性燃料乙醇	千升	2614040	25100			
饮料酒	千升	1510020	583966	116699	24799	
白酒(折65度，商品量)	千升	1512010	110390	3568		
啤酒	千升	1513010	461576	112358	24799	
黄酒	千升	1514010				
葡萄酒	千升	1515010	4710	773		
果酒及配制酒	千升	1519010	235			
白兰地	千升	1515020				
软饮料	吨	1520010	1479233	379641	248384	8322
碳酸型饮料(汽水)	吨	1521010	155270	155270		
果汁和蔬菜汁类饮料	吨	1523010	549279	1038	248384	
蛋白饮料	吨	1524010	555			
含乳饮料	吨	1524020				
植物蛋白饮料	吨	1524030				
包装饮用水	吨	1522010	341271	131730		
茶饮料	吨	1529010				
咖啡饮料	吨	1529020				
固体饮料	吨	1525010				

长治市	晋城市	朔州市	晋中市	运城市	忻州市	临汾市	吕梁市
			12087				
				10950			
		1328				6309	
		1328					
			41044	6693		6491	
91136	11096	281287					
91136	11096	238093					
24408		60766					
6835	8876	80768					
10060	2220	67911					
49833		28648					
		5148					
		43194					
			7695	16676			
5437	14400		123822				32000
			83162				27597
				350			
				350			
					3998	5361	
				25100			
	235	68907	143624	122035		3326	104340
		6842	20029	7697		1408	70846
		62065	122465	112692			27197
			1130	1646		1160	
	235						
50837	93629	9931	310094	358029	3527	6540	10298
50837		9931	6735	218452	3527	6540	3834
							555
			117961	91580			

2-2-2 续表 2

产品名称	计量单位	产品代码	全 省	太原市	大同市	阳泉市
精制茶	吨	1530010	11614	23		
复烤烟叶	吨	1610010				
卷烟	万支	1620010	1585000	1585000		
一类烟	万支	1620020	14165	14165		
二类烟	万支	1620030	13085	13085		
三类烟	万支	1620040	1355185	1355185		
四类烟	万支	1620050	202565	202565		
五类烟	万支	1620060				
雪茄烟	万支	1620070				
纱	吨	1711010	57860	3566		
棉纱	吨	1711020	55286	3566		
棉混纺纱	吨	1711030	2574			
化学纤维纱	吨	1711040				
棉线	吨	1711050				
缝纫线	吨	1711060				
布	万米	1712010	4537			
其中：棉布	万米	1712030	3806			
棉混纺布	万米	1712040	731			
化学纤维短纤布	万米	1712050				
其中：色织布(含牛仔布)	万米	1712020				
印染布	万米	1713010	14806			
漂白布	万米	1713020	269			
染色布	万米	1713030	10255			
印花布	万米	1713040	4282			
毛条	吨	1721010				
毛纱	吨	1721030	3198			
绒线(俗称毛线)	吨	1721020	80	80		
毛机织物(呢绒)	万米	1722030				
亚麻纱	吨	1731010				
苎麻纱	吨	1731020				
亚麻布(含亚麻≥55%)	万米	1732030				
苎麻布(含苎麻≥55%)	万米	1732040				
蚕丝	吨	1741020	65			
绢纺丝	吨	1741030				
蚕丝及交织机织物	万米	1742010				
蚕丝及交织机织物(含蚕丝≥50%)	万米	1742020				
印染蚕丝及交织机织物	万米	1743010				
化纤长丝机织物	万米	1751010				
合成纤维长丝机织物	万米	1751020				
人造纤维长丝机织物	万米	1751030				
其他化纤长丝机织物	万米	1751040				
床褥单	万条	1771010	54			
枕套	万件	1771020				
被罩	万个	1771040				
床罩	万个	1771050				
毯子	条	1771060				
羽绒被	万条	1771070				
棉被	万条	1771080	60			
蚕丝被	万条	1771030	1			
毛巾被	万条	1771090				
毛巾	万条	1772010	910			
毡呢	吨	1789010				
帐篷	万顶	1784010				
降落伞	万个	1789020				

长治市	晋城市	朔州市	晋中市	运城市	忻州市	临汾市	吕梁市
		11592					
	3762		2707	43093		4732	
	1188		2707	43093		4732	
	2574						
	777		296	2763		701	
	46		296	2763		701	
	731						
				14806			
				269			
				10255			
				4282			
		3198					
				65			
				54			
				60			
	1						
				910			

2-2-2 续表 3

产品名称	计量单位	产品代码	全 省	太原市	大同市	阳泉市
纤维纺制线、绳、索、缆	吨	1782010				
帘子布	吨	1783010				
无纺布(无纺织物)	吨	1781010	2264	2264		
针织袜	万双	1830010				
针织手套	万双	1830020				
围巾	万条	1830030				
领带	万条	1830040				
服装	万件	1800010	1415	36		11
针织服装	万件	1820010	224	27		
针织运动类服装	万件	1820020				
梭织服装	万件	1810010	1190	9		11
羽绒服装	万件	1810030	23			
西服套装	万件	1810050	226			
衬衫	万件	1810080	346			
运动服类服装	万件	1810090				
皮革服装	万件	1921010				
毛皮服装	万件	1932000				
天然毛皮服装	万件	1932010				
鞋	万双	1950010				
皮革鞋靴	万双	1952010				
纺织面鞋	万双	1951010				
胶鞋	万双	1954010				
塑料鞋	万双	1953010				
帽子	万个	1830050	150			
成品革	平方米	1910000	2733625			
轻革	平方米	1910010	2733625			
衣箱、提箱及类似容器	万个	1922010				
手提包(袋)、背包	万个	1922020				
人造板	立方米	2020010	277290	19922		
胶合板	立方米	2021010				
纤维板	立方米	2022010	163532	19922		
刨花板	立方米	2023010	113758			
细木工板	立方米	2029020				
人造板表面装饰板	平方米	2029010	1220837	599782		
实木木地板	平方米	2033040				
复合木地板	平方米	2033050				
竹地板	平方米	2041010				
家具	件	2100010	37363	27483		9880
木质家具	件	2110010	35263	25383		9880
金属家具	件	2130010	2100	2100		
软体家具	件	2190010				
纸浆(原生浆及废纸浆)	吨	2210010	18956			
废纸纸浆	吨	2212010				
机制纸及纸板(外购原纸加工除外)	吨	2221010	326910	97365		
未涂布印刷书写用纸	吨	2221020	24655			
新闻纸	吨	2221030	7352			
涂布类印刷用纸	吨	2221040				
铜版纸	吨	2221041				
卫生用纸原纸	吨	2221050	34008			
包装用纸及纸板	吨	2221060	10807			
包装纸	吨	2221080				
箱纸板	吨	2221070	10807			
宣纸	吨	2222010				
纸制品	吨	2230010	231889	16732		
瓦楞纸箱	吨	2231010	115238	16732		
卫生用纸制品	吨	2239010				

长治市	晋城市	朔州市	晋中市	运城市	忻州市	临汾市	吕梁市
14	203		85	1062	3		
	197						
14	6		85	1062	3		
				23			
9	1			216			
	4			341			
				150			
		2733625					
		2733625					
		70435		186933			
				143610			
		70435		43323			
				621055			
				18956			
19000			140296	70249			
				24655			
				7352			
				34008			
				10807			
				10807			
		46267		161294	6369		1227
		46267		45870	6369		

2-2-2 续表 4

产品名称	计量单位	产品代码	全 省	太原市	大同市	阳泉市
单色印刷品	令	2310010	1749431	1655794		
多色印刷品	对开色令	2310020	9334591	7341221		
本册	万本	2312010				
自来水笔	万支	2412010				
圆珠笔	万支	2412020				
记号笔	万支	2412030				
墨水	吨	2414010				
室内训练健身器材	台	2443010	14931			
中乐器	把(件)	2421010				
西乐器	把	2422010				
电子乐器	台	2423010				
硫酸(折100%)	吨	2611010	184500			
浓硝酸(折100%)	吨	2611030				
盐酸(氯化氢，含量31%)	吨	2611020	29905	8514	6851	
磷酸(含量85%)	吨	2611040				
过氧化氢(双氧水)	吨	2619010				
烧碱(折100%)	吨	2612010	494596	30726	15394	8839
离子膜法烧碱(折100%)	吨	2612020	464614	30726		
纯碱(碳酸钠)	吨	2612030	98171			
碳酸氢钠(小苏打)	吨	2612040				
氢氧化钾(苛性钾)	吨	2612050				
氧化钨	吨	2619020				
磷酸一铵(实物量)	吨	2624021				
磷酸二铵(实物量)	吨	2624022				
碳化钙(电石，折300升/千克)	吨	2613030	536597			5000
碳化硅	吨	2613040				
己烷	吨	2614010	470			
乙烯	吨	2614020				
丙烯	吨	2614030	8632	8632		
纯苯	吨	2614100	186750	25409		
精甲醇	吨	2614210	1866204			
冰乙酸(冰醋酸)	吨	2614250	75			
己二酸	吨	2614310				
甲醚	吨	2614160				
甲醛	吨	2614200	205036			
丙酮	吨	2614260				
活性炭	吨	2663010	77469	42037	26227	
硫磺	吨	2619030	4721			
硅	吨	2619040				
稀土化合物	千克	2613050				
合成氨(无水氨)	吨	2620010	5279534			
农用氮、磷、钾化学肥料(折纯)	吨	2620020	4642528	398		
氮肥(折含氮100%)	吨	2621010	4572065	398		
尿素(折含氮100%)	吨	2621020	4142864			
磷肥(折五氧化二磷100%)	吨	2622010	63396			
钾肥(折氯化钾100%)	吨	2623010	7067			
复合肥、复混合肥	吨	2622020	102288			
化学农药原药(折有效成分100%)	吨	2631010	505			
杀虫剂(杀螨剂)原药	吨	2631020	505			
杀菌剂原药	吨	2631030				
除草剂原药	吨	2631040				

长治市	晋城市	朔州市	晋中市	运城市	忻州市	临汾市	吕梁市
	10460						83177
	101610			3657			1888103
14931							
			46494	5569		132437	
			14540				
145970			293666				
145970			287918				
				98171			
231567			300029				
							470
			53476	20048		77861	9956
307307	594541			224710	7240	732407	
						75	
	26294			38341		140401	
		8474					731
	4721						
370401	3407134	57645	140776	1044220	137808	103626	17922
268931	2706366	43112	439973	709164	234528	100298	139757
205535	2706366	43112	439973	709164	234528	100298	132690
55118	2706366		402341	653916	234528	90594	
63396							
							7067
			49181	41765		11342	
				505			
				505			

2-2-2 续表 5

产品名称	计量单位	产品代码	全 省	太原市	大同市	阳泉市
涂料	吨	2641010	50025	17498		
建筑涂料	吨	2641020	20139			
油墨	吨	2642010	51994	14632		
颜料	吨	2644010				
有机颜料	吨	2644020				
染料	吨	2644030	52148			
初级形态塑料	吨	2651010	489451	41475		
低密度聚乙烯树脂(LDPE)	吨	2651021				
高密度聚乙烯树脂(HDPE)	吨	2651022				
线型低密度聚乙烯树脂(LLDPE)	吨	2651023				
中密度聚乙烯树脂(MDPE)	吨	2651024				
超高分子量聚乙烯(UHMW)	吨	2651025				
聚丙烯树脂	吨	2651030				
聚苯乙烯树脂	吨	2651050				
ABS树脂	吨	2651060				
聚氯乙烯树脂	吨	2651040	477146	30194		
合成橡胶	吨	2652010	21806		21806	
合成纤维单体	吨	2653010				
精对苯二甲酸(PTA)	吨	2653020				
丙烯腈	吨	2653030				
己内酰胺	吨	2653040				
乙二醇	吨	2653050				
合成纤维聚合物	吨	2653060				
聚酯	吨	2653070				
化学试剂	吨	2661010	346713	63694		
催化剂	吨	2661020	7510			
橡胶助剂	吨	2661030	61468			
塑料助剂	吨	2661040				
炸药	吨	2671010	48786		26501	
感光胶片	万平方米	2664030				
彩色照相胶卷	万平方米	2664040				
摄影感光纸	万平方米	2664050				
单晶硅	千克	2664010	109063			
多晶硅	千克	2664020	185784			
单晶硅片	千片	2664060				
多晶硅片	千片	2664070	1000	1000		
肥(香)皂	吨	2681010	12105			
合成洗涤剂	吨	2681020	108199			
合成洗衣粉	吨	2681030	78183			
液体洗涤剂	吨	2681040	26496			
表面活性剂	吨	2662010				
牙膏(折65克标准支)	万支	2683010				
香料	吨	2684010				
香精	吨	2684020				
食品用香精	吨	2684030				
火柴(折50支标准盒)	万标准盒	2689010				
化学药品原药	吨	2710010	20723		19131	
抗菌素(抗感染药)	吨	2710020	19625		19045	
消化系统用药	吨	2710030	875			
解热镇痛药	吨	2710040				
维生素类	吨	2710050	25			
抗寄生虫病药	吨	2710060				
中枢神经系统用药	吨	2710070				
计划生育用药	吨	2710080				
激素类药	吨	2710090				

长治市	晋城市	朔州市	晋中市	运城市	忻州市	临汾市	吕梁市
7914			20139				4474
			20139				
							37362
				23204		28944	
154372			291800	1804			
154372			291800	780			
		41785		241234			
				7510			
	3544			57924			
	6514	15771					
	109063						
	185784						
				12105			
450				107749			
				78183			
				26496			
	771	602		220			
		498		82			
	771	104					
				25			

2-2-2 续表 6

产品名称	计量单位	产品代码	全　省	太原市	大同市	阳泉市
抗肿瘤药	吨	2710100				
心血管系统用药	吨	2710110				
呼吸系统用药	吨	2710120				
泌尿系统用药	吨	2710130				
血液系统用药	吨	2710140				
诊断用原药	吨	2710150				
调解水、电解质、酸碱平衡药	吨	2710160				
麻醉用药	吨	2710170	86		86	
抗组织胺类药及解毒药	吨	2710180				
生化药(酶及辅酶)	吨	2710190				
消毒防腐及创伤外科用药	吨	2710200				
制剂用辅料及附加剂	吨	2710210	113			
中成药	吨	2740010	24155	345	537	
兽用药品	吨	2750010	11082			
化学纤维用浆粕	吨	2800010				
化学纤维	吨	.2800020	2396	2396		
人造纤维(纤维素纤维)	吨	2812010				
粘胶短纤维	吨	2812021				
粘胶纤维长丝	吨	2812022				
醋酸纤维长丝	吨	2812032				
合成纤维	吨	2820010	2396	2396		
锦纶纤维	吨	2821010				
涤纶纤维	吨	2822010	2396	2396		
涤纶短纤维	吨	2822020	2396	2396		
涤纶长丝	吨	2822030				
腈纶纤维	吨	2823010				
维纶纤维	吨	2824010				
丙纶纤维	吨	2825010				
氨纶纤维	吨	2826010				
橡胶轮胎外胎	条	2911010	1665679	1665679		
其中：汽车橡胶轮胎外胎	条	2911030	1665679	1665679		
专用车辆橡胶轮胎外胎	条	2911031				
摩托车橡胶轮胎外胎	条	2911050				
非机动车橡胶轮胎外胎	条	2911040				
其中：子午线轮胎外胎	条	2911020	1536081	1536081		
汽车子午线轮胎外胎	条	2911021	1536081	1536081		
专用车辆子午线轮胎外胎	条	2911022				
塑料制品	吨	2920010	251361	17014		193
塑料薄膜	吨	2921010	29710			
农用薄膜	吨	2921020	23960			
泡沫塑料	吨	2924010				
塑料人造革、合成革	吨	2925010				
日用塑料制品	吨	2927010				
硅酸盐水泥熟料	吨	3011010	26620367	3433640	5257699	1750682
窑外分解窑水泥熟料	吨	3011020	22737440	3433640	5257699	420400
水泥	吨	3011030	50387673	5947434	6069150	2950394
强度等级42.5水泥(含R型)	吨	3011140	13296277	3176861	1920742	
强度等级52.5水泥(含R型)	吨	3011150	310174		112487	
石灰	吨	3012010	878682			
熟石膏	吨	3012020				
建筑熟石膏	吨	3012030				
商品混凝土	立方米	3021010	9863943	3413335	1599442	1124143
水泥混凝土排水管	千米	3021020	112			
钢筋混凝土排水管	千米	3021021				

长治市	晋城市	朔州市	晋中市	运城市	忻州市	临汾市	吕梁市
				113			
1624	26		1343	6691	13189	82	318
				10482		600	
142038	5183		6181	62936	1768	2347	13701
				24809			4901
				19059			4901
2554686	2133699	2430735	1239595	3197114	1075471	867404	2679642
2117493	2133699	1387507	954085	3197114	435471	867404	2532928
4654248	2363896	3693978	2900861	7086517	1478239	4355724	8887232
1864124	1523368	226216	1495275	1603030	690000		796661
1786	2665			193236			
91806		657589		89250	40037		
1176131	157653	721392	783051	450325	196570	241902	
		112					

2-2-2 续表 7

产品名称	计量单位	产品代码	全　省	太原市	大同市	阳泉市
水泥混凝土压力管	千米	3021030	21			
钢筋混凝土井管、烟道管，相关钢筋混凝土	千米	3021060				
水泥混凝土电杆	根	3021040	51692			
预应力混凝土桩	米	3021050	2532348	227149		
遁构法施工用钢筋混凝土管片	米	3021070				
混凝土轨枕及铁道用混凝土制品	根	3021080	1464994	1198053		
水泥混凝土预制构件	立方米	3022010	27868	27868		
石膏板	万平方米	3024010	3522			
砖	万块	3031010	338404	86667	21257	
烧结粘土砖	万块	3031011	126695	82017		
瓦	万片	3031070	8751			
瓷质砖	平方米	3032010	2268759			
炻瓷砖	平方米	3032020	3339596			
细炻砖	平方米	3032030				
炻质砖	平方米	3032040	3900000			
陶质砖	平方米	3032050	2818479			
陶瓷马赛克	平方米	3032060				
天然大理石建筑板材	平方米	3033010				
天然花岗石建筑板材	平方米	3033020	2588126		2588126	
建筑防水卷材及制品	平方米	3034000	2333000	328000		
沥青和改性沥青防水卷材	平方米	3034010				
玻纤胎沥青瓦	平方米	3034020				
高分子防水卷(片)材	平方米	2919010				
隔热、隔音人造矿物材料及其制品	吨	3035010				
平板玻璃	重量箱	3041010	20652835			
钢化玻璃	平方米	3051010	1483045			
夹层玻璃	平方米	3051030	1134757			
中空玻璃	平方米	3051050				
玻璃包装容器	吨	3055010	74907	38122		
日用玻璃制品	吨	3054010	352360			
玻璃保温容器	万个	3056010	771			
玻璃纤维纱	吨	3061010	4407			
玻璃纤维布	米	3061020				
纤维增强塑料制品	吨	3062010	165			
卫生陶瓷制品	件	3071010				
日用陶瓷制品	件	3073010	834850252			22200000
石棉制品	吨	3081010				
耐火材料制品	吨	3089010	2355700	151885		698023
石墨及炭素制品	吨	3091010	966976		53841	39776
生铁	吨	3110010	42281362	6985833	489761	
粗钢	吨	3120010	46702125	9766230	431846	
钢材	吨	3140010	44826388	9356501	10833	
铁道用钢材	吨	3140020				
轻轨	吨	3140030				
重轨	吨	3140040				
大型型钢	吨	3140050	768238			
中小型型钢	吨	3140060	488092	38090		
棒材	吨	3140070	4875328	557202		
钢筋	吨	3140080	8099044	22010		
线材(盘条)	吨	3140090	18205589	588297	10833	
特厚板	吨	3140100	118662	4724		
厚钢板	吨	3140110	794353	259032		

长治市	晋城市	朔州市	晋中市	运城市	忻州市	临汾市	吕梁市
		21					
				51692			
			606361				1698838
					266941		
3522							
7886	1942	133960		12639		16346	57707
		44678					
8751							
	988800	1279959					
						3339596	
	3900000						
	2818479						
					2005000		
8382137							12270698
							1483045
							1134757
		5790		12472			18523
			173237	179123			
						771	
					4407		
				165			
87804	20246370	757727353		13207474	11585211		9796040
4750	2193	157036		41464			1300348
		24528	407927	428142	12763		
5993345	3462040		814358	8022671	131761	12835663	3545931
6324294	2779553		2147211	8430733		12872722	3949536
6107479	2734153	2077	2034424	7140659	600263	13207033	3632966
		1108	767130				
443952			6050				
490024				2040968		1787134	
2870160	2734153					2472721	
2274609			708417	4902720	600263	5976584	3143867
						113938	
						535321	

2-2-2 续表 8

产品名称	计量单位	产品代码	全 省	太原市	大同市	阳泉市
中板	吨	3140120	853813	431518		
热轧薄板	吨	3140130	1101	1101		
冷轧薄板	吨	3140140	94469	94469		
中厚宽钢带	吨	3140150	3482043	3482043		
热轧薄宽钢带	吨	3140160	2029449	1752173		
冷轧薄宽钢带	吨	3140170	1320626	1320626		
热轧窄钢带	吨	3140180	1233739			
冷轧窄钢带	吨	3140190	17001	17001		
镀层板(带)	吨	3140200				
涂层板(带)	吨	3140230	969			
电工钢板(带)	吨	3140240	406546	406546		
无缝钢管	吨	3140250	181352	181352		
焊接钢管	吨	3140260	1419083	130691		
其他钢材	吨	3140270	436891	69626		
用外购钢材再加工生产钢材	吨	3140300	624158			
用外购国产钢材再加工生产钢材	吨	3140280	624158			
用进口钢材再加工生产钢材	吨	3140290				
铁合金	吨	3150010	1819815	77975	126339	
锰硅合金(折合含锰硅量合计82%)	吨	3150040	342953		126339	
电炉硅铁(折合含硅75%)	吨	3150030	14465			
矿产粗铜	吨	3211010				
矿产粗铅	吨	3212010				
氧化铝	吨	3216010	7845868			388844
十种有色金属	吨	3210010	1373058	133970	2345	215496
精炼铜(电解铜)	吨	3211020	88564			
铅	吨	3212020	2345		2345	
锌	吨	3212030				
镍	吨	3213010				
锡	吨	3214010				
锑品	吨	3215010				
原铝(电解铝)	吨	3216020	1041907	113655		215496
镁	吨	3217010	238887	20315		
海绵钛	吨	3219010	1355			
汞(金属汞)	吨	3219020				
黄金	千克	3221010	1831		355	
白银(银锭)	千克	3222010	169748		140548	
稀有金属	千克	3230010				
钨	千克	3231010				
钼	千克	3239010				
单一稀土金属	千克	3232010	175000			175000
铜合金	吨	3240020				
铝合金	吨	3240030	58508	12295		
锌合金	吨	3240040				
铜材	吨	3261010				
铜盘条(电工用铜线坯)	吨	3261020				
铝材	吨	3262090	322820			
铝盘条(电工用圆铝杆)	吨	3262100				
铅材	吨	3269010				
锌材	吨	3269020				
镍材	吨	3269030				
锡材	吨	3269040				
钢结构	吨	3311020	199411	51930		
金属门窗及类似制品	吨	3312010	19100			8839
金属制门及其框架、门槛	吨	3312020				
金属制窗及窗框	吨	3312030				

长治市	晋城市	朔州市	晋中市	运城市	忻州市	临汾市	吕梁市
						422295	
							277276
						1233739	
		969					
			552827	49892		665301	20372
28734				147080			191451
			561229			62929	
			561229			62929	
5037		247173	115263	863078	74315	119770	190864
		106874			58548	31608	19584
			7361				7104
				2261653	2674481		2520890
5320		68987	570	820642		60624	65104
			570	28725		59269	
		68987		643770			
5320				148148			65104
						1355	
			350		1126		
			5956		23244		
				46213			
				322820			
73097	19500		11000	5141	2000		36743
				10261			

2-2-2 续表 9

产品名称	计量单位	产品代码	全 省	太原市	大同市	阳泉市
金属切削工具	万件	3321010	363	6		
通用手工具	万把	3322010				
日常用剪刀	万把	3324010				
日常用刀	万把	3324020				
金属集装箱	立方米	3331010				
金属压力容器	吨	3332010	268			
金属包装容器	吨	3333010	3833469	3833469		
金属丝	吨	3340010	42384			
钢丝	吨	3340020	42384			
钢丝绳	吨	3340030				
钢绞线	吨	3340040	4115			4115
金属紧固件	吨	3482010	13231	7300		
弹簧	吨	3483020				
锁具	万把	3351010				
保险箱、柜、库门及钱箱	个	3353010	12550	12550		
搪瓷制品	吨	3370010				
不锈钢日用制品	吨	3380010	510	510		
铸铁锅	万口	3382010				
焊条	吨	3399010				
钢铁铰接链(工业链条)	吨	3459010				
锚	吨	3399020				
船用推进器	吨	3734010				
船用螺旋桨桨叶	吨	3734020				
电站锅炉	蒸发量吨	3411010				
工业锅炉	蒸发量吨	3411020	260794	374		56
船用蒸汽锅炉	蒸发量吨	3411030				
锅炉用辅助设备及装置	台	3411040	142086			
发动机	千瓦	3412020	305505			
汽车用发动机	千瓦	3412040				
汽车用汽油发动机	千瓦	3610310				
汽车用柴油发动机	千瓦	3610320				
其他汽车用发动机	千瓦	3610330				
航空器用发动机	千瓦	3741050				
船舶用发动机	千瓦	3412060				
摩托车用发动机	千瓦	3752010				
发动机	台	3412021	6789			
汽车用发动机	台	3412041				
汽车用汽油发动机	台	3610311				
汽车用柴油发动机	台	3610321				
其他汽车用发动机	台	3610331				
航空器用发动机	台	3741051				
船舶用发动机	台	3412061				
摩托车用发动机	台	3752011				
汽轮机	千瓦	3413010				
船舶动力用汽轮机	千瓦	3413019				
电站用汽轮机	千瓦	3413020				
工业用汽轮机	千瓦	3413021				
燃气轮机	千瓦	3413030				
发电用燃气轮机	千瓦	3413031				
船舶用燃气轮机	千瓦	3413032				
机车用燃气轮机	千瓦	3413033				

长治市	晋城市	朔州市	晋中市	运城市	忻州市	临汾市	吕梁市
	357						
							268
			32902	9482			
			32902	9482			
303			5628				
					260364		
		141245	301		540		
305505							
6789							

2-2-2 续表 10

产品名称	计量单位	产品代码	全省	太原市	大同市	阳泉市
水轮机	千瓦	3414010				
电站水轮机	千瓦	3414020				
风力发动机(风车)	千瓦	3415010	81450000			
太阳能源原动机	千瓦	3419010				
金属切削机床	台	3421010	466	466		
数控金属切削机床	台	3421070	108	108		
金属成形机床	台	3422010	1451			
数控金属成形机床(数控锻压设备)	台	3422060	10			
金属非切削、成形加工机械	台	3429020				
机床数控装置	套	3429010				
电焊机	台	3424010				
轻小型起重设备	吨	3431010				
手动葫芦	吨	3431020				
电动葫芦	吨	3431030				
千斤顶	吨	3431040				
汽车举升机	吨	3431050				
轻小型起重设备	台	3431011				
手动葫芦	台	3431021				
电动葫芦	台	3431031				
千斤顶	台	3431041				
汽车举升机	台	3431051				
起重机	吨	3432100	60463	57573		
桥式起重机	吨	3432110				
门式起重机(龙门起重机)	吨	3432120				
轮胎式集装箱门式起重机	吨	3432130				
装卸桥	吨	3432140				
塔式起重机	吨	3432150	17113	17113		
流动式起重机	吨	3432160				
悬臂起重机	吨	3432170				
起重机	台	3432101	778	778		
桥式起重机	台	3432111				
门式起重机(龙门起重机)	台	3432121				
轮胎式集装箱门式起重机	台	3432131				
装卸桥	台	3432141				
塔式起重机	台	3432151	561	561		
流动式起重机	台	3432161				
悬臂起重机	台	3432171				
工业车辆	台	3433010	265	265		
电动车辆(电动叉车)	台	3433280				
内燃叉车	台	3433290				
越野叉车	台	3433300				
连续搬运设备	吨	3434300	54935	28897	7445	
输送机械(输送机和提升机)	吨	3434311	54935	28897	7445	
带式输送机	吨	3434320	33657	28897		
刮板输送机	吨	3434330	13833			
装卸机械	吨	3434340				
给料机械	吨	3434350				
连续搬运设备	台	3434301	981	154		
输送机械(输送机和提升机)	台	3434312	981	154		
带式输送机	台	3434321	222	154		
刮板输送机	台	3434331	759			
装卸机械	台	3434341				
给料机械	台	3434351				

长治市	晋城市	朔州市	晋中市	运城市	忻州市	临汾市	吕梁市
					81450000		
31	1420						
10							
2890							
					12617		5976
					12617		5976
							4760
					12617		1216
					751		76
					751		76
							68
					751		8

2-2-2 续表 11

产品名称	计量单位	产品代码	全 省	太原市	大同市	阳泉市
电梯、自动扶梯及升降机	台	3435010				
电梯	台	3435020				
乘客电梯	台	3435030				
载货电梯	台	3435040				
连续运载乘客输送机	台	3435050				
自动扶梯	台	3435060				
自动人行道	台	3435070				
升降机	台	3435080				
施工升降机	台	3435090				
立体(高架)仓库存储系统	台(套)	3439010				
机械式停车设备	台(套)	3439020				
机场专用搬运机械	台(套)	3439030				
泵	台	3441010	132175	5789		1383
真空泵	台	3441020				
气体压缩机	台	3442010				
制冷设备用压缩机	台	3442020				
空调压缩机	台	3442021				
冰箱压缩机	台	3442022				
车用空调压缩机	台	3442023				
非制冷设备用压缩机	台	3442030				
往复式压缩机	台	3442031				
空气压缩机	台	3442032				
工艺压缩机	台	3442033				
离心式压缩机	台	3442034				
轴流式压缩机	台	3442035				
阀门	吨	3443010	4885			4885
龙头	只(套)	3443020				
水龙头(水嘴)	只(套)	3443021				
液压元件	件	3444010	708573	2		
气动元件	件	3444040				
真空应用设备	台	3441050				
真空镀膜设备	台	3441060				
真空浸渍设备	台	3441030				
真空干燥设备	台	3490010				
真空炉	台	3461010				
滚动轴承	万套	3451010				
球轴承	万套	3451020				
滚子轴承	万套	3451030				
齿轮传动轴	万套	3452010	7		7	
齿轮	吨	3452020				
齿轮传动装置(齿轮箱)	台(套)	3452030	56345	2782		
减速机	台	3490020	8467	2782		
变速器(机、箱)	台	3452040				
离合器	万件	3452050				
联轴器	万件	3459020				
金属密封件	万件	3481010				
机械密封件	万件	3481020				
工业电炉	台	3461020				
风机	台	3462010	6889			
离心式通风机	台	3462020				
轴流式通风机	台	3462040				
鼓风机	台	3462030				

长治市	晋城市	朔州市	晋中市	运城市	忻州市	临汾市	吕梁市
2824			16391	105788			
			678532		30039		
			5685	47878			
			5685				
				6889			

2-2-2 续表 12

产品名称	计量单位	产品代码	全　省	太原市	大同市	阳泉市
气体分离及液化设备	台	3463020	30	30		
气体发生器	台	3463030				
制氮设备	台	3463040				
制氢设备	台	3463050				
制氧设备	台	3463060	30	30		
天然气液化设备	台	3463070				
利用温度变化加工机械	台	3463080				
蒸馏或精馏设备	台	3463090				
发酵、提取设备	台	3463100				
浓缩设备	台	3463110				
干燥、分散、混合设备及类似设备	台	3463120				
热交换装置	台	3521050				
加热设备	台	3463140				
冷却设备	台	3463150				
气体冷凝器	台	3463160				
冷却塔	台	3463170				
液体过滤、净化机械	台	3463180				
压滤机	台	3463190				
气体过滤、净化机械及装置	台	3463200				
发动机燃油、进气过滤器	台	3463210				
离心机	台	3490030				
工商用制冷、空调设备	台(套)	3464010				
工商用制冷设备	台(套)	3464020				
工商用冷藏、冷冻柜及类似设备	台(套)	3464030				
中央空调冷水/热泵机组	台(套)	3464040				
工商用空调设备	台(套)	3464050				
房间空调器，制冷量＞14000W	台(套)	3464060				
车用空调设备	台(套)	3464070				
风动手提工具	台	3465010				
电动手提式工具	台	3465020				
喷枪	台	3466010	240			
喷涂机	台	3466020	31			
喷砂机	台	3466030	16556			
包装专用设备	台	3468010				
衡器(秤)	台	3467010	10649	10043		
铸铁件	吨	3130010	1484587	84301		14656
铸钢件	吨	3130020	311735	100073		16799
锻件	吨	3391010	486235	71818	10962	
粉末冶金零件	吨	3391020	21434			
矿山专用设备	台	3511020	71261	20426	1392	1164
钻井机	台	3511030				
凿岩机	台	3511040				
矿用挖掘机	台	3511050				
采煤机	台	3511060				
矿物破碎机械	台	3511070				
矿物筛分、洗选设备	台	3511080	12275	12275		
石油钻探、开采专用设备	台(套)	3512000				
石油钻井设备	台(套)	3512010				
采油设备	台(套)	3512020				
建筑工程用机械	台	3513000				
挖掘、铲土运输机械	台	3513010				
挖掘机	台	3513020				
推土机	台	3513030				
平地机	台	3513040				

长治市	晋城市	朔州市	晋中市	运城市	忻州市	临汾市	吕梁市
				240			
				31			
				16556			
	606						
	312149		178992	81664	85467	373448	353910
				28714	113394	4039	48716
				50514	335528	17412	
11516				9918			
	35255			12972	51		

2-2-2 续表 13

产品名称	计量单位	产品代码	全 省	太原市	大同市	阳泉市
铲运机	台	3513050				
装载机	台	3513060				
路面开凿机	台	3513061				
压实机械	台	3513070				
机动压路机	台	3513080				
捣固机(车)		3513090				
工程钻机	台	3513100				
桩工机械	台	3513110				
打桩机	台	3513120				
公共工程用机械	台	3513130				
摊铺机械	台	3513140				
沥青混凝土摊铺机	台	3513150				
混凝土摊铺整平机	台	3513160				
筑路机械	台	3513170				
沥青路面机械	台	3513180				
混凝土路面机械	台	3513190				
通用路面机械	台	3513200				
线路铺装机械	台	3513210				
挖沟及管道吊装联合机	台	3513220				
扫雪设备	台	3513230				
管道疏通机械	台	3513240				
建筑工程用货运自卸车	台	3513250				
自卸车(翻斗车)	台	3513260				
混凝土机械	台	3515040				
混凝土泵	台	3515050				
混凝土泵车	台	3515060				
混凝土搅拌车	台	3515070				
建筑材料及制品专用生产机械	吨	3515001				
水泥专用设备	吨	3515010				
水泥回转窑	吨	3515020				
平板玻璃制造及深加工机械	吨	3515030				
烧结类制砖生产机械	吨	3515035				
建筑材料及制品专用生产机械	台	3515002				
水泥专用设备	台	3515011				
水泥回转窑	台	3515021				
平板玻璃制造及深加工机械	台	3515031				
烧结类制砖生产机械	台	3515036				
冶金专用设备	吨	3516011	76254	76254		
金属冶炼设备	吨	3516020				
造块设备	吨	3516031				
炼焦设备	吨	3516041				
炼铁设备	吨	3516051				
炼钢设备	吨	3516061				
铁合金冶炼设备	吨	3516071				
有色金属冶炼设备	吨	3516081				
铸造机械	吨	3423011	421	421		
金属轧制设备	吨	3516110	75833	75833		
冶金专用设备	台	3516010	200	200		
金属冶炼设备	台	3516021				
造块设备	台	3516030				
炼焦设备	台	3516040				
炼铁设备	台	3516050				
炼钢设备	台	3516060				
铁合金冶炼设备	台	3516070				
有色金属冶炼设备	台	3516080				

长治市	晋城市	朔州市	晋中市	运城市	忻州市	临汾市	吕梁市

2-2-2 续表 14

产品名称	计量单位	产品代码	全 省	太原市	大同市	阳泉市
铸造机械	台	3423010	90	90		
金属轧制设备	台	3516111	110	110		
炼油、化工生产专用设备	台	3521009	3076			
石油化工用加氢反应器	台	3521011	26			
炼油、化工生产专用设备	吨	3521010	48297			
石油化工用加氢反应器	吨	3521012	1174			
橡胶加工专用设备	台	3522010				
炼胶机械	台	3522020				
橡胶挤出机	台	3522030				
橡胶压延机械	台	3522040				
橡胶成型压力机	台	3522050				
橡胶硫化设备	台	3522060				
塑料加工专用设备	台	3523010				
注塑机	台	3523020				
挤塑机	台	3523030				
吹塑机	台	3523040				
塑料加工专用设备	吨	3523011				
注塑机	吨	3523021				
挤塑机	吨	3523031				
吹塑机	吨	3523041				
木材加工、处理机械	台	3524010	308			
木工机床	台	3524020				
木工锯床	台	3524030				
木工刨床	台	3524040				
木工铣床	台	3524050				
木工抛光机	台	3524060				
模具	套	3525010	2020591	21		
金属铸造用型箱、型模底板	套	3525020				
金属、硬质合金用模具	套	3525030				
金属冲压模具	套	3525040				
金属铸造模具	套	3525050				
玻璃制品用模具	套	3525060				
矿物材料用模具	套	3525070				
塑料用模具	套	3525080				
橡胶用模具	套	3525090				
食品制造机械	台	3531010	586	586		
乳品加工机械	台	3531020				
酒及饮料加工机械	台	3531030	112			
烟草加工机械	台	3533010				
采盐及盐加工机械	台	3531040				
农产品加工专用设备	台	3532010				
制糖机械	台	3532020				
屠宰及肉制品加工机械	台	3532030				
饲料生产专用设备	台	3534010				
制浆和造纸专用设备	台	3541010				
印刷专用设备	吨	3542020	174			
印前设备	吨	3542030				
印刷机设备	吨	3542040	174			
装订机械	吨	3542050				
印刷包装机械	吨	3542060				

长治市	晋城市	朔州市	晋中市	运城市	忻州市	临汾市	吕梁市
				3076			
				26			
				48297			
				1174			
			308				
	2020000		570				
							112
	174						
	174						

2-2-2 续表 15

产品名称	计量单位	产品代码	全 省	太原市	大同市	阳泉市
印刷专用设备	台	3542021	28			
印前设备	台	3542031				
印刷机设备	台	3542041	28			
装订机械	台	3542051				
印刷包装机械	台	3542061				
信息化学品生产设备	台	3543010				
光盘复制生产设备	台	3543020				
感光胶片生产设备	台	3543030				
制药专用设备	台	3545010				
照明器具生产专用设备	台	3545020				
日用化工专用设备	台	3543040				
纺织专用设备	台	3551010	1949			
纺织纤维梳理机	台	3551020				
细纱机	台	3551030	934			
织机	台	3551040				
皮革、毛皮及其制品加工专用设备	台	3552010				
服装、鞋帽加工机械	台	3553010				
缝纫机	台	3553020				
家用型缝纫机	台	3553030				
工业用缝纫机	台	3553040				
电工机械专用设备	台	3561010				
电线、电缆专用生产机械	台	3561020				
电子工业专用设备	台	3562010	101	101		
空气净化设备	台	3562020				
电子整机装联设备	台	3562030				
金属处理机械	台	3599020				
航空、航天设备，相关专用设备	台	3743010				
拖拉机	台	3571010	18093			
大型拖拉机	台	3571020				
中型拖拉机	台	3571030				
小型拖拉机	台	3571040	18093			
机械化农业及园艺机具	台	3572000	2923			
土壤耕整机械	台	3572010				
耕地机械	台	3572011				
整地机械	台	3572012				
种植施肥机械	台	3572020				
播种机械	台	3572021				
栽植机械	台	3572022				
水稻插秧机	台	3572023				
田间管理机械	台	3572030				
植保机械	台	3572031				
收获机械	台	3572040				
谷物收获机械	台	3572041				
自走轮式谷物联合收获机(全喂入)	台	3572032				
自走履带式谷物联合收获机(全喂入)	台	3572033				
背负式谷物联合收割机	台	3572034				
半喂入联合收割机	台	3572035				
玉米收获机械	台	3572042				
棉麻作物收获机械	台	3572043				
棉花收获机	台	3572044				
甘蔗收获机	台	3572050				
收获后处理机械	台	3572060				
营林及木竹采伐机械	台	3573010				
畜牧机械	台	3574010				

长治市	晋城市	朔州市	晋中市	运城市	忻州市	临汾市	吕梁市
	28						
	28						
			1949				
			934				
				18093			
				18093			
			2506	417			

2-2-2 续表 16

产品名称	计量单位	产品代码	全 省	太原市	大同市	阳泉市
渔业捕捞养殖机械	台	3575010				
农产品初加工机械	台	3532050				
棉花加工机械	台	3577010				
医疗仪器设备及器械	台	3581010				
医用X射线设备	台	3581020				
医用α、β、γ射线应用设备	台	3581030				
医用超声诊断、治疗仪器及设备	台	3581040				
医用激光诊断、治疗仪器及设备	台	3581050				
医用高频仪器设备	台	3581060				
临床检验分析仪器及诊断系统	台	3581070				
一次性注射器	万支	3584010				
静脉采血针	万支	3584020				
中医用针	万支	3584030				
环境污染防治专用设备	台(套)	3591010	8864	8864		
大气污染防治设备	台(套)	3591020	8864	8864		
水质污染防治设备	台(套)	3591040				
固体废弃物处理设备	台(套)	3591050				
噪音与振动控制设备	台(套)	3591060				
放射性污染防治和处理设备	台(套)	3591070				
地质勘查专用设备	台	3592010				
邮政专用机械及器材	台	3593010				
自动售货机、售票机	台	3594010				
洗衣店用洗衣机械	台	3554010				
灭火器	台	3595010				
工业机器人	套	3599010				
铁路机车	辆	3711010	166		166	
动车组	辆	3711030				
城市轨道车辆	辆	3720010				
铁路客车	辆	3711050				
铁路货车	辆	3711060	3148	3148		
汽车	辆	3610010	4038	178		
基本型乘用车(轿车)	辆	3610030				
轿车，排量≤1升	辆	3610040				
轿车，1升＜排量≤1.6升	辆	3610050				
轿车，1.6升＜排量≤2.0升	辆	3610060				
轿车，2.0升＜排量≤2.5升	辆	3610070				
轿车，2.5升＜排量≤3.0升	辆	3610080				
轿车，排量＞3.0升	辆	3610090				
多功能乘用车(MPV)	辆	3610110				
运动型多用途乘用车(SUV)	辆	3610120				
交叉型乘用车	辆	3610130				
客车	辆	3610140	3860			
大型客车(车长＞10米)	辆	3610150				
中型客车(7米＜车长≤10米)	辆	3610160				
轻型客车(车长≤7米)	辆	3610170	3860			
载货汽车	辆	3610180	178	178		
重型载货车	辆	3610190	178	178		
中型载货车	辆	3610200				
轻型载货车	辆	3610210				
微型载货车	辆	3610220				
半挂牵引车	辆	3610230				
汽车底盘	辆	3610240				
公路机动车底盘	辆	3610250				

长治市	晋城市	朔州市	晋中市	运城市	忻州市	临汾市	吕梁市
3860							
3860							
3860							

2-2-2 续表 17

产品名称	计量单位	产品代码	全 省	太原市	大同市	阳泉市
乘用车底盘	辆	3610260				
客运机动车底盘	辆	3610270				
货车底盘	辆	3610280				
改装汽车	辆	3620010	16913			
改装载货汽车	辆	3620020				
低速载货汽车	辆	3630010				
三轮载货汽车	辆	3630020				
摩托车整车	辆	3751010				
两轮摩托车	辆	3751020				
三轮摩托车	辆	3751030				
两轮脚踏自行车	辆	3761010				
折叠自行车	辆	3761020				
山地自行车	辆	3761030				
残疾人座车	辆	3761040				
电动自行车	辆	3762010				
民用钢质船舶	载重吨	3731010				
钢质机动货船	载重吨	3731020				
散货船	载重吨	3731030				
全集装箱船	载重吨	3731040				
滚装船	载重吨	3731050				
钢质机动非货船	载重吨	3731060				
客船	载重吨	3731070				
渔船	载重吨	3731080				
工程(工作)船	载重吨	3731090				
钢质非机动船	载重吨	3731100				
非金属捕鱼船	载重吨	3731110				
民用钢质船舶	艘	3731011				
钢质机动货船	艘	3731021				
散货船	艘	3731031				
全集装箱船	艘	3731041				
滚装船	艘	3731051				
钢质机动非货船	艘	3731061				
客船	艘	3731071				
渔船	艘	3731081				
工程(工作)船	艘	3731091				
钢质非机动船	艘	3731101				
非金属捕鱼船	艘	3731111				
民用飞机	架	3741010				
民用直升机	架	3741020				
船舶修理	载重吨	4342010				
发电机组(发电设备)	千瓦	3811050	225500	225500		
水轮发电机组	千瓦	3811070				
汽轮发电机组	千瓦	3811090				
风力发电机组	千瓦	3811091	225500	225500		
核发电机组	千瓦	3811100				
内燃发电机组	千瓦	3811110				
发电机组(发电设备)	千瓦	3811051	127	127		
水轮发电机组	千瓦	3811071				
汽轮发电机组	千瓦	3811089				
风力发电机组	千瓦	3811092	127	127		
核发电机组	千瓦	3811101				
内燃发电机组	千瓦	3811111				
电动机	千瓦	3812000	9893814	919797		

长治市	晋城市	朔州市	晋中市	运城市	忻州市	临汾市	吕梁市
			3885	13028			
8762			2164	8963091			

2-2-2 续表 18

产品名称	计量单位	产品代码	全 省	太原市
直流电动机	千瓦	3812010		
交流电动机	千瓦	3812020	9844880	919797
交直流两用电动机	千瓦	3812030		
小功率电动机	千瓦	3812040		
微电机	千瓦	3812050		
微电机	万台	3812051		
变压器	千伏安	3821020	5714306	376436
电力变压器	千伏安	3821060	147000	147000
电力变压器，额定容量≥8000kVA	千伏安	3821070	83400	83400
电力变压器，额定容量≥8000kVA，电压≥500kV	千伏安	3821080		
电力变压器，额定容量≥8000kVA，220kVA≤电压<500kVA	千伏安	3821090	83400	83400
电力变压器，额定容量≥8000kVA，110kVA≤电压<220kVA	千伏安	3821100		
电力变压器，5000kVA<额定容量<8000kV	千伏安	3821110	6300	6300
电力变压器，额定容量≤5000kVA	千伏安	3821120	57300	57300
换流变压器	千伏安	3821130		
干式变压器	千伏安	3821140		
变压器	台	3821021	5925	395
电力变压器	台	3821061	50	50
电力变压器，额定容量≥8000kVA	台	3821071	7	7
电力变压器，额定容量≥8000kVA，电压≥500kV	台	3821081		
电力变压器，额定容量≥8000kVA，220kVA≤电压<500kVA	台	3821091	7	7
电力变压器，额定容量≥8000kVA，110kVA≤电压<220kVA	台	3821101		
电力变压器，5000kVA<额定容量<8000kV	台	3821111	1	1
电力变压器，额定容量≤5000kVA	台	3821121	42	42
换流变压器	台	3821131		
干式变压器	台	3821141		
互感器	台	3821170		
电力电容器	千乏	3822010	9	
高压开关设备(11万伏以上)	台	3823060	319	
全封闭组合电器(GIS)	台	3823070		
全封闭组合电器(GIS)，550kV(含330kV)及以上	台	3823071		
全封闭组合电器(GIS)，252kV	台	3823072		
全封闭组合电器(GIS)，126kV	台	3823073		
六氟化硫断路器	台	3823080		
六氟化硫断路器，550kV(含330kV)及以上	台	3823081		
六氟化硫断路器，252kV	台	3823082		
六氟化硫断路器，126kV	台	3823083		
敞开式组合电器	台	3823090		
隔离开关	台	3823100	319	
接地开关	台	3823110		
配电或电器控制设备	台(套、面)	3823120	7564	2890
高压电路开关、保护电器装置	台(套、面)	3823130	506	506
低压开关、保护控制装置	台(套、面)	3823140	470	470
电路连接装置	台(套、面)	3823150		
电力控制或电力分配装置	台(套、面)	3823160	6588	1914
高压开关板	面	3823030	1995	780
低压开关板	面	3823050	4017	1134
安全、自动化监控设备	台(套)	3823170	576	
裸电线	吨	3340050		
裸铜线	吨	3340060		
裸铝线	吨	3340070		
绝缘电线	吨	3831010		
通信及电子网络用电缆	对千米	3831020		

大同市	阳泉市	长治市	晋城市	朔州市	晋中市	运城市	忻州市	临汾市	吕梁市
		8762			2164	8914157			
3417690						1876100			44080
587						4835			108
						9			
						319			
						319			
							576	4098	
							576	4098	
								1215	
								2883	
							576		

2-2-2 续表 19

产品名称	计量单位	产品代码	全 省	太原市	大同市	阳泉市
电力电缆	千米	3831030	111517			12463
光纤	千米	3832010				
光缆	芯千米	3832020	383613			
绝缘制品	吨	3833010	2795			
原电池及原电池组(非扣式)	万只	3849070				
碱性锌锰原电池(组)	万只	3849080				
锂原电池(组)	万只	3841010				
蓄电池	千伏安时	3840010	275209			274989
铅酸蓄电池	千伏安时	3849010	274989			274989
用于启动活塞发动机铅酸蓄电池	千伏安时	3849020				
电动自行车用铅酸蓄电池	千伏安时	3849030				
碱性蓄电池	千伏安时	3849041				
锂离子电池	千伏安时	3841061	220			
蓄电池	只(自然只)	3840011	228344			173459
铅酸蓄电池	只(自然只)	3849011	173459			173459
用于启动活塞发动机铅酸蓄电池	只(自然只)	3849021				
电动自行车用铅酸蓄电池	只(自然只)	3849031				
碱性蓄电池	只(自然只)	3849040				
锂离子电池	只(自然只)	3841060	54885			
燃料电池	千瓦	3849060				
燃料电池	只(自然只)	3849061				
物理电池	千瓦	3849090	11212			
太阳能电池(光伏电池)	千瓦	3849100	11212			
物理电池	只(自然只)	3849091	2678790			
太阳能电池(光伏电池)	只(自然只)	3849101	2678790			
家用电冰箱(家用冷冻冷藏箱)	台	3851010				
家用冷藏箱	台	3851030				
家用冷柜(家用冷冻箱)	台	3851040				
房间空气调节器	台	3852010				
家用空气湿度调节装置	台	3852020				
家用房间空气清洁装置	台	3852030				
家用电风扇	台	3853010				
家用吸排油烟机	台	3853050				
电饭锅	个	3854020				
家用电热烘烤器具	个	3854030				
家用水及饮料加热器具	台	3854040				
电冷热饮水机	台	3854060				
微波炉	台	3854080				
家用食品加工电动器具	台	3854090				
家用洗衣机	台	3855010				
家用电热水器	台	3855060				
家用吸尘器	台	3855070				
家用电热取暖器具	台	3859010				
电暖气	台	3859020				
家用电熨烫器具	台	3859030				
电熨斗	台	3859040				
家用燃气用具	台	3861010	128797	128797		
家用燃气灶具	台	3861020	126630	126630		
家用燃气热水器	台	3861030	2167	2167		
太阳能热水器	平方米	3861040	91390	5850		
电光源	万只	3871010				
白炽灯泡	万只	3871020				
荧光灯	万只	3871030				

长治市	晋城市	朔州市	晋中市	运城市	忻州市	临汾市	吕梁市
	9745		31905	138		3308	53958
						383613	
				2795			
						220	
						220	
						54885	
						54885	
	11212						
	11212						
	2678790						
	2678790						
						85540	

2-2-2 续表 20

产品名称	计量单位	产品代码	全 省	太原市	大同市	阳泉市
灯具及照明装置	套(台、个)	3872010	1501157			
室内照明灯具	套(台、个)	3872020	36091			
户外照明用灯具及装置	套(台、个)	3872030	7871			
街灯及照明装置	套(台、个)	3872040	7871			
车辆专用照明、信号及其装置	套(台、个)	3872050				
卫星导航定位接收机	部	3921050				
微波通信设备	部	3921060				
微波终端机	部	3921080				
地面通信导航定向设备	部	3921090				
程控交换机	线	3921009				
数字程控交换机	线	3921010				
电话单机	部	3922010				
传真机	部	3922030				
移动通信基站设备	信道	3922020				
移动通信手持机(手机)	台	3922040	23875987	23875987		
电子计算机整机	台	3911010				
计算机工作站	台	3911020				
微型计算机设备	台	3911030				
台式微型计算机	台	3911040				
笔记本计算机	台	3911050				
服务器	台	3911090				
路由器	台	3919010				
显示器	台	3913010				
平板显示器	台	3913040				
打印机	台	3913060				
硬盘存储器	台	3913110				
半导体存储盘	个	3913140				
彩色显像管	只	3961030				
彩色显像管玻壳	万只	3961040				
半导体分立器件	万只	3962010				
光电子器件	万只(片、套)	3969010	121796			
液晶显示屏	万片	3969050				
等离子显示器件PDP	万只	3969070				
液晶显示模组	万套	3969060				
发光二极管(LED管)	万只	3969040				
集成电路	万块	3963010	170000	170000		
集成电路圆片	万片	3963020				
12英寸集成电路圆片	万片	3963030				
电子元件	万只	3971010				
电声器件	万只	3971020				
射频元器件	万只	3971030				
传感器	万只	3962020				
印制电路板	平方米	3972010				
彩色电视机	台	3951010				
显像管彩色(CRT)电视机	台	3951020				
液晶(LCD)电视机	台	3951030				
等离子(PDP)电视机	台	3951040				
家用摄录像机	台	3953090				
数字激光音、视盘机	台	3953100				
组合音响	台	3952040				
半导体存储器播放器(含MP3、MP4)	个	3952070				
电视接收机顶盒	台	3953120				
遥控器	万只	3969020				

长治市	晋城市	朔州市	晋中市	运城市	忻州市	临汾市	吕梁市
	43962	940920				516275	
	36091						
	7871						
	7871						
	121796						

2-2-2 续表 21

产品名称	计量单位	产品代码	全 省	太原市	大同市	阳泉市
工业自动调节仪表与控制系统	台(套)	4011010	14578	14578		
工业自动控制系统	台(套)	4011020				
分散型控制系统(DCS系统)	台(套)	4011030				
可编程控制系统(PLC系统)	台(套)	4011040				
工业仪表	台(套)	4014010				
温度测量仪表	台	4014020				
压力测量仪表	台	4014030				
流量测量仪表	台(个)	4014040				
水表	个	4019010				
物位、液位测量仪表	台	4014050				
显示仪表、记录仪	台	4014060				
执行器	台	4019020				
电工仪器仪表	台	4012010	1025	1025		
电能表	台	4012020				
量具	台	4013010				
量仪	台	4013020				
分析仪器及装置	台(套)	4014090				
色谱仪器	台(套)	4014100				
试验机	台	4015010	147	147		
环境监测专用仪器仪表	台	4021010				
汽车仪器仪表	台	4022010				
经纬仪	台	4023010				
钟	只	4030010				
表	只	4030040				
光学仪器	台(个)	4041010				
显微镜	台	4041020				
眼镜成镜	副	4042010				
电影放映机	台	3471010				
数字电影放映机	台	3471020				
照相机	台	3473010				
数码照相机	台	3473030				
影像投影仪	台	3472010				
幻灯机	台	3472020				
投影仪	台	3472030				
复印和胶版印制设备	台	3474010				
静电复印设备	台	3474020				
多功能一体机	台	3474030				
银行专用机器	台	3475010				
自动柜员机(ATM机)	台	3475020				
碎纸机	台	3479010				
机制地毯、挂毯	平方米	2437010				
人发制假发	个	2439010				
伞类制品	把	4119010				
拉链	万米	4119020				
打火机	万个	4119030				
熔炼用废钢	吨	4210010				
熔炼用废铁	吨	4210020				
自来水生产量	万立方米	4610010	59911	30216	9681	4851
自来水供应量	万立方米	4610020				

注：产品销售平均单价=(Σ销售额/Σ数量)*1000

长治市	晋城市	朔州市	晋中市	运城市	忻州市	临汾市	吕梁市
4925	2511		1812	2509		2323	1083

2-2-3　规模以上工业主要产品生产能力

产品名称	计量单位	2013年期末能力
原煤	吨	1016293774.80
天然原油	吨	
卷烟	万支	3024000.00
棉纺锭／纺纱量	锭/吨	280611.80
气流纺锭／纺纱量	头/吨	5424.00
棉布织机／布	台/万米	5095.00
原油加工能力／原油加工量	吨/吨	30000.00
焦炭	吨	137606970.00
烧碱(折100%)	吨	654500.00
碳化钙(电石，折 300升／千克)	吨	864000.00
农用氮、磷、钾化学肥料总计(折纯)	吨	5561771.00
初级形态塑料	吨	525223.90
化学纤维	吨	10000.00
硅酸盐水泥熟料	吨	51367000.00
水泥	吨	97020000.00
平板玻璃	重量箱	19600000.00
生铁	吨	62634650.00
粗钢	吨	61931026.70
钢材	吨	58141864.00
铁合金	吨	2674262.70
原铝(电解铝)	吨	1036000.00
金属切削机床	台	618.00
挖掘机	台	
汽车	辆	137600.00
其中：基本型乘用车(轿车)	辆	120000.00
载货汽车	辆	600.00
民用钢质船舶	载重吨	
太阳能电池	千瓦	110416.00
家用电冰箱	台	
房间空气调节器	台	
微型计算机设备	台	
移动通信手持机(手机)	台	
彩色电视机	台	
发电设备容量总计／发电量	万千瓦/万千瓦小时	5767.27
其中：火电设备容量／发电量	万千瓦/万千瓦小时	5202.14
水电设备容量／发电量	万千瓦/万千瓦小时	243.28
核电设备容量／发电量	万千瓦/万千瓦小时	
风电设备容量／发电量	万千瓦/万千瓦小时	315.95

工业主要统计指标解释

工业 从事自然资源的开采，对采掘品和农产品进行加工和再加工的物质生产部门。具体包括：(1)对自然资源的开采，如采矿、晒盐、森林采伐等(但不包括禽兽捕猎和水产捕捞)；(2)对农副产品的加工、再加工，如粮油加工、食品加工、轧花、缫丝、纺织、制革等；(3)对采掘品的加工、再加工，如炼铁、炼钢、化工生产、石油加工、机器制造、木材加工等，以及电力、自来水、煤气的生产和供应等；(4)对工业品的修理、翻新，如机器设备的修理、交通运输工具(包括小卧车)的修理等。

登记注册类型 指企业或企业产业活动单位的登记注册类型，按其在工商行政管理机关登记注册的类型填写。

机关、事业单位和社会团体及其他组织的登记注册类型，按其主要经费来源和管理方式，根据实际情况，比照《关于划分企业登记注册类型的规定》确定。工商行政管理部门对企业（单位）登记注册的类型分为以下几种：

1. **国有企业**：指企业全部资产归国家所有，并按《中华人民共和国企业法人登记管理条例》规定登记注册的非公司制的经济组织。不包括有限责任公司中的国有独资公司。

2. **集体企业**：指企业资产归集体所有，并按《中华人民共和国企业法人登记管理条例》规定登记注册的经济组织。

3. **股份合作企业**：指以合作制为基础，由企业职工共同出资入股，吸收一定比例的社会资产投资组建，实行自主经营，自负盈亏，共同劳动，民主管理，按劳分配与按股分红相结合的一种集体经济组织。

4. **联营企业**：指两个及两个以上相同或不同所有制性质的企业法人或事业单位法人，按自愿、平等、互利的原则，共同投资组成的经济组织。联营企业包括国有联营企业、集体联营企业、国有与集体联营企业和其他联营企业。

国有联营企业：指所有联营单位均为国有。

集体联营企业：指所有联营单位均为集体。

国有与集体联营企业：指联营单位既有国有也有集体。

其他联营企业：指上述三种联营企业之外的其他联营形式的企业。

5. **有限责任公司**：指根据《中华人民共和国公司登记管理条例》规定登记注册，由两个以上，五十个以下的股东共同出资，每个股东以其所认缴的出资额对公司承担有限责任，公司以其全部资产对其债务承担责任的经济组织。有限责任公司包括国有独资公司以及其他有限责任公司。

国有独资公司：指国家授权的投资机构或者国家授权的部门单独投资设立的有限责任公司。

其他有限责任公司：指国有独资公司以外的其他有限责任公司。

6. **股份有限公司**：指根据《中华人民共和国公司登记管理条例》规定登记注册，其全部注册资本由等额股份构成并通过发行股票筹集资本，股东以其认购的股份对公司承担有限责任，公司以其全部资产对其债务承担责任的经济组织。

7. **私营企业**：指由自然人投资设立或由自然人控股，以雇佣劳动为基础的营利性经济组织。包括按照《公司法》、《合伙企业法》、《私营企业暂行条例》以及《个人独资企业法》规定登记注册的私营独资企业、私营合伙企业、私营有限责任公司、私营股份有限公司和个人独资企业。

①**私营独资企业**：指按《私营企业暂行条例》的规定，由一名自然人投资经营，以雇佣劳动为基础，投资者对企业债务承担无限责任的企业。

②**私营合伙企业**：指按《合伙企业法》或《私营企业暂行条例》的规定，由两个以上自然人按照协议共同投资、共同经营、共负盈亏，以雇佣劳动为基础，对债务承担无限责任的企业。

③**私营有限责任公司**：指按《公司法》、《私营企业暂行条例》的规定，由两个以上自然人投资或由单个自然人控股的有限责任公司。

④**私营股份有限公司**：指按《公司法》的规定，由五个以上自然人投资，或由单个自然人控股的股份有限公司。

⑤**个人独资企业**：指按《个人独资企业法》、《个人独资企业登记管理办法》的规定，由一个自然人投资，财产为投资人个人所有，投资人以其个人财产对企业债务承担无限责任的经营实体。个人独资企业填表时归入私营独资企业。

8. **其他内资企业**：指上述第（1）条至第（7）条之外的其他内资经济组织。

9. **与港澳台商合资经营企业**：指港澳台地区投资者与内地的企业依照《中华人民共和国中外合资经营企业法》及有关法律的规定，按合同规定的比例投资设立，分享利润和分担风险的企业。

10. **与港澳台商合作经营企业**：指港澳台地区投资者与内地企业依照《中华人民共和国中外合作经营企业法》及有关法律的规定，依照合作合同的约定进行投资或提供条件设立，分配利润、分担风险和亏损的企业。

11. **港澳台商独资经营企业**：指依照《中华人民共和国外资企业法》及有关法律的规定，在内地由港澳台地区投资者全额投资设立的企业。

12. **港澳台商投资股份有限公司**：指根据国家有关规定，经商务部（原外经贸部）批准设立，并且其中港、澳、台商的股本占公司注册资本的比例达 25%以上的股份有限公司。凡其中港、澳、台商的股本占公司注册资本的比例小于 25%的，属于内资中的股份有限公司。

13．其他港、澳、台商投资企业：指在中国境内参照《外国企业或个人在中国境内设立合伙企业管理办法》和《外商投资合伙企业登记管理规定》，依法设立的港、澳、台商投资合伙企业。

14．中外合资经营企业：指外国企业或外国人与中国内地企业依照《中华人民共和国中外合资经营企业法》及有关法律的规定，按合同规定的比例投资设立，分享利润和分担风险的企业。

15．中外合作经营企业：指外国企业或外国人与中国内地企业依照《中华人民共和国中外合作经营企业法》及有关法律的规定，依照合作合同的约定进行投资或提供条件设立，分配利润、分担风险和亏损的企业。

16．外资企业：指依照《中华人民共和国外资企业法》及有关法律的规定，在中国内地由外国投资者全额投资设立的企业。

17．外商投资股份有限公司：指根据国家有关规定，经商务部（原外经贸部）批准设立，并且其中外资的股本占公司注册资本的比例达 25%以上的股份有限公司。凡其中外资股本占公司注册资本的比例小于 25%的，属于内资中的股份有限公司。

18．其他外商投资企业：指在中国境内依照《外国企业或个人在中国境内设立合伙企业管理办法》和《外商投资合伙企业登记管理规定》，依法设立的外商投资合伙企业。

企业控股情况　根据企业实收资本中某种经济成分的出资人的实际投资情况，或出资人对企业资产的实际控制、支配程度进行分类。具体分为国有控股、集体控股、私人控股、港澳台商控股、外商控股和其他六类。

1．国有控股：包括：（1）在企业的全部实收资本中，国有经济成分的出资人拥有的实收资本（股本）所占企业全部实收资本（股本）的比例大于 50%的国有绝对控股。（2）在企业的全部实收资本中，国有经济成分的出资人拥有的实收资本（股本）所占比例虽未大于 50%，但相对大于其他任何一方经济成分的出资人所占比例的国有相对控股；或者虽不大于其他经济成分，但根据协议规定拥有企业实际控制权的国有协议控股。（3）投资双方各占 50%，且未明确由谁绝对控股的企业，若其中一方为国有经济成分的，一律按国有控股处理。

2．集体控股：包括：（1）在企业的全部实收资本中，集体经济成分的出资人拥有的实收资本（股本）所占企业全部实收资本（股本）的比例大于 50%的集体绝对控股。（2）在企业的全部实收资本中，集体经济成分的出资人拥有的实收资本（股本）所占比例虽未大于 50%，但相对大于其他任何一方经济成分的出资人所占比例的集体相对控股；或者虽不大于其他经济成分，但根据协议规定拥有企业实际控制权的集体协议控股。

3．私人控股：包括：（1）在企业的全部实收资本中，私人经济成分的出资人拥有的实收资本（股本）所占企业全部实收资本（股本）的比例大于 50%的私人绝对控股。（2）在企业的全部实收资本中，私人经济成分的出资人拥有的实收资本（股本）所占比例虽未大于 50%，但相对大于其他任何一方经济成分的出资人所占比例的私人相对控股；或者虽不大于其他经济成分，但根据协议规定拥有企业实际控制权的私人协议控股。

4．港澳台商控股：包括：（1）在企业的全部实收资本中，港澳台商经济成分的出资人拥有的实收资本（股本）所占企业全部实收资本（股本）的比例大于 50%的港澳台商绝对控股。（2）在企业的全部实收资本中，港澳台商经济成分的出资人拥有的实收资本（股本）所占比例虽未大于 50%，但相对大于其他任何一方经济成分的出资人所占比例的港澳台商相对控股；或者虽不大于其他经济成分，但根据协议规定拥有企业实际控制权的港澳台商协议控股。

5．外商控股：包括：（1）在企业的全部实收资本中，外商经济成分的出资人拥有的实收资本（股本）所占企业全部实收资本（股本）的比例大于 50%的外商绝对控股。（2）在企业的全部实收资本中，外商经济成分的出资人拥有的实收资本（股本）所占比例虽未大于 50%，但相对大于其他任何一方经济成分的出资人所占比例的外商相对控股；或者虽不大于其他经济成分，但根据协议规定拥有企业实际控制权的外商协议控股。

6．其他：除上述五类以外的企业控股情况。

隶属关系　指本单位隶属于哪一级行政管理单位。按照国家标准《单位隶属关系代码》（GB/T12404-1997）分为：中央、省、地、县、街道、镇、乡、居民委员会、村民委员会和其他。

中央与地方双重领导的单位，以领导为主的一方来划分中央属或地方属。

各级政府（中央，省，地，县，街道、镇、乡）、党委、人大、政协等机关的隶属关系填写本级。如：省政府的隶属关系填“省”。

居委会、村委会的隶属关系分别填“居委会”和“村委会”。

隶属于“中央”的单位兴办的集体企业，隶属关系填“其他”；省属以下的企业（单位）办的企业（单位），其隶属关系与企业（单位）本身的隶属关系一致。

无主管部门的单位、本省（自治区、直辖市）在外省（自治区、直辖市）的办事机构所开办的第三产业等单位填“其他”。

资产合计　企业拥有或控制的能以货币计量的经济资源。包括各种财产、债权和其他权利。资产按其流动性划分为流动资产、长期投资、固定资产、无形及递延资产和其他资产。

1．流动资产　企业可以在一年内或者超过一年的一个生产周期内变现或耗用的资产合计。包括现金及各种存款、短期投资、应收及预付款项、存货等。

2．固定资产　企业固定资产净值、固定资产清理、在建工程、待处理固定资产损失所占用的资金合计。

负债合计 企业承担的能以货币计量，将以资产或劳务偿付的债务。负债一般按偿还期长短分为流动负债和长期负债、递延税项等。

流动负债 企业在一年内或者超过一年的一个营业周期内需要偿还的债务合计，其中包括短期借款、应付及预收款项、应付工资、应交税金和应交利润等。

所有者权益 企业投资人对企业净资产的所有权。企业净资产等于企业全部资产减去全部负债后的余额，其中包括投资者对企业的最初投入，以及资本公积金、盈余公积金和未分配利润，股份制企业即为股东权益。

固定资产原价 企业在建造、购置、安装、改建、扩建、技术改造某项固定资产时所支出的全部货币总额。它一般包括买价、包装费、运杂费和安装费等。

主营业务收入 企业销售产品和提供劳务等主要经营业务取得的业务总额。

主营业务成本 企业销售产品和提供劳务等主要经营业务的实际成本。

主营业务税金及附加 企业销售产品和提供工业性劳务等主要经营业务应负担的城市维护建设税、消费税、资源税和教育费附加。

利润总额 企业在生产经营过程中各种收入扣除各种耗费后的盈余，反映企业在报告期内实现的亏盈总额，包括营业利润、补贴收入、投资净收益和营业外收支净额。

应交增值税 企业按税法规定，从事货物销售或提供加工、修理修配劳务等增加货物价值的活动报告期应交纳的增值税额。计算公式为：

应交增值税=销项税额-（进项税额-进项税额转出）-
出口抵减内销产品应纳税额-减免税款+
出口退税

总资产贡献率 反映企业全部资产的获利能力，是企业经营业绩和管理水平的集中体现，是评价和考核企业盈利能力的核心指标。计算公式为：

总资产贡献率(%)＝（利润总额+税金总额+利息支出）/
平均资产总额×100%

资产负债率 指标既反映企业经营风险的大小，也反映企业利用债权人提供的资金从事经营活动的能力。计算公式：

资产负债率(%) ＝ 负债总额/资产总额×100%

工业成本费用利润率 在一定时期内实现的利润与成本费用之比，是反映工业生产成本及费用投入的经济效益指标，同时也是反映降低成本的经济效益的指标。计算公式为：

工业成本费用利润率(%) ＝ 利润总额/成本费用总额×100%

产品销售率 指报告期工业销售产值与同期工业总产值之比，是反映工业产品已实现销售的程度，分析工业产销衔接情况，研究工业产品满足社会需求程度的指标。计算公式为：产品销售率(%) ＝ 工业销售产值/工业总产值×100%

亏损面 指亏损企业单位数占全部工业企业单位数的比重。计算公式为：

亏损面(%)＝亏损企业单位数/全部工业企业单位数×100%。

销售收入利润率 指企业实现的总利润对同期的销售收入的比率，用以反映企业销售收入与利润之间的关系。计算公式为：

销售收入利润率＝利润总额/营业收入×100%

第3篇

工业企业用水及能源生产、消费情况

资料整理校对人员：郭骞擘　武鹏程　康秀芳

2-3-1　规模以上工业企业能源消费量(当量值)

行　　业	企业数	综合能源消费量(吨标准煤)	工业生产消费(吨标准煤)	非工业生产消费(吨标准煤)
总　计	**3956**	**155635325.3**	**153785581.6**	**1849743.7**
煤炭开采和洗选业	1235	37043167.3	36210703.6	832463.7
石油和天然气开采业	10	75874.5	75418.9	455.6
黑色金属矿采选业	206	895295.4	874974.8	20320.7
有色金属矿采选业	9	38033.3	34409.7	3623.6
非金属矿采选业	10	13072.1	13012.2	59.9
开采辅助活动	1	2974.7	2682.8	291.9
其他采矿业				
农副食品加工业	128	359193.6	353358.8	5834.8
食品制造业	75	154496.9	150792.6	3704.4
酒、饮料和精制茶制造业	58	189677.8	180520.7	9157.1
烟草制品业	1	5897.1	4984.8	912.3
纺织业	38	104789.9	103917.3	872.6
纺织服装、服饰业	10	10397.0	8283.8	2113.2
皮革、毛皮、羽毛及其制品和制鞋业	1	1380.7	1380.7	
木材加工和木、竹、藤、棕、草制品业	12	11452.9	10804.7	648.2
家具制造业	5	1407.4	1339.0	68.4
造纸和纸制品业	24	127026.0	126580.3	445.8
印刷和记录媒介复制业	21	13629.7	11783.1	1846.6
文教、工美、体育和娱乐用品制造业	10	3323.4	3078.0	245.4
石油加工、炼焦和核燃料加工业	177	16133953.2	15908375.0	225578.2
化学原料和化学制品制造业	225	13268208.1	13170619.6	97588.5
医药制造业	81	343218.3	335618.6	7599.7
化学纤维制造业	1	1448.7	1448.7	
橡胶和塑料制品业	52	86606.8	83948.8	2658.0
非金属矿物制品业	434	5476234.9	5438111.1	38123.7
黑色金属冶炼和压延加工业	267	28556596.3	28310796.0	245800.3
有色金属冶炼和压延加工业	101	7725352.5	7642590.0	82762.5
金属制品业	133	458212.5	415242.2	42970.3
通用设备制造业	122	97704.4	85637.3	12067.1
专用设备制造业	138	268524.1	251582.1	16941.9
汽车制造业	46	72261.5	62812.7	9448.7
铁路、船舶、航空航天和其他运输设备制造业	30	119502.0	86904.8	32597.2
电气机械和器材制造业	67	39718.5	37230.3	2488.2
计算机、通信和其他电子设备制造业	31	163374.1	144535.2	18838.8
仪器仪表制造业	18	10811.3	9922.0	889.3
其他制造业	7	27695.6	25660.6	2035.0
废弃资源综合利用业	5	2688.4	2658.0	30.4
金属制品、机械和设备修理业	10	4840.7	4791.4	49.3
电力、热力生产和供应业	127	43639660.1	43513404.6	126255.5
燃气生产和供应业	16	40441.0	39672.1	768.9
水的生产和供应业	14	47182.9	45994.9	1188.0

2-3-2 规模以上工业企业能源消费量(当量值)

地　区	企业数（个）	综合能源消费量（吨标准煤）		
			工业生产消费（吨标准煤）	非工业生产消费（吨标准煤）
全　省	**3956**	**155635325.3**	**153785581.6**	**1849743.7**
太原市	462	17659775.8	17449863.6	209912.2
大同市	173	10474024.9	10141393.5	332631.4
阳泉市	162	4753108.2	4696386.4	56721.8
长治市	358	18859615.1	18708932.3	150682.8
晋城市	247	12974220.7	12845045.4	129175.3
朔州市	268	10653063.9	10531785.7	121278.3
晋中市	518	13199111.2	13120671.7	78439.6
运城市	467	19161496.0	18946827.0	214669.0
忻州市	333	7601423.9	7499509.9	101914.0
临汾市	375	22636938.3	22343671.5	293266.8
吕梁市	593	17662547.2	17501494.6	161052.5

2-3-3　规模以上工业企业电力消费量

行　业	企业数（个）	电力消费量（万千瓦时）	比重（%）
总　计	**3956**	**13601291.0**	**100.0**
煤炭开采和洗选业	1235	2851589.0	21.0
石油和天然气开采业	10	52148.2	0.4
黑色金属矿采选业	206	385944.1	2.8
有色金属矿采选业	9	9027.2	0.1
非金属矿采选业	10	4110.6	0.0
开采辅助活动	1	2232.4	0.0
其他采矿业			
农副食品加工业	128	45690.8	0.3
食品制造业	75	16740.5	0.1
酒、饮料和精制茶制造业	58	25810.8	0.2
烟草制品业	1	1197.1	0.0
纺织业	38	28544.1	0.2
纺织服装、服饰业	10	1667.9	0.0
皮革、毛皮、羽毛及其制品和制鞋业	1	641.0	0.0
木材加工和木、竹、藤、棕、草制品业	12	5307.8	0.0
家具制造业	5	934.3	0.0
造纸和纸制品业	24	16185.6	0.1
印刷和记录媒介复制业	21	3763.2	0.0
文教、工美、体育和娱乐用品制造业	10	874.7	0.0
石油加工、炼焦和核燃料加工业	177	591608.1	4.3
化学原料和化学制品制造业	225	1540260.2	11.3
医药制造业	81	82376.0	0.6
化学纤维制造业	1	254.0	0.0
橡胶和塑料制品业	52	31885.5	0.2
非金属矿物制品业	434	590494.7	4.3
黑色金属冶炼和压延加工业	267	2754444.2	20.3
有色金属冶炼和压延加工业	101	1564011.3	11.5
金属制品业	133	60554.5	0.4
通用设备制造业	122	34737.0	0.3
专用设备制造业	138	60042.3	0.4
汽车制造业	46	35135.8	0.3
铁路、船舶、航空航天和其他运输设备制造业	30	28084.6	0.2
电气机械和器材制造业	67	14746.9	0.1
计算机、通信和其他电子设备制造业	31	74187.3	0.5
仪器仪表制造业	18	2301.7	0.0
其他制造业	7	759.1	0.0
废弃资源综合利用业	5	451.1	0.0
金属制品、机械和设备修理业	10	537.5	0.0
电力、热力生产和供应业	127	2641245.3	19.4
燃气生产和供应业	16	6344.6	0.0
水的生产和供应业	14	34420.2	0.3

2-3-4 规模以上工业企业电力消费量

地 区	企业数（个）	电力消费量（万千瓦时）	比重（%）
全 省	**3956**	**13601291.0**	**100.0**
太原市	462	1742020.2	12.8
大同市	173	926178.0	6.8
阳泉市	162	765712.6	5.6
长治市	358	1362428.7	10.0
晋城市	247	1341255.8	9.9
朔州市	268	795584.6	5.8
晋中市	518	907775.0	6.7
运城市	467	2364575.1	17.4
忻州市	333	771213.4	5.7
临汾市	375	1432845.0	10.5
吕梁市	593	1191702.6	8.8

2-3-5　规模以上工业企业能源产品产量

产品名称	计量单位	2013年
原煤	万吨	90666.9
洗煤	万吨	59940.3
天然原油	万吨	
天然气	亿立方米	
液化天然气	万吨	26.5
煤层气(煤田天然气)	亿立方米	25.1
油页岩	万吨	
原油加工量	万吨	
汽油	万吨	10.0
航空汽油	万吨	
煤油	万吨	
航空煤油	万吨	
柴油	万吨	
润滑油	万吨	3.2
燃料油	万吨	
石脑油	万吨	
溶剂油	万吨	
润滑脂	万吨	
液化石油气	万吨	
石油焦(油渣类)	万吨	
石油沥青	万吨	
道路沥青	万吨	
焦炭	万吨	9022.4
机焦	万吨	8959.4
煤焦油	万吨	295.3
发电量	亿千瓦小时	2616.9
火力发电量	亿千瓦小时	2535.2
煤炭为能源发电量	亿千瓦小时	2450.9
石油为能源发电量	亿千瓦小时	
常规天然气为能源发电量	亿千瓦小时	
煤层气为能源发电量	亿千瓦小时	28.3
沼气为能源发电量	亿千瓦小时	
余温、余热、余气为能源发电量	亿千瓦小时	51.5
垃圾焚烧发电量	亿千瓦小时	1.6
秸秆、蔗渣、林木质为能源发电量	亿千瓦小时	2.6
其他火力发电量	亿千瓦小时	
水力发电量	亿千瓦小时	37.1
常规水电发电量	亿千瓦小时	36.0
抽水蓄能发电量	亿千瓦小时	1.1
核能发电量	亿千瓦小时	
风力发电量	亿千瓦小时	44.7
太阳能发电量	亿千瓦小时	
光伏发电量	亿千瓦小时	
太阳能热发电量	亿千瓦小时	
潮汐能发电量	亿千瓦小时	
地热能发电量	亿千瓦小时	
其他发电量	亿千瓦小时	
供电量	亿千瓦小时	1605.9
售电量	亿千瓦小时	
供热总量	亿吉焦	
煤气生产量	亿立方米	398.2
焦炉煤气	亿立方米	158.4
高炉煤气	亿立方米	206.6
燃气供应量	亿立方米	
人工煤气供应量	亿立方米	
天然气供应量	亿立方米	
液化天然气(LNG)供应量	万吨	
液化石油气供应量	万吨	

2-3-6 规模以上工业企业用水量

单位：亿立方米

行业	企业数（个）	取水量	外供水量	净取水量	淡水用水量
总 计	**3770**	**157423.8**	**61319.4**	**96104.4**	**90080.8**
煤炭开采和洗选业	1168	25237.0	539.9	24697.1	24178.0
石油和天然气开采业	10	83.4		83.4	83.4
黑色金属矿采选业	201	5206.6		5206.6	5206.6
有色金属矿采选业	9	115.2		115.2	115.2
非金属矿采选业	9	25.4		25.4	25.4
开采辅助活动	1	8.9		8.9	8.9
其他采矿业					
农副食品加工业	127	335.2		335.2	322.1
食品制造业	72	444.0		444.0	444.0
酒、饮料和精制茶制造业	57	783.1	0.5	782.6	782.6
烟草制品业	1	46.3	28.5	17.9	17.9
纺织业	37	225.0		225.0	224.9
纺织服装、服饰业	10	53.0		53.0	53.0
皮革、毛皮、羽毛及其制品和制鞋业	1	0.2		0.2	0.2
木材加工和木、竹、藤、棕、草制品业	12	3.2		3.2	3.2
家具制造业	5	3.6		3.6	3.6
造纸和纸制品业	24	306.9	0.3	306.6	306.6
印刷和记录媒介复制业	21	26.4		26.4	24.5
文教、工美、体育和娱乐用品制造业	10	12.5		12.5	12.5
石油加工、炼焦和核燃料加工业	163	8785.2	0.2	8785.0	8697.6
化学原料和化学制品制造业	209	7822.1	397.4	7424.7	7362.3
医药制造业	81	854.6	2.8	851.7	851.6
化学纤维制造业	1	0.2		0.2	0.2
橡胶和塑料制品业	51	143.0		143.0	143.0
非金属矿物制品业	416	1067.6	2.4	1065.2	1063.8
黑色金属冶炼和压延加工业	248	12379.4	1.4	12378.0	10747.0
有色金属冶炼和压延加工业	91	4610.4	400.1	4210.3	4189.2
金属制品业	131	411.2	5.0	406.2	402.2
通用设备制造业	118	307.2		307.2	307.2
专用设备制造业	136	336.0		336.0	331.8
汽车制造业	46	133.8		133.8	133.8
铁路、船舶、航空航天和其他运输设备制造业	29	209.2	11.6	197.6	197.6
电气机械和器材制造业	65	217.2		217.2	188.9
计算机、通信和其他电子设备制造业	31	1008.6		1008.6	1008.6
仪器仪表制造业	17	22.2		22.2	22.2
其他制造业	7	5.2		5.2	5.2
废弃资源综合利用业	5	14.7		14.7	14.7
金属制品、机械和设备修理业	10	30.3		30.3	29.8
电力、热力生产和供应业	111	22277.3		22277.3	18628.4
燃气生产和供应业	15	60.8		60.8	60.8
水的生产和供应业	14	63811.6	59929.2	3882.4	3882.4

2-3-7 规模以上工业企业用水量

单位：亿立方米

地 区	企业数（个）	取水量	外供水量	净取水量	淡水用水量
全 省	**3770**	**157423.8**	**61319.4**	**96104.4**	**90080.8**
太原市	435	41729.4	30439.4	11290.0	10440.3
大同市	154	17579.1	9009.6	8569.5	7564.0
阳泉市	143	10442.0	4895.0	5547.0	5359.6
长治市	342	16505.5	4271.7	12233.8	10350.3
晋城市	243	11901.5	2821.3	9080.2	9079.7
朔州市	255	7378.9	1310.7	6068.3	5893.5
晋中市	507	8252.3	1808.0	6444.3	6313.4
运城市	450	13004.4	2910.7	10093.8	9433.7
忻州市	317	8645.9	32.0	8613.8	8279.7
临汾市	350	12794.4	2794.6	9999.8	9479.6
吕梁市	574	9190.5	1026.5	8164.0	7887.0

工业企业用水及能源生产、消费情况主要指标解释

1.能源消费量 指能源使用企业（单位）在报告期内实际消费的各种能源的数量。能源消费量分实物量和标准量两种。能源消费实物量是按照报表规定的、体现物质形态属性的计量单位（如：吨、立方米）计算的能源消费量；能源消费标准量是按照能源标准计量单位（如：吨标准煤）计算的能源消费量。

能源消费量的统计原则：

（1）谁消费、谁统计。即不论其所有权的归属，由哪个单位消费，就由哪个单位统计其消费量。

（2）何时投入使用，何时计算消费量。企业的能源消费，在时间、工艺界限上，以投入第一道生产工序为标志，即投入第一道生产工序即计算消费；何时投入第一道生产工序，何时计算消费量。

（3）在计算企业（单位）的综合能源消费量时，不得重复计算，要扣除二次能源的产出量和余热、余能的回收利用量。

（4）耗能工质（如水、氧气、压缩空气等），不论是外购的还是自产自用的，均不统计在能源消费量中（计算单位产品能耗时是否包括耗能工质，视统计指标的具体规定而定）。

（5）企业自产的能源，作为企业生产另一种产品的原料或燃料，是否计算消费量，视以下两种情况而定：一是自产的能源如果计算产量，消费时则计算消费量，二是自产的能源如果不计算产量，消费时则不计算消费量，视同产品生产过程中的半成品和中间产品。原则是：计算产量，则计算消费；不计算产量，则不计算消费。

2.工业生产能源消费量 指工业企业为进行工业生产活动所消费的能源。主要包括：

（1）用于本企业产品生产、工业性作业的能源，包括用作原料、材料、燃料、动力的能源；作为能源加工转换企业，还包括用作加工转换的能源（这部分能源不能理解为用作原材料，用作原材料的概念见后面的解释）。

（2）产品生产过程中作为辅助材料使用的能源。

（3）生产工艺过程使用的能源。

（4）新技术研究、新产品试制、科学试验使用的能源。

（5）为了工业生产活动而在进行的各种修理过程中使用的能源。

（6）生产区内的劳动保护用能等。

3.非工业生产能源消费量 指在工业企业能源消费中，除“工业生产能源消费”以外的能源消费，即非工业生产用能和工业企业附属的不从事工业生产活动的非独立核算单位用能。比如本企业施工单位进行技术更新改造、维修等过程用能，非生产区的劳动保护用能，科研单位、农场、车队、学校、医院、食堂、托儿所等单位用能。但是必须注意，上述单位如果是独立核算的，其用能既不能包括在“工业企业能源消费”中，亦不能包括在“非工业生产能源消费”中。

生产交通运输工具的企业（如造船厂、汽车制造厂），向成品轮船、汽车中添加动力用油，应算作企业的非工业生产消费。

4.产品产量 指工业企业在报告期内生产的并符合产品质量要求的实物数量，包括商品量和自用量两部分。

（1）产品生产量计算应遵循的原则

①产品质量标准：产品必须符合规定的质量标准或订货合同规定的技术条件，才可统计生产量。工业产品质量标准一律按国家标准或部颁标准执行。没有国家标准或部颁标准的产品，应按企业主管机关的标准或订货合同规定的技术条件执行，不得擅自更改标准或降低标准，不合格的产品不能计算生产量。

②统计时间：产品生产量反映的是报告期内的工业生产成果，凡报告期内生产的产品都应计算在内，即截止报告期最后一天检验合格并办理了入库手续的产品，其中规定要求包装的产品必须包装好才能计算其生产量。至于报告期最后一天以哪一个班次作为截止计算产量的班次则由企业主管机关规定，并应与会计核算的结算时间一致。结算时间一经确定，就要严格执行，不得随意提前或移后。

③准确度量：准确度量是计算产品产量的重要一环，企业应配备必要的计量设备，对产量进行实际度量，不得随意估算，对确有困难不得不推算的某些产品，一定要按照主管部门规定的推算方法计算，使之尽量接近实际。

（2）产品生产量包括的内容

①企业各车间（主要车间、辅助车间、附属品车间及副产品车间）用自备原材料生产的全部产品产量，不论是要销售的商品量还是本企业的自用量，均应统计生产量。

②凡用订货者来料加工生产的产品，并且加工企业只收取加工费的，如果订货者是境内非工业企业和境外企业，其产品生产量由加工企业统计；如果订货者是境内工业企业，产品生产量由委托企业（即发包企业）统计，加工企业（即承包企业）不统计。

③经正式鉴定合格的新产品、自产自用的生产设备、未正式投入生产以前试生产的合格品以及基本建设附产的合格品，都应包括在产品生产量中。

④用进口原材料或关键零件生产的产品，或用进口整套散装零件及用进口组装件加工、装配的产品，不论是在国内销售还是外商经销，生产量均统计在国内同种产品生

产量中。

⑤在我国国土范围内的外商投资和港、澳、台商投资工业企业生产的产品，其生产量全部统计在国内同种产品生产量中。

区分来料加工与自备原材料生产的依据是加工企业与委托加工企业间的财务结算关系。如果委托企业提供原材料而不与加工企业结算，加工企业收取加工费，产品返回委托企业销售，则这种模式是来料加工；如果委托加工企业提供的原材料与加工企业是结算的，制成品由加工企业返给委托企业也是结算的，则这种模式是自备原材料生产。

（3）工业产品生产量不应包括的内容

①在生产工业产品的同时，产生的下脚余料或废料，如冶金工业的氧化铁、中心注管、钢材切头、切尾，机械工业的切屑，木材工业的锯末，粮食加工工业的糠、麸，酿酒工业的酒糟等，一般做下脚料出售，不应统计为产品生产量。

②投入生产过程中的原材料没有完全消耗掉，而加以回收、提浓，再供本企业自用的，如机械工业回收的润滑油，合成洗涤剂厂回收的盐酸、硫酸等都不计算产品生产量。

③企业从外购进的工业品，未经本企业任何加工的，不得作为本企业的产品生产量统计。

④某些产品在检验产品质量时，需做破坏性试验（如试验灯泡的使用寿命，手电池的间歇放电时间等），这些用作试验的产品，不计算在产品生产量中。

5.取水量 指企业从各种水源直接提取或者从市场购买的用于厂区、办公区内工业生产活动的水量，以实际获得的新水量为准。

用于工业生产活动的水量，包括主要生产用水、辅助生产用水（如机修、运输、空压站等）和附属生产用水（如绿化、办公室、浴室、食堂、厕所、保健站等），不包括非工业生产单位的用水量（如基建用水、厂内居民家庭用水和企业附属幼儿园、学校、对外营业的浴室、游泳池等的用水量）和居民生活用水量。

取水量包括企业取自地表、地下、城镇供水工程的水，外购的再生水(中水)、其他水或水的产品，以及企业为生产外供水或水产品而取用的水。不包括重复用水量、直流冷却水量、未利用直接排放的矿井水和雨水量、污水处理企业处理的污（废）水量、水力发电动力用水量。